广东省制造业高质量发展蓝皮书（2023）

广东省制造强省建设专家咨询委员会　编著

中国财经出版传媒集团
经济科学出版社
Economic Science Press
·北京·

图书在版编目（CIP）数据

广东省制造业高质量发展蓝皮书．2023/广东省制造强省建设专家咨询委员会编著．--北京：经济科学出版社，2023.10

（广东省制造业高质量发展报告）

ISBN 978-7-5218-5351-3

Ⅰ.①广… Ⅱ.①广… Ⅲ.①制造工业-工业发展-研究报告-广东-2023 Ⅳ.①F426.4

中国国家版本馆 CIP 数据核字（2023）第 213600 号

责任编辑：李　雪　袁　溦　刘　瑾
责任校对：隗立娜
责任印制：邱　天

广东省制造业高质量发展蓝皮书（2023）
GUANGDONGSHENG ZHIZAOYE GAOZHILIANG FAZHAN LANPISHU（2023）
广东省制造强省建设专家咨询委员会　编著
经济科学出版社出版、发行　新华书店经销
社址：北京市海淀区阜成路甲 28 号　邮编：100142
总编部电话：010-88191217　发行部电话：010-88191522
网址：www.esp.com.cn
电子邮箱：esp@esp.com.cn
天猫网店：经济科学出版社旗舰店
网址：http://jjkxcbs.tmall.com
固安华明印业有限公司印装
787×1092　16 开　20.5 印张　363000 字
2023 年 10 月第 1 版　2023 年 10 月第 1 次印刷
ISBN 978-7-5218-5351-3　定价：116.00 元
（图书出现印装问题，本社负责调换。电话：010-88191545）

广东省制造强省建设专家咨询委员会简介

为推动实施制造强省战略，提高制造强省建设重大问题的决策咨询水平，经广东省人民政府同意，广东省制造强省建设专家咨询委员会（以下简称“咨询委”）于 2019 年 12 月 25 日正式成立，中国工程院原院长周济院士担任咨询委主任，中国工程院干勇院士、邬贺铨院士、刘人怀院士、王迎军院士、中山大学陈春声书记、广东工业大学原校长陈新教授担任副主任委员，工业和信息化部电子第五研究所陈立辉所长担任秘书长。咨询委秘书处设立在工业和信息化部电子第五研究所，主要担任咨询委日常运作工作。

咨询委是广东省制造强省建设领导小组（以下简称“领导小组”）的常设决策咨询机构，是推动广东省从制造大省到制造强省转变，实现制造业高质量发展的战略性、全局性、专业性决策咨询平台。其主要宗旨是贯彻落实广东省委、省政府关于推动制造强省建设的各项决策部署，充分发挥市场在资源配置中的决定性作用和更好发挥政府作用，以探寻制造业发展规律和尊重广东省发展实际为基础，坚持科学、客观、公正的原则，围绕制造业发展有关的重大问题，开展相关咨询、论证活动。

咨询委自成立以来，在广东省制造强省建设领导小组及其办公室的领导下，重点服务支撑全省制造强省建设和战略性产业集群培育发展工作，先后承接了“2020 年、2021 年广东省制造业高质量发展论坛”“广东省培育五大世界级先进制造业集群实施方案”（二十大战略性产业集群前期研究）、“广东省制造业高质量发展‘十四五’规划”（以省政府名义印发，省重点专项规划）、“广东省月度工业经济运行监测分析”，支撑建立全省战略性产业集群“五个一”工作体系、“数据图谱系统建设”“智库咨询支撑机制”等重要课题或任务，研究编制了《广东省制造强省建设资讯》《广东省制造强省建设专报》等专刊专报，有力推动了广东省政府决策咨询水平进一步提升，受到了省领导和省有关部门的高度认可。

编　委　会

序　言

制造业是立国之本，强国之基，是国家经济命脉所系。党的二十大报告提出，坚持把发展经济的着力点放在实体经济上，推进新型工业化，加快建设制造强国、质量强国、航天强国、交通强国、网络强国、数字中国。报告中将建设制造强国摆到了更加突出的位置，充分体现制造业高质量发展的重要地位。

长期以来，广东省委、省政府高度重视制造业高质量发展，从坚持制造业立省向制造业当家迈进，全力推进制造强省建设。尤其是党的十八大以来，省内各级各部门深入推进供给侧结构性改革，坚持高质量发展要求，坚持稳中有进总基调，推进“强核”“立柱”“强链”“优化布局”“品质”“培土”六大工程，着力实施大产业、大平台、大项目、大企业、大环境五大提升行动。加快培育十大战略性支柱产业集群和十大战略性新兴产业集群，不断强化企业创新主体地位，加快制造业创新体系建设，大力提升广东制造“引进来”水平、加快“走出去”步伐，着力构建制造业高水平开放合作先行地，深化要素市场化改革，破除不利于制造业高质量发展的体制机制，推动制造强省建设成效显著、保持制造业发展国内领先地位。

广东省制造强省建设专家咨询委员会（以下简称“咨询委”）自2019年成立以来，在广东省制造强省建设领导小组的领导下，先后承担了一系列工业和信息化领域研究和支撑工作，组织举办全省制造业高质量发展论坛，参与支撑广东省制造业高质量发展“十四五”规划、广东省制造业当家有关政策措施的文件编制及重点工作开展。咨询委充分整合国内制造业相关行业领域院士专家、企业代表、行业协会、地方政府等资源，开展制造强省建设相关研究咨询工作，受到省领导和省有关部门的高度认可。

2023 年是贯彻党的二十大精神的开局之年，是实施“十四五”规划承前启后的关键一年，是为全面建设社会主义现代化国家奠定基础的重要一年。受广东省制造强省建设领导小组办公室（广东省工业和信息化厅）的委托，广东省制造强省建设咨询委秘书处（工业和信息化部电子第五研究所）积极组织，面向省有关部门、地市工业和信息化主管部门等政府部门以及相关行业研究机构，征集党的十八大以来，全省各地市、各重点行业发展成效和先进经验总结的相关研究成果，并组织专家学者评议、编撰形成《广东省制造业高质量发展蓝皮书（2023）》（以下简称“《蓝皮书》”）。《蓝皮书》包含综合篇、重点产业篇、地市篇和专题篇，其中，综合篇重点回顾 2012 年以来全省制造业发展规模、结构、创新、转型升级、企业、区域发展、对外开放等情况，系统总结广东制造发展经验，并提出有关对策建议。重点产业篇和地市篇分别从产业维度和地市维度，回顾分析 2012 年以来省内各重点产业、各地市制造业发展的情况和先进经验做法，提出下一步工作计划或对策建议。专题篇围绕创新、转型升级、企业培育、优化营商环境等方面，总结提炼省内各地市产业培育发展过程中的典型工作经验。希望本书能够为广东省各级政府单位提供决策参考，也为广大关心、支持和参与制造业高质量发展的社会各界人士提供有价值的信息参考。

编委会

2023 年 5 月 15 日

目 录

01 综 合 篇

02 重点产业篇

03 地　市　篇

04 专题篇

01

综 合 篇

第一节　工业、制造业综合实力稳居全国前列、全球地位不断提升

党的十八大以来，广东以供给侧结构性改革为主线，落实高质量发展要求，加快推进新型工业化，发展壮大实体经济，从坚持制造业立省不动摇向坚持制造业当家迈进，培育十大战略性支柱产业集群和十大战略性新兴产业集群，推进强核、立柱、强链、优化布局、品质、培土六大工程，推动全省制造业稳增长，实施“实体经济十条”“民营经济十条”“制造业十九条”“制造业投资十条”等政策措施，着力实施大产业、大平台、大项目、大企业、大环境“五大提升行动”，加快建设制造强省，全省工业、制造业高质量发展成效显著，综合实力保持国内领先，初步形成国内领先、具备国际竞争力的现代产业体系。

一、工业、制造业规模体量

（一）全省工业、制造业平稳增长，对经济发展支撑作用显著

全省工业、制造业总体保持平稳增长势头，规模实现从 2 万亿元向 4 万亿元新跨越。全省全部工业增加值从 2012 年的 2.55 万亿元提升至 2022 年的 4.77 万亿元，增量相当于再造广州、深圳、东莞合计的工业体量；2015 年、2021 年，全省工业增加值分别迈上 3 万亿元、4 万亿元新台阶，全省全部工业增加值占国内生产总值（GDP）比重从 2012 年的 44.8% 转变为 2022 年的 37.1%，如图 1－1 所示；2012～2022 年全省全部工业增加值年均复合增长率 6.5%。全省全部制造业增加值从 2012 年的 2.29 万亿元提升至 2021 年的 4.40 万亿元，年均复合增长率 6.7%，2017 年、2021 年，全省制造业增加值分别迈上 3 万亿元、4 万亿元新台阶，自 1996 年起连续 26 年保持全国制造业第一大省地位。

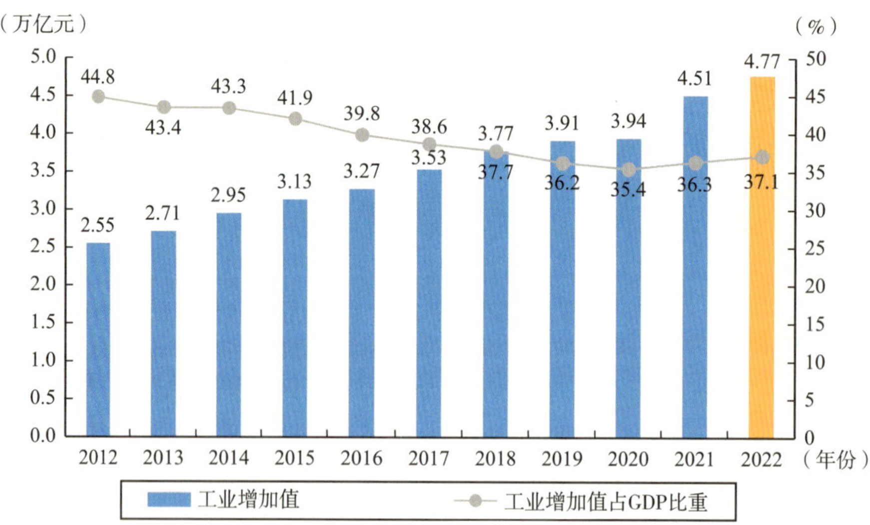

图 1－1　2012～2022 年全省全部工业增加值及占 GDP 比重

资料来源：广东省统计年鉴。

（二）广东工业、制造业规模保持国内前两位，是全国制造业发展的“排头兵”

广东工业增加值保持全国前列，增速与全国平均水平基本持平。2012～2022 年，全省工业增加值保持在全国排名保持前两位，2022 年全省工业增加值占全国工业增加值的 11.9%，如表 1－1 所示。2012～2022 年全省全部工业增加值年均复合增长率 6.5%，与全国①增速（6.8%）基本持平，低于江苏（7.3%）、浙江（6.9%）等省份。

表 1－1　　2012 年、2022 年全国工业增加值排名前十省份

排序	2022 年					2012 年			
	区域	工业增加值（万亿元）	工业增加值占 GDP 比重（%）	全省工业增加值占全国比重（%）	2012～2022 年均增速（%）	区域	工业增加值（万亿元）	工业增加值占 GDP 比重（%）	全省工业增加值占全国比重（%）
—	全国	40.16	33.2	—	6.8	全国	20.89	38.8	100.0
1	江苏	4.86	39.5	12.1	7.3	广东	2.55	44.8	12.2
2	广东	4.77	37.1	11.9	6.5	江苏	2.39	44.6	11.5
3	浙江	2.89	37.2	7.2	6.9	山东	1.84	42.9	8.8

① 本篇全国数据不包括我国港澳台地区，后文不再赘述。

续表

排序	2022 年					2012 年			
	区域	工业增加值（万亿元）	工业增加值占GDP比重（%）	全省工业增加值占全国比重（%）	2012～2022 年均增速（%）	区域	工业增加值（万亿元）	工业增加值占GDP比重（%）	全省工业增加值占全国比重（%）
4	山东	2.87	32.9	7.2	4.5	浙江	1.49	43.2	7.1
5	福建	1.96	37.0	4.9	8.5	河南	1.29	44.4	6.2
6	河南	1.96	31.9	4.9	4.3	湖北	0.98	43.3	4.7
7	湖北	1.75	32.6	4.4	6.0	河北	0.97	41.9	4.6
8	四川	1.64	28.9	4.1	5.7	四川	0.94	39.3	4.5
9	湖南	1.50	30.9	3.7	6.0	福建	0.87	43.1	4.2
10	河北	1.47	34.6	3.7	4.3	湖南	0.84	39.7	4.0

资料来源：国家统计局。

广东规上工业营业收入保持全国领先，但是增速低于全国平均水平。2019～2021 年[①]，全省规上工业营业收入在全国排名第一位，从 2019 年的 14.65 万亿元提升至 2021 年的 16.98 万亿元。2021 年，广东规上工业营业收入占全国规上工业营业收入的 13.3%，比重比 2019 年下降 0.6 个百分点。2021 年广东规上工业营业收入比排名第 2 位的江苏高 1.99 万亿元。2019～2021 年全省规上工业营业收入年均复合增长率 7.6%，低于全国增速（10%）2.4 个百分点，也低于江苏（12.4%）、山东（10.0%）、浙江（14.3%）等省份，如表 1－2 所示。

表 1－2　2019 年、2021 年全国规模以上工业营业收入排名前十省份

排名	2021 年				2019 年		
	地区	营收（万亿元）	该省占全国比重（%）	2019～2021 年均增速（%）	地区	营收（万亿元）	该省占全国比重（%）
—	全国	127.92	—	10.0	全国	105.78	—
1	广东	16.98	13.3	7.6	广东	14.65	13.9
2	江苏	14.99	11.7	12.4	江苏	11.88	11.2

① 2018 年以后，国家统计局明确，规上工业仅发布营业收入数据，不发布主营业务收入数据。

续表

排名	2021 年				2019 年		
	地区	营收（万亿元）	该省占全国比重（%）	2019～2021 年均增速（%）	地区	营收（万亿元）	该省占全国比重（%）
3	山东	10.23	8.0	10.0	山东	8.45	8.0
4	浙江	9.80	7.7	14.3	浙江	7.50	7.1
5	福建	6.47	5.1	6.6	福建	5.69	5.4
6	河南	5.40	4.2	5.5	河南	4.85	4.6
7	四川	5.26	4.1	7.8	湖北	4.52	4.3
8	河北	5.21	4.1	9.1	四川	4.38	4.1
9	湖北	4.92	3.8	10.3	河北	4.04	3.8
10	安徽	4.48	3.5	7.4	上海	3.88	3.7

资料来源：国家统计局。

（三）若将广东看作独立经济体，广东工业、制造业规模在全球排名约居第五、第六位

广东工业规模约占全球2%，若将广东看作独立经济体，在世界排位约居第六位。2020 年，广东工业增加值 5640.21 亿美元，占全球工业增加值的 2.56%，比重比 2012 年（1.95%）提升 0.61 个百分点，如表 1－3 所示；若将广东看作独立经济体，2020 年，广东工业增加值超过排名全球第六位的韩国（5336.70 亿美元），比 2012 年的全球排名提升 8 位。2012～2020 年，广东工业增加值年均复合增长率 4.0%，高于全球平均水平（0.5%）3.5 个百分点，高于排名全球前十五位（除中国外）经济体的工业增速，如表 1－4 所示。

广东制造业规模约占全球的 3%，若将广东看作独立经济体，在世界排位约居第五位。如表 1－3 所示，2020 年，广东制造业增加值 4311.40 亿美元，占全球制造业增加值的 3.19%，比重比 2012 年（2.69%）提升 0.5 个百分点；若将广东看作独立经济体，2020 年，广东制造业增加值超过排名全球第五位的韩国（4063.73 亿美元），比 2012 年的全球排名提升 1 位。如表 1－4 所示，2012～2020 年，广东制造业增加值年均复合增长率 3.7%，高于全球平均水平（1.5%）2.2 个百分点，高于排名全球前十五位（除中国、爱尔兰外）经济体的制造业增速。

表 1-3　2012~2020 年广东工业、制造业增加值占全球的比重

工业增加值				制造业增加值			
年份	广东工业增加值（亿美元）	世界工业增加值（亿美元）	广东占世界（%）	年份	广东工业增加值（亿美元）	世界工业增加值（亿美元）	广东占世界（%）
2012	4132.45	211482.54	1.95	2012	3231.06	120160.43	2.69
2013	4478.34	215182.60	2.08	2013	3856.45	122549.46	3.15
2014	4896.67	219457.05	2.23	2014	4113.01	126845.47	3.24
2015	5023.88	200742.55	2.50	2015	4265.77	122008.59	3.50
2016	4915.60	199617.61	2.46	2016	4291.31	122317.82	3.51
2017	5227.03	215766.36	2.42	2017	4268.34	130681.19	3.27
2018	5680.20	233626.07	2.43	2018	4373.09	139763.45	3.13
2019	5711.16	232346.17	2.46	2019	4297.94	138091.22	3.11
2020	5640.21	220479.70	2.56	2020	4311.40	135000.49	3.19

资料来源：广东省统计年鉴，世界银行。

表 1-4　2012 年、2020 年广东工业、制造业增加值在全球的排名情况

工业增加值全球前十五位排名							制造业增加值全球前十五位排名						
2020年排位	国家及地区	工业增加值（亿美元）	2012~2020年年均增速（%）	2012年排位	国家及地区	工业增加值（亿美元）	2020年排位	国家及地区	工业增加值（亿美元）	2012~2020年年均增速（%）	2012年排位	国家及地区	工业增加值（亿美元）
—	全球	220479.70	0.5	—	全球	211482.54	—	全球	135000.5	1.5	—	全球	120160.4
1	中国	55682.72	4.6	1	中国	38755.93	1	中国	38538.08	4.6	1	中国	26900.91
2	美国	38914.96	2.8	2	美国	31146.86	2	美国	23418.47	2.5	2	美国	19273.25
3	日本	14801.66	-1.5	3	日本	16661.05	3	日本	10455.48	-2.0	3	日本	12335.67
4	德国	10205.20	0.7	4	德国	9623.45	4	德国	6988.96	-0.2	4	德国	7109.47
5	印度	6257.17	1.9	5	俄罗斯	6426.77	5	韩国	4063.73	1.7	5	韩国	3558.11
6	韩国	5336.70	2.5	6	巴西	5456.45	6	印度	3483.65	2.4	6	印度	2890.76
7	英国	4710.75	-0.8	7	印度	5372.99	7	意大利	2803.99	-0.4	7	意大利	2890.36
8	俄罗斯	4448.49	-4.5	8	英国	5035.04	8	法国	2470.25	-1.5	8	法国	2780.71
9	法国	4325.57	-1.3	9	加拿大	4869.79	9	英国	2396.77	-0.7	9	巴西	2631.86
10	意大利	4084.14	-1.1	10	法国	4795.33	10	印度尼西亚	2103.96	0.8	10	英国	2527.43
11	印度尼西亚	4049.65	0.2	11	沙特阿拉伯	4613.91	11	俄罗斯	1966.49	-3.1	11	俄罗斯	2520.83

续表

工业增加值全球前十五位排名							制造业增加值全球前十五位排名						
2020年排位	国家及地区	工业增加值（亿美元）	2012～2020年年均增速（%）	2012年排位	国家及地区	工业增加值（亿美元）	2020年排位	国家及地区	工业增加值（亿美元）	2012～2020年年均增速（%）	2012年排位	国家及地区	工业增加值（亿美元）
12	加拿大	3962.82	-2.5	12	意大利	4454.63	12	墨西哥	1855.58	-0.7	12	印度尼西亚	1968.92
13	澳大利亚	3380.95	-2.3	13	韩国	4363.87	13	加拿大	1597.24	-1.7	13	墨西哥	1963.39
14	墨西哥	3187.47	-3.0	14	澳大利亚	4081.42	14	爱尔兰	1470.02	15.8	14	加拿大	1832.05
15	沙特阿拉伯	2896.01	-5.7	15	墨西哥	4056.86	15	西班牙	1413.08	-0.5	15	西班牙	1473.77
—	广东	5640.21	4.0	—	广东	4132.45	—	广东	4311.40	3.7	—	广东	3231.06

资料来源：工业增加值、制造业增加值的全球及各国数据来源于世界银行，其中，工业增加值的统计口径与我国第二产业相对应，即全部工业和建筑业，广东工业增加值为全部工业口径。广东制造业增加值为规上制造业增加值。

二、行业整体质量效益

（一）行业经营效益持续提升，利润总额保持国内领先

广东工业、制造业利润规模一直保持在国内首位、总体呈现持续上升趋势。2017～2018年，受海内外经济下行压力增大影响，广东实体经济利润水平略有回落。2017年以来，广东在全国率先推行实体经济降本增效相关政策措施，出台“实体经济十条”“外资十条”等政策，有效带动全省工业、制造业的利润规模及盈利水平稳步提升。

广东制造业利润总额稳步增长、保持全国领先，占全国利润总额比重明显提升。全省规上制造业利润总额从2012年的4732.5亿元提升至2021年的10866.9亿元，2012～2021年年均复合增长率9.7%，高于同期全国规上制造业利润总额增速（4.7%）5个百分点；其中，2012～2017年全省规上制造业利润总额年均复合增长率11.1%，2017～2021年年均复合增长率8.0%。全省规上制造业利润总额占全国规上制造业利润总额的比重从2012年的9.7%大幅提升至2021年的14.8%，如图1-2所示，广东制造业利润总额一直保持国内首位，高于江苏（9358.1亿元）、浙江（6788.7亿元）、山东（5268.8亿元）等省份，如表1-5所示。

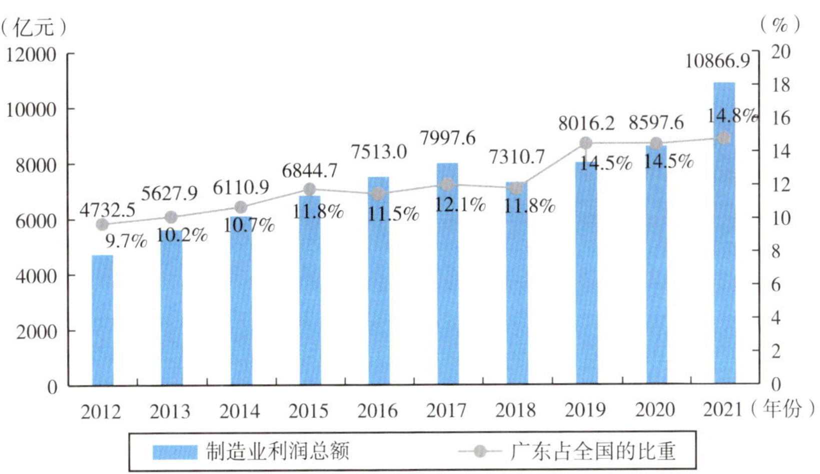

图 1-2　2012～2021 年广东规上制造业利润总额及占全国的比重

资料来源：国家统计局。

表 1-5　2021 年广东规上工业利润总额、利润率在全国排名情况

区域	2021 年规上工业利润总额		2021 年规上工业利润率	
	利润总额（亿元）	排名	利润率（%）	排名
全国	87092.3	—	6.8	—
广东	10927.6	1	6.4	21
江苏	9358.1	2	6.2	22
浙江	6788.7	3	6.9	15
山东	5268.8	4	5.2	26
四川	4359.2	5	8.3	9
福建	4353.3	6	6.7	18
北京	3664.9	7	13.1	2
陕西	3605.1	8	12.2	4
内蒙古	3380.8	9	14.1	1
湖北	3189.5	10	6.5	19

资料来源：国家统计局。

广东规上工业利润率、制造业利润率[①]持续提升，与全国平均水平基本持平。全省规上工业利润率从 2012 年的 5.0% 提升至 2021 年的 6.4%，与全国规上工业利

① 利润率 = 利润总额/营业收入（主营业务收入）。

润率的差距从2012年的1.1个百分点缩小至2021年的0.4个百分点。全省规上制造业利润率从2012年的5.5%提升至2017年的6.4%、2018年小幅回落后恢复稳步上升趋势，到2021年利润率为6.7%，如图1-3所示；全省规上制造业利润率与全国规上制造业利润率的差距总体维持在±1个百分点以内。

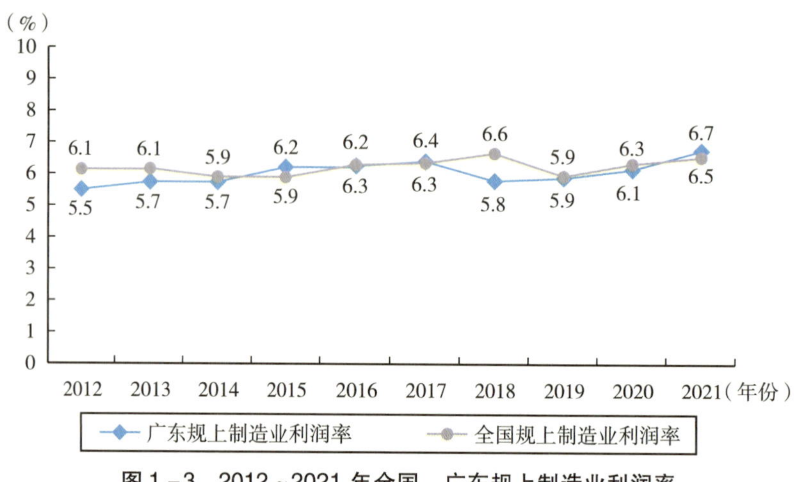

图1-3　2012~2021年全国、广东规上制造业利润率

资料来源：国家统计局。

（二）广东制造业高质量发展水平总体位居全国前列

广东制造业发展在国内评价得分排名第一，高质量发展走在全国前列。近年来，工业和信息化部（以下简称"工信部"）采用24项指标对各省（区、市）制造业高质量发展水平进行评价，2020年广东排名第一。中国电子信息产业发展研究院发布的《制造业高质量发展白皮书（2021）》显示，广东制造业高质量发展指数为81.23，排名全国第一（江苏68.81、浙江61.8、北京53.22、山东53.17），如图1-4所示；其中，广东在规模结构、创新水平、企业实力、开放合作等一级指标上的排名均居全国第一位，在质量效益、绿色节能等一级指标上的排名分别居全国第五位、第三位。

广东制造业从"量大"稳步向"量大且质优"迈进，制造业产品质量合格率进入全国前五位，2015~2021年在国内排名大幅上升17位。随着质量强省战略持续推进，全省制造业产品合格率从2015年的92.0%波动提升至2021年的94.9%，从2015年低于全国（92.9%）0.9个百分点，提升至2021年高于全国（93.1%）1.8个百分点；排名从2015年的全国第22位提升至2021年的全国第5位。2021年，广东制造业产品质量合格率高于江苏（93.9%，第 8 位）、山东（93.4%，第 11 位）、浙江（93.2%，第 14 位）等省份，低于北京（96.9%）、上海（96.4%）、福建（95.6%）、安徽（95.1%）等省份，如图 1－5 和表 1－6 所示。广东制造业规模体量居全国前列，并在多个重点行业品类的产量高居全国前三，但是，广东制造业的产品质量合格率与其制造业规模体量相比，依然有不少提升空间。截至 2022 年底，中国质量奖获奖的制造业企业中，广东共有美的、格力、华为 3 家企业入选，企业数量与北京持平，高于江苏（2 家）、山东（2 家）、上海（1 家）、浙江（0 家）等省份，如表 1－7 所示。

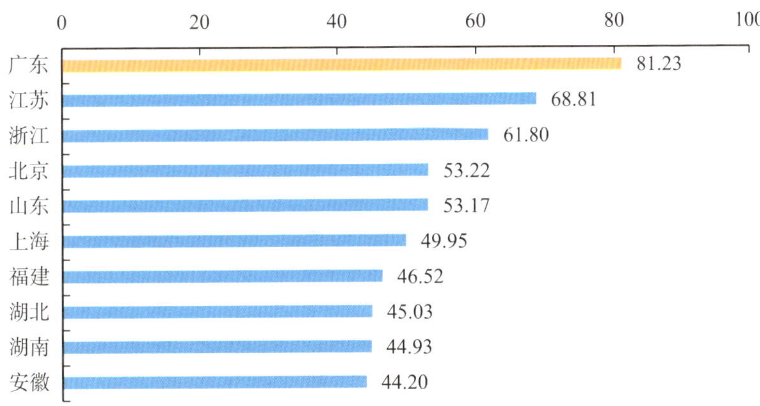

图 1－4　制造业高质量发展水平全国前十强榜单

资料来源：中国电子信息产业发展研究院发布的《制造业高质量发展白皮书（2021）》。

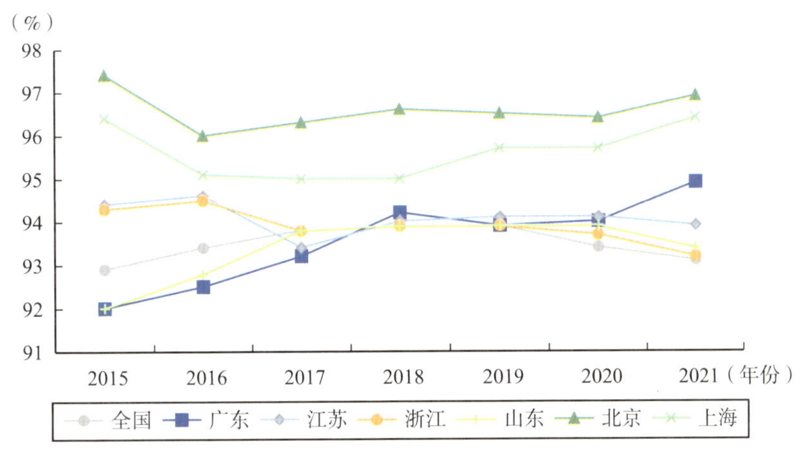

图 1－5　2015～2021 年全国及部分省份制造业产品质量合格率

资料来源：国家统计局。

表 1-6　　2015 年、2021 年全国部分省份产品质量合格率排名情况

2021 产品质量合格率排名			2015 产品质量合格率排名		
区域	合格率（%）	排名	区域	合格率（%）	排名
全国	93.1	—	全国	92.9	—
北京	96.9	1	吉林	97.8	1
上海	96.4	2	北京	97.4	2
福建	95.6	3	宁夏	97.3	3
安徽	95.1	4	山西	97.0	4
广东	94.9	5	黑龙江	96.8	5
天津	94.4	6	上海	96.4	6
重庆	93.9	7	河南	96.3	7
江苏	93.9	8	天津	96.2	8
辽宁	93.9	9	云南	95.7	9
湖南	93.5	10	广西	95.7	10
山东	93.4	11	重庆	95.6	11
湖北	93.3	12	甘肃	95.2	12
江西	93.3	13	陕西	95.1	13
浙江	93.2	14	四川	94.5	14
内蒙古	93.1	15	江苏	94.4	15
河南	93.0	16	浙江	94.3	16
云南	92.9	17	海南	94.1	17
四川	92.8	18	安徽	94.0	18
陕西	92.7	19	辽宁	93.7	19
黑龙江	92.2	20	青海	92.6	20
山西	92.1	21	福建	92.5	21
河北	92.0	22	广东	92.0	22
贵州	91.4	23	山东	92.0	23
吉林	91.3	24	贵州	91.9	24
广西	91.0	25	内蒙古	91.7	25

资料来源：国家统计局。

表 1 -7　　第一～四届中国质量奖获奖的制造业企业名单

省份	企业名称
广东（3 家）	美的集团股份有限公司
	珠海格力电器股份有限公司
	华为投资控股有限公司
北京（3 家）	京东方科技集团股份有限公司
	中国北京同仁堂（集团）有限责任公司
	中国航天科技集团公司
江苏（2 家）	博世汽车部件（苏州）有限公司
	江苏阳光集团有限公司
山东（2 家）	潍柴动力股份有限公司
	海尔集团公司
上海	上海振华重工（集团）股份有限公司
福建	福耀玻璃工业集团股份有限公司
河南	中铁工程装备集团有限公司
湖南	株洲中车时代电气股份有限公司

资料来源：公开资料收集。中国质量奖由国家市场监管总局发布。

第二节　产业结构优化升级、向高端化迈进

党的十八大以来，广东强调规划先行和政策支持，明确制造业产业发展的主要方向和重点任务，从“十三五”时期发展先进制造业六大产业，到“十四五”时期向培育十大战略性支柱产业集群和十大战略性新兴产业集群扩容提质，保持电子信息、家电等行业规模实力全国领先的优势，实现高端装备制造、超高清视频显示、新能源汽车等新兴产业跨越式引领发展，推动重点产业链供应链迈向中高端。

一、轻重工业及新兴产业比重

（一）产业重型化趋势增强，基础工业实力明显提升

近年来，广东着力推进高端装备制造、智能机器人、先进材料和前沿新材料等产业建设，重工业规模实力进一步强化，带动全省现代产业体系优化完善。全省轻重工业比例从 2012 年的 39.3∶60.7 调整为 2021 年的 33.4∶66.6，重工业比重提升 6 个百分点，如图 1－6 所示。全省轻工业增加值从 2012 年的 8924.66 亿元提升至 2021 年的 12454.07 亿元，年均复合增长率 3.8%；全省重工业增加值从 2012 年的 13796.14 亿元提升至 2021 年的 24833.56 亿元，年均复合增长率 6.7%，重工业增加值年均复合增长率约为轻工业的 1.8 倍。

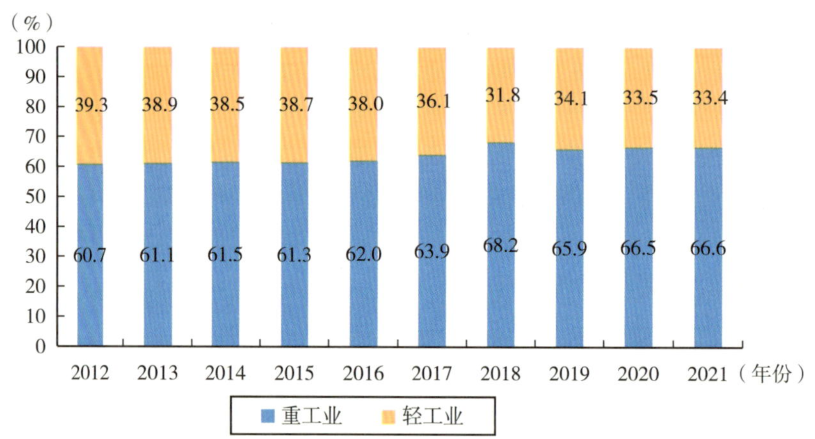

图 1－6　2012～2021 年全省轻重工业占比变化情况

资料来源：广东省统计年鉴。

（二）先进制造业增加值超两万亿元，引领广东制造向高端化演进

党的十八大以来，广东全力推动先进制造业大发展，高端电子信息、先进装备制造、石油化工、先进轻纺、新材料、生物医药等产业取得重大突破。全省先进增加值由 2012 年的 1.09 万亿元增加到 2021 年的 2.09 万亿元，2012～2021 年，先进制造业增加值年均复合增长率 7.5%，高于同期规模以上工业增加值增速（5.7%）1.8 个百分点。先进制造业增加值占规模以上工业增加值比重由 2012 年的 48.1% 提

高至2021年的55.9%，如图1-7所示。其中，2021年，高端电子信息、先进装备制造、石油化工等产业增加值分别突破8000亿元、6000亿元、2000亿元。2021年，广东规模以上先进制造业企业39240家，比2012年增加近2倍，占规模以上工业企业的比重超5成，比2012年提高23.8个百分点。

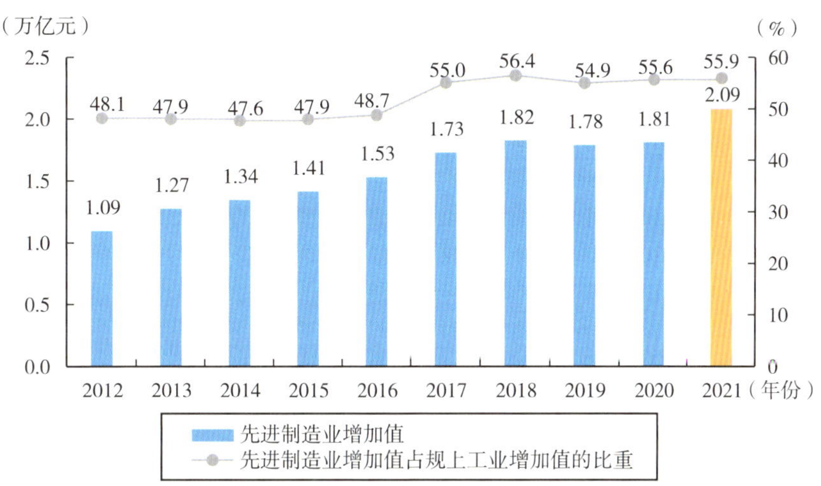

图1-7　2012~2021年全省先进制造业增加值及占规上工业比重

资料来源：广东省统计年鉴。

（三）高技术制造业增加值破万亿元，占比高于苏浙鲁

以电子及通信设备制造、计算机制造、医疗设备及仪器仪表制造等为重点，全省高技术制造业蓬勃发展，增加值从2012年的0.55万亿元提升至2021年的增加值1.17万亿元，如图1-8所示，2012~2021年年均复合增长率8.8%，高于同期规上工业增加值增速（5.7%）3.1个百分点，高技术制造业增加值规模2021年比2012年翻一番。2021年，广东规模以上高技术制造业企业12372家，比2012年增加7508家，增长154.4%，增幅比规模以上工业企业平均水平高78.9个百分点，占规模以上工业企业的比重提升至18.7%，比2012年提高5.8个百分点。2021年，全省高技术制造业增加值占规模以上工业的31.3%，比2012年提高7.2个百分点，是全国平均水平（15.1%）的2倍，高于江苏（22.5%）、浙江（15.8%）、山东（9.9%）。

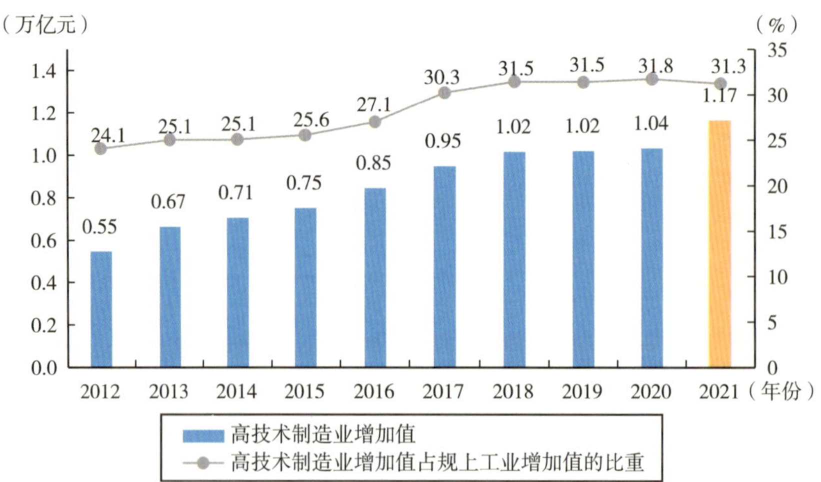

图 1－8　2012～2021 年全省高技术制造业增加值及占规上工业比重

资料来源：广东省统计年鉴。

二、重点产业集群建设情况

党的十八大以来，广东深入贯彻落实国家部委推动产业集群发展的部署要求，组织指导省内重点地区积极申报创建国家级产业集群，取得显著成效。截至 2022 年底，全省累计获评 7 个国家级先进制造业集群（中华人民共和国工业和信息化部评选），数量居全国第二位（江苏获评 10 个），如表 1－8 所示，其中，广佛惠超高清视频和智能家电产业集群开创国内跨区域跨产业集群培育建设先河，如表 1－9 所示。全省累计获评 6 个国家级战略性新兴产业集群（中华人民共和国发展和改革委员会评选），数量居全国第二位（山东获评 7 个）；广州、深圳、珠海在智能制造、生物医药等领域着力开展新兴产业集群培育。全省累计获评 18 个国家级创新型产业集群试点（中华人民共和国科技部评选），数量居全国第一位；广州、深圳、佛山、东莞、肇庆等地市以新一代信息技术、装备制造智能家居、智能网联汽车、生物医药等行业为重点推进创新型产业集群试点工作。

表 1－8　　截至 2022 年底国内各省份获评国家级产业集群情况

省份	国家级先进制造业集群	国家级战略性新兴产业集群	国家级创新型产业集群试点
广东	7	6	18
江苏	10	3	15

续表

省份	国家级先进制造业集群	国家级战略性新兴产业集群	国家级创新型产业集群试点
山东	3	7	15
湖北	2	4	11
湖南	4	4	7
上海	3	4	6
四川	3	3	6
浙江	4	3	3
福建	1	4	5
安徽	1	4	4
北京	1	4	4
陕西	1	2	6
河南	—	4	5
河北	2	1	5
江西	1	2	5
辽宁	1	2	5
天津	1	2	4
吉林	1	1	3
重庆	1	1	3
贵州	—	2	2
黑龙江	—	1	3
山西	—	—	4
新疆	—	1	2
云南	—	—	3
内蒙古	1	—	1
广西	—	—	2
青海	—	—	2
海南	—	1	—
甘肃	—	—	1
西藏	—	—	1

资料来源：根据公开资料整理。

表 1 -9　　广东省获评国家级先进制造业集群情况（共 7 个）

批次	集群名称
第一批	深圳市新一代信息通信集群
第一批	深圳市先进电池材料集群
第一批	广佛惠超高清视频和智能家电集群
第一批	东莞市智能移动终端集群
第二批	广深佛莞智能装备集群
第二批	深广高端医疗器械集群
第三批	佛山市、东莞市泛家居集群

资料来源：根据公开资料整理。

第三节　广东制造向广东创造转型蝶变

党的十八大以来，广东高度重视制造业创新发展，区域创新指数快速提升并连续 6 年全国排名第一，支持规上工业企业建设研发机构，建设一批国家级和省级制造业创新中心，支持制造业企业开展关键核心技术攻关，深入实施“广东强芯”工程和核心软件攻关工程，推动制造业创新能力明显提升，创新成果的产业化水平国内领先，实现广东制造向广东创造的转型蝶变，基本达到创新型地区水平。

一、工业企业研发投入情况

（一）广东工业研发经费投入提升至全国首位，工业企业是全社会创新主体

全省规上工业研发经费支出保持快速增长势头，规模提升至全国首位。全省规上工业研发经费内部支出从 2012 年的 1077.9 亿元提升至 2021 年的 2902.2 亿元，如图 1 -9 所示，2012 ~ 2021 年增长 1.7 倍、年均复合增长率 13.2%。广东规上工业研发经费内部支出年均增速高于全国（11.8%）1.4 个百分点，但是低于安徽（17.1%）、湖南（16.3%）、福建（15.8%）、湖北（13.5%）。广东规上工业研发经费内部支出占全国规上工业研发经费内部支出的比重从 2012 年的 15.0%、排名全国第二位（第一位是江苏），提升至 2021 年的 16.6%、排名全国第一位，如表 1 -10 所示。

图 1－9　2012～2021 年全省规上工业研发经费内部支出及占营业收入的比重

资料来源：广东省统计年鉴。

表 1－10　2012 年、2017 年、2021 年全国及部分省份规上工业研发经费支出排名情况

2021 年				2012～2021 年年均增速（%）	2017 年				2012 年			
区域	R&D 经费（亿元）	占全国比重（%）	排名		区域	R&D 经费（亿元）	占全国比重（%）	排名	区域	R&D 经费（亿元）	占全国比重（%）	排名
全国	17514. 2	100. 0	—	11. 8	全国	12013. 0	—	—	全国	7200. 6	—	—
广东	2902. 2	16. 6	1	13. 2	广东	1865. 0	15. 5	1	江苏	1080. 3	15. 0	1
江苏	2716. 6	15. 5	2	12. 2	江苏	1833. 9	15. 3	2	广东	1077. 9	15. 0	2
浙江	1591. 7	9. 1	3	13. 2	山东	1563. 7	13. 0	3	山东	905. 6	12. 6	3
山东	1565. 3	8. 9	4	7. 1	浙江	1030. 1	8. 6	4	浙江	588. 6	8. 2	4
福建	771. 7	4. 4	5	15. 8	上海	540. 0	4. 5	5	上海	371. 5	5. 2	5
湖南	766. 1	4. 4	6	16. 3	河南	472. 3	3. 9	6	辽宁	289. 5	4. 0	6
河南	764. 0	4. 4	7	15. 0	湖北	468. 9	3. 9	7	湖北	263. 3	3. 7	7
安徽	739. 1	4. 2	8	17. 1	湖南	461. 8	3. 8	8	天津	255. 9	3. 6	8
湖北	723. 6	4. 1	9	13. 5	福建	448. 8	3. 7	9	河南	249. 0	3. 5	9
上海	698. 3	4. 0	10	8. 2	安徽	436. 1	3. 6	10	福建	238. 2	3. 3	10

资料来源：国家统计局。

全省规上工业企业研发强度[①]稳步提升，保持全国前列。全省规上工业研发经费内部支出占规上工业营业收入[②]的比重从 2012 年的 1.15% 提升至 2021 年的 1.71%，2012 年和 2021 年均高于全国水平的 0.36 个百分点，2012～2021 年，全省规上工业研发强度提升 0.42 个百分点；江苏、湖南、安徽、山东、河南等 2021 年的规上工业研发强度均比 2012 年翻一番，研发强度增速明显高于广东。广东规上工业研发强度在全国的排名由 2012 年的第二位下降至 2021 年的第三位，江苏（1.81%）、湖南（1.79%）规上工业研发强度均在广东之前，如表 1－11 所示。

表 1－11　2012 年、2017 年、2021 年全国及部分省份规上工业研发强度排名情况

2021 年			2021 年比 2012 年增减（个百分点）	2017 年			2012 年		
区域	研发强度（%）	排名		区域	研发强度（%）	排名	区域	研发强度（%）	排名
全国	1.37	—	0.58	全国	1.03	—	全国	0.79	—
江苏	1.81	1	0.89	浙江	1.54	1	北京	1.17	1
湖南	1.79	2	0.96	上海	1.44	2	广东	1.15	2
广东	1.71	3	0.56	天津	1.42	3	上海	1.10	3
安徽	1.65	4	0.90	广东	1.38	4	天津	1.09	4
浙江	1.62	5	0.59	北京	1.32	5	浙江	1.04	5
上海	1.58	6	0.48	重庆	1.31	6	重庆	0.92	6
重庆	1.57	7	0.64	辽宁	1.22	7	江苏	0.92	7
山东	1.53	8	0.75	江苏	1.18	8	湖北	0.84	8
湖北	1.47	9	0.63	湖南	1.17	9	湖南	0.83	9
河南	1.41	10	0.93	山东	1.10	10	福建	0.82	10

资料来源：国家统计局。

全省工业企业是全社会科技创新的主力军，规上工业企业研发人员、机构数量大幅提升。企业在自主创新领域走在全国前列，近 90% 的科研机构、科研人员、研发经费、发明专利均属于或源于企业。2012～2021 年，全省规上工业研发经费内部支出占全社会研发经费支出的比重每年主要在 70%～80% 区间。全省规上工业研发

① 规上工业企业研发强度是规上工业研发经费内部支出占规上工业营业收入的比重。

② 2012～2017 年，国家统计局统计规上工业主营业务收入指标，2018 年及之后调整为规上工业营业收入指标。规上工业研发经费强度测算的分母，2012～2017 年为规上工业主营业务收入、2018～2020 年为规上工业营业收入。

活动人员数量从2012年的51.92万人提升至2020年的91.12万人，年均复合增长率7.3%，2012~2020年，全省规上工业研发活动人员占全社会研发活动人员的比重每年均超过75%。全省规上工业研发机构数量从2012年的3455家提升至2020年的28262家，2012~2020年增长8倍、年均复合增长率30.0%，全省规上工业研发机构数量占全社会研发机构数量的比重自2015年以来均超过80%，2020年占比提升至89%，如图1-10所示，营业收入5亿元以上的工业企业基本设立研发机构。

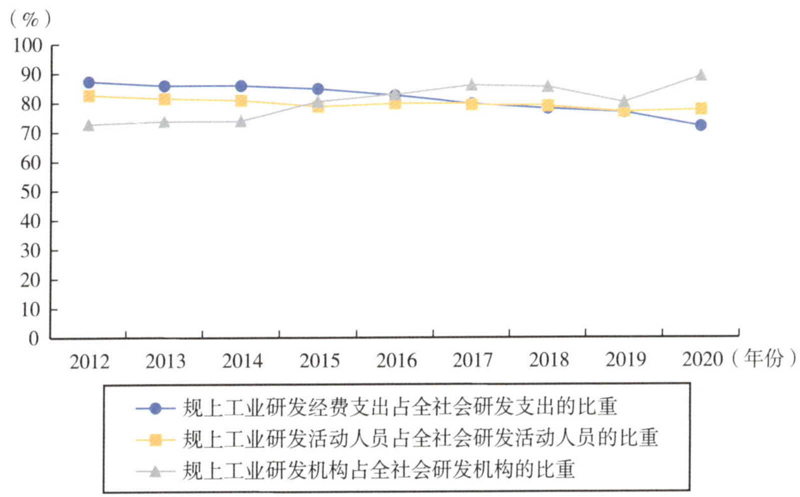

图1-10　2012~2020年全省规上工业研发相关统计指标情况

资料来源：广东省统计年鉴。

制造业若干重点领域创新异彩纷呈。截至2022年底广东区域创新能力继续保持全国领先，连续6年排名第一，基本达到创新型地区水平。广东知识产权综合发展指数连续10年位居全国第一，有效发明专利量和专利合作协定（PCT）国际专利申请量分别连续13年和11年位居全国第一。5G产业发展全球领先，省内通信龙头企业的5G标准必要专利数量占全球比重超过25%。“华龙一号”核电机组、“天鲸号”超大绞吸挖泥船等处于世界先进水平。

（二）高企数量连续6年居全国首位，创新平台培育成效突出

广东省高企数量增长8倍达到6万家，连续6年居全国首位。全省高新技术企业数量从2012年的6700家增长至2021年的超6万家，2021年企业数量是2012年的9倍，如表1-12所示，企业数量年均增速明显高于江苏、浙江、山东、北京、

上海等省份。自2016年以来，全省高新技术企业数量居全国首位，2021年，广东高新技术企业数量占全国的18.2%，广东高新技术企业数量分别是江苏（3.6万家）、浙江（2.9万家）、山东（2万家）的1.7倍、2.1倍、2.9倍。

表1-12　2012年、2021年全国及部分省份高新技术企业数量情况

区域	2021年		2012~2021年增长倍数	2012年	
	企业数量（万家）	占全国比重（%）		企业数量（家）	占全国比重（%）
全国	33.0	—	5.7	4.90	—
广东	6.0	18.2	8.0	0.67	13.7
江苏	3.6	10.9	6.1	0.51	10.4
浙江	2.9	8.8	5.4	0.45	9.2
北京	2.8	8.4	2.6	0.77	15.7
山东	2.0	6.2	6.9	0.26	5.2
上海	2.0	6.1	3.7	0.43	8.8

资料来源：根据公开资料收集整理。

高企为全省实体经济发展做出主要创新贡献。2021年，全省收入超亿元高新技术企业数量达到1.1万家，同比增长14.1%，超亿元企业数量占全省高新技术企业数量的18.3%。全省高新技术企业营业收入总额超10万亿元、出口总额约2万亿元、利润总额约9000亿元。高新技术企业拥有全省约85%的有效发明专利量和约90%的PCT国际专利申请量；超5万家高新技术企业分布在全省20个战略性产业集群，成为广东构建现代化产业体系、实现重点产业链供应链自主可控的主要力量。

国家级、省级产业创新平台建设成效突出。截至2022年底，获批建设印刷及柔性显示、高性能医疗器械、5G中高频器件、超高清视频创新中心（共同组建）4家国家级制造业创新中心，数量全国第一（全国26家）；建设7批40家省级制造业创新中心，覆盖全省15个地市以及新一代信息技术、智能家电、软件与信息服务、超高清视频显示、生物医药与健康、半导体与集成电路、高端装备制造、前沿新材料、新能源等17个战略性产业集群。支持行业龙头企业、技术机构成功创建18家国家级产业技术基础公共服务平台，为行业提供可靠性试验验证、标准验证、计量检测、认证认可、知识产权分析评估等公共支撑服务。

二、新技术新产品助推新产业蓬勃发展

新产品销售收入规模增长近2倍至4.4万亿元，居全国第一位。全省规上工业新产品销售收入从2012年的1.54万亿元增长至2020年的4.43万亿元，分别于2014年、2017年、2019年超过2万亿元、3万亿元、4万亿元，如图1－11、表1－13所示；2012～2020年年均复合增长率14.1%，超过同期广东规上工业营业收入增速（6.0%）8.1个百分点，超过同期全国规上工业新产品销售收入增速4个百分点。广东新产品销售收入占全国的比重从2012年的13.9%（排名全国第二位，江苏16.1%，排名第一位）提升至2020年的18.6%（排名全国第一位）。

图1－11　2012～2020年全省规上工业新产品销售收入及占营业收入的比重

资料来源：广东省统计年鉴。

表1－13　2012年、2020年全国及部分省份规上工业新产品销售收入情况

2020年			2012～2020增速（%）	2012年		
排序	区域	新产品销售收入（亿元）		排序	区域	新产品销售收入（亿元）
—	全国	238073.7	10.1	—	全国	110529.8
1	广东	44313.1	14.1	1	江苏	17845.4
2	江苏	39442.8	10.4	2	广东	15402.8
3	浙江	28302.5	12.2	3	山东	12913.2

续表

2020 年			2012～2020 增速（%）	2012 年		
排序	区域	新产品销售收入（亿元）		排序	区域	新产品销售收入（亿元）
4	山东	17081.1	3.6	4	浙江	11284.0
5	安徽	12054.4	15.8	5	上海	7399.9
6	上海	10159.2	4.0	6	湖南	4769.0
7	湖北	9596.9	12.7	7	天津	4460.1
8	湖南	8387.9	7.3	8	安徽	3731.9
9	河南	7907.5	15.0	9	湖北	3698.4
10	江西	7221.3	24.1	10	北京	3317.6

资料来源：国家统计局。

新产品销售收入占规上工业营业收入比重翻一番至近三成，排名跃升至全国第四位。全省规上工业新产品销售收入占规上工业营业收入的比重从2012年的16.7%提升至2020年的30.2%，2012～2020年提升13.5个百分点，如表1－14所示，占比在全国的排名从2012年的第7位提升至2020年的第4位。2020年，广东规上工业新产品销售收入占规上工业营业收入的比重（30.2%）低于浙江（36.4%）、江苏（32.3%）、安徽（31.8%），但是高于上海（26.3%）、北京（23.0%）等省份。

表1－14　2012年、2020年全国及部分省份规上工业新产品销售收入占营业收入的比重情况

2020 年			2012 年		
排序	区域	新产品销售收入占营业收入的比重（%）	排序	区域	新产品销售收入占营业收入的比重（%）
—	全国	22.4	—	全国	12.1
1	浙江	36.4	1	上海	21.9
2	江苏	32.3	2	浙江	19.9
3	安徽	31.8	3	北京	19.7
4	广东	30.2	4	重庆	19.1
5	上海	26.3	5	天津	18.9

续表

2020 年			2012 年		
排序	区域	新产品销售收入占营业收入的比重（%）	排序	区域	新产品销售收入占营业收入的比重（%）
6	重庆	26.1	6	湖南	17.3
7	湖北	23.6	7	广东	16.7
8	北京	23.0	8	江苏	15.2
9	湖南	21.9	9	安徽	13.4
10	天津	20.9	10	湖北	11.8

资料来源：国家统计局。

第四节　新模式新业态变革助推产业提质升级、引领全国

党的十八大以来，广东持续推进新一轮技术改造，以智能制造为主攻方向推动制造业高质量发展，实施智能制造生态伙伴计划，打造一批国家级省级智能制造试点示范，重点推进制造业数字化转型和企业上云上平台，打造绿色制造体系，推行清洁生产，推动制造业数字化、绿色化、服务化改造升级引领全国。

一、智能化数字化发展水平全国领先

智能制造和机器人产业发展全国领先。截至 2022 年底，全省累计 25 个项目入选国家试点示范，34 个项目获得智能制造新模式与综合标准化项目支持。深入实施智能制造生态伙伴计划，推动智能制造加快发展。开展省级智能制造试点示范，已遴选培育 378 个省级智能制造试点示范项目，覆盖流程制造、离散制造、智能装备制造、智能产品制造、智能服务和管理、智能制造新业态六大领域，并分行业进行示范应用推广。打造建设中国（广州）智能装备研究院、国家级机器人评定检测中心等一批机器人产业创新平台，为全省机器人产业创新发展提供产品研发、检验检测、产品认证等公共技术服务。截至 2022 年底，共遴选认定 86 家机器人骨干（培

育）企业，17 家企业成功入选工信部四部门联合发布的农业、建筑、医疗、矿山领域机器人典型应用场景名单。

制造业数字化转型发展走在全国前列。数字经济规模、软件和信息技术服务业综合发展指数、工业互联网应用指数等多项指标位居全国第一。华为、富士康、树根互联、腾讯、美云智数、华润数科 6 家企业入选国家级跨行业跨领域工业互联网平台，数量全国第一。国内首创建设制造业数字化转型产业生态供给资源池，引进培育 543 家优秀服务商，培育 6 家国家级跨行业、跨领域工业互联网平台，数量全国第一。打造“5G + 工业互联网”示范园区，率先开通工业互联网标识解析国家顶级节点（广州）。组织开展产业集聚区数字化转型试点，推动传统产业和先进制造业集群企业体系化、生态化上云上平台，累计培育 300 多个标杆示范项目，推动 2. 25 万家规模以上工业企业数字化转型，带动 65 万家中小企业上云用云降本提质增效。

二、绿色化低碳发展成效显著

全省绿色制造体系建设水平居国内前列。近年来，广东持续推进绿色制造体系建设，截至 2022 年底，累计创建国家级绿色工厂 241 家、绿色设计产品 871 种、绿色工业园区 10 家、绿色供应链管理企业 41 家，绿色制造示范名单数量居全国首位。大力推动企业开展绿色设计，在家电、日化、建材等消费类行业推动企业开发绿色设计产品，扩大绿色产品生产供给，广东省国家级绿色产品称号数量占全国 1/4 以上，并累计培育创建国家级工业产品绿色设计示范企业 20 家，有力带动行业绿色发展。

广东以占全国 6% 的工业能耗、8% 的工业用水，创造占全国 12% 的工业增加值。广东加快推动工业绿色低碳化转型升级，以更高的能源、水资源利用效率，创造更多的工业增加值规模。广东工业能源消费量占全国工业能源消费量的比重从 2012 年的 6. 5% 下降至 2020 年的 5. 9%；广东工业用水量占全国工业用水量的比重从 2012 年的 8. 8% 下降至 2020 年的 7. 8%；同期，广东工业增加值占全国工业增加值的比重一直保持在 12% ~13% 区间。2021 年，广东以占全国 5. 9% 的工业能源消费量、7. 8% 的工业用水量，创造占全国 12. 1% 的工业增加值。

全省工业能源消费量小幅提升、单位增加值能耗减少 1/3，广东工业单位增加值能耗仅为全国工业的一半。全省工业能源消费量从 2012 年的 1. 84 亿吨标准煤提升至2021年的2.12亿吨标准煤，如图1－12所示，全省工业能源消费量占全省能源消费总量的比重从2012年的63.2%下降至2021年的57.5%，全省工业能源消费量年均增速（1.6%）明显低于全省同期能源消费总量增速（2.6%）、也低于2012～2020年全国工业能源消费量年均增速（2.0%）。全省工业单位增加值能源消费量从2012年的0.72吨标准煤/万元下降至2021年的0.47吨标准煤/万元，2012～2021年单位能耗下降超过35%；2020年，广东工业单位增加值能源消费量（0.5吨标准煤/万元）仅为全国工业单位增加值能源消费量（1.06吨标准煤/万元）的47.3%。

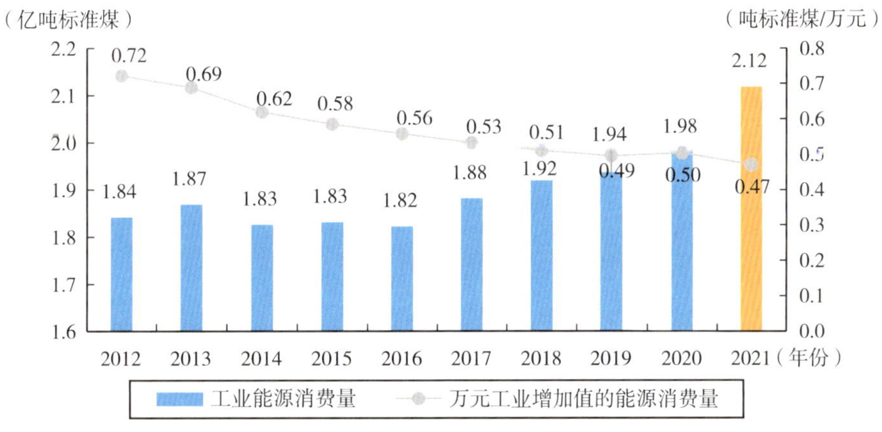

图1－12　2012～2021年全省工业能源消费量及单位能耗情况

资料来源：广东省统计年鉴。

全省工业用水量持续下降、单位增加值用水量减少2/3，广东工业单位增加值用水量仅为全国工业的2/3。全省工业用水量从2012年的121.6亿立方米下降至2021年的78.2亿立方米，如图1－13所示，全省工业用水量占全省用水总量的比重从2012年的27%下降至2021年的19.2%，全省工业用水量年均下降速度（－4.8%）明显快于全省同期用水总量下降速度（－1.1%）、也快于同期全国工业用水量下降速度（－3.6%）。全省工业单位增加值用水量从2012年的46立方米/万元下降至2021年的17立方米/万元，2012～2021年单位用水量下降63%；2020年，广东工业单位增加值用水量（20.7立方米/万元）仅为全国工业单位增加值用水量（32.9立方米/万元）的63%。

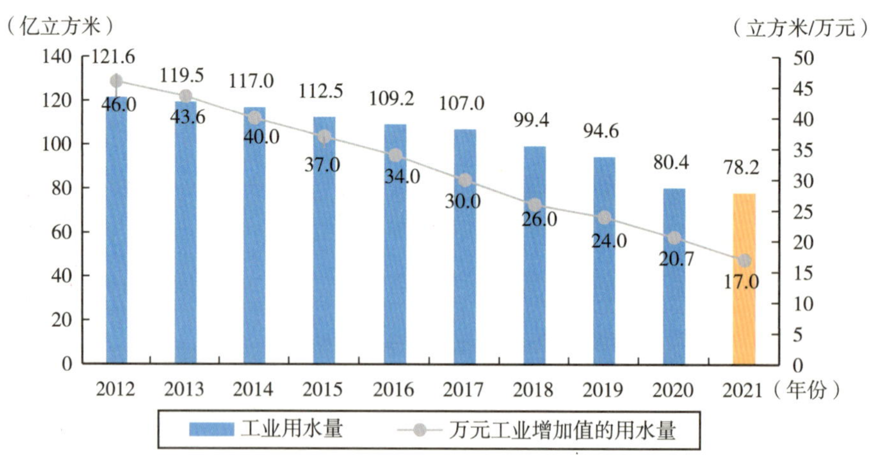

图 1－13　2012～2021 年全省工业用水量及单位用水量情况

资料来源：广东省统计年鉴。

三、服务型制造若干细分领域亮点突出

工业设计发展处于全国前列。广东是我国现代工业设计的发端地之一，整体规模实力处于全国前列。一是行业规模不断发展壮大。目前，现有国家级工业设计中心 37 家，省级工业设计中心 335 家，国家级工业设计研究院培育对象 2 家，首批国家工业设计研究院 1 家，数量位居全国第一，涌现出浪尖、格力、美的等设计规模业内领先、在全国颇具影响力的工业设计企业及企业设计中心，每年设计类专利申请量占全省专利总量的 60% 以上。二是工业设计服务平台体系日趋完善。全省拥有以工业设计为主题的国家新型工业化产业示范基地 2 家。已建成三个工业设计基地，其中广东工业设计城（顺德）入驻设计师约 8100 人，深圳中芬设计产业园约 3000 人，深圳设计之都产业园约 1200 人。三是工业设计人才培育体系逐步建立。广州美院、广东工业大学等 40 余所高校和高职院校先后设立工业设计专业，每年向社会输送超过 5000 名工业设计毕业生。

先进制造业和现代服务业融合发展打造若干试点示范。一是服务型制造示范培育成效明显。全省（含深圳）共 25 家企业（平台、项目）入选工信部服务型制造示范名单，省级服务型制造示范企业（平台）92 家，广州、深圳市入选工业和信息化部认定的服务型制造示范城市。二是服务型制造模式创新发展。在汽车行业，广汽埃安建成全球第一条具备互动式定制能力的总装工厂，用户可通过手机 App 在线定制。在家居行业，形成全国规模最大、品类最齐全的定制家居产业集聚地，成功培育中国第一家上市定制家居企业（索菲亚家居）、中国定制家居第一展（中国广州定制家具展），推动定制家居全球领先。三是开展电子商务试点示范工作。培育省级工业和信息化领域电子商务试点单位226家，示范单位48家，推动工业电子商务支撑体系集成创新，为产业集群转型升级提供服务支撑。

第五节　市场主体活力竞争力增强、打造若干世界一流企业

党的十八大以来，广东全力推动大型骨干企业培育、中小企业培育等，打造一批超百亿元骨干企业、具有生态主导力的链主企业、单项冠军企业、“专精特新”中小企业，制造业企业实力雄厚，形成具有国际竞争力的优质企业群，构建大中小企业融通发展、梯度培育格局。

一、规上企业数量全国第一

规上工业企业数量跃居全国首位，连续跨越四万家、五万家、六万家新台阶。全省规上工业企业数量从2012年的37811家提升至2021年的66329家，其中，在2013年、2019年、2021年，全省规上工业企业数量分别超过4万家、5万家、6万家，如图1－14所示。全省规上工业企业数量占全国的比重从2012年的11%（排名全国第二位）提升至2020年的14.6%（排名全国第一位），如表1－15所示，其中，广东规上工业企业数量自2017年起超过江苏、排名全国第一位。2012～2020年，广东规上工业企业数量年均复合增长率（5.6%）高于江苏（1.1%）、浙江（3.5%）、山东（－2.9%）、福建（2.6%）等省份。规模以上工业企业营业收入、利润总额等主要指标总量均居全国第一。

图 1－14　2012～2021 年全省规上工业企业数量

资料来源：广东省统计年鉴。

表 1－15　　2012 年、2020 年全国及部分省份规上工业企业数量情况

2020 年					2012 年			
排名	区域	企业数量（家）	占全国比重（%）	2012～2020 年均增速（%）	排名	区域	企业数量（家）	占全国比重（%）
—	全国	399375	100.0	1.9	—	全国	343769	100.0
1	广东	58483	14.6	5.6	1	江苏	45859	13.3
2	江苏	50168	12.6	1.1	2	广东	37790	11.0
3	浙江	47956	12.0	3.5	3	山东	37625	10.9
4	山东	29628	7.4	－2.9	4	浙江	36496	10.6
5	河南	19803	5.0	0.4	5	河南	19237	5.6
6	福建	18845	4.7	2.6	6	辽宁	17347	5.0
7	安徽	18447	4.6	3.0	7	福建	15333	4.5
8	湖南	18239	4.6	4.5	8	安徽	14514	4.2
9	湖北	15708	3.9	3.0	9	湖南	12785	3.7
10	四川	15280	3.8	2.3	10	四川	12719	3.7

资料来源：国家统计局。

二、企业类型变化

（一）经济类型变化：股份制企业主导地位更突显，国有和外资企业是全省制造业发展的重要支撑

股份制企业数量、增加值规模均翻一番，完成全省超五成工业增加值。全省股份制工业企业数量从 2012 年的 1.88 万家提升至 2021 年的 5.22 万家，占全省规上

工业企业数量的比重从 2012 年的 54.0% 提升至 2021 年的 79.3%，如图 1－15 所示；其中，股份制规上工业企业数量于 2013 年、2017 年分别超过 2 万家、3 万家。全省股份制工业企业实现增加值从 2012 年的 0.91 万亿元提升至 2021 年的 2.39 万亿元，2012～2021 年年均复合增长率 11.4%，高于同期全省规上工业增加值增速（5.7%）5.7 个百分点，股份制工业增加值占全省规上工业企业增加值的比重从 2012 年的 34.9% 提升至 2021 年的 55.4%，如图 1－16 所示；其中，股份制规上工业企业增加值于 2013 年、2017 年分别超过 1 万亿元、2 万亿元。

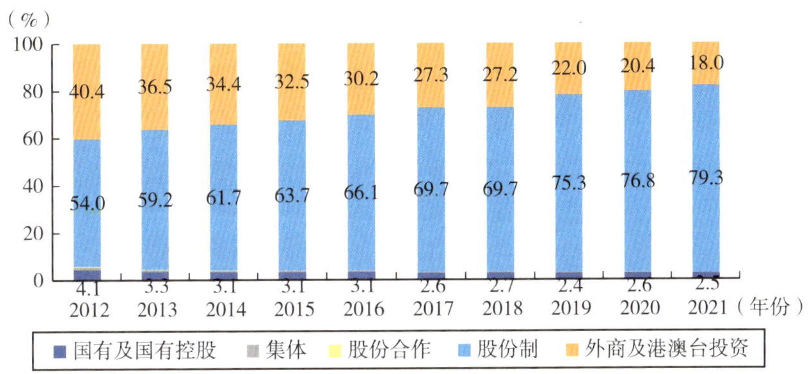

图 1－15　2012～2021 年全省按经济类型分规上工业企业数量占比情况

资料来源：广东省统计年鉴。

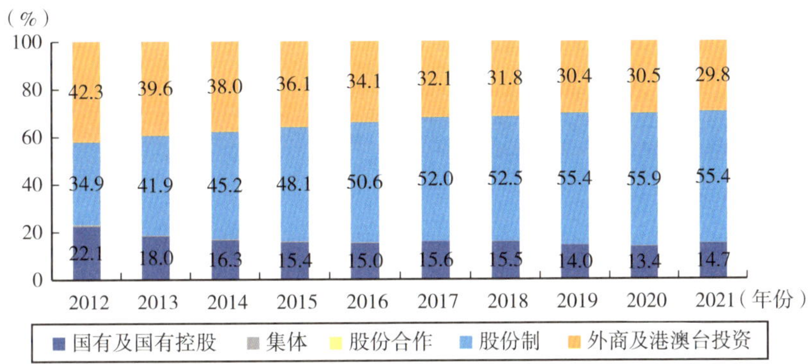

图 1－16　2012～2021 年全省按经济类型分规上工业企业增加值占比情况

资料来源：广东省统计年鉴。

国有企业数量及增加值规模稳中有升，以占比不到 3% 的企业数量完成全省一到两成工业增加值。全省国有及国有控股工业企业数量从 2012 年的 1432 家提升至 2021 年的 1654 家，占全省规上工业企业数量的比重从 2012 年的 4.1% 下降至 2021 年的 2.5%。全省国有及国有控股工业企业实现增加值从 2012 年的

5750.3 亿元提升至 2021 年的 6361.1 亿元，2012 ~ 2021 年年均复合增长率 1.1%，国有及国有控股工业增加值占全省规上工业企业增加值的比重从 2012 年的 22.1% 下降至 2021 年的 14.7%。

外资企业数量及增加值规模增长相对趋缓，以占比两成的企业数量完成三成工业增加值。2021 年，全省外商及港澳台投资工业企业数量为 1.19 万家，占全省规上工业企业数量的比重为 18.0%。全省外商及港澳台投资工业企业实现增加值从 2012 年的 1.10 万亿元提升至 2021 年的 1.29 万亿元，2012 ~ 2021 年年均复合增长率 1.8%，外商及港澳台投资工业企业增加值占全省规上工业企业增加值的比重保持在 30% ~40% 区间。

（二）企业规模：大型企业是全省工业发展主要支柱，中型企业对工业规模增长的支撑作用有待提升，小微型企业数量和增加值规模均保持良好增长态势

大型企业数量及增加值规模平稳增长，以不到 3% 的企业数量，完成全省近五成工业增加值。全省大型企业数量从 2012 年的 1383 家提升至 2021 年的 1564 家，占全省规上工业企业数量的比重从 2012 年的 3.7% 下降至 2021 年的 2.3%，如图 1 -17 所示。全省大型企业实现增加值从 2012 年的 1.07 万亿元提升至 2021 年的 1.84 万亿元，2012 ~2021 年年均复合增长率 6.2%，高于同期全省规上工业增加值增速（5.7%）0.5 个百分点，大型企业增加值占全省规上工业企业增加值的比重从 2012 年的 47.0% 提升至 2021 年的 49.3%，如图 1 -18 所示。

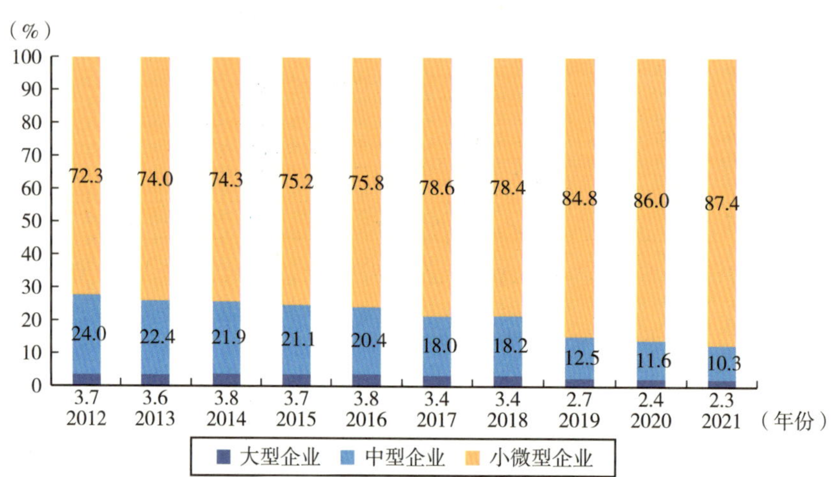

图 1 -17　2012 ~2021 年全省按企业规模分规上工业企业数量占比情况

资料来源：广东省统计年鉴。

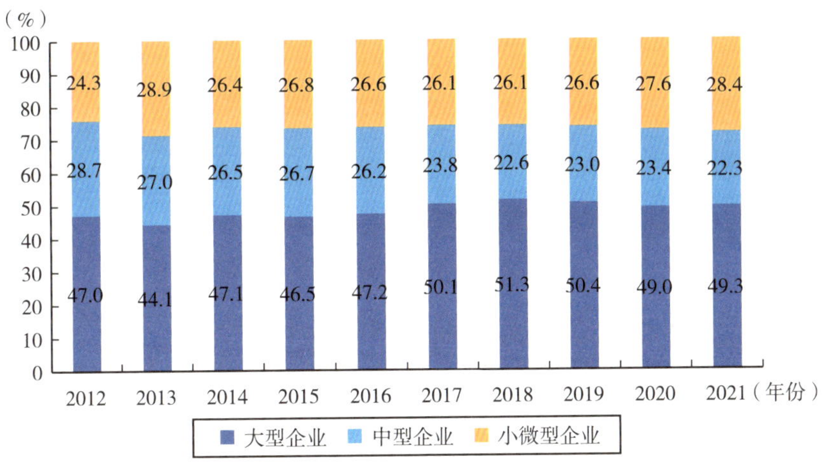

图1－18　2012～2021年全省按企业规模分规上工业企业增加值占比情况

资料来源：广东省统计年鉴。

中型企业数量有所减少、增加值稳中有升，以一成企业数量完成全省超两成工业增加值。全省中型企业数量从2012年的9102家下降至2021年的6812家，占全省规上工业企业数量的比重从2012年的24.0%下降至2021年的10.3%。全省中型企业实现增加值从2012年的6513.52亿元提升至2021年的8318.96亿元，2012～2021年年均复合增长率2.8%，低于同期全省规上工业增加值增速（5.7%）2.9个百分点，中型企业增加值占全省规上工业企业增加值的比重从2012年的28.7%下降至2021年的22.3%。

小微型企业数量翻一番、增加值平稳增长，以超八成的企业数量完成全省近三成工业增加值。全省小微型企业数量从2012年的2.73万家提升至2021年的5.80万家，2012～2021年翻一番，占全省规上工业企业数量的比重从2012年的72.3%提升至2021年的87.4%。全省小微型企业实现增加值从2012年的5518.65亿元提升至2021年的10603.16亿元，2012～2021年年均复合增长率7.5%，高于同期全省规上工业增加值增速（5.7%）1.8个百分点，小微型企业占全省规上工业企业增加值的比重从2012年的24.3%提升至2021年的28.4%。

三、龙头骨干企业成为行业发展中流砥柱

世界一流企业培育成效显著，进入世界500强榜单的广东制造业企业数量大幅增长。2022年，世界500强企业中的广东制造业企业数量大幅提升至8家，比2012

年（1家，华为）多7家，如图1－19所示；2022年广东入选的制造业企业覆盖电子信息（华为、中国电子）、智能家电（美的、格力）、汽车（广汽、比亚迪）、先进材料（正威）、生物医药（广药）等重点行业领域；2022年广东入选制造业企业数量排名全国第2位，低于北京（22家），高于浙江（6家）、山东（4家）、江苏（3家），如表1－16所示。2022年，中国制造业500强榜单中，广东企业46家，排名全国第4位，少于浙江（78家）、山东（75家）、江苏（57家）。

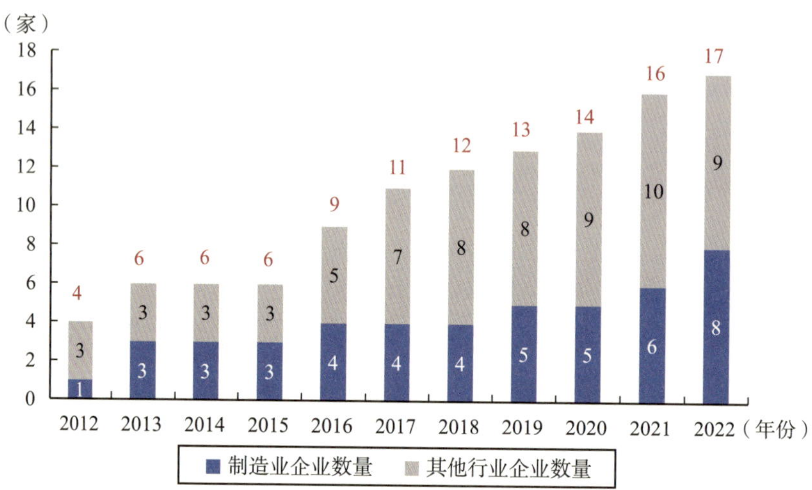

图1－19　2012～2022年全省入选世界500强企业数量

注：红色数据为该年度广东入围世界500强企业总数。
资料来源：根据公开资料收集整理。

表1－16　　2022年世界500强榜单中的粤苏浙鲁制造业企业

排名	企业名称	所属省份
76	正威国际集团有限公司	广东（8家）
96	华为投资控股有限公司	
186	广州汽车工业集团有限公司	
245	美的集团股份有限公司	
324	中国电子信息产业集团有限公司	
436	比亚迪股份有限公司	
467	广州医药集团有限公司	
487	珠海格力电器股份有限公司	

续表

排名	企业名称	所属省份
180	浙江荣盛控股集团	浙江（6家）
229	浙江吉利控股集团有限公司	
238	青山控股集团有限公司	
264	浙江恒逸集团有限公司	
336	杭州钢铁集团有限公司	
459	海亮集团有限公司	
282	山东魏桥创业集团	山东（4家）
384	山东钢铁集团	
405	海尔智家股份有限公司	
425	潍柴动力股份有限公司	
75	恒力集团有限公司	江苏（3家）
241	盛虹控股集团有限公司	
291	江苏沙钢集团有限公司	

资料来源：根据公开资料收集整理。

广东制造业500强企业以珠三角企业为主，分布于25个行业大类，营收总额持续增长、研发创新水平持续提升。广东制造业500强企业主要集中在广州、深圳、佛山、东莞、珠海等珠三角地市，2022年，以上5个地市入选500强企业数量占总数的77.4%，其中，佛山90家企业入选，排名全省第1位，如表1－17所示；粤东（6家）、粤西（4家）、粤北（17家）地区入选企业数量不多，区域分布不均衡依然存在。2022年广东省制造业500强企业营业收入合计达到5.53万亿元，比2021年增加5.6%，其中，超过1000亿元的有12家。2022年广东省制造业500强企业分布于25个行业，占全国全部31个制造业行业的80.6%，主要集中在先进材料、智能家电、汽车、电子信息、食品饮料等行业领域。

表1－17　2014年、2017年、2022年省内部分地市入选广东制造业500强企业数量

2022年		2017年		2014年	
地区	企业数量（家）	地区	企业数量（家）	地区	企业数量（家）
佛山	90	深圳	113	深圳	150
珠海	79	广州	101	广州	89

续表

2022 年		2017 年		2014 年	
地区	企业数量（家）	地区	企业数量（家）	地区	企业数量（家）
广州	75	佛山	58	佛山	75
东莞	72	东莞	47	东莞	52
深圳	71	珠海	40	汕头	23
惠州	31	中山	39	珠海	23
中山	25	惠州	22	江门	18
江门	22	江门	21	中山	17
清远	9	汕头	20	惠州	8
肇庆	7	肇庆	8	肇庆	8
其他	19	其他	31	其他	37

资料来源：根据公开资料收集整理。

中小企业成为全省壮大新经济的强劲引擎。截至 2022 年底，广东已累计培育国家级“专精特新”“小巨人”企业 867 家，省“专精特新”中小企业 2704 家，国家级单项冠军企业 132 家。2020～2022 年，广东省财政通过事后奖补方式激励小微工业企业做大做强，推动超 3 万家中小微企业上规模发展。广东充分发挥省级产业发展基金等政策性资金引导带动作用，聚焦新能源、智能制造、集成电路等领域，累计投资孵化 121 家企业成长为“专精特新”“小巨人”企业；支持开展广东省大型骨干企业与中小企业合作对接活动，积极构建大企业与中小企业协同创新、共享资源、整合发展的产业生态。

民营经济是广东省经济高质量发展的坚实底气。根据广东省市场监管局数据，截至 2022 年底，广东省有民营企业（含个体工商户）1571 万户；2022 年广东民营经济增加值预计突破 6 万亿元，占 GDP 的比重超过 50%。广东民营经济单位数、增加值、进出口总额、上缴税收均居全国第一。广东省相继出台“实体经济十条”“民营经济十条”等政策，构建良好营商环境，释放民营企业发展活力，作为民营经济大省，广东民营经济贡献全省 50% 以上的 GDP、60% 左右的投资、70% 以上的创新成果、80% 以上的新增就业和 95% 以上的市场主体；华为、腾讯、比亚迪、大疆、海王、研祥、明阳风电等民营高科技龙头企业发展成就显著。

第六节　区域协调发展进入新阶段，“一核一带一区”各展所长、相得益彰

党的十八大以来，广东推动珠三角产业一体化发展，集全省之力推动粤港澳大湾区建设，围绕“一核一带一区”建设，打造珠三角高端制造业核心区，持续推进珠三角与粤东西北地区产业共建，东西两翼沿海制造业拓展带和北部绿色制造发展区持续扩容升级，推动区域协调发展进入新阶段。

一、“一核一带一区”发展概况

（一）珠三角是“一核一带一区”制造业发展主引擎，粤东、粤西增长平稳，粤北发展稳中有升

珠三角核心区制造业保持平稳增长势头，制造业规模占全省比重接近九成，新兴产业是主要增长动力。党的十八大以来，珠三角地区加快推进产业一体化，粤港澳大湾区先进制造业基地建设持续提升。广州、深圳“双核联动”，珠三角东西两岸融合联通发展态势日渐显现，珠江东岸电子信息产业蓬勃发展，珠江西岸先进装备制造加速崛起。珠三角核心区规上制造业增加值从2012年的1.71万亿元提升至2021年的2.99万亿元，2012～2021年年均复合增长率6.0%，占全省规上制造业增加值的比重从83.6%提升至87.1%，如图1－20所示。珠三角核心区地市加快推动传统产业转型升级、对外扩充产能以及新兴产业培育发展，以食品饮料、纺织服装等为重点的消费品工业增加值规模在2015年之后基本维持在4400亿～5000亿元区间，如表1－18所示；高技术制造业保持良好增长势头，增加值规模从2012年的5211.7亿元提升至2021年的11184.47亿元，如表1－19所示，年均复合增长率8.9%，高于同期珠三角规上制造业增速（6.4%）2.5个百分点。

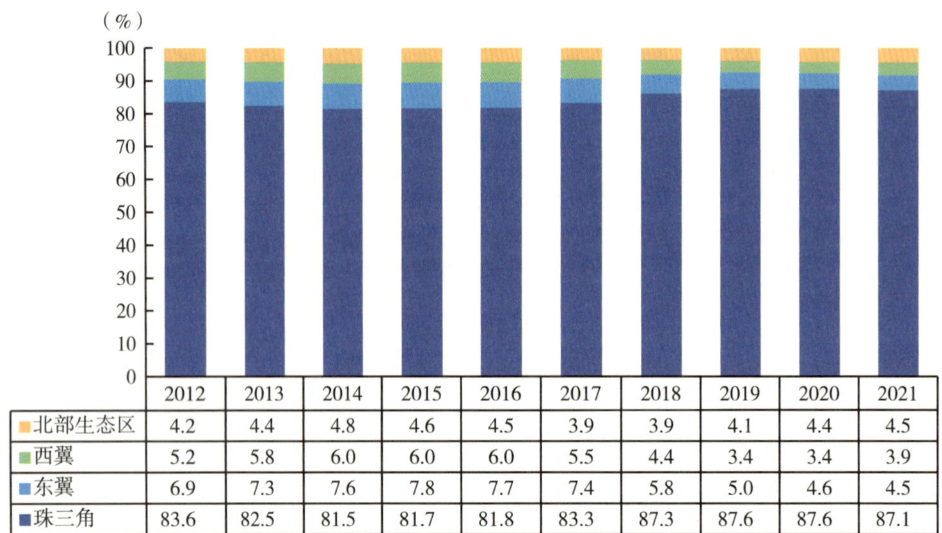

	2012	2013	2014	2015	2016	2017	2018	2019	2020	2021
北部生态区	4.2	4.4	4.8	4.6	4.5	3.9	3.9	4.1	4.4	4.5
西翼	5.2	5.8	6.0	6.0	6.0	5.5	4.4	3.4	3.4	3.9
东翼	6.9	7.3	7.6	7.8	7.7	7.4	5.8	5.0	4.6	4.5
珠三角	83.6	82.5	81.5	81.7	81.8	83.3	87.3	87.6	87.6	87.1

图 1－20　2012～2021 年“一核一带一区”规上制造业增加值占比情况

资料来源：广东省统计年鉴。

表 1－18　2012 年、2017 年、2021 年“一核一带一区”消费品制造业增加值及占规上工业增加值比重

区域	2021 年				2017 年				2012 年		
	增加值（亿元）	占本区域规上工业比重（%）	占全省同行业比重（%）	2017～2021 年均增速（%）	增加值（亿元）	占本区域规上工业比重（%）	占全省同行业比重（%）	2012～2017 年均增速（%）	增加值（亿元）	占本区域规上工业比重（%）	占全省同行业比重（%）
珠三角	5039.83	15.7	78.1	3.2	4434.9	17.2	69.3	3.4	3744.8	20.1	73.3
东翼	774.68	45.1	12.0	－11.2	1243.6	53.7	19.4	9.7	784.1	48.3	15.3
西翼	216.18	12.3	3.3	－13.8	390.7	20.0	6.1	5.1	304.5	22.5	6.0
北部生态区	423.59	24.7	6.6	6.5	329.3	25.2	5.1	3.7	275.1	24.8	5.4

注：消费品制造业包括农副食品、食品、酒饮料和精制茶、烟草、纺织业、纺织服装、皮革毛皮羽毛及其制品和制鞋业、家具、造纸和纸制品、印刷和记录媒介复制业、文教工美体育和娱乐用品制造业、医药、化学纤维，共 13 个大类行业。

资料来源：广东省统计年鉴。

表 1－19　　2012 年、2017 年、2021 年“一核一带一区”高技术制造业增加值及占规上工业增加值比重

区域	2021 年				2017 年				2012 年		
	增加值（亿元）	占本区域规上工业比重（%）	占全省同行业比重（%）	2017～2021 年均增速（%）	增加值（亿元）	占本区域规上工业比重（%）	占全省同行业比重（%）	2012～2017 年均增速（%）	增加值（亿元）	占本区域规上工业比重（%）	占全省同行业比重（%）
珠三角	11184.47	34.91	95.8	5.4	9053.3	35.1	95.2	11.7	5211.7	28.0	95.1
东翼	172.93	10.08	1.5	－5.1	213.1	9.2	2.2	7.8	146.4	9.0	2.7
西翼	24.87	1.42	0.2	－12.1	41.6	2.1	0.4	6.7	30.1	2.2	0.5
北部生态区	290.12	16.11	2.5	9.8	199.7	15.3	2.1	17.1	90.6	8.2	1.7

资料来源：广东省统计年鉴。

东西两翼沿海经济带制造业规模稳中有升，占全省比重稍有下降，重工业和新兴产业发展持续推进。现代化的沿海产业带逐步成型，以湛江为核心的粤西地区集聚湛江钢铁、中科炼化、巴斯夫等龙头企业，逐步成为重大产业的主战场；以汕头为核心的粤东地区逐步形成千亿级的新一代电子信息、数字经济产业集群。东翼沿海经济带规上制造业增加值从 2012 年的 1406.7 亿元小幅提升至 2021 年的 1543.4 亿元，2012～2021 年年均复合增长率 1%；西翼沿海经济带规上制造业增加值从 2012 年的 1068 亿元提升至 2021 年的 1327.5 亿元，2012～2021 年年均复合增长率 2.4%。近年来，东西两翼沿海经济带的消费品工业发展有所放缓，传统产业转型升级有待推进。

北部生态发展区制造业规模体量小、稳中有升，占全省比重维持在 4% 左右。北部生态发展区产业绿色转型加快发展，韶关、清远以先进材料等产业为重点，融入珠三角产业配套体系，云浮形成基础好、集聚度高的氢能产业。北部生态发展区规上制造业增加值从 2012 年的 866.1 亿元提升至 2021 年的 1548.9 亿元，2012～2021 年年均复合增长率 6.7%，占全省规上制造业增加值的比重从 4.2% 提升至 4.5%。北部生态发展区地市加快推动传统产业转型升级以及新兴产业培育发展，消费品制造业保持稳中有升的增长势头，高技术制造业增加值在 2012～2021 年间增长 1.5 倍、年均复合增长率达 13.8%，高于同期北部生态发展区规上制造业增速（6.7%）7.1 个百分点。

（二）全省工业重心位于珠三角入海口位置，2012～2018 年总体向东南方向移动，2018 年以来先向北后向西移动

全省工业重心位于珠江三角洲入海口①，珠三角工业在全省工业发展中持续占据支柱核心地位。与全省地理重心②相比，全省工业重心显著偏向珠江三角洲入海口区域，这与珠三角工业规模体量在全省占比高有关。珠三角工业一直是全省工业规模提升和高质量发展的支柱核心，2012～2021 年，珠三角工业增加值占全省工业增加值的比重从 77.1% 提升至 83.8%，珠三角工业增加值年均增速（12.1%）高于全省年均增速（11.6%）0.6 个百分点。

如图 1－21 所示，2012～2018 年，全省工业重心整体向东南移动。全省制造业分区域、逐步开启从高速增长转向高质量发展阶段，省内大部分地市工业增速也呈现阶梯级逐步放缓③趋势，省内不同城市之间差距拉大。珠三角东部的深圳、东莞、惠州等地市坚持把发展经济的着力点放在实体经济上，工业年均增速维持在 8%～11%，带动全省工业重心向东大幅移动；珠三角中西部部分地区产业结构调整，重点地市工业年均增速低于珠三角东部地市；粤北地区多数地市年均增速在 5.5% 以下，低于珠三角（位于全省南部），推动全省工业重心向南移动。

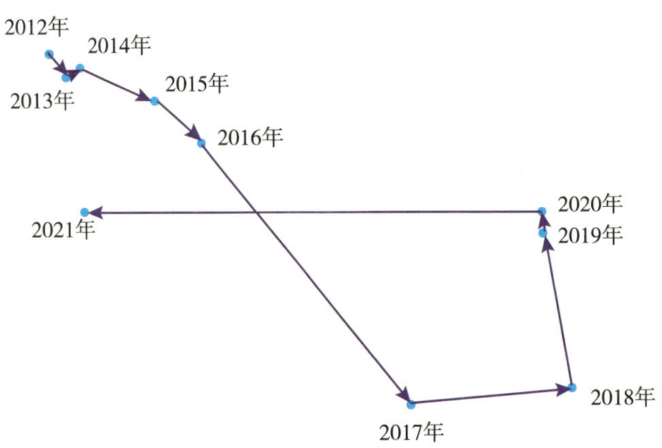

图 1－21　2012～2021 年全省工业重心移动路径

注：浅蓝色圆点指的是全省工业重心每年所处的地理坐标。

---

① 全省工业重心位于珠江三角洲入海口的位置，在东莞市西南部的沙田镇、厚街镇、虎门镇交界处。

② 全省地理重心位于广州市花都区与清远市清城区交界处。

③ 2012～2017 年，全省工业增加值年均复合增长率 7.1%；省内大部分地市工业年均增速从 20% 以上逐步下降至 10% 以上再到 4%～7%，小部分地市在 2017 年出现负增长。

2018～2021年，全省工业重心先后向北、向西偏移。近年来，在中美经贸摩擦、新冠疫情、低端产业外迁和高端产业回流“双重挤压”等多重因素影响下，全省地市制造业发展面临的不确定性和风险增加。但是，省内重点地市均明确强化实体经济发展的重要作用，持续推进制造业高质量发展，尤其是珠三角的中西部地市与东部地市增速差距相对缩小，推动全省工业重心向西、向北移动。粤东西北传统产业转型有所推进，粤西地区重化工大型产业项目产能逐步释放，粤北地区以先进材料为主动力推动工业新增长，进一步推动全省工业重心向西、向北移动。

（三）产业园区建设持续推进，省级工业园区规模占比超六成

经过十余年的艰苦创业，全省163个省级以上工业园区高质量发展持续推进，园区实现的规模以上工业增加值占到全省规模以上工业增加值的近6成，成为产业发展重要载体和引擎。2021年，省委、省政府在珠海、汕头、佛山、中山、江门、湛江、肇庆规划建设7个大型产业集聚区，着力打造制造业高质量发展新增长极。目前，广东省加快实施“百县千镇万村高质量发展工程”，推动产业有序转移的“1＋14＋15”政策体系已基本成型，新一轮对口帮扶协作的结对关系首次实现粤东粤西粤北地区市、县全覆盖，为新阶段促进区域协调发展搭起政策框架、夯实制度基础。广东省支持粤东粤西粤北12个地市和珠三角3个地市各打造一个承接产业转移主平台，支持对口帮扶协作双方共建一个市级产业转移合作园区和一批县域特色产业园。

二、21个地市发展比较

（一）规上制造业增加值：广深佛莞合计占全省近七成、是全省制造业增长主引擎，中山、肇庆、阳江、汕尾、云浮、潮州等地市增长趋缓

全省8个地市制造业规模超千亿元、比2012年增加2个，广深佛莞四市制造业规模合计占全省近七成。2021年，深圳、佛山、东莞、广州、惠州、中山、珠海、江门8个地市的规上制造业增加值规模均超1000亿元，珠三角九市中，仅肇庆制造业增加值未超1000亿元（排名全省第九位）。广深佛莞四市制造业规模一直位居全省前四位，四市增加值合计占全省比重从2012年的64.4%提升至2021年的68.7%，制造业发展集中度较高。其中，2021年，深圳（8778.2亿元）、佛山

（5231.3 亿元）规上制造业增加值均超过 5000 亿元。受产业结构调整相关政策影响，广州制造业增加值排名从 2012 年的第 2 位回落至 2021 年的第 4 位，佛山和东莞提升一位分别至第 2 位和第 3 位，如表 1－20 所示。

表 1－20　　2012 年、2017 年、2021 年全省各地市规上制造业增加值及全省排名情况

2021 年				2017 年				2012 年			
区域	增加值（亿元）	排名	占全省比重（%）	区域	增加值（亿元）	排名	占全省比重（%）	区域	增加值（亿元）	排名	占全省比重（%）
全省	34319.8	—	—	全省	28819	—	—	全省	20396	—	—
深圳	8778.2	1	25.6	深圳	7409.5	1	25.7	深圳	4501.1	1	22.1
佛山	5231.3	2	15.2	佛山	4171	2	14.5	广州	3622	2	17.8
东莞	4990.9	3	14.5	广州	3750.8	3	13.0	佛山	3176.7	3	15.6
广州	4569.5	4	13.3	东莞	3470.8	4	12.0	东莞	1827.8	4	9.0
惠州	2093.6	5	6.1	惠州	1747.5	5	6.1	中山	1151.1	5	5.6
中山	1293.6	6	3.8	中山	997	6	3.5	惠州	1085	6	5.3
珠海	1188.5	7	3.5	珠海	994.1	7	3.4	揭阳	637.7	7	3.1
江门	1063.1	8	3.1	揭阳	926.5	8	3.2	珠海	599.2	8	2.9
肇庆	691.3	9	2.0	江门	913.3	9	3.2	肇庆	589.7	9	2.9
汕头	670.9	10	2.0	茂名	776.6	10	2.7	江门	502.6	10	2.5
湛江	619.2	11	1.8	汕头	771.8	11	2.7	茂名	456.7	11	2.2
清远	598.9	12	1.7	湛江	549.2	12	1.9	汕头	432.8	12	2.1
茂名	492.9	13	1.4	肇庆	538.9	13	1.9	湛江	340.1	13	1.7
揭阳	479.4	14	1.4	清远	345.8	14	1.2	阳江	271.2	14	1.3
韶关	304.8	15	0.9	阳江	259.3	15	0.9	清远	251.3	15	1.2
河源	295.5	16	0.9	潮州	258.8	16	0.9	韶关	186.3	16	0.9
梅州	227.2	17	0.7	河源	245.8	17	0.9	河源	184.1	17	0.9
潮州	226.7	18	0.7	韶关	245.3	18	0.9	潮州	182.4	18	0.9
阳江	215.5	19	0.6	汕尾	171.1	19	0.6	汕尾	153.8	19	0.8
汕尾	166.4	20	0.5	梅州	168.1	20	0.6	梅州	123.4	20	0.6
云浮	122.5	21	0.4	云浮	107.8	21	0.4	云浮	121.1	21	0.6

资料来源：广东省统计年鉴。

深圳、东莞、惠州、珠海、江门、湛江、清远等地市制造业增长最快，实现制造业规模翻一番。2012～2021年，七市的规上制造业增加值年均复合增长率均在7%以上，制造业规模实现翻一番。其中，东莞、江门、清远的年均增速最高，分别达到11.8%、8.7%、10.1%，地市围绕新一代电子信息、轨道交通、新材料等产业重点发力，带动制造业发展迈向新台阶。深圳、惠州、珠海以新一代电子信息、装备制造、绿色石化等产业为主导，带动制造业重点行业领域做大做优做强。湛江在高端钢材、绿色石化等超百亿级重大产业项目带动引领下，实现制造业跨越式新发展。

汕头、河源、梅州、韶关等地市实现平稳增长。汕头、韶关在推进传统产业转型升级的基础上，加快建设新能源装备、高端钢材、绿色石化等重大产业项目，培育打造新的支柱产业、实现产业结构优化升级。河源在深圳对口帮扶产业共建支持下，依托新一代电子信息产业作为主动力带动制造业平稳增长。梅州以电子元器件、食品饮料、新材料等为重点，制造业发展稳中向好。2012～2021年，五市规上制造业增加值的年均复合增长率均在5%～6%。

中山、肇庆、阳江、汕尾、云浮、潮州、茂名、揭阳等地市制造业稳中有升。中山、肇庆、阳江、汕尾、云浮、潮州等地传统产业占比高、转型升级有待推进，地市依托新能源装备、新一代电子信息、新能源汽车等新兴产业发展培育产业经济新增长点。茂名、揭阳两市在“十二五”时期保持良好增长态势，但是“十三五”以后制造业增长有所放缓、稳中有升。

（二）工业增加值：广深佛莞四市进入全国前十、是全省工业增长主引擎，全省地市之间规模级差进一步扩大

广深佛莞四市工业增加值进入全国前10强。2021年，全省有1个地市（深圳）工业增加值突破万亿元，广州、佛山、东莞3个地市的工业增加值均在6000亿元以上、分列全省第2位、第3位和第4位，深圳、广州、佛山、东莞4个地市的工业增加值合计占全省工业增加值的65.5%。从全国工业增加值排名看，2021年，广东省共有4个地市工业增加值（全口径）规模进入全国前10位，分别是深圳（第2位）、广州（第5位）、佛山（第6位）、东莞（第8位）。

从全国看，广东进入工业增加值前30强的地市数量少于江浙。按省市看，广东省内工业发展以广深佛莞等头部地市为引领，优势突显，在全国工业增加值排名前10位城市中占据4个，头部优势明显优于江苏（2个，苏州、无锡）、浙江（1个，

宁波）、山东（0 个）等省市；但是江苏和浙江的城市工业增加值进入全国前 30 位的地市数量最多，均为 5 个；广东、山东分别有 4 个、3 个地市进入全国城市工业增加值前 30 位，如表 1－21 所示。按规模看，国内共有 2 个工业增加值超万亿元的城市，其中，上海（第 1 位，10739 亿元），深圳（第 2 位，10356 亿元）；全国共有 10 个城市工业增加值在 5000 亿元以上（不含超万亿元），广东省内的广州、佛山、东莞 3 个地市处于该增加值区间；全国工业增加值在 5000 亿元以下，但是超过 2500 亿元的城市共有 18 个，排名第 30 位的城市为温州，工业增加值 2555 亿元，广东省内没有地市处于该增加值区间。

表 1－21　　2021 年工业增加值全国前 30 位城市

排名	城市	工业增加值（亿元）	所属省市
1	上海	10739	上海
2	深圳	10356	广东
3	苏州	9963	江苏
4	重庆	7889	重庆
5	广州	6710	广东
6	佛山	6414	广东
7	宁波	6298	浙江
8	东莞	6075	广东
9	无锡	6040	江苏
10	泉州	5759	福建
11	北京	5692	北京
12	天津	5224	天津
13	南京	4991	江苏
14	杭州	4805	浙江
15	成都	4740	四川
16	武汉	4586	湖北
17	南通	4500	江苏
18	唐山	4141	河北
19	长沙	3900	湖南
20	青岛	3884	山东
21	常州	3800	江苏
22	榆林	3576	陕西

续表

排名	城市	工业增加值（亿元）	所属省市
23	郑州	3400	河南
24	嘉兴	3126	浙江
25	烟台	3101	山东
26	鄂尔多斯	2840	内蒙古
27	福州	2759	福建
28	济南	2746	山东
29	绍兴	2700	浙江
30	温州	2555	浙江

资料来源：根据公开资料收集整理。

从全省看，共有10个地市工业增加值超千亿元，广深佛莞加速腾飞，区域发展不平衡依然存在。2012～2021年，全省工业增加值前7位地市排名未发生变化，但是地市之间工业规模差距扩大。2012年，全省前6位地市（均为珠三角地市）的规模分布以每1000亿元为级差，覆盖1000亿～5000亿元。但是，2021年，全省各地市工业增加值规模之间的级差明显扩大，全省第1位深圳的工业增加值超万亿元，第2～第4位地市（广州、佛山、东莞）均在6000亿元区间，第5位的惠州处于2000亿元区间，中山、江门、珠海、汕头、湛江、茂名6个地市在1000亿元区间、排名第7～第11位，其余地市低于1000亿元，如表1－22所示。

表1－22　2012年、2017年、2021年全省各地市全部工业增加值及排名

地区		2021年			2017年		2012年	
		增加值（亿元）	排名	2012～2021年复合增长率（%）	增加值（亿元）	排名	增加值（亿元）	排名
全省		45143.0	—	6.3	36583.8	—	25976.4	—
珠三角	深圳	10356.0	1	7.6	8739.1	1	5355.9	1
	广州	6716.7	2	5.2	5459.7	2	4264.2	2
	佛山	6414.3	3	5.5	5230.5	3	3976.1	3
	东莞	6077.5	4	11.4	3568.2	4	2297.5	4
	惠州	2388.9	5	7.0	1898.2	5	1296.4	5
	中山	1649.1	6	2.8	1648.4	6	1291.4	6

续表

地区		2021 年			2017 年		2012 年	
		增加值（亿元）	排名	2012～2021 年复合增长率（%）	增加值（亿元）	排名	增加值（亿元）	排名
珠三角	江门	1436.6	7	5.2	1253.5	7	913.8	7
	珠海	1427.0	8	7.9	1133.2	8	720.3	10
	肇庆	958.3	12	5.0	706.8	13	616.2	13
粤东	汕头	1190.1	9	6.4	1073.3	9	679.3	11
	揭阳	751.7	13	-0.8	968.2	11	811.0	8
	潮州	557.1	15	4.7	472.1	14	368.5	15
	汕尾	412.9	18	5.3	353.0	18	260.4	19
粤西	湛江	1125.8	10	6.4	926.9	12	644.9	12
	茂名	1001.9	11	3.6	1006.7	10	730.8	9
	阳江	526.2	16	4.3	445.7	16	359.7	16
粤北	清远	698.8	14	7.3	454.4	15	370.6	14
	韶关	469.4	17	4.3	360.3	17	321.5	17
	河源	373.9	19	3.4	329.4	19	277.6	18
	云浮	314.6	20	5.4	272.6	21	195.3	21
	梅州	296.2	21	3.1	283.6	20	225.2	20

资料来源：广东省统计年鉴。

第七节　制造业对外开放走在全国前列、进一步融入国内统一大市场

党的十八大以来，广东聚焦对外开放和利用外资面临的新形势、新要求、新问题，连续印发实施外资“十条”和外资“新十条”等政策措施，进一步加强外商在广东投资的政策支撑和服务保障，扩大市场准入领域、加大利用外资财政奖励力度、加强用地保障、加强知识产权保护、优化重点园区吸收外资环境，打造广东营商环境新优势，推动制造业外资高质量发展，推动制造业对外开放走在全国前列。

一、对外贸易连续多年稳居全国首位

广东出口贸易额稳居全国第一，占全国比重有所下降，增速低于全国平均水平。广东进出口贸易额连续36年居全国第一，其中，广东出口贸易总额从2012年的3.62万亿元人民币增长至2021年的5.05万亿元人民币，于2015年、2021年分别跨越4万亿元人民币、5万亿元人民币新台阶；广东出口总额占全国出口总额的比重从2012年的28.0%下降至2021年的23.2%，如图1－22和表1－23所示。2012～2021年全省出口总额的年均复合增长率3.8%，低于全国平均水平（5.9%）2.1个百分点。

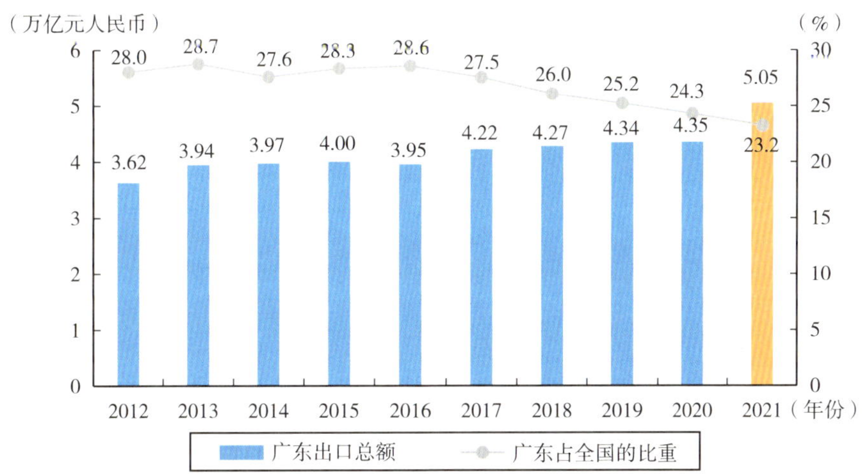

图1－22 2012～2021年广东省出口总额及占全国的比重

资料来源：国家统计局。

表1－23 2012年、2021年全国及部分省份出口总额排名情况

区域	2021年				区域	2012年		
	出口总额（亿元人民币）	占全国出口总额的比重（%）	2012～2021年均增速（%）	排名		出口总额（亿元人民币）	占全国出口总额的比重（%）	排名
全国	217347.6	—	5.9	—	全国	129359.3	—	—
广东	50525.5	23.2	3.8	1	广东	36237.4	28.0	1
江苏	32486.2	14.9	5.1	2	江苏	20738.0	16.0	2
浙江	30071.9	13.8	8.7	3	浙江	14172.6	11.0	3

续表

区域	2021 年				区域	2012 年		
	出口总额（亿元人民币）	占全国出口总额的比重（%）	2012～2021年均增速（%）	排名		出口总额（亿元人民币）	占全国出口总额的比重（%）	排名
山东	17563.1	8.1	8.9	4	上海	13049.8	10.1	4
上海	15697.3	7.2	2.1	5	山东	8124.8	6.3	5
福建	10800.4	5.0	6.4	6	福建	6175.7	4.8	6
北京	6105.8	2.8	5.5	7	北京	3764.3	2.9	7
四川	5703.7	2.6	10.0	8	辽宁	3658.7	2.8	8
重庆	5161.6	2.4	8.7	9	天津	3049.7	2.4	9
河南	5019.7	2.3	11.6	10	重庆	2434.6	1.9	10

资料来源：国家统计局。

出口结构持续优化，一般贸易超过进料加工成为主要贸易方式。全省一般贸易出口额从2012年的1.20万亿元提升至2021年的2.71万亿元，一般贸易出口规模翻一番，2012～2021年年均复合增长率9.5%，增速高于全省全部出口额（3.8%）5.7个百分点；一般贸易出口额占出口额的比重从2012年的33.2%提升至2021年的53.6%，2012～2021年间增长20.4个百分点。全省进料加工出口额从2012年的1.79万亿元下降至2021年的1.34万亿元，2012～2021年年均复合增长率－3.1%，增速低于全省全部出口额（3.8%）6.9个百分点；进料加工出口额占出口额的比重从2012年的49.3%下降至2021年的26.6%，2012～2021年减少22.7个百分点，如图1－23所示。

私营企业出口快速增长，出口规模超过外资企业成为主要的出口主体。全省私营企业出口额从2012年的1.05万亿元提升至2021年的2.80万亿元，2012～2021年年均复合增长率11.5%，增速高于全省全部出口额（3.8%）7.8个百分点；私营企业出口额占出口额的比重从2012年的28.9%提升至2021年的55.3%，2012～2021年增长26.4个百分点，如图1－24所示。全省外资企业出口额保持在2万亿元左右，一直是全省出口的重要力量。国有企业出口业务不多，2012～2021年出口额保持在2000亿～3000亿元。

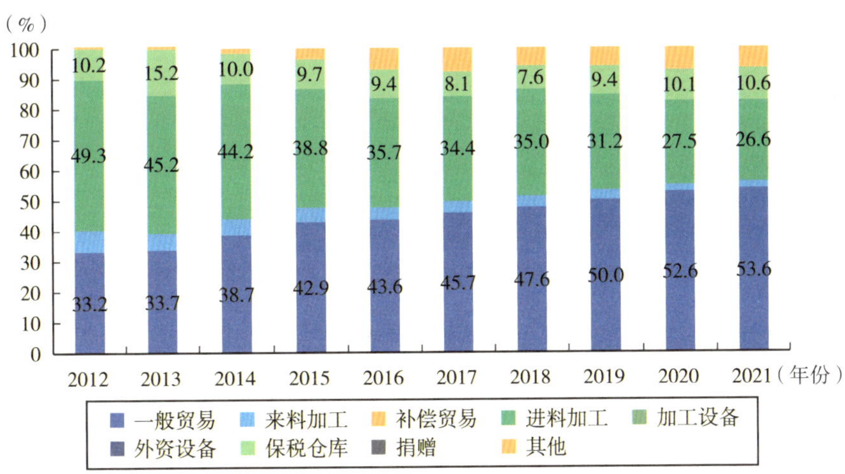

图 1－23　2012～2021 年全省按贸易方式分出口额占比情况

资料来源：广东省统计年鉴。

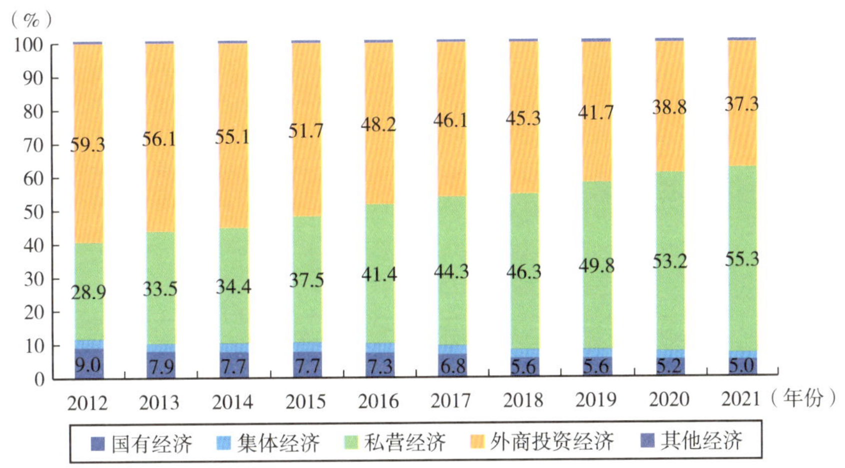

图 1－24　2012～2021 年全省按经济类型分出口额占比情况

资料来源：广东省统计年鉴。

二、"引进来"和"走出去"高质量发展带动产业扩容提质升级

外资重大产业项目带动全省制造业新发展。广东作为全国第一经济大省，是中国开放程度最高，经济活力最强的区域之一，也是全球产业链供应链最完善的地区之一，长期以来都是海内外企业竞相投资的热土。近年来，惠州埃克森美孚、湛江巴斯夫、广州乐金显示、超视堺 10.5 代线等产业项目带动全省绿色石化、超高清视频显示等产业实现跨越式发展，成为制造业增长的重要引擎。2022 年，广东实际利

用外资已经超过1800亿元，外商投资企业超过30万户，世界500强企业中有350家在广东有投资布局。

省内龙头企业“走出去”全球布局先进产能，全省制造业对外直接投资波动上升。近年来，省内重点行业企业持续推进海外扩张步伐。全省制造业对外投资额从2012年的8.3亿美元提升至2021年的20.4亿美元，如图1－25所示，增长近1.5倍。全省制造业对外投资额占全省对外投资额的比重，以及广东制造业对外投资额占全国制造业对外投资额的比重均在10%左右。美的收购库卡、东芝完善家电产业“设备—研发—制造—销售—品牌”全链条；华星光电、伊之密等企业在印度设厂布局新型显示、智能制造装备产能；华坚、科达制造、美的等企业在非洲设厂，布局制鞋、瓷砖、家电等劳动密集型制造业，开拓当地加工品市场；海信在墨西哥的冰箱工厂已经量产，美的、格力也在推进墨西哥投资建厂计划。

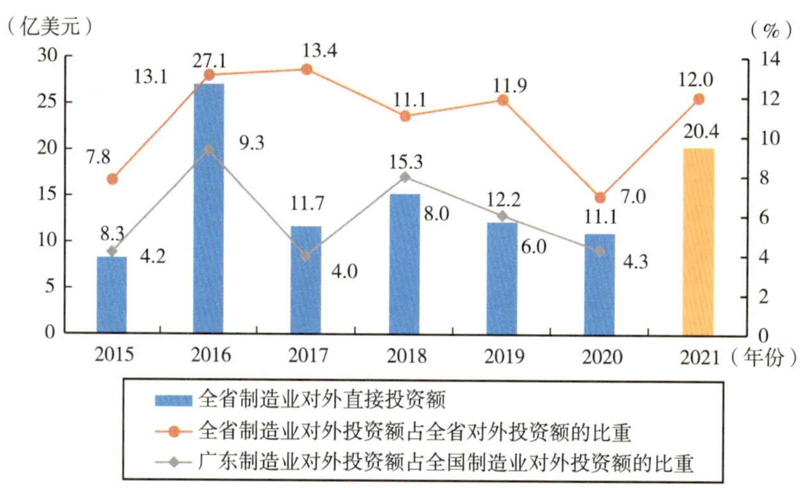

图1－25　2012～2021年全省制造业对外直接投资情况

资料来源：广东省统计年鉴。

三、制造业内销占比高，广东制造加快融入国内统一大市场

全省制造业积极开拓国内市场，内销产值占比从2/3提升至3/4，内销产值增速大幅高于出口交货值增速。党的十八大以来，为降低海外需求收缩、生产成本上升带来的影响，广东主动作为，多措并举鼓励行业自救，持续扩大国内工业品销路。以智能制造装备、汽车、新一代电子信息等行业为主的广东制造业企业，抢抓国内经济高质量发展和消费升级机遇期，转型发展、加快布局内需市场，带

动制造业内销规模持续提升。全省制造业内销产值从 2012 年的 5.66 万亿元提升至 2021 年的 11.53 万亿元，2012～2021 年年均复合增长率 8.2%，高于同期出口交货值增速（2.9%）5.3 个百分点。全省制造业内销产值占销售产值的比重从 2012 年的 66.2% 提升至 2021 年的 75.5%，而制造业出口交货值占销售产值比重从 33.8% 下降至 24.5%，如图 1－26 所示。

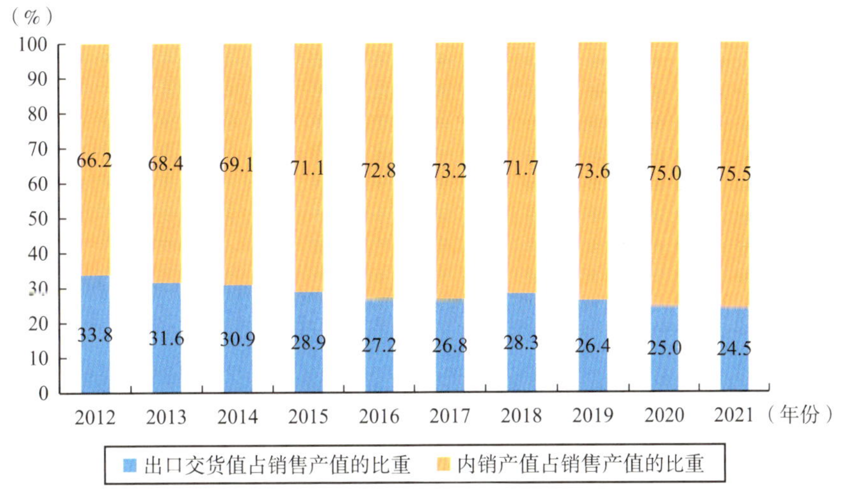

图 1－26　2012～2021 年全省制造业出口交货值、内销产值占比情况

资料来源：广东省统计年鉴。

第八节　推动制造业高质量发展的广东经验总结

一、坚持党中央的坚强领导

党的十八大以来，习近平总书记 4 次考察广东，每到广东发展的重要关口，都及时为广东定向领航，指引广东在新时代伟大征程中经风雨、化危机，应变局、开新局。广东深入学习贯彻习近平总书记考察广东重要讲话、重要指示，高度重视实体经济发展，坚持制造业当家，持续推进制造业高质量发展，加快建设制造强省，

努力绘就高质量发展的新时代广东画卷。

2012 年，习近平总书记考察广东，提出广东作为沿海发达地区，传统发展模式的弊端暴露得最早也最充分，对优化经济结构、转变经济发展方式迫切性的体会和认识也应该最痛切、最深刻。要继续大胆探索和扎实工作，力争在推进经济结构战略性调整、加快形成新的发展方式上走在全国前列。广东牢记总书记嘱托，围绕制造业高端化、智能化、绿色化、服务化发展，深入推进新一轮技术改造。如今，广东保持传统产业多个行业领域规模实力国内国际领先优势。习近平总书记当年考察的广东工业设计城，已经从旧厂房变身为全国工业设计首批示范基地；从 5 家入驻企业增至 285 家国内外设计企业；设计师从约 50 名增至 8623 名，仅用 4 年时间就完成总书记当年留下的寄语，“希望下次来时能看到 8000 名设计师”①。

2018 年，习近平总书记考察广东，提出实体经济是一国经济的立身之本、财富之源②。先进制造业是实体经济的一个关键，经济发展任何时候都不能脱实向虚。中华民族奋斗的基点是自力更生，攀登世界科技高峰的必由之路是自主创新，所有企业都要朝这个方向努力奋斗。广东牢记总书记嘱托，以实体经济为本，坚持制造业立省不动摇，实施制造业高质量发展“强核”“立柱”“强链”“优化布局”“品质”“培土”六大工程，推动全省制造业高质量发展迈上新台阶。如今，广东制造业增加值、工业营收、利润等保持国内领先，是全国制造业发展的“排头兵”。习近平总书记当年考察的格力电器，持续投入“全球首创”的技术研发，发明专利申请量、授权量居行业前列，企业年营收连续多年超千亿元规模。

2020 年，习近平总书记考察广东，再次强调，自主创新是增强企业核心竞争力、实现企业高质量发展的必由之路③。我们要走一条更高水平的自力更生之路，实施更高水平的改革开放，加快构建以国内大循环为主体、国内国际双循环相互促进的新发展格局。广东牢记总书记嘱托，聚力推进高水平科技自立自强，高质量、高标准、高水平打造一批国家级、省级产业创新平台，加快构建“基础研究 + 技术攻关 + 成果转化 + 科技金融 + 人才支撑”全过程创新生态链，全力打造具有全球影响力的科技和产业创新高地。如今，广东区域创新能力连续 6 年位居全国第一，规

---

① 中国青年报．广东工业设计城以“设计之力”为高质量发展赋能［EB/OL］.（2023 - 06 - 11）. https：//baijiahao. baidu. com/s？ id = 1768374107922394398&wfr = spider&for = pc.

② 新华社．习近平在广东考察［EB/OL］.（2018 - 10 - 25）. https：//www. gov. cn/xinwen/2018 - 10/25/content_5334458. htm？ eqid = d1df571e000550d80000000664588208.

③ 新华社．习近平在广东考察［EB/OL］.（2020 - 15 - 15）. https：//www. gov. cn/xinwen/2020 - 10/15/content_5551498. htm？ eqid = 9e6f10030000aee9000000056458696d.

上工业研发经费支出连续多年保持国内第一，以龙头企业为引领的重点行业领域自主创新成效突出。习近平总书记当年考察的潮州三环，连续50多年坚持自主创新，如今，企业多项主导产品市场占有率位居全球第一；近一两年，经过400多位工程师努力，企业研制多层片式陶瓷电容器技术水平又有大幅提升，应用领域从中低端电子产品跨入高端电子行业。

2023年，习近平总书记考察广东，指出广东要始终坚持以制造业立省，更加重视发展实体经济，加快产业转型升级，推进产业基础高级化、产业链现代化，发展战略性新兴产业，建设更具国际竞争力的现代化产业体系①。把粤港澳大湾区建设作为广东深化改革开放的大机遇、大文章抓紧做实，摆在重中之重，以珠三角为主阵地，要举全省之力办好这件大事，使粤港澳大湾区成为新发展格局的战略支点、高质量发展的示范地、中国式现代化的引领地。广东牢记总书记嘱托，扎实抓好“双区”和横琴前海南沙三大平台建设，坚持制造业当家，打造全省制造业高质量发展引擎。习近平总书记考察的广汽埃安、乐金显示，分别是省内新能源汽车和新型显示产业龙头骨干企业，广汽埃安智能制造的柔性生产、低碳生产和数字化水平已经走在行业前列，未来，广汽将继续坚持助力制造业当家，加强科技创新、做大做强汽车自主品牌；乐金显示广州制造业基地布局有全球最大尺寸和最先进的8.5代有机发光二极管（OLED）生产线，未来，乐金显示将坚定扎根广东，深耕中国市场，支持广东超高清视频显示产业集群做大做强。

二、坚持制造业“立省”迈向制造业“当家”

改革开放以来，广东抓住工业化浪潮，以敢闯敢拼敢为人先的精神推进广东改革开放走在全国前列，积累制造业发展雄厚的基础，筑牢实体经济发展根基，持续强化广东综合制造优势。尤其是党的十八大以来，广东省委、省政府旗帜鲜明地提出“制造业立省”，坚持把经济发展的着力点放在实体经济上，成立制造强省建设领导小组，持续推进传统优势产业转型升级，大力发展高技术产业、新兴产业。2019年，省委、省政府召开全省制造业高质量发展大会，提出以实施“强核”“立柱”“强链”“优化布局”“品质”“培土”六大工程推动制造强省建设，加快培育

① 新华社．习近平在广东考察［EB/OL］．（2023－4－13）．https：//www. ccps. gov. cn/xtt/202304/t20230413_157615. shtml? eqid = cc41b31200002e73000000026462ff6c.

十大战略性支柱产业集群和十大战略性新兴产业集群，吹响制造业高质量发展新的号角。

2022 年 10 月以来，广东省委、省政府深入贯彻落实党的二十大精神，旗帜鲜明地提出以实体经济为本、坚持制造业当家，实施“大产业”立柱架梁行动，建设具有国际竞争力的现代化产业体系；实施“大平台”提级赋能行动，打造一批具有全球引领力的产业发展平台；实施“大项目”扩容增量行动，打造吸引全国全球重大项目和投资的首选地；实施“大企业”培优增效行动，培育世界一流企业群；实施“大环境”生态优化行动，建设国际一流的制造业发展环境高地，加快实现由制造大省向制造强省跨越，努力为广东在新征程中走在全国前列、创造新的辉煌提供有力支撑。

三、坚持体制机制改革

改革开放以来，广东始终坚持做改革发展的“排头兵”、先行地、实验区，充分发扬广东敢闯、敢拼、肯干的企业家精神，抢抓机遇、大胆实践，在中央顶层设计之下破除一切不利于制造业高质量发展的体制机制，积极探索实践有效市场与有为政府相结合的“广东模式”和“广东经验”，发展成为全国工业第一大省和全球重要制造业基地，造就“世界工厂”。广东深圳在国内率先谋划布局战略性新兴产业，推动“深圳速度”向“深圳质量”“深圳标准”升级，已成为全国规模最大、集聚性最强的战略性新兴产业高地。广东积极探索制造业高质量发展的广东路径，在全国首创“划定工业用地保护红线和产业保护区块”，守住底线，破解制造业企业用地难、用地贵问题，为制造业发展保留空间。广东从省级层面统筹建设数据要素流通交易规则体系，在全国实现政府首席数据官制度、数字空间以及数据经纪人三个首创，积极推动行业数据产品创新，面向陶瓷、环保、电力等 16 个重点行业，在供应链管理、市场开拓、监测预警等方面为企业发挥降本增效作用，有效激发市场活力。近年来，粤港澳大湾区建设持续推进，更是开启广东产业发展跨境体制机制创新融合、协同打造世界级先进制造业基地的新征程。

四、坚持自主创新

广东始终坚持创新在现代化建设全局中的核心地位，从引进模仿、消化吸收到自主创新，不断强化企业创新主体地位，加快制造业创新体系建设，加快推动广东制造从“腾笼换鸟”迈向“凤凰涅槃”。全省扎实推进粤港澳大湾区国际科技创新中心和创新型省份建设，着力构建“基础研究＋技术攻关＋成果转化＋科技金融＋人才支撑”全过程创新生态链，积极探索关键核心技术攻关新型举国体制“广东路径”。广东以新一代信息技术与制造业融合发展为主线，在全国率先探索创设制造业数字化转型产业生态供给资源池，深入推进制造业数字化转型；围绕新一代信息技术等九大重点领域实施省重点领域研发计划，开展关键核心技术攻关，截至2021年年底，共组织实施8批次项目，在第五代移动通信技术（5G）、超高清视频、高端电子元器件等领域打破一批技术瓶颈，产业链供应链自主可控能力进一步增强；截至2023年初，建设4家国家级制造业创新中心和40家省级制造业创新中心，覆盖15个地市17个战略性产业集群，进一步完善制造业协同创新体系，持续提升企业、产业创新能力。

五、坚持对外开放

广东始终坚持高水平对外开放，以开放促发展，大力提升广东制造“引进来”水平、加快“走出去”步伐，灵活运用两个市场、两种资源，着力构建制造业高水平开放合作先行地。作为中国改革开放的先行地区和前沿阵地，广东打造高水平对外开放门户枢纽，拓展国际“朋友圈”，牢牢发挥着全国外贸“压舱石”的作用。近年来，海外经贸形势复杂多变，广东持续推进外贸量质齐升，从贸易转型、产业升级、拓展市场等多方面推进贸易高质量发展，打造跨境电商综合试验区、借区域全面经济伙伴关系协定（RCEP）红利扩大海外贸易，扎实推动广东自贸试验区改革创新发展，广东连续多年进出口总额居全国第一位，稳当全国外贸“稳定器”。广东支持企业“走出去”布局拓展国际产能布局，打造对外开放新优势，美的、TCL、格力等家电企业在东盟、南美等地的多个国家投资建厂；中航通飞、中集集团、比亚迪、广汽集团分别在美国、泰国、俄罗斯投资并购设立了境外生产研发基地，广东制造在国际产业分工体系中的地位和话语权持续提升。

六、坚持以人民为中心

广东始终坚持发展为了人民、发展依靠人民、发展成果由人民共享，深入推进供给侧结构性改革，持续提升制造业供给水平和供给质量，以制造业高质量发展守护人民群众生命安全并支撑大众生活品质的不断提高。广东深入实施消费品“三品”行动，推动家电、食品饮料、纺织服装等与大众生活密切相关的消费品重点行业领域增品种、提品质、创品牌，强化高质量制造业产品供给；新冠疫情期间，广东凭借雄厚的制造业基础和强大的动员能力，实现口罩、口罩机、呼吸机等八类防疫物资生产和国家调运总量全国第一，为全国乃至全球疫情防控做出了重要贡献。2023 年以来，广东印发实施消费品工业“数字三品”三年行动方案，通过数字技术应用带动消费品工业产业链、供应链、创新链、服务链协同发展，创造更丰富的需求场景，引领消费品工业质量变革、效率变革、动力变革，更好满足人民群众消费多元化的需要。

第九节　坚持制造业当家，建设制造强省的对策建议

制造业是立国之本、兴国之器、强国之基。党的二十大报告将“制造强国”建设放在各个强国建设的首位，也充分体现了制造业发展的重要地位。广东以实体经济为本、坚持制造业当家，是坚持制造业在现代化产业体系中的主导地位，制造业对国民经济做出重要贡献的当家。当今世界面临百年未有之大变局，国际经贸格局复杂多变，国内省市之间竞争日趋激烈，广东制造业发展面临的海内外竞争压力持续增大。对标国内国际先进水平，广东制造业发展还面临产业发展和区域发展不平衡、园区载体建设有待提升、工业投资有待增强、企业整体规模实力和创新与世界一流水平仍有不少差距、产业发展环境和要素供给配套有待提升等问题。

今后，建议以高标准、高质量持续推进制造业当家的大产业、大平台、大项目、大企业、大环境发展，高水平谋划推进现代化产业体系建设。对加快建设制造强省，推动制造业高质量发展提出以下建议。

一、持续推进战略性支柱产业集群和战略性新兴产业培育建设

支持十大战略性支柱产业加快转型升级，做强做优做大新一代电子信息、绿色

石化、智能家电、汽车、先进材料等行业，持续推进重点领域中高端产品供给能力增强，稳固并提升广东制造在全球产业链价值链地位，进一步强化对全省制造业发展的基础支撑作用。前瞻布局战略性新兴产业，推动科技创新和产业发展深度融合，加快部分重点领域在全球范围内实现换道超车、并跑领跑发展，进一步提升广东省制造业整体竞争力。围绕未来信息技术、未来能源、未来材料、未来装备、未来生物等领域推进未来产业及产业集群建设。

二、围绕产业链部署创新链、围绕创新链布局产业链

当前，海外国家地区对中国制造、广东制造发展的制约不断升级，以前持续多年的制造业“买技术、买装备”思路在一定程度上不能完全适应新形势发展要求。建议支持基础研究和应用基础研究，加快大科学装置等各类重大科学基础设施建设。围绕制造业重点行业领域持续推进关键核心技术攻关，推进产业基础高级化发展。强化政产学研金介用相结合，破解“科技”和“产业”两张皮难题，加快建设一批产业技术创新平台载体，加强产业技术成果转化和产业化应用，多渠道为广东制造业企业研发制造的新产品提供推广应用的市场机会，促进技术升级和产品更新迭代。

三、促进数字经济和实体经济深度融合

围绕全省二十个战略性产业集群发展所需，建议全面深入推进制造业数字化转型，因地制宜、因群制宜，结合产业发展、区域发展所处阶段，以重点产业的全链条、全流程为牵引，分步骤、分阶段提升重点产业和产业集群数字化、网络化、智能化水平。持续推进重点行业领域智能制造转型升级，实施智能制造生态伙伴计划，继续培育一批国家级省级智能制造试点。持续打造一批行业性工业互联网平台，以产业链为抓手推进规上工业企业上云上平台发展。推动数据要素市场化改革，完善数字化基础设施建设，培育工业互联网平台，重视数字化安全体系建设。

四、推动制造业发展与生态文明互促共进

将碳达峰、碳中和目标愿景贯穿全省制造业生产各方面和全过程，加快发展方

式绿色转型。加快构建绿色低碳技术体系和绿色制造支撑体系，全面提升企业绿色发展能力。明确重点行业绿色低碳发展方向和重点，全面推动产业结构高端化、能源消费低碳化、资源利用循环化、生产过程清洁化、产品供给绿色化。加强先进技术装备推广应用，充分发挥试点示范带动作用，积极创新行业管理和服务手段，不断完善政策措施和标准体系。

五、促进省内区域协调发展和产业转移共建

区域协调发展是当前影响广东制造业高质量发展的痛点难点，也是今后全省产业提质升级的关键点和重要增长点。2023 年 2 月 24 日，广东召开全省推动产业有序转移促进区域协调发展工作会议，明确提出要前瞻谋划、主动作为，不断拓展珠三角地区的产业空间，加快夯实粤东粤西粤北地区的产业根基。珠三角是全省高端制造业发展的核心区，支持珠三角保留总部经济和关键核心研发制造环节，引导珠三角地区外溢产业相关企业或环节优先向东西两翼沿海制造业拓展带和北部绿色制造发展区转移，建设“飞地园区”。深入实施“百县千镇万村高质量发展工程”，支持粤东粤西粤北地区打造全省制造业高质量发展新增长极，立足产业实际、强化对口帮扶、明确主攻方向，依托承接产业转移主平台、省级特色产业园和大型产业集聚区等重点产业园区平台载体，以绿色石化、高端钢材、新能源等产业为重点，联动珠三角地区推动重点产业集聚化集群化发展。

六、“自下而上”“自上而下”相结合推动产业供给质量提升

习近平总书记在广东考察时提出，要坚持供给侧结构性改革这条主线，使生产、分配、流通、消费更多依托国内市场，提升供给体系对国内需求的适配性，以高质量供给满足日益升级的国内市场需求①。加快提升制造业供给体系质量，是推动制造业高质量发展的重要内容。一是以重点产业“链主企业”和整机企业为重点，自下游向上游、抓供给质量提升。目前，广东省内的华为、美的、广汽、比亚迪等整机企业、链主企业，均已构建完善的、领先全国乃至全球的供应链体系，整机企业

① 新华社. 习近平：在深圳经济特区建立 40 周年庆祝大会上的讲话［EB/OL］.（2020 - 10 - 14）. https：//www. gov. cn/xinwen/2020 - 10/14/content_5551299. htm.

对其供应链上中游供应商的质量标准要求把控能力很强。建议重点引导位于产业链下游的链主企业、整机企业对标世界一流标准，强化全产业链供应链体系的质量标准建设，以高标准、严要求、优辅导，通过层层传导，带动整机企业所处的全产业链上中下游企业产品整体质量水平提升。二是以重点产业基础能力提升为重点，自上而下，推动上游关键材料、元器件、零部件企业的质量提升。结合全生命周期质量管理实践，制造业最终生产出来的高质量产品，需要从源头抓起，也就是从每一类原材料、每一片零部件、元器件的质量性能提升抓起。建议深入贯彻落实国家产业基础再造工程的部署要求，支持广东省内关键原材料、关键零配件等企业产品研发制造。进一步提升质量技术基础相关的公共服务能力，强化人才、金融、技术、数据等关键要素资源支撑，为中小企业开展研发制造保驾护航，带动全省制造业产业基础能力提升，以高质量的产业基础，锻造高质量的广东制造产品。

七、推动先进制造业与现代服务业深度融合发展

党的二十大报告提出，“推动现代服务业同先进制造业、现代农业深度融合”。从德日美等发达国家发展实践看，其制造业及生产性服务业占 GDP 比重一般维持在 40% ~50%，目前广东生产性服务业占 GDP 比重不到 30%。制造业当家，是重视制造业根植性，强调制造业对第一、第二、第三产业引领带动的当家，制造业高质量发展的要求将为生产性服务业扩容提供更广阔的市场空间，可为再造一个新广东添砖加瓦。建议围绕广东制造业提质升级所需，推动科技服务业、软件与信息服务业、物流与供应链管理、商务咨询、金融等生产性服务业扩容发展。围绕产业链、价值链、创新链、服务链、供应链，支持制造企业由制造向前端研发设计和后端用户服务延伸，从单一环节优势向产业链整体优势转变，发展智能产品、创新设计、个性化定制、信息增值、科技创新等服务。加大金融对实体经济支持力度，通过普惠金融、科技金融、绿色金融、产业基金等多类投融资发展形成整体合力，为制造业高质量发展提供资金保障。

八、深度融入双循环新发展格局、打造高水平开放合作先行地

习近平总书记在广东考察时提出，让粤港澳大湾区成为新发展格局的战略支点、

高质量发展的示范区、中国式现代化的引领地[①]。粤港澳大湾区是中国开放程度最高、经济活力最强的区域之一。在服务和融入新发展格局中拓展发展空间，是新时期推动广东经济发展尤其是制造业发展的重要战略任务。建议深度融入强大国内统一大市场，强化广东与国内各地区在产能扩张、产业链延伸、市场渠道开拓等方面的合作，支持长三角、中部以及京津冀地区的先进技术成果在广东转移转化，进一步夯实广东制造业的发展基础和能力优势。长期以来，广东始终坚持高水平对外开放，以开放促发展，灵活运用“两个市场、两种资源”，创造全省制造业跨越式发展和经济社会腾飞的奇迹。建议抢抓粤港澳大湾区建设机遇期，鼓励企业深度参与全球产业链供应链重塑，支持更高水平“引进来”“走出去”，进一步放宽市场准入，广纳国际优势制造业技术、产品和要素资源，构筑互利共赢的产业链供应链合作体系，为再造一个新广东打开新局面。

九、多措并举优化产业发展环境

习近平总书记指出，要发挥市场对技术研发方向、路线选择、要素价格、各类创新要素配置的导向作用，让市场真正在创新资源配置中起决定性作用[②]。当前，广东制造业高质量发展依然面临人才队伍建设、用地用能、投融资支持等方面要素配置有待提升的问题。建议加快推进要素市场化改革，学习借鉴长三角地区“亩均论英雄”发展经验，探索构建制造业高质量发展评价体系，以要素配置倒逼行业企业转型升级。加快建设制造业人才队伍体系，校企合作培育高技能人才，招引创新人才和行业领域人才队伍，弘扬企业家精神。持续实施划定工业用地保护红线和产业保护区块相关政策，推进土地节约集约利用，保障工业用地尤其是大型先进制造业项目用地。多措并举解决制造业企业融资难、融资贵问题，强化政银企合作，支持发展供应链金融、普惠金融、保险等金融产品，支持有条件企业上市、通过资本市场拓展融资渠道。强化数字经济与先进制造业融合发展，持续探索数据要素的行业应用。对标国际先进水平，推动“放管服”改革，推进数字政府建设，推进市场化、法治化、国际化营商环境持续优化，构建国际一流的制造业发展环境高地。

---

① 新华社．习近平在广东考察时强调：坚定不移全面深化改革扩大高水平对外开放 在推进中国式现代化建设中走在前列［EB/OL］.（2023－04－13）. https：//www. gov. cn/yaowen/2023－04/13/content_5751308. htm?eqid＝ef3bce57000107e200000006646af22d.

② 中国政府网．习近平：在中国科学院第十九次院士大会、中国工程院第十四次院士大会上的讲话［EB/OL］.（2018－05－28）. https：//www. gov. cn/gongbao/content/2018/content_5299599. htm.

02

重点产业篇

第一节　二十大战略性产业集群建设取得“十四五”良好开局

2020 年以来，广东省印发实施“1＋20”战略性支柱产业集群和战略性新兴产业集群培育政策体系，着力培育若干具有全球竞争力的产业集群，打造产业高质量发展典范。2022 年，20 个战略性产业集群实现营收 21.5 万亿元、实现增加值 5.2 万亿元，增加值占 GDP 比重约为40%，成为推动全省工业经济高质量发展的重要抓手和着力点。

十大战略性支柱产业集群成为全省经济社会发展的压舱石。2022 年，全省战略性支柱产业集群合计实现营收 18.8 万亿元、实现增加值 4.5 万亿元，如图 2－1 所示，新一代电子信息、绿色石化、智能家电、汽车、先进材料、现代轻工纺织、软件与信息服务、现代农业与食品 8 个产业集群的营收规模均超万亿元；超高清视频显示、生物医药与健康产业集群营收分别超 6000 亿元、4000 亿元。广东的汽车、智能手机、4K 电视等 160 余种工业产品产量居全国第一，家电、电子信息等部分领域形成一批世界级“拳头”产品。

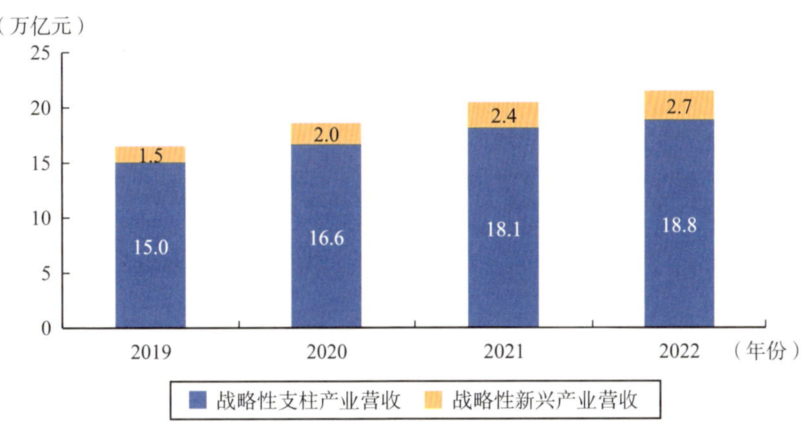

图 2－1　2019～2022 年全省战略性支柱产业和战略性新兴产业营收

资料来源：广东省统计局。

十大战略性新兴产业集群呈现蓬勃发展态势、成为新的经济增长点。2022 年，全省战略性新兴产业集群合计实现营收 2.7 万亿元、实现增加值 6484.7 亿元。其中，新能源、数字创意产业集群营收超 5000 亿元，半导体与集成电路、高端装备制造、前沿新材料、激光与增材制造、安全应急与环保、精密仪器设备等产业集群的营收规模超千亿元。

第二节　先进制造业规模实力持续提升、全国领先

一、从省内各行业大类规模排名看，汽车、装备制造、医药制造等新兴行业规模排名持续提升，纺织服装、食品饮料等行业规模排名有所下降

2012～2021 年，全省计算机、通信和其他电子设备制造业，电气机械及器材制造业等产业增加值翻一番，规模保持全省前两位。通用设备制造、汽车制造、医药制造等新兴行业发展势头良好、实现十年规模翻一番，专用设备制造更是实现规模翻两番，带动产业排名大幅提升和中上游领域规模扩张。金属和非金属矿物制品业作为装备制造、家电、电子信息制造、汽车等行业配套的重要支撑，两个行业均获得广阔增长空间、行业增加值规模均实现翻一番，在全省行业排名分别从第 5 位和第 7 位提升至第 4 位和第 5 位。但是，纺织服装、服饰业，农副食品加工业，皮革、毛皮、羽毛及其制品和制鞋业等部分传统行业领域增加值下降，在全省排名分别从第 6 位、第 17 位和第 12 位下降至第 11 位、第 22 位、第 23 位，如表 2－1 所示。

二、从广东各行业大类在全国排名看，广东重点行业规模优势大幅提升，超十个行业大类营收国内首位，多个新兴行业迈向全国前列

2021 年，全省共有 12 个行业大类营收规模全国第一，比 2012 年多 7 个。广东规模以上制造业营业收入从 2012 年的 8.64 万亿元提升至 2021 年的 16.14 万亿元，接近实现十年翻一番，在全国排名从第 3 位提升至第 1 位。2021 年，广东营业收入排名全国第一的行业大类有 12 个，比 2012 年（5 个）多 7 个，如表 2－2 所示。计

算机、通信和其他电子设备制造业，文教、工美、体育和娱乐用品制造业，家具制造业，印刷和记录媒介复制业4个行业大类自2012年以来保持营收规模全国第一的领先优势。全省优势传统产业转型升级持续推进，电气机械和器材制造业、造纸和纸制品业、金属制品业、非金属矿物制品业、汽车制造业等行业领域从2012年全国排名第2~5位跃升至全国第1位。纳入全国统计范围的574种主要工业产品中，广东产量排名全国前三的占1/3。

表2-1　2012年、2017年、2021年广东制造业31个行业大类增加值及占全省制造业增加值比重的情况

行业分类	2021年				2017年			2012年		
	增加值（亿元）	占制造业比重（%）	排名	2012~2021年增速（%）	增加值（亿元）	占制造业比重（%）	排名	增加值（亿元）	占制造业比重（%）	排名
制造业	34319.8	—	—	6.0	28819.0	—	—	20396.0	—	—
计算机、通信和其他电子设备制造业	9555.1	27.8	1	7.9	8122.2	28.2	1	4838.8	23.7	1
电气机械和器材制造业	4134.7	12.0	2	7.8	2969.3	10.3	2	2105.5	10.3	2
汽车制造业	2007.7	5.9	3	7.1	1776.1	6.2	3	1081.9	5.3	4
金属制品业	1850.1	5.4	4	7.4	1374.3	4.8	4	975.4	4.8	5
非金属矿物制品业	1607.2	4.7	5	7.7	1194.9	4.1	5	825.6	4.0	7
橡胶和塑料制品业	1499.7	4.4	6	6.9	1186.5	4.1	7	819.5	4.0	8
专用设备制造业	1454.6	4.2	7	13.6	915.0	3.2	10	462.8	2.3	15
化学原料和化学制品制造业	1416.9	4.1	8	1.7	1193.7	4.1	6	1217.9	6.0	3
通用设备制造业	1204.6	3.5	9	8.5	900.5	3.1	11	578.1	2.8	11
石油加工、炼焦和核燃料加工业	1084.3	3.2	10	3.9	1014.6	3.5	8	768.4	3.8	9
纺织服装、服饰业	759.9	2.2	11	-1.2	961.0	3.3	9	847.5	4.2	6
食品制造业	705.3	2.1	12	4.7	621.3	2.2	13	465.5	2.3	14
医药制造业	702.4	2.0	13	8.7	502.6	1.7	17	332.2	1.6	20

续表

行业分类	2021年				2017年			2012年		
	增加值（亿元）	占制造业比重（%）	排名	2012～2021年增速（%）	增加值（亿元）	占制造业比重（%）	排名	增加值（亿元）	占制造业比重（%）	排名
文教、工美、体育和娱乐用品制造业	669.2	2.0	14	1.3	743.7	2.6	12	595.2	2.9	10
家具制造业	556.2	1.6	15	6.8	525.7	1.8	16	306.4	1.5	21
有色金属冶炼和压延加工业	543.5	1.6	16	2.7	364.9	1.3	21	429.2	2.1	16
造纸和纸制品业	539.9	1.6	17	5.0	497.4	1.7	18	346.6	1.7	19
纺织业	521.8	1.5	18	0.3	533.1	1.8	15	509.1	2.5	13
黑色金属冶炼和压延加工业	469.2	1.4	19	2.7	401.8	1.4	19	370.4	1.8	18
烟草制品业	453.4	1.3	20	5.0	331.7	1.2	23	292.6	1.4	22
仪器仪表制造业	417.0	1.2	21	9.2	306.5	1.1	24	189.5	0.9	26
农副食品加工业	405.5	1.2	22	-0.4	395.2	1.4	20	418.6	2.1	17
皮革、毛皮、羽毛及其制品和制鞋业	371.5	1.1	23	-3.7	605.7	2.1	14	523.4	2.6	12
印刷和记录媒介复制业	360.9	1.1	24	5.0	343.9	1.2	22	232.3	1.1	24
酒、饮料和精制茶制造业	340.8	1.0	25	5.5	299.6	1.0	25	210.1	1.0	25
铁路、船舶、航空航天和其他运输设备制造业	235.1	0.7	26	-0.7	229.7	0.8	26	250.8	1.2	23
木材加工和木、竹、藤、棕、草制品业	110.0	0.3	27	-1.3	177.6	0.6	28	124.0	0.6	28
其他制造业	109.6	0.3	28	8.0	55.7	0.2	29	54.8	0.3	29
废弃资源综合利用业	99.4	0.3	29	-6.2	185.0	0.6	27	177.0	0.9	27
化学纤维制造业	67.5	0.2	30	9.8	38.0	0.1	31	29.1	0.1	30
金属制品、机械和设备修理业	66.8	0.2	31	15.4	52.3	0.2	30	18.4	0.1	31

资料来源：广东省统计年鉴。

表2－2　　　　2012年、2021年广东制造业31个行业大类营业收入及占全国同行业比重的情况

序号	行业	2021年						2012年			
		广东营业收入（亿元）	广东2012～2020年年均增速（%）	全国营业收入（亿元）	全国2012～2020年年均增速（%）	广东占全国比重（%）	广东在全国排名	广东主营业务收入（亿元）	全国主营业务收入（亿元）	广东占全国比重（%）	广东在全国排名
—	制造业	161397.0	7.2	1159893.3	4.1	13.9	1	86352.0	805665.3	10.7	3
1	计算机、通信和其他电子设备制造业	46395.1	8.5	147051.9	8.5	31.6	1	22305.5	70430.1	31.7	1
2	家具制造业	2286.4	7.3	8265.4	4.3	27.7	1	1215.9	5669.9	21.4	1
3	文教、工美、体育和娱乐用品制造业	4040.8	2.4	14772.8	4.1	27.4	1	3272.3	10277.4	31.8	1
4	电气机械和器材制造业	19904.1	8.3	86545.9	5.3	23.0	1	9682.0	54522.6	17.8	2
5	橡胶和塑料制品业	6486.6	6.9	30309.3	2.6	21.4	1	3544.6	24156.9	14.7	2
6	印刷和记录媒介复制业	1442.9	6.5	7737.7	6.1	18.6	1	818.7	4535.4	18.1	1
7	造纸和纸制品业	2773.9	6.4	15141.6	2.2	18.3	1	1581.6	12501.5	12.7	2
8	金属制品业	8598.9	8.9	49680.9	6.1	17.3	1	3980.8	29069.8	13.7	3
9	其他制造业	476.2	9.7	2832.7	3.5	16.8	1	206.9	2073.6	10.0	3
10	食品制造业	2391.2	6.0	21619.6	3.5	11.1	1	1409.6	15834.3	8.9	3
11	汽车制造业	9646.2	10.7	87724.3	6.2	11.0	1	3874.4	51235.6	7.6	5
12	非金属矿物制品业	7088.8	9.8	68512.3	5.0	10.3	1	3059.4	43989.0	7.0	5
13	纺织服装、服饰业	2803.4	－0.4	15291.6	－1.4	18.3	2	2894.4	17285.9	16.7	2
14	仪器仪表制造业	1540.4	11.0	9749.0	4.3	15.8	2	602.4	6656.5	9.0	3
15	专用设备制造业	5049.8	13.8	37352.4	3.0	13.5	2	1581.2	28711.4	5.5	6

续表

序号	行业	2021年						2012年			
		广东营业收入（亿元）	广东2012～2020年年均增速（%）	全国营业收入（亿元）	全国2012～2020年年均增速（%）	广东占全国比重（%）	广东在全国排名	广东主营业务收入（亿元）	全国主营业务收入（亿元）	广东占全国比重（%）	广东在全国排名
16	皮革、毛皮、羽毛及其制品和制鞋业	1449.6	-2.0	11420.2	0.1	12.7	2	1741.1	11268.7	15.5	2
17	金属制品、机械和设备修理业	203.7	9.5	1607.8	6.8	12.7	2	90.3	885.9	10.2	2
18	铁路、船舶、航空航天和其他运输设备制造业	1524.1	3.4	18515.6	1.8	8.2	2	1123.3	15748.4	7.1	5
19	农副食品加工业	4344.2	7.2	55223.8	0.6	7.9	2	2323.0	52145.6	4.5	7
20	酒、饮料和精制茶制造业	1208.0	4.0	16207.5	2.0	7.5	2	850.6	13549.1	6.3	6
21	通用设备制造业	5639.4	8.1	49383.9	2.9	11.4	3	2797.4	38043.3	7.4	5
22	石油、煤炭及其他燃料加工业	4064.1	1.9	56087.2	4.0	7.2	3	3433.1	39399.0	8.7	3
23	废弃资源综合利用业	671.6	-2.4	9514.3	14.0	7.1	3	835.9	2920.6	28.6	1
24	化学原料和化学制品制造业	7135.7	5.0	83541.6	2.4	8.5	4	4611.4	67756.2	6.8	4
25	纺织业	2256.6	1.0	26548.8	-2.1	8.5	5	2069.6	32241.1	6.4	4
26	有色金属冶炼和压延加工业	4922.9	8.7	70256.6	6.1	7.0	5	2330.3	41267.2	5.6	6
27	医药制造业	1897.4	7.8	29583.0	6.1	6.4	5	966.7	17337.7	5.6	5
28	黑色金属冶炼和压延加工业	3843.1	6.5	96692.5	3.4	4.0	6	2171.6	71559.2	3.0	12
29	化学纤维制造业	246.6	3.4	10330.1	4.9	2.4	6	181.7	6744.2	2.7	5

续表

序号	行业	2021 年						2012 年			
		广东营业收入（亿元）	广东 2012～2020 年年均增速（%）	全国营业收入（亿元）	全国 2012～2020 年年均增速（%）	广东占全国比重（%）	广东在全国排名	广东主营业务收入（亿元）	全国主营业务收入（亿元）	广东占全国比重（%）	广东在全国排名
30	木材加工和木、竹、藤、棕、草制品业	514.5	0.6	10249.0	0.0	5.0	8	488.1	10274.9	4.8	9
31	烟草制品业	551.1	4.5	12144.3	5.4	4.5	8	369.9	7571.5	4.9	7

资料来源：中国工业统计年鉴。

装备制造实现跨越式发展，多个行业领域迈向全国前列。全省全力推进装备制造产业带建设，推动高端装备制造业重点行业领域加快布局，广东通用设备制造，专用设备制造，仪器仪表制造，铁路、船舶、航空航天和其他运输设备制造业等装备制造重点行业获得长足发展，2012～2021 年行业营收的复合增长率均远高于同期全国平均水平，行业营收规模、广东同行业营收占全国的比重大幅增长，广东行业营收在全国排名均进入全国前三，广东装备制造业已发展成为全国装备制造业的重要支撑。

第三节　电子信息制造业规模实力保持全国第一

近年来，广东持续强化电子信息制造业领先优势，围绕重点行业领域出台实施系列产业发展专项政策，加大资源要素投入，支持企业做强做优做大，完善产业链配套，进一步强化手机、通信设备等整机制造能力，推进超高清视频显示、半导体及集成电路等关键细分领域跨越式发展，实现从以产业链下游整机装配加工为主导向上中下游全产业链布局延伸，从中低端、以代工为主的生产制造向研发设计制造、自主品牌发展升级。2021 年以来，广东电子信息制造业规模实力稳居全国第一，智能手机、超高清视频显示等细分领域发展全球领先，着力打造世界级电子信息制造产业集群。

一、产业发展概况

电子信息制造业是广东第一大支柱产业，规模连续多年保持全国第一。全省电子信息制造业增加值从 2012 年的 4838.8 亿元提升至 2021 年的 9555.1 亿元，2012 ~2021 年年均复合增长率 7.9%（高于全省规上制造业增加值复合增长率 1.9 个百分点）。全省电子信息制造业增加值占全省规上制造业增加值的比重从 2012 年的 23.7%提升至 2021 年的 27.8%，提升 4.1 个百分点。2021 年，广东电子信息制造业营业收入约 4.64 万亿元，占全国电子信息制造业营业收入的 31.6%（占比与 2012 年基本持平），连续 31 年居全国第一，广东电子信息制造业营业收入是排名第二的江苏（约 2.22 万亿元）的 2.1 倍，如表 2 –3 所示。

表 2 –3　2012 年和 2021 年全国电子信息制造业营收排名前五省份

2021 年				2012 年			
区域	营业收入（亿元）	占全国比重（%）	排名	区域	主营业务收入（亿元）	占全国比重（%）	排名
全国	147051.9	—	—	全国	70430.1	—	—
广东	46395.1	31.6	1	广东	22305.5	31.7	1
江苏	22158.7	15.1	2	江苏	16141.3	22.9	2
四川	8317.5	5.7	3	上海	5842.4	8.3	3
浙江	8676.9	5.9	4	山东	3964.0	5.6	4
河南	7039.3	4.8	5	福建	2739.5	3.9	5
其他	54464.3	37.0	—	其他	19437.3	27.6	—

资料来源：中国工业统计年鉴。

广东电视机、手机、移动基站等产品产量居全国第一，是海内外主要的电子信息生产基地。广东电子信息制造业在产业链下游整机终端布局的优势明显，全省移动通信基站设备、彩色电视机、手机等下游整机终端产量均居国内首位，占全国同品类比重分别达到 85.1%、53.0%和 40.3%，如表 2 –4 所示，世界每卖出三台手机就有一台是广东制造。广东以整机制造优势，牵引带动上中游的半导体与集成电路、显示面板、各类型电子元器件、电子材料、结构件等配套延伸布局发展，推动构建电子信息制造全产业链条，已成为我国最大的电子信息产品生产制造基地、全球最重要的电子信息产业集聚区。

表 2-4　　2021 年全省电子信息部分产品产量及全国排名情况

品类	单位	广东产量	广东占全国比重（%）	广东在全国排名
移动通信基站设备	万射频模块	461.4	85.1	1
彩色电视机	万台	9810.9	53.0	1
手机	亿台	6.7	40.3	1
集成电路	亿块	539.4	15.0	3
电子计算机整机	万台	6856.7	14.1	3

资料来源：国家统计局。

全省电子信息制造业规模八成以上集中在深莞惠，广珠近年来产业规模有所增长，粤东西北地区总体布局较少。深圳一直是全省电子信息制造业的主引擎，深圳电子信息制造增加值占全省比重保持在 55%～60%，依托智能手机、5G 通信设备、集成电路等主要增长点，产业规模在 2012～2021 年间翻一番，达到 5471 亿元。深莞惠联动打造珠东电子信息制造产业带，东莞和惠州两市充分承接深圳电子信息制造业的生产力外溢，十年来分别实现产业规模增长 196% 和 72%。广州、珠海两市近年来分别依托新型显示和集成电路打造产业发展新引擎，2021 年产业增加值规模比 2012 年分别增长 50% 和 88%，如表 2-5 所示。

表 2-5　　全省各地市电子信息制造业增加值及占比情况

排名	2021 年			2017 年			2012 年		
	地区	增加值（亿元）	占全省比重（%）	地区	增加值（亿元）	占全省比重（%）	地区	增加值（亿元）	占全省比重（%）
—	全省	9555.1	—	全省	8122.2	—	全省	4838.8	—
1	深圳	5471	57.3	深圳	4785.3	58.9	深圳	2742.8	56.7
2	东莞	1676.4	17.5	东莞	1329.1	16.4	东莞	565.7	11.7
3	惠州	768.6	8.0	惠州	730.5	9.0	惠州	445.1	9.2

续表

排名	2021 年			2017 年			2012 年		
	地区	增加值（亿元）	占全省比重（%）	地区	增加值（亿元）	占全省比重（%）	地区	增加值（亿元）	占全省比重（%）
4	广州	584.8	6.1	广州	379.4	4.7	广州	391.2	8.1
5	珠海	232.3	2.4	珠海	202.3	2.5	佛山	177.6	3.7
6	佛山	148.8	1.6	佛山	182.9	2.3	中山	132.0	2.7
7	江门	131.1	1.4	中山	133.0	1.6	珠海	123.4	2.6
8	中山	120.8	1.3	河源	103.2	1.3	肇庆	59.6	1.2
9	河源	113.8	1.2	江门	66.2	0.8	汕尾	36.9	0.8
10	肇庆	69.5	0.7	汕尾	38.5	0.5	江门	36.8	0.8
11	清远	51.8	0.5	肇庆	34.8	0.4	河源	35.2	0.7
12	梅州	47.5	0.5	梅州	31.7	0.4	梅州	19.0	0.4
13	汕尾	45.4	0.5	清远	22.1	0.3	汕头	16.5	0.3
14	潮州	28.9	0.3	潮州	21.6	0.3	潮州	15.2	0.3
15	汕头	26.5	0.3	揭阳	19.8	0.2	揭阳	14.8	0.3
16	韶关	20.3	0.2	汕头	15.8	0.2	韶关	6.9	0.1
17	云浮	8.6	0.1	韶关	10.3	0.1	云浮	6.7	0.1
18	揭阳	5.7	0.1	茂名	8.5	0.1	清远	6.0	0.1
19	茂名	2.1	0.0	云浮	5.2	0.1	茂名	5.0	0.1
20	湛江	0.6	0.0	阳江	1.6	0.0	阳江	2.4	0.0
21	阳江	0.5	0.0	湛江	0.4	0.0	湛江	0.1	0.0

资料来源：广东省统计年鉴。

二、细分领域发展情况及重点工作成效

2012 年以来，电子信息制造业细分领域结构变化大，智能手机跨越式成长为全行业最主要的增长动力，电子元器件配套均实现规模翻一番。全省通信终端设备制造（智能手机）增加值从 2012 年的 440 亿元提升至 2021 年的 3763 亿元，增长 7.6 倍，年均复合增长率高于电子信息制造全行业增速 19 个百分点，占电子信息制造全行业增加值比重从 2012 年的 9.1% 提升至 2021 年的 39.4%。计算机制造和通信系统设备制造规模下降，其中，通信系统设备制造增加值规模从 2019 年峰值的 3640 亿元骤降至 2020 年和 2021 年的 600 亿元左右，如图 2－2 所示。以集成电路和新型

显示面板为主的电子元器件规模稳中有升，基本实现十年翻一番。

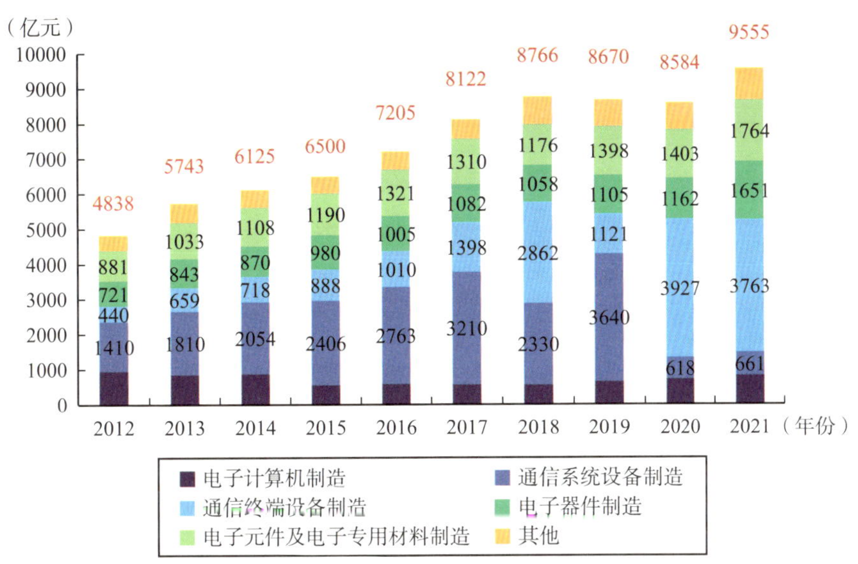

图 2－2　2012～2021 年广东电子信息制造业各细分领域增加值

注：红色数据为各细分领域合计增加值。
资料来源：广东省统计年鉴。

智能手机从代工向自主品牌蝶变转型，引领全国并在全球占优势地位。2021 年，全省通信终端设备制造（以智能手机为主）增加值从 2012 年的 440 亿元提升至 2021 年的 3763 亿元，实现十年增长 7.6 倍；2021 年，全省手机产量 6.7 万亿台，占全国手机产量的 40%，世界每卖出三台手机就有一台是广东制造，全省已形成涵盖方案设计、零部件生产、整机制造、应用开发等全链条的完备产业体系。全省智能手机制造主要集聚在深莞惠地区，成功打造深圳市新一代信息通信集群和东莞市智能移动终端集群等 2 个国家级先进制造业集群。近年来，广东手机行业经历三星、诺基亚等跨国品牌外迁或停产的难关，受到中美经贸摩擦冲击，但是，广东抢抓智能手机升级机遇期，依托长期培育积累的手机产业链配套优势，依托龙头企业踔厉奋发、打造自主品牌、对外扩张、带动全产业链提升的强劲动能，实现手机产业从贴牌代工向自主品牌转型发展，华为、OPPO、vivo 等品牌手机销量接续进入全球前五榜单。

超高清视频显示强势发力，建成国内最大面板和整机制造基地。2022 年，全省超高清视频显示营收超 6000 亿元；2021 年，全省生产彩色电视机 9810.9 万台，占全国彩色电视机产量的 53%，产量占全国比重比 2012 年提升 9 个百分点。广东彩色电视机产量、新型显示面板的产能、高世代线面板产线数量均居全国第一。全省超高清视频显示产业主要集聚在广深惠佛等地区，成功打造广佛惠超高清视频显示和智能家电的国家级先进制造业集群。近年来，广东抢抓新型显示国产化发展以及外资向大陆转移扩充新型显示产能机遇期，强化政策引导支持，推动华星光电 t7 一期、乐金显示 8. 5 代线、超视堺 10. 5 代线、惠州 TCL 模组整机一体化等项目量产达产，连续举办 5 届世界超高清视频产业发展大会，组建全国唯一的显示领域国家制造业创新中心和国家技术创新中心，以龙头企业和重大产业项目为依托，带动全省构建从前端摄录设备、内容制作到显示面板、智能终端、行业应用的全产业链生态。

半导体与集成电路加快补短板，打造我国集成电路产业发展第三极。2022 年，全省半导体与集成电路产业营收超 2200 亿元；2021 年，全省生产集成电路 539 亿块，占全国彩色电视机产量的 15%，产量排名全国第 3 位，2021 年全省集成电路产量比 2012 年增长 2 倍。全省半导体与集成电路产业已基本形成以广州、深圳、珠海为核心，带动佛山、东莞等地协同发展的“3 + N”产业格局。近年来，广东贯彻落实国家支持集成电路产业发展政策措施，依托全省电子信息整机终端制造的市场优势、持续延伸向产业链中上游的关键元器件，尤其是半导体和集成电路研制布局，科学精准实施“广东强芯”工程，积极构建集成电路产业“四梁八柱”，中芯国际、粤芯半导体等重大产业项目陆续投产，在高端模拟、化合物半导体、微机电系统（MEMS）传感器等特色工艺方面布局一批重大产线项目，目前全省在建、拟建集成电路重大项目近 40 个，总投资超 5000 亿元。打造中国集成电路第三极迈出坚实步伐。

三、对策建议

当前，全球经贸形势复杂多变、部分产业链供应链断供风险依然存在，电子信息制造等高精尖领域的全球产业竞争加剧，国内产业发展动力转换加速，广东电子信息制造产业发展依然面临不少挑战。此外，广东电子信息制造仍存在关键领域“卡脖子”、核心技术攻关持续性投入不足、部分领域处于产品价值链中低端、产业链协同联动发展不足等问题，成为制约产业高质量发展的重要因素。对标世界最优最先进，对广东电子信息制造业发展提出以下对策建议：

（一）强化稳链强链补链发展，完善产业生态

在新一代通信与网络、智能终端、人工智能等领域推动企业加强研发攻关，加

大对企业技术改造的支持力度，支持核心产品研发及产业化。围绕原材料、基础工艺、核心零部件、芯片及电子元器件、生产设备、检验检测设备、控制软件、设计软件、操作系统等重点环节，完善上下游配套和产业项目布局。支持电子信息制造龙头企业从整机生产商向集产品制造、内容服务和运营服务于一体的综合型制造商转变，牵头构建产业创新生态体系。发挥全省电子信息整机制造市场优势，强化关键电子元器件研制企业与终端应用企业对接合作，打造全产业生态体系。依托电子信息产业基地和专业园区，加强新一代电子信息产业集聚区配套服务体系建设。

（二）打造优势创新平台，强化关键核心技术攻关

强化产学研合作，鼓励龙头企业、研发机构和高等院校加快突破核心电子元器件、高端通用芯片、关键基础材料等领域的核心关键技术、先进基础工艺，着力解决“缺芯少核”问题。推动传统产品向高端化智能化升级，强化智能终端产业链技术交流和产业协作，加快触控、体感、传感等关键技术联合攻关。支持高校、科研院所、企业多方合作建设国家级和省级制造业创新中心、技术创新中心、企业技术中心、重点实验室等重大创新平台，重点突破产业链关键共性核心技术。依托行业组织和产业联盟，鼓励各类主体参与建设专业公共服务平台，提供技术研发、成果转化、标准制定、产品检测、人才服务和品牌推广等专业服务。

（三）强化重大项目招引，培育具有核心竞争力的企业集群

壮大龙头骨干企业实力，支持骨干企业开展强强联合、上下游整合等多种形式的产业合作，支持龙头企业与境外技术先进企业、高校、研究机构建立战略联盟，开展技术交流与合作，支持龙头企业实现国际化布局、全球化发展。支持上下游成长型企业发展，培育具有创新引领作用、代表新经济发展的“独角兽”企业，打造一批具有核心竞争力的单项冠军和“专精特新”企业，提高专业化生产、服务和协作配套能力。聚焦电子信息产业集群建设，搭建招商信息平台、构建招商网络，积极引进集成电路先进制造工艺、高端电子元器件、智能传感器、新型显示等重点企业和重大项目落户，进一步优化企业营商环境，做好企业服务，积极帮助企业协调解决发展难题。

第四节　绿色石化产业发展水平居国内前列

近年来，广东持续推动产业结构重型化转型，对接全省电子信息制造、汽车、智能家电等整机制造行业对上游化工材料配套需求，加强石化产业重大项目布局，推进石化行业企业集聚化、绿色化、智能化发展，推动各地区石化项目入园发展，拥有广州、惠州大亚湾、湛江东海岛、茂名、揭阳大南海五大炼化一体化基地，以及珠海高栏港精细化工基地和若干化工园区，沿海石化产业经济带基本成型，成为我国重要的石化基地之一。

一、产业发展概况

绿色石化产业是全省营收超万亿级支柱产业之一，规模连续多年位居全国前列。全省绿色石化产业增加值从 2012 年的 5669.5 亿元波动增长至 2021 年的 8136.8 亿元，2012～2021 年年均复合增长率 4.1%（低于全省规上制造业增加值复合增长率 1.9 个百分点）。全省绿色石化产业增加值占全省规上制造业增加值的比重从 2012 年的 27.8% 下降至 2021 年的 23.7%，下降 4.1 个百分点。2021 年，广东绿色石化产业营业收入 1.79 万亿元，占全国石化产业营业收入的 9.9%，营收规模排名全国第 4 位，如表 2－6 所示。

表 2－6　　2021 年全国绿色石化产业营收排名前五省份

区域	营业收入（亿元）	占全国比重（%）	排名
全国	180268.3	—	—
山东	26656.1	14.8	1
江苏	19661.6	10.9	2
浙江	18015.0	10.0	3

续表

区域	营业收入（亿元）	占全国比重（%）	排名
广东	17932.9	9.9	4
辽宁	9936.4	5.5	5
其他	88066.3	48.9	—

资料来源：中国工业统计年鉴。

广东洗涤剂、塑料制品等产品产量居全国第一，是国内重要的石化基地之一。广东绿色石化产业在产业链中下游日化和精细化工布局较多，处于产业链下游的合成洗涤剂、塑料制品产量均居国内首位，占全国同品类比重分别达到 31.3%、18.9%；随着重大石化项目布局投产增多，乙烯、天然气等产量规模排名也保持在国内前五，如表 2－7 所示；逐渐形成炼化、基础化工、合成材料、精细化工等产业链一体化发展格局，为省内汽车、智能家电、电子信息制造等行业提供中高端石化材料配套支撑。

表 2－7　　2021 年全省绿色石化部分产品产量及全国排名情况

品类	单位	广东产量	广东占全国比重（%）	广东在全国排名
合成洗涤剂产量	万吨	324.62	31.3	1
塑料制品产量	万吨	1510.14	18.9	1
乙烯产量	万吨	417.75	14.8	2
初级形态的塑料产量	万吨	836.18	7.6	5
天然气产量	亿立方米	132.48	6.4	5
原油产量	万吨	1744.68	8.8	6
纯碱（碳酸钠）产量	万吨	57.28	2.0	10

资料来源：国家统计局。

绿色石化产业规模五成以上集中在全省五大石化产业基地，佛莞等地市依托下游产品规模较大，粤北地区石化产业布局较少。从区域布局看，广东五大石化基地全部布局在沿海地区，其中三个位于沿海经济带东西两翼，“一带、两翼、五基地、多园区协同发展”的特色石化产业布局正在加快形成。广州一直是全省绿色石化增加值规模最大的地区，但是规模领先优势逐步下降，广州绿色石化增加值占全省比重从 2012 年的 27.5% 下降至 2021 年的 16.3%，如表 2－8 所示。省内惠州、茂名、湛江等石化基地以重大项目投产为支撑，增加值规模和全省排名也有不同幅度的增长，而2021年揭阳石化产业规模相对缩小至不到50亿元。佛山、东莞等地市以日用化工为主的塑料橡胶制品规模较大，石化产业规模在全省排名前5位。

表2－8　全省各地市绿色石化产业增加值及占比情况

排名	2021年			2017年			2012年		
	地区	增加值（亿元）	占全省比重（%）	地区	增加值（亿元）	占全省比重（%）	地区	增加值（亿元）	占全省比重（%）
—	全省	4068.4	—	全省	3432.8	—	全省	2834.8	—
1	广州	663.1	16.3	广州	635.2	18.5	广州	780.9	27.5
2	惠州	569.9	14.0	茂名	459.8	13.4	佛山	342.4	12.1
3	佛山	545.8	13.4	佛山	412.1	12.0	茂名	338.4	11.9
4	东莞	479.4	11.8	惠州	357.4	10.4	惠州	324.4	11.4
5	茂名	401.3	9.9	东莞	299.2	8.7	深圳	205.0	7.2
6	湛江	321.6	7.9	深圳	287.2	8.4	东莞	155.6	5.5
7	深圳	260.6	6.4	珠海	173.6	5.1	中山	128.7	4.5
8	中山	158.4	3.9	湛江	160.8	4.7	湛江	97.3	3.4
9	珠海	152.8	3.8	汕头	155.3	4.5	汕头	78.4	2.8
10	汕头	123.1	3.0	中山	129.6	3.8	肇庆	75.1	2.6
11	江门	108.8	2.7	揭阳	90.5	2.6	揭阳	68.4	2.4%
12	清远	67.0	1.6	江门	74.0	2.2	珠海	67.6	2.4
13	肇庆	52.6	1.3	肇庆	63.3	1.8	江门	62.2	2.2
14	揭阳	48.7	1.2	清远	37.1	1.1	韶关	23.9	0.8
15	韶关	34.8	0.9	汕尾	23.8	0.7	汕尾	21.7	0.8
16	汕尾	24.3	0.6	韶关	23.7	0.7	云浮	18.7	0.7
17	潮州	22.5	0.6	阳江	14.2	0.4	清远	18.2	0.6
18	云浮	12.0	0.3	潮州	13.0	0.4	阳江	9.7	0.3
19	河源	11.0	0.3	云浮	10.1	0.3	潮州	8.3	0.3
20	梅州	5.5	0.1	河源	8.7	0.3	河源	6.0	0.2
21	阳江	5.3	0.1	梅州	4.3	0.1	梅州	3.8	0.1

资料来源：广东省统计年鉴。

二、细分领域发展情况及重点工作成效

2012 年以来，绿色石化产业细分领域结构变化较小，化学原料和化学制品、橡胶塑料等领域占比较高，各细分领域的增加值规模均呈现波动增长的趋势。其中，位于产业链上游的石油、煤炭及其他燃料加工业增加值占全省绿色石化增加值规模的比重总体维持在 20% ~30% 区间；化学原料和化学制品增加值从 2012 年的 2436 亿元提升至 2021 年的 2834 亿元，占全省绿色石化产业增加值比重从 43% 下降至 34.8%；而处于产业链下游、应用较广的橡胶塑料制品总体呈现稳中有升的发展态势，增加值从 2012 年的 1639 亿元提升至 2021 年的近 3000 亿元，如图 2－3 所示，占全省绿色石化产业增加值比重从 28.9% 大幅提升至 36.9%。

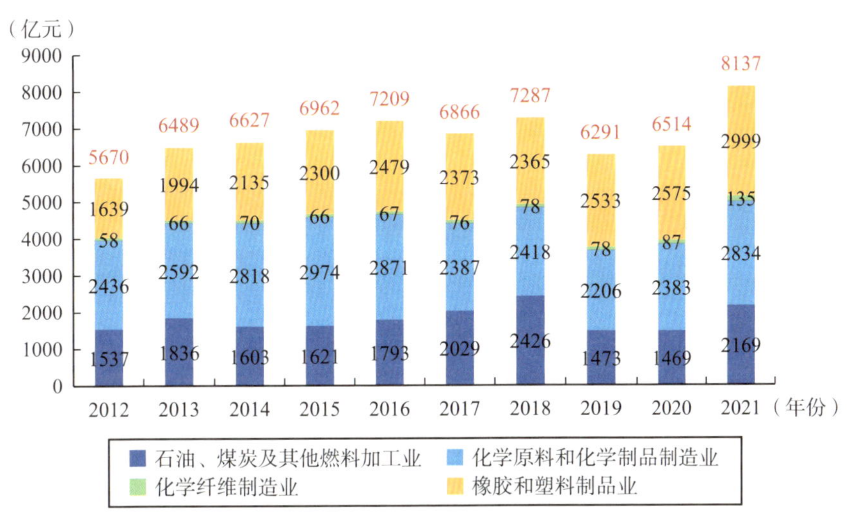

图 2－3　2012 ~2021 年广东绿色石化产业各细分领域增加值

注：红色数据为各细分领域合计增加值。
资料来源：广东省统计年鉴。

重量级大项目为产业高质量发展添动能。近年来，省内多个重大石化产业项目加快建设，广东逐步形成从上游炼油、乙烯生产到下游合成材料、橡胶加工、精细化工的产业体系，世界级绿色石化产业集群在沿海经济带加速崛起。广东有 4 个超过 50 亿美元的在建重大外资项目，包括巴斯夫广东一体化基地项目、埃克森美孚惠州乙烯项目、中海壳牌惠州三期乙烯项目、东华能源烷烃资源综合利用一期项目。在湛江东海岛石化产业园区，巴斯夫（广东）一体化基

地项目首套装置正式投产，另一套生产热塑性聚氨酯（TPU）的装置将于2023年下半年投入运营；到2030年，巴斯夫将投资高达百亿欧元建造该基地。在惠州大亚湾石化区，埃克森美孚惠州乙烯项目全面加快建设，总投资150亿元的恒力PTA项目已完成基建工程；中海壳牌惠州三期乙烯项目作为国家重大外资项目，总投资约521亿元，达产后预计年产值374亿元。在揭阳大南海石化工业区，广东石化炼化一体化项目80万吨/年苯乙烯装置四联换热器投入调试安装，项目建设已全面进入收尾阶段。

三、对策建议

当前，国内石化产业竞争日趋激烈，兄弟省市的石化基地在发展规模、发展质量、主要园区发展水平和产业链上下游延伸协同等方面优于广东省内部分石化基地。国家“双碳”战略实施对石化产业绿色化发展提出更高的要求，省内石化项目在能耗、安全、环保等方面依然面临不少压力。对标世界最优最先进，对广东绿色石化产业发展提出以下对策建议：

（一）高质量推进石化基地建设，打造世界级石化产业集群

对标新加坡裕廊、荷兰鹿特丹、比利时安特卫普、美国休斯敦等世界一流石化区，高起点、高水平、高标准培育绿色石化产业发展核心载体，坚持一张蓝图绘到底，高标准编制石化园区（基地）总体规划、产业规划、专项规划等，注重与城市总体规划及专项规划的衔接，注重创新、循环、绿色发展，注重经济效益与社会效益、近期利益与长远利益统筹考虑，严格控制土地开发节奏，提高园区（基地）发展质量。支持省内重点石化园区探索建立管委会主导、“管委会+开发公司”或“管委会+龙头企业”等适合自身发展的管理体制机制，引导园区（基地）管理部门配置石化领域专业化管理运营服务团队，更好推动石化产业基地发展。

（二）强化招商引资，推进跨行业跨区域协同发展

立足华南地区以及东南亚地区石化产品市场，紧密结合本地区及周边城市产业发展特点，加强石化产业与电子信息、纺织服装、汽车、家电等重点产业的衔接，推进高质量的化工材料产品研制和规模化生产，促进石化上中下游产业协调发展，

推动形成全省不同地市之间错位发展、不同产业之间协同发展的格局。进一步优化营商环境，着力提升招商引资工作成效，紧紧围绕延伸石化下游产业链精准招大商、招好商、招快商，加强与龙头石化企业的合作，开展联合招商，依托石化上游龙头项目开展产业链、产品链招商，努力引进一批强链补链延链的优质石化项目，加快打造世界级绿色石化产业集群。强化项目跟踪服务、优化行政审批流程，科学配置土地、资金、人才等要素资源，完善软硬基础设施建设，为项目投资建设提供良好的基础条件。

（三）落实“双碳”要求，持续推进行业绿色升级

继续深入推进能效对标活动，发挥能效领跑者和能效标杆的引领作用，结合本地区实际开展对石化企业的节能“双控”考核和有关奖励政策，多措并举促进企业顺利完成节能“双控”目标。支持企业优化装置系统，有效降低炼油和乙烯单位产品能耗，重点引导企业做好炼化一体化项目投产后的系统优化工作。充分利用行业能效对标成果，为新建装置的节能评估和设计建设提供借鉴，支持企业采用性能更优的工艺技术设备、提升能效水平。

第五节　智能家电产业打造全球最大制造中心

近年来，广东加快推进智能家电产业转型升级和多元化发展，出台实施发展智能家电战略性支柱产业集群行动计划，支持家电行业企业技术改造，向智能化、绿色化、高端化方向提质升级，围绕产业链供应链现代化稳步提升关键材料和零部件本土化发展水平，持续推进家电行业增品种、提品质、创品牌发展，龙头企业全国全球领先优势持续提升，广佛惠超高清视频和智能家电产业集群成功入选工信部先进制造业集群，广东已形成全球规模最大、品类最齐全的家电产业链，是全球最大的家电制造业中心。广东智能家电产业规模实力稳居全国第一，着力打造世界级智能家电产业集群。

一、产业发展概况

电气机械和器材制造业（以智能家电为主）是全省支柱产业之一，产业规模跃升至全国首位。全省电气机械和器材制造业增加值从2012年的4210.9亿元提升至2021年的8269.5亿元，2012～2021年年均复合增长率7.8%（高于全省规上制造业增加值复合增长率1.8个百分点）。全省电气机械和器材制造业占全省规上制造业增加值的比重从2012年的20.6%提升至2021年的24.1%，提升3.5个百分点。2021年，广东电气机械和器材制造业营业收入1.99万亿元，占全国电气机械和器材制造业营业收入的23%，营收规模十年翻一番，超过江苏跃升至全国首位，如表2－9所示。

表2－9　2012年和2021年全国电气机械和器材制造业营收排名前五省份

区域	2021年			区域	2012年		
	营业收入（亿元）	占全国比重（%）	排名		主营业务收入（亿元）	占全国比重（%）	排名
全国	86545.86	—	—	全国	54522.61	—	—
广东	19904.06	23.0	1	江苏	12547.72	23.0	1
江苏	17522.52	20.2	2	广东	9681.98	17.8	2
浙江	11258.76	13.0	3	山东	5445.56	10.0	3
安徽	4717.59	5.5	4	浙江	5268.89	9.7	4
江西	4171.10	4.8	5	安徽	3213.36	5.9	5
其他	28971.83	33.5	—	其他	18365.10	33.7	—

资料来源：中国工业统计年鉴。

广东空调、冰箱、洗衣机、厨电等多个家电品类产量居全国前列。广东不仅是空调、冰箱、热水器、抽油烟机、消毒碗柜等大型家电和厨房电器的全国主要生产基地，也是微波炉、电饭锅、电风扇等众多小家电产品的全球最大供应地，从家电产品的核心家电控制器、电机、压缩机、电机到简单的五金配件一应俱全，已形成全国乃至全球规模最大、品类最齐全的家电配件产业链。广东空调、电冰箱、洗衣机产量分别居全国的第1位、第2位和第4位，如表2－10所示。

表 2-10　　2021 年全省智能家电部分产品产量及全国排名情况

品类	广东产量（万台）	广东占全国比重（%）	广东在全国排名
房间空调器产量	6736.25	30.8	1
家用电冰箱产量	2091.6	23.3	2
家用洗衣机产量	757.6	8.8	4

资料来源：国家统计局。

全省智能家电产业规模绝大部分集中在珠三角地区，佛山家电产业规模持续保持全省领先优势。佛山电气机械和器材制造业（以智能家电为主）增加值占全省比重一直保持在 35% 以上，依托美的等龙头企业牵引带动作用，产业规模实现十年翻一番至 1537.9 亿元（2021 年），如表 2-11 所示。深圳、东莞、珠海、中山等珠三角地市在家电产业布局上形成区域化特色优势，2021 年，珠三角九市电气机械和器材制造业增加值占全省比重为 96.9%，比 2012 年提升 2.9 个百分点，全省智能家电产业发展的空间集聚度进一步提升。

表 2-11　　全省各地市电气机械和器材制造业增加值及占比情况

排名	2021 年			2017 年			2012 年		
	地区	增加值（亿元）	占全省比重（%）	地区	增加值（亿元）	占全省比重（%）	地区	增加值（亿元）	占全省比重（%）
—	全省	4134.74	—	全省	2969.33	—	全省	2105.45	—
1	佛山	1537.9	37.2	佛山	1056.7	35.6	佛山	776.8	36.9
2	深圳	707.1	17.1	深圳	530.1	17.9	深圳	353.6	16.8
3	东莞	493.0	11.9	珠海	320.9	10.8	中山	233.8	11.1
4	珠海	371.8	9.0	东莞	293.8	9.9	珠海	172.3	8.2
5	中山	348.7	8.4	中山	194.4	6.5	东莞	170.8	8.1
6	惠州	231.6	5.6	广州	159.4	5.4	广州	157.1	7.5
7	广州	175.7	4.2	惠州	106.2	3.6	惠州	51.7	2.5
8	江门	115.2	2.8	江门	97.7	3.3	江门	49.1	2.3
9	揭阳	27.2	0.7	湛江	72.2	2.4	湛江	31.0	1.5
10	肇庆	24.6	0.6	揭阳	38.7	1.3	揭阳	26.2	1.2
11	阳江	23.3	0.6	汕头	27.4	0.9	汕头	16.4	0.8
12	汕头	18.3	0.4	河源	20.5	0.7	肇庆	14.8	0.7

续表

排名	2021 年			2017 年			2012 年		
	地区	增加值（亿元）	占全省比重（%）	地区	增加值（亿元）	占全省比重（%）	地区	增加值（亿元）	占全省比重（%）
13	韶关	14.2	0.3	肇庆	11.6	0.4	河源	13.8	0.7
14	清远	13.4	0.3	韶关	8.6	0.3	清远	9.3	0.4
15	河源	9.3	0.2	清远	7.8	0.3	韶关	7.0	0.3
16	湛江	8.8	0.2	茂名	5.4	0.2	阳江	6.8	0.3
17	梅州	6.2	0.2	阳江	4.9	0.2	潮州	4.9	0.2
18	云浮	3.5	0.1	云浮	4.1	0.1	云浮	4.2	0.2
19	潮州	2.7	0.1	梅州	4.0	0.1	梅州	3.3	0.2
20	汕尾	1.8	0.0	潮州	3.3	0.1	汕尾	1.7	0.1
21	茂名	0.5	0.0	汕尾	1.9	0.1	茂名	1.0	0.0

资料来源：广东省统计年鉴。

二、重点领域发展情况及主要工作成效

广东家电行业数字化、智能化升级引领全国。随着消费升级、智能化技术普遍使用，传统家电向智能家电的升级，为家电产业发展带来勃勃生机和巨大增长空间。龙头企业美的通过收购德国库卡机器人布局智能制造装备领域，成立美云智数发展工业互联网，为家电产业链上中下游数字化、网络化、智能化升级提供软硬件技术和设备支撑，在广东省内，美的已成功打造美的家用空调广州工厂、微波炉顺德工厂、美的厨热顺德工厂3家灯塔工厂，以美的厨热顺德工厂为例，通过智能制造升级，企业单位生产成本降低24%、交付时间缩短41%、研发时间缩短30%、缺陷率降低51%。云米科技、格力等龙头企业以家电产品全屋互联为重点，持续推进家电产品数字化、智能化升级，牵引家电产业链上中下游技术和零部件设备优化发展。

家电巨头在保持省内总部经济优势的基础上，持续向海内外扩充布局。广东拥有国内家电三巨头的其中两家企业（美的、格力）。多年来，美的、格力等龙头企业在佛山、珠海本地强化总部经济、研发创新和营销体系建设，积极贯彻落实国家“一带一路”倡议，通过海外并购、布局研发生产基地等形式，推动家电产业“走出去”发展壮大，深度融入国内国际双循环新发展格局。美的从2007年在越南首设

海外工厂至今，在海外设有 20 个研发中心和 18 个主要生产基地，遍布十多个国家和地区，海外员工约 3 万人，收购库卡机器人、东芝家电等；在美的 3000 多亿元的年营收中，海外业务占比近年稳居 40% 以上。格力在海内外建有 77 个生产基地，16 个研究院，产品远销 180 多个国家和地区。

三、对策建议

广东智能家电产业总体上具有规模优势、集聚优势、产业化配套优势及成本优势，近年来，国内中西部地区加大力度招引珠三角家电龙头企业向外扩充产能、国内产业竞争形势更趋激烈，国际经贸环境变化复杂，贸易壁垒、环保和信息安全等技术壁垒加强。广东家电产业在研发创新投入产出上亟待提升，2021 年，广东电气机械和器材制造行业的研发强度仅为 1.83%，低于全国同行业研发强度（2.10%）0.27 个百分点，部分关键材料、零部件配套、标准化发展与世界先进水平更有不少差距。对标世界最优最先进，对广东智能家电产业发展提出以下对策建议：

（一）强化研发创新投入，打造产业创新生态

整合高校、科研院所、龙头企业资源优势，推动智能家电制造业创新中心建设。支持企业、高校、科研院所加强产学研合作及应用示范研究，围绕市场需求，强化行业应用，推动基础技术、基础材料、核心部件、软件系统等关键共性技术研发。发挥龙头企业带动作用，向产业链推广智能产品设计、智能制造系统解决方案应用，推动“制造 + 服务”融合发展。将产业链上下游中小企业纳入龙头企业研制体系，推动大中小企业融通创新发展，引导家电产业链中小企业强化研发投入，加快转型升级。

（二）支持行业数字化、网络化、智能化、绿色化改造

实施智能制造，培育一批具备智能家电智能制造整体解决方案供应能力的专业服务商，在空调、冰箱、电饭煲、微波炉等领域建设一批智能制造试点示范项目，建设智能工厂、数字化车间。充分运用大数据、云计算、人工智能等新兴技术，提升工业互联网技术应用水平，推动智能家电企业联合工业互联网服务商协同打造覆盖研发、生产、制造全流程、覆盖产品全生命周期的工业互联网平台。推进家电绿色制造体系建设，推广应用智能家电绿色设计与评价、高效节能环保工艺、家电产

品回收与资源综合利用等绿色制造技术，在高耗能家电产品领域，研发一系列绿色家电产品，打造一批家电领域的绿色产品、绿色工厂、绿色供应链、绿色园区。

（三）推动质量品牌建设，打造国际领先的家电产品

持续推进家电产业增品种、提品质、创品牌，支持企业推出更多智能、节能、健康、绿色、环保、个性化家电新产品。推广先进质量管理方法，提升企业质量管理水平。推进质量共治共建，开展质量比对提升工作，督促内外销产品的“同线同标同质”，提升家电产品标准和品质，提高优质产品辨识度。打造国际级智能家电展会，鼓励企业组团参加国际、国内家电相关行业的专业展会，提升广东家电品牌国际影响力。加强工业设计创新应用，促进专利、名牌、工业设计创意等资源与家电制造优势有效结合，支撑企业品牌扩张。

（四）支持龙头企业海内外扩张，加速全球化布局

支持龙头企业“走出去”，在海外设立研发、设计、制造基地，优化完善销售渠道，支持开展国际并购，建立国际生产销售体系，支持家电龙头企业与检测认证公共服务平台联合开展全球市场准入法规、指令、标准研究，通过产业链布局、标准化发展，提升在原材料及零部件采购、产品国际定价、标准制修订等方面的话语权。支持国际知名企业和机构“引进来”，重点引进国际知名企业和具有核心专利与技术的关键零部件企业布局建设生产基地、研发中心，补齐产业链短板。开展全球市场准入研究，加强国际信息与技术协作，克服国际贸易壁垒。提升国际贸易服务能力，建立应对技术性贸易措施、出口贸易政策预警机制，完善国际贸易法律法规咨询服务体系，提升海外知识产权维权服务能力和服务水平，为企业开展国际贸易提供全方位咨询服务。

第六节　汽车制造业规模跃升至国内首位

广东高度重视汽车产业发展，以政策引导、企业扩产、项目招引为抓手，政企协同前进，布局从整车到零配件、从传统燃油车到新能源车等重大产业项目，产量

规模不断提升，从“制造”到“智造”加快升级。经过多年培育发展，全省汽车产业已形成较完整的产业体系，建立以广州、深圳、佛山、肇庆为重点，辐射东莞、惠州、珠海、中山、江门等珠三角城市的汽车制造产业带和汽车销售网络。广东汽车产量自 2016 年连续多年位居全国第一、新能源汽车产量自 2021 年来位居全国第一，成为全国最为重要的汽车制造基地之一，持续推动打造世界级汽车产业集群。

一、产业发展概况

汽车制造已成为全省营收超万亿级战略性支柱产业集群之一，规模连续多年位居全国前列。全省汽车制造业增加值从 2012 年的 2163.7 亿元稳步提升至 2021 年的 4015.5 亿元，2012～2021 年年均复合增长率 7.1%（高于全省规上制造业增加值复合增长率 1.1 个百分点）。全省汽车制造业增加值占全省规上制造业增加值的比重从 2012 年的 10.6% 提升至 2021 年的 11.7%，增加 1.1 个百分点。2022 年，广东汽车制造业营业收入首次突破万亿元规模，达到 1.2 万亿元，成为广东第八个万亿级产业集群；2021 年，广东汽车制造业营业收入 9646.2 亿元，占全国汽车制造业营业收入的 11.0%，营收规模排名从 2012 年的全国第 5 位大幅跃升至 2021 年的全国第 1 位，如表 2－12 所示。

表 2－12　　2012 年和 2021 年全国汽车制造业营收排名前五省份

区域	2021 年			区域	2012 年		
	营业收入（亿元）	占全国比重（%）	排名		主营业务收入（亿元）	占全国比重（%）	排名
全国	87724.3	—	—	全国	51235.58	—	—
广东	9646.2	11.0	1	吉林	5870.91	11.5	1
上海	8554.3	9.8	2	上海	5360.56	10.5	2
江苏	8414.3	9.6	3	山东	4729.81	9.2	3
吉林	7059.5	8.0	4	江苏	4504.27	8.8	4
湖北	7030.1	8.0	5	广东	3874.38	7.6	5
其他	47019.8	53.6	—	其他	26895.7	52.5	—

资料来源：中国工业统计年鉴。

广东汽车、新能源汽车等产量居全国第一，是国内最大的汽车生产基地之一。通过多年发展，全省汽车产业基本形成了以乘用车为重点、商用车为辅助、零部件为基础、科研院所为支撑、销售网络为平台的产销研一体化的产业发展体系。自2016年以来，广东汽车产量连续7年位居全国第一位，2021年、2022年全省汽车产量分别为338.5万辆和415.4万辆，占全国比重分别为12.8%和15.3%；自2021年以来，广东新能源汽车产量连续2年位居全国第一位，2021年、2022年全省汽车产量分别为53.5万辆和130万辆，占全国比重分别为15.1%和18%，如表2-13所示。

表2-13　　2021年全省汽车产业部分产品产量及全国排名情况

品类	广东产量（万辆）	广东占全国比重（%）	广东在全国排名
汽车	338.5	12.8	1
新能源汽车	53.5	15.1	1

资料来源：国家统计局。

从区域布局看，已经形成以广州、深圳、佛山、肇庆为整车制造，其他珠三角城市为零配件配套，协同粤东粤西粤北发展的产业布局。广州一直是全省汽车制造业增加值规模最大的地区，产业规模持续扩张、产业链配套持续优化完善，广州汽车制造业增加值占全省汽车制造业增加值的比重保持在60%以上，如表2-14所示。佛山、深圳等地依托一汽-大众、比亚迪等整车制造企业布局，推动汽车制造业持续发展壮大；近年来，肇庆引入小鹏汽车整车生产基地，带动新能源汽车领域跨越式发展。2021年，珠三角九市汽车制造业增加值占全省汽车制造业增加值的比重达到97.3%。粤北、粤西地区依托汽车用钢材、铝材以及汽车用塑料等产品，以中高端原材料供应支撑珠三角地区汽车产业链高质量发展。

表2-14　　全省各地市汽车制造业增加值及占比情况

排名	2021年			2017年			2012年		
	地区	增加值（亿元）	占全省比重（%）	地区	增加值（亿元）	占全省比重（%）	地区	增加值（亿元）	占全省比重（%）
—	全省	2007.7	—	全省	1776.1	—	全省	1081.9	—
1	广州	1267.5	63.1	广州	1178.6	66.4	广州	794.8	73.5
2	佛山	291.7	14.5	佛山	217.5	12.2	佛山	89.4	8.3
3	深圳	160.2	8.0	深圳	103.6	5.8	深圳	65.8	6.1
4	东莞	55.2	2.7	惠州	54.4	3.1	惠州	35.1	3.2

续表

排名	2021 年			2017 年			2012 年		
	地区	增加值（亿元）	占全省比重（%）	地区	增加值（亿元）	占全省比重（%）	地区	增加值（亿元）	占全省比重（%）
5	惠州	49.3	2.5	东莞	53.9	3.0	东莞	23.9	2.2
6	中山	44.9	2.2	中山	43.1	2.4	中山	19.9	1.8
7	肇庆	44.7	2.2	江门	30.8	1.7	肇庆	11.9	1.1
8	江门	24.1	1.2	肇庆	26.2	1.5	珠海	10.3	1.0
9	清远	16.5	0.8	珠海	22.6	1.3	江门	7.9	0.7
10	珠海	15.4	0.8	汕头	11.4	0.6	汕头	7.7	0.7
11	汕头	10.4	0.5	清远	11.3	0.6	梅州	5.6	0.5
12	云浮	8.3	0.4	梅州	8.1	0.5	阳江	4.7	0.4
13	梅州	8.1	0.4	汕尾	4.6	0.3	清远	1.9	0.2
14	湛江	3.3	0.2	湛江	3.1	0.2	韶关	1.7	0.2
15	揭阳	2.9	0.1	云浮	2.8	0.2	揭阳	1.1	0.1
16	汕尾	2.6	0.1	揭阳	2.1	0.1	湛江	0.2	0.0
17	河源	1.5	0.1	阳江	1.0	0.1	河源	0.0	0.0
18	韶关	0.8	0.0	韶关	0.9	0.1	汕尾	0.0	0.0
19	阳江	0.3	0.0	河源	0.2	0.0	茂名	0.0	0.0
20	茂名	0.0	0.0	茂名	0.0	0.0	潮州	0.0	0.0
21	潮州	0.0	0.0	潮州	0.0	0.0	云浮	0.0	0.0

资料来源：广东省统计年鉴。

二、细分领域发展情况及重点工作成效

新能源汽车领跑全国。作为新能源汽车龙头企业聚集地，根据中国乘联会数据新能源汽车企业 2022 年全国销量前 15 名中广东企业占 3 家，分别是排名第 1 的比亚迪，排名第 5 的广汽埃安以及排名第 12 的小鹏汽车。在产业链上，广东新能源汽车已涵盖整车生产、三电（电池、电机、电控）、其他零部件及关键材料等环节，并强化发展动力总成、变速器、电子控制系统、轻量化部件等高端零部件。在整车研制技术上，广东搭建新能源汽车整车动力系统的拓扑结构及整车仿真平台，实现整车控制策略平台设计开发，整车综合性能逐步提高至国内领先水平；整车续航里程已经达到领先地区，拥有全球领先的三合一电驱。在基础设施配套上，截至 2022

年底，广东省的公共充电桩数量38.3万座，加氢站47座，均为全国第一。

智能网联汽车总体处于国际先进水平。广东依托丰富和优质的汽车制造商、互联网企业、科技公司等资源，加快推进汽车产业向智能化方向升级。从2017年开始，广汽、比亚迪、小鹏便与华为、腾讯、中国移动、思科、滴滴、大众等公司合作，携手构建跨界融合的智能网联汽车生态圈。2021年广东生产的新能源汽车L2级智能网联化率超过50%。广州、深圳先行先试推进高级别自动驾驶示范应用，先后获得国家部委批准建设“智慧城市基础设施与智能网联汽车协同发展试点城市”。其中，广州在全国率先提出三级测试道路标准以及开展载客测试、远程测试、编队测试等多类型测试，已颁发智能汽车道路测试牌照195张，开放城市道路790千米，有效测试里程超450万千米。

汽车智能制造发展具备领先优势。广东龙头企业拥有具有自主知识产权的智能化生产方式，通过建立信息物理融合系统，实现生产线自动化、设备智能化以及物流信息化，零部件库存可减少70%，厂房可利用面积增加30%，库存资金减少50%。在广东，每一分钟左右便可有一辆新车驶下生产线。省内整车企业推进深度定制化工厂建设，消费者按照个性化需求通过手机App下单，整车企业获取订单后可以自动匹配所需零配件，快速组织生产。

超前布局汽车产业新技术。广东超前部署研发下一代技术，将纯电动汽车动力电池系统、电子电气架构、车载充电机以及氢燃料电池动力系统和智能网联汽车域控制器系统等关键技术研发纳入广东省重点领域研发计划“新能源汽车”重大科技专项、首台（套）重大技术装备支持范围，提升汽车行业综合竞争力。2022年广东省汽车相关的专利数量（2.8万件）位居全国第一，其中新能源和智能网联汽车专利的地域分布排名同样位居全国第一。实施汽车芯片应用牵引工程，推动形成关键芯片战略储备机制，在产线方面，广东已成功引进广东省第一条车规级碳化硅芯片制造产线、2条12英寸特色工艺芯片生产线等多个重大项目；推动建立供需对接机制，组织汽车企业与相关芯片企业开展供需对接，将芯片供应短缺对企业造成的损失降到最低。

三、对策建议

当前，国际国内汽车消费疲软态势依然存在，广东省新能源汽车和智能网联汽车产业发展面临的海内外竞争不少；而且，广东汽车零部件产业规模与整车生产规模不相适应，车用芯片、发动机、变速箱等关键零部件自给率亟待提升，给全省汽车产业集群建设带来新考验。对标世界最优最先进，对广东汽车产业发展提出以下对策建议：

（一）优化汽车制造产业区域布局，发展壮大新能源及智能网联汽车产业链

立足现有汽车产业园区基础及汽车产业发展新趋势，在招商引资及产业用地等方面加强全省统筹，优化汽车制造产业区域布局，支持建设新能源、智能网联汽车零部件产业集聚区，带动上下游配套企业集聚发展。鼓励电子信息及新能源领域企业与整车企业开展合资合作，推进动力电池、电机、控制系统、高性能车规级芯片等关键核心技术的自主化和产业化。开展汽车产业“建链、补链、强链”专项行动，推进传统燃油汽车轻量化和节能技术研发，支持新能源汽车的电机、电池和电控系统技术突破，加快布局发展智能网联汽车的感知、控制、执行系统，以及汽车检测和测试场地等领域。

（二）强化创新引领，支持汽车领域共性技术研发攻关

提高汽车企业技术创新能力，推动整车企业、高等院校、科研院所、关键零部件企业加强合作，组成若干产业技术创新联盟，加快对传统燃油汽车动力系统、新能源汽车动力核心部件、燃料电池系统及核心部件、动力电池关键材料、充电设施、智能汽车智能终端零部件、车规级芯片及传感器组件、软件生态系统等领域研发。推动汽车整车及关键零部件创新平台建设，打造服务新能源汽车核心零部件检验检测、研发中试、标准制修订以及产业孵化的公共技术服务平台。在公共交通领域率先探索自动驾驶示范应用，打造具有世界级影响力的示范应用案例。

（三）实施质量品牌提升行动，培育国际化领军企业

支持传统燃油整车、新能源整车及关键零部件企业开展技术升级和智能化改造，提高产品质量一致性和技术水平。依托自主品牌整车企业，重点围绕新能源及智能网联汽车，引导企业实施品牌提升及全球化战略，打造具有较强国际竞争力的跨国公司。健全完善汽车标准体系，推动纯电动汽车、氢燃料电池汽车及智能网联汽车等重点领域标准化实现新突破，适应市场需求及时更新标准。

（四）加速国际化进程，增强全球化发展能力

鼓励龙头骨干企业开拓国际市场，有序开展国内外并购、重组和战略合作，支

持企业在重点目标市场布局生产基地、研发机构和营销网络，逐步从单一出口贸易为主向投资、技术、管理等深度合作模式转变。支持组建新能源和智能网联汽车产业招商联盟，面向全球加快引进汽车设计、研发机构、研发团队和优势技术等各类创新和产业资源。深化汽车领域的合资合作，推进与跨国汽车企业的战略合作，推动自主品牌车企和合资车企高质量发展。

第七节　装备制造业实现跨越式发展

装备制造业是广东重点支柱产业之一。广东高度重视装备制造业发展，通过顶层设计、区域布局、项目招引等方式，持续强化装备制造业规模化、集聚化、高端化发展，抢抓制造业向智能制造转型升级机遇期，聚焦培育高端装备制造、智能机器人等战略性产业集群，持续推进珠西装备制造业产业带建设，强化首台套重大技术装备应用，全省装备制造业高质量发展取得良好成效。当前全省装备制造业增加值突破 2 万亿元，工业机器人、数控机床、无人机等重点产业发展位居全国前列，广深佛莞智能装备产业集群成功入选国家级先进制造业集群，广东已成为国内重要的装备制造产业基地之一。

一、产业发展概况

装备制造业实现跨越式新发展、增加值规模超 2 万亿元。全省规模以上装备制造业[①]增加值由 2012 年的 8017.2 亿元增加到 2021 年的 20859.1 亿元，2012～2021 年年均复合增长率 11.2%（高于全省规上制造业增加值复合增长率 5.2 个百分点）；2021 年，广东装备制造业增加值占全省规模以上制造业增加值比重 60.8%，比 2012 年（39.3%）大幅提升 21.5 个百分点。2021 年，广东规模以上装备制造业企业 33783 家，比 2012 年增加 23247 家，占规模以上工业比重超五成，比 2012 年提

① 按照国家统计局关于装备制造业的统计口径，装备制造业包括金属制品业，通用设备制造业，专用设备制造业，汽车制造业，铁路、船舶、航空航天和其他运输设备制造业，电气机械和器材制造业，计算机、通信和其他电子设备制造业，仪器仪表制造业。

高23.0个百分点；实现利润总额6634.81亿元，占规模以上工业利润的55.9%，比2012年提高22.8个百分点。

广东装备制造业多个产品产量居全国前列。广东工业机器人、数控机床、工作母机、无人机等重点产业发展位居全国前列，工业机器人产量居全国首位；陶瓷机械、塑料机械、木工机械等国内市场占有率位居全国首位，印刷包装机械、玻璃机械、压力机械等国内市场占有率均超过20%。近年来，广东重大技术装备取得新突破、自主化水平不断提高，水陆两栖飞机AG600、造岛神器“天鲸号”、海洋科考重器“大洋号”等一批国之重器实现应用。《2021年中国装备制造业100强榜单》中广东企业有14家，排名全国第二，在数控机床、轨道交通、激光与增材制造等领域拥有一批具有国际国内竞争力的龙头企业。

装备制造业近八成产能规模集中在深莞佛广，省内多个地区以特色化布局推动全省装备制造业规模化、多元化、集聚化提质升级。深圳装备制造业规模居全省首位，增加值占全省比重超过1/3；东莞和佛山的装备制造业增加值均超过3000亿元规模，如表2－15所示，两市分别以精密加工设备和重型加工设备为主导产品。广州在海工装备、智能制造装备等多行业领域发力，推动装备制造业持续扩容升级。珠海以航空航天装备、工业机器人等打造特色化装备制造产业集群，中山、阳江等地市致力于推动海上风电装备产业集群化发展。

表2－15　　2021年全省各地市装备制造业增加值及占比情况

排名	地区	增加值（亿元）	占全省比重（%）
—	全省	20859.05	—
1	深圳	7608.7	36.5
2	东莞	3255.1	15.6
3	佛山	3007.7	14.4
4	广州	2577.5	12.4
5	惠州	1204.4	5.8
6	珠海	779.8	3.7
7	中山	763.1	3.7
8	江门	511.9	2.5
9	肇庆	285.5	1.4
10	河源	158.4	0.8
11	清远	124.8	0.6

续表

排名	地区	增加值（亿元）	占全省比重（%）
12	揭阳	115.0	0.6
13	汕头	94.2	0.5
14	梅州	69.4	0.3
15	汕尾	67.9	0.3
16	阳江	63.3	0.3
17	韶关	58.1	0.3
18	潮州	48.4	0.2
19	云浮	38.0	0.2
20	湛江	18.5	0.1
21	茂名	9.6	0.0

资料来源：广东省统计年鉴。

二、细分领域发展情况及重点工作成效

通用及专用设备制造规模十年翻一番，国内排名大幅提升。广东通用及专用设备制造业以工业机器人和智能制造装备为主，近年来，广东以智能制造为主攻方向，持续推进制造业高质量发展，以省内家电、汽车、电子信息制造等主导行业领域数字化智能化转型为契机，为全省通用及专用设备制造业大发展带来旺盛的市场需求。省内广州、深圳、佛山、东莞、珠海等制造业主要地市成为全省工业机器人和智能制造装备生产主要集聚地。近年来，广东工业机器人产量跃升至全国第一位；通用设备制造业营收规模翻一番，专用设备制造业营收规模增加2倍，2012～2021年，广东通用设备制造业和专用设备制造业营收在全国的排名分别从第5位、第6位大幅提升至第3位、第2位，如表2－16和表2－17所示，广东已成为国内重要的工业机器人和智能制造装备生产基地。

表2－16　　2012年和2021年全国通用设备制造业营收排名前五省份

区域	2021年			区域	2012年		
	营业收入（亿元）	占全国比重（%）	排名		主营业务收入（亿元）	占全国比重（%）	排名
全国	49383.9	—	—	全国	38043.3	—	—
江苏	10177.7	20.6	1	江苏	6463.5	17.0	1

续表

区域	2021年			区域	2012年		
	营业收入（亿元）	占全国比重（%）	排名		主营业务收入（亿元）	占全国比重（%）	排名
浙江	7466.5	15.1	2	山东	5882.6	15.5	2
广东	5639.4	11.4	3	辽宁	4005.0	10.5	3
上海	3848.5	7.8	4	浙江	3698.2	9.7	4
山东	3488.0	7.1	5	广东	2797.4	7.4	5
其他	18763.9	38.0	—	其他	15196.5	39.9	—

资料来源：中国工业统计年鉴。

表2－17　　2012年和2021年全国专用设备制造业营收排名前五省份

区域	2021年			区域	2012年		
	营业收入（亿元）	占全国比重（%）	排名		主营业务收入（亿元）	占全国比重（%）	排名
全国	37352.4	—	—	全国	28711.4	—	—
江苏	7395.0	19.8	1	山东	4389.0	15.3	1
广东	5049.8	13.5	2	江苏	4353.1	15.2	2
山东	3244.9	8.7	3	湖南	2634.5	9.2	3
浙江	3087.6	8.3	4	河南	2423.3	8.4	4
湖南	2251.9	6.0	5	辽宁	2180.3	7.6	5
其他	16323.2	43.7	—	其他	12731.2	44.3	—
—	—	—	—	广东	1581.2	5.5	6

资料来源：中国工业统计年鉴。

铁路、船舶、航空航天和其他运输设备制造业稳步增长，在若干细分领域取得新突破。广东航空装备制造维修主要集聚在珠海和东莞，近年来，珠海市大力推动航天装备产业发展，连续举办13届的中国航展已成为世界五大最具国际影响力的航展之一，航空工业通飞产业基地以及总部落户珠海带动珠海航空装备制造“起飞”，自主研制西锐SR20飞机、“鲲龙”AG600灭火机，初步形成航空装备产业集群；东莞航空发动机高精密部件生产线、通用航空制造及供应链等项目均已动工建设。广东船舶和海工装备研制主要集聚在广州、深圳、中山、阳江等地市聚焦海洋经济发展，在海上风电装备、海洋工程技术配套设备等方面强化布局形成规模化、集群化发展优势。广东轨道交通装备以江门、广州、深圳等地市为重点，江门依托中车轨道交通产业基地推进全产业链延伸发展，广州、深圳等以“设备+运维”模式推进轨道交通装备产业扩容升级。广东铁路、船舶、航空航天和其他运输设备制造业营收在全国排名从2012年的第5位提升至2021年的第2位，营收规模超1500亿元，如表2-18所示。

表2-18 2012年和2021年全国铁路、船舶、航空航天和其他运输设备制造业营收排名前五省份

区域	2021年			区域	2012年		
	营业收入（亿元）	占全国比重（%）	排名		主营业务收入（亿元）	占全国比重（%）	排名
全国	18515.6	—	—	全国	15748.4	—	—
江苏	3194.9	17.3	1	江苏	3547.1	22.5	1
广东	1524.1	8.2	2	山东	1457.8	9.3	2
辽宁	1218.0	6.6	3	辽宁	1217.2	7.7	3
四川	1184.2	6.4	4	重庆	1185.4	7.5	4
浙江	1118.1	6.0	5	广东	1123.3	7.1	5
其他	10276.2	55.5	—	其他	7217.6	45.8	—

资料来源：中国工业统计年鉴。

三、对策建议

当前，国际经贸格局复杂多变，广东装备制造业国际贸易、技术合作、人才交流面临的困难和风险增加。装备制造业具有研发投入大、周期长等特点，目前，省内装备制造业研发创新投入依然有待提升，在高端数控系统、关键部件等配套方面对外依赖依然存在，国产化设备应用依然有待推进。对标世界最优最先进地区，对广东装备制造业发展提出以下对策建议：

推动产业链与创新链深度融合发展。依托高等院校、骨干企业高水平建设和引进一批产业支撑平台或新型研发机构，大力实施创新链突破、联合开展技术协同攻关，支持核心产品研发和产业化，着力突破机床整机、海洋工程装备、航空装备、卫星及应用、轨道交通装备等产业发展存在的瓶颈和短板问题，支持在高端装备细分领域组建产业技术创新联盟。支持装备制造产业集聚区采用“技术+资本+服务”的模式，加快高端装备创新成果产业化，打造产业创新加速平台。强化装备制

造跨区域、跨行业联动发展，推进产业链上中下游“原材料—关键部件—整机—集成”深度融通发展。落实首台（套）重大技术装备保险补偿政策，支持首台（套）产品政府采购及首试首用。

加强质量品牌建设和开放合作发展，打造更多装备龙头企业。支持省内装备制造骨干企业通过强强联合、上下游整合等多种形式联动合作，支持龙头企业开展国内外并购、重组和战略合作，在全球布局研发中心、生产基地和营销网络，建立全球化装备制造产业链体系，打造高质量、高标准、高水平的装备制造产品，形成具有自主知识产权的名牌产品。支持装备制造业企业加强与家电、汽车、电子信息制造等省内重点优势产业的跨行业合作交流，以应用为导向强化高性能高附加值装备产品研制，拓宽本土装备产品的市场应用。建立健全装备制造业标准体系，推动企业开展质量国际对标，积极开展高端品质认证。

第八节　生物医药及医疗器械产业加快创新提质发展

广东高度重视生物医药及医疗器械产业发展，持续出台系列政策措施推动生物医药和医疗器械产业自主创新和开放合作，在医疗器械领域打造国家级制造业创新中心和先进制造业集群，中医药领域依托港澳“走出去”开展对外合作。2012 年以来，全省生物医药产业规模保持全国前列，成为全省十大战略性支柱产业之一。

一、产业发展概况

生物医药及医疗器械①属于全省十大战略性支柱产业之一，自 2012 年以来产业规模翻一番。全省生物医药及医疗器械制造业增加值从 2012 年的 414.9 亿元提升至

① 本书中生物医药及医疗器械的统计口径包括国民经济行业分类汇总的医药制造业（27）以及医疗设备及器械制造业（358）。

2021 年的 1082.9 亿元，2012～2021 年年均复合增长率 11.2%（高于全省规上制造业增加值复合增长率 5.2 个百分点）。全省生物医药及医疗器械制造业增加值占全省规上制造业增加值的比重从 2012 年的 2.0% 提升至 2021 年的 3.2%，提升 1.2 个百分点。2021 年，广东医药制造业营业收入 1897.4 亿元，占全国医药制造业营业收入的 6.4%，广东医药制造业营收规模排名保持在全国前列，如表 2－19 所示。

表 2－19　　2012 年和 2021 年全国医药制造业营收排名前五省份

区域	2021 年			区域	2012 年		
	营业收入（亿元）	占全国比重（%）	排名		主营业务收入（亿元）	占全国比重（%）	排名
全国	29583.0	—	—	全国	17337.7	—	—
北京	3696.8	12.5	1	山东	2608.2	15.0	1
江苏	3345.4	11.3	2	江苏	2279.7	13.1	2
山东	2928.9	9.9	3	河南	1089.3	6.3	3
浙江	2103.9	7.1	4	吉林	985.6	5.7	4
广东	1897.4	6.4	5	广东	966.7	5.6	5
其他	15610.7	52.8	—	其他	9408.2	54.3	—

资料来源：中国工业统计年鉴。

全省医药制造业增加值规模七成以上集中在广深佛珠，珠三角其他地市和粤东部分地市均有若干细分领域布局发展，如表 2－20 所示。广州国际生物岛、深圳坪山国家生物产业基地、珠海金湾生物医药产业园、中山国家健康科技产业基地等多个产业集聚区蓬勃发展，一大批龙头骨干企业、创新型企业、重大科技基础设施、知名医科大学构建起丰富高效的产业生态圈。广州和深圳一直是全省生物医药和医疗器械发展的重点地区，两市依托区域内高校院所和研发资源优势，成功打造国家级创新平台和产业集群，在基因检测、创新药等领域也形成一定的发展优势。广州、珠海、佛山以中医药为主导，通过依托本地化、澳门、央企等资源形成中医药特色研发生产基地，为广东中药现代化发展注入新动力。

表 2 - 20　　全省各地市医药制造业增加值及占比情况

排名	2021 年			2017 年			2012 年		
	地区	增加值（亿元）	占全省比重（%）	地区	增加值（亿元）	占全省比重（%）	地区	增加值（亿元）	占全省比重（%）
—	全省	702.4	—	全省	502.6	—	全省	332.2	—
1	广州	177.2	25.2	广州	111.7	22.2	广州	76.4	22.2
2	深圳	168.7	24.0	深圳	106.4	21.2	深圳	73.1	21.2
3	佛山	85.0	12.1	揭阳	76.3	15.2	揭阳	38.4	15.2
4	珠海	82.1	11.7	珠海	45.0	8.9	中山	33.0	4.7
5	中山	33.9	4.8	佛山	37.6	7.5	珠海	31.1	8.9
6	东莞	28.4	4.0	中山	23.5	4.7	佛山	19.8	7.5
7	清远	21.5	3.1	汕头	17.2	3.4	肇庆	7.4	1.6
8	汕头	20.1	2.9	东莞	13.3	2.7	汕头	7.3	3.4
9	揭阳	17.9	2.5	茂名	12.6	2.5	河源	6.1	0.6
10	江门	11.5	1.6	惠州	9.0	1.8	东莞	5.8	2.7
11	肇庆	10.9	1.6	江门	8.6	1.7	江门	5.2	1.7
12	湛江	10.8	1.5	肇庆	7.9	1.6	湛江	5.1	1.4
13	惠州	8.7	1.2	湛江	6.8	1.4	阳江	5.0	0.7
14	云浮	6.4	0.9	韶关	6.3	1.3	云浮	4.3	1.0
15	茂名	6.0	0.9	云浮	5.0	1.0	茂名	3.4	2.5
16	韶关	5.7	0.8	阳江	3.5	0.7	惠州	3.1	1.8
17	河源	3.2	0.4	梅州	3.1	0.6	韶关	2.8	1.3
18	梅州	2.2	0.3	河源	3.0	0.6	潮州	2.1	0.5
19	潮州	1.9	0.3	清远	3.0	0.6	清远	1.8	0.6
20	阳江	0.4	0.1	潮州	2.7	0.5	梅州	1.2	0.6
21	汕尾	0.0	0.0	汕尾	0.0	0.0	汕尾	0.0	0.0

资料来源：广东省统计年鉴。

二、细分领域发展情况及重点工作成效

2012～2021 年，广东医药制造业规模翻一番，中成药、生物药、化学药等规模相当、各有特色。在中成药领域，广东中医药传承创新发展取得重大成果，制度体

系建设更加健全、质量标准体系建设持续进步，中医药发展基础更加牢固，服务水平全面提升，更全面参与新冠疫情防控；广东中成药增加值规模从 2012 年的 83 亿元提升至 2021 年的 163 亿元，实现十年翻一番。在生物药领域，广东依托华大基因、金域医学等龙头企业在基因工程领域引领全国，建设国家基因库，在新冠疫情期间支撑全国以及海外地区完成大规模核酸检测任务；广东生物药增加值规模从 2012 年的 47 亿元提升至 2021 年的 194 亿元，十年增长 3 倍。在化学药领域，依托省内龙头企业持续推进各类药品研制，广东化学药增加值规模从 2012 年的 154 亿元提升至 2021 年的 194 亿元。2021 年，广东获国家批准新药数量 97 个，累计药品批准文号 11509 个，居全国第二。

广东医疗器械规模实力取得跨越式提升，在若干细分领域国内领先。全省以广深为重点布局高端医疗器械研发和产业化项目，强化开放创新、布局国家级省级创新平台，推动电子信息、装备制造、生物医药等行业领域跨界融合，培育出迈瑞、瑞派等一批医疗器械领域龙头企业，成功打造国家高性能医疗器械创新中心（深圳）以及深广高端医疗器械国家级先进制造业集群。广东医疗设备及器械制造业增加值从 2012 年的 83 亿元提升至 381 亿元，跨越式增长 3.6 倍，如图 2 - 4 所示。2021 年，广东获国家批准的创新类医疗器械累计 25 个，居全国第二；广东省药品监管局直接批准的二类医疗器械有 1717 个，居全国第一；现有医疗器械二类注册证 11083 个，占全国总数的 15%，居全国第二。

图 2 - 4　2012 ~ 2021 年广东医药制造、医疗设备及器械制造业增加值

资料来源：广东省统计年鉴。

三、对策建议

当前，生物医药与健康产业已成为全球新一轮科技革命和产业变革战略制高点，国内外竞争日趋激烈。广东生物医药及医疗器械产业发展存在规模有待提升、集聚度不高、产业链不健全、关键技术与装备缺乏、龙头骨干企业和大型跨国企业较少等问题。生物医药产业作为新兴产业之一，具有资金投入大、周期长、风险高等特点，产业培育发展更需要久久为功、持之以恒。对标世界最优最先进地区，对广东生物医药及医疗器械产业发展提出以下对策建议：

（一）强化科技创新支撑，培育优势产业创新平台载体

聚焦产业创新发展需要，实施基础与应用基础研究重大项目，开展前沿技术开发、成果转化和产业化全创新链布局，支持脑科学、生命组学、再生医学等基础研究，推进生物技术安全、合成生物、绿色生物制造和生物医用材料等技术研发和成果转化。对接国内外高端生物医药创新资源，推动生物医药与健康领域国家重大科技项目和成果从实验室走向市场，推动研究成果加快向新技术、新产品转化应用。加强产学研医合作，联合共建研究中心、实验室和临床医学研究中心等协同创新平台。促进生物技术与信息技术融合发展，推进智慧医疗相关成果的研发、转化与应用。支持重大基础设施和创新平台建设，打造突破型、引领型、平台型三位一体的生物医药与健康科技创新高地。推动粤港澳生物医药与健康产业深度合作，布局建设若干个粤港澳联合实验室。支持国家、省实验室面向生物医药与健康产业建设综合性大科学装置，加快建设国家基因库、脑解析与脑模拟设施等，布局生物样本库、健康医疗大数据中心等重大科技基础设施。支持引进共建高水平创新研究院，推动国家级大院大所在粤建立分支机构。完善产业创新服务体系，加快生物医药专业孵化器、研发外包、检测检验等服务机构建设。

（二）明确产业发展重点方向，提升生物医药与健康产业集群价值链

围绕创新药、生物药、化学药、现代中药、高端医疗器械等重点领域，强化重点企业和重点项目谋划布局。加速创新药物战略布局，大力发展抗体、蛋白及多肽、核酸等新型生物技术药物。支持南海特色海洋生物来源的创新药物研发，构建海洋生物医药中高端产业链。推动化学药物品质全面提升，加速小分子化学创新药物的

产业化，发展新型制剂技术产品。加快中医药标准化、国际化，培育现代中药大品种，推进道地中药材优良品种的选育和规范种植，打造一批从原料药、中药材到药品的示范产业链。推动高端医疗器械研发产业化，围绕重大疾病、常见多发病、突发性传染病，组织实施精准医学与干细胞、新药创制、高端医疗器械、中医药关键技术装备等专项，提升医药制造、医疗仪器设备及器械制造水平。鼓励发展精准医疗、智能医疗设备、医疗云计算等新业态，打造智慧医疗健康新兴产业。培育发展生物医药研发生产外包服务机构，打造药学研究、临床前安全性评价、临床研究、技术转让服务和咨询服务等研发服务链，建设全链条的研发外包服务中心。

（三）优化要素资源支持，打造一流的粤港澳大湾区产业发展生态

做大做强生物医药与健康龙头骨干企业和创新型企业，培育一批链主企业和生态主导型企业。在高校、科研机构和医疗机构集中区域布局建设一批医药健康专业孵化器，培育一批“专精特新”中小企业，构建大中小企业创新协同、产能共享、产业链供应链互通的新型产业生态。加强产品品牌建设，发展一批临床价值大、规模效益明显的生物医药知名品牌。发挥产业投资基金、风险投资、创业投资等作用，强化风投创投扶持，引导社会资本投入生物医药研发创新、重大科技成果转化和企业孵化等领域。支持重点企业境内外上市、挂牌，多渠道扩大直接融资。完善高层次人才引进培养和评价机制，汇聚产业高层次人才和团队。积极推进产业链国际合作，支持企业深度参与全球分工，吸引国内外生物医药与健康知名机构、世界500强制药企业、全国医药工业百强企业等来粤设立生产基地、区域总部或研发中心。建设全省生物医药产业服务平台，为产业创新发展、园区平台建设和成果需求对接等提供综合性服务。

第九节　面向2035年广东省未来产业发展战略研究

党的二十大报告明确提出，要“开辟发展新领域新赛道，不断塑造发展新动能新优势”。未来产业代表着未来全球科技与产业竞争的方向，是广东能够和国际创

新保持同步的重大机遇之一，发展未来产业是下好战略性新兴产业培育“先手棋”、应对国际科技竞争的必要之举。广东未来产业布局需要瞄准中长期发展，开展前瞻性、系统性布局，力争在全球科技与产业竞争中获得长期国际竞争优势，为国家实现高水平科技自立自强贡献“广东力量”。

一、广东新兴产业发展基础及当前未来产业布局

（一）新能源、半导体与集成电路、新材料、高端装备制造、智能机器人等新兴产业领域正蓬勃发展

2021 年，广东 20 个战略性产业集群实现增加值 49069.97 亿元，增加值占 GDP 比重约为 40%。2021 年，广东新能源汽车产量居全国前列，3 家企业进入全国新能源汽车产销前十名，充电设施保有量、加氢站数量均居全国第一；半导体与集成电路、新材料增长势头迅猛，增加值分别同比增长 42.7%、35.7%；高端装备制造、智能机器呈现高速增长态势，增加值增速均超过 20%，其中，工业机器人占全国市场的 33.9%，产量位居全国第一。

（二）前瞻布局量子科技、光通信与太赫兹、可控核聚变、干细胞、超材料等未来产业领域

广东“十四五”规划纲要明确提出，围绕未来产业发展，重点支持引领产业变革的颠覆性技术突破，积极促进产业、技术交叉融合发展，在区块链、量子通信、人工智能、信息光子、太赫兹、新材料、生命健康等领域努力抢占未来发展制高点。《广东省制造业高质量发展“十四五”规划》提出，聚焦世界新产业、新技术发展前沿领域，立足全省技术和产业发展基础优势，积极谋划培育卫星互联网、光通信与太赫兹、干细胞、超材料、天然气水合物、可控核聚变—人造太阳等若干未来产业领域。

二、面向 2035 年广东未来产业重点布局方向

如图 2-5 所示，经过分析全球主要创新型国家的未来产业中长期布局，总结北约科学技术组织、日本科技政策研究所等国际组织的研判结果，利用大数据分析方

法对 8496 万条全球专利数据分析预测以及调查国内外高校专家学者意见，形成了面向 2035 年的全球未来产业发展方向清单。

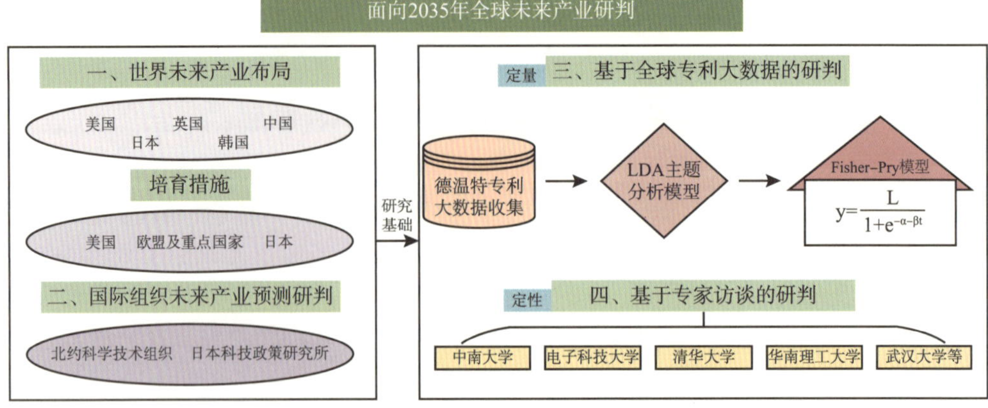

图 2-5 面向 2035 年全球未来产业研判框架

基于广东新兴产业发展基础与当前未来产业布局，面向 2035 年，建议广东重点发展八大未来产业方向，如表 2-21 所示。总体上来看，未来产业布局主要体现为智能、低碳、健康三大前沿方向。智能体现在脑机接口、光计算、量子科技等前沿技术群；低碳体现在氢能、负排放技术、可控核聚变、先进储能系统等前沿技术群；健康体现在合成生物、脑科学、自我修复材料等前沿技术群。

表 2-21 面向 2035 年广东未来产业重点发展方向清单

发展方向	具体领域
下一代数字科技	6G、虚拟现实、脑波通信、毫米波雷达系统、太赫兹、先进计算、脑机接口、人机共生、区块链、化合物半导体芯片、纤微机器人、柔性机器人、群体智能等
光电技术	光通信、光计算、自适应光学、操纵光、新型激光器、硅基光电子技术、光互联技术、大容量光存储等
量子科技	量子通信、量子传感器、量子处理器、量子密码、量子计算机、量子计算、量子操作系统、量子计算芯片、量子网络等
生物医药与健康	基因组、合成生物、干细胞、脑科学、多细胞系统工程、细胞电子混合系统等
前沿新材料	先进微电子的新型材料、超越互补金属氧化物半导体、石墨烯、超材料、纳米材料、软性材料、自我修复材料、3D/4D 打印材料等

续表

发展方向	具体领域
先进能源	氢能技术、天然气水合物、负排放技术、可控核聚变、模块化反应堆和聚变能源技术、先进核能系统、先进储能系统等
深海空天开发	地球遥感、空间核动力和推进系统、商品化卫星巴士、低成本运载火箭、宇宙发射器、用于极地研究的破冰船、深海载人潜水艇等
定向能	激光、高功率微波、粒子束

资料来源：根据公开资料收集整理。

三、面向2035年推动广东未来产业发展的政策建议

（一）组建广东未来产业技术研究院，加强未来关键核心技术的研发与产业化

一是整合当前科技创新资源，率先组建广东未来产业技术研究院，并谋划升级为国家未来产业技术研究院。研究院可以多法人制构建“研究院+专业研究所”两级管理系统，聚集八大未来产业方向，开展系统性研究，构建广东未来产业技术攻关体系。二是打造国际科技信息情报平台，以全球视野把握时代脉搏，密切跟踪、科学研判世界前沿科技和未来产业发展动态，制定未来产业科技发展战略。根据前沿科技预测结果，以重大项目为牵引，长期稳定支持专业研究所集中力量前瞻攻关广东未来产业领域的关键核心技术。

（二）启动创建国家未来产业先导试验区，培育具有国际竞争力的未来产业集群

一是聚焦未来产业发展方向，在有条件的城市培育创建一批省级未来产业先导试验区，并启动创建国家未来产业先导试验区。以试验区建设为契机，实施广东全域未来产业场景试验计划，加快构建“未来场景机会清单+创新应用实验室+未来产业场景实验+场景示范”的未来技术应用场景体系，深化完善“资源释放、创新研发、孵化试点、示范推广”的场景联动机制。二是推动广东国有企业融入未来产业基础研究、应用基础研究创新体系。积极推进国有资本优化布局、调整结构，在未来产业领域组建新型科技类国有企业，探索试点出台支持科技类国有企业发展的国有资产管理新体制。三是构建从孵化培育、成长扶持到推动壮大的未来产业企业

全生命周期梯度培育体系，形成从“专精特新”企业、单项冠军企业、“独角兽”企业到世界级领军企业的创新“雁阵”，充分发挥企业技术创新主体作用。

（三）实施广东未来产业研发框架计划，健全多元化科技创新投入协同机制

一是参考欧盟经验，实施“广东省未来产业研发框架计划”，将需要研发的项目统一提交到研发框架计划内，采取公开发布招标、定向委托等方式，吸引国内外高水平科研机构和团队参与研发。在研发框架计划下，对重点研发领域的优质创新项目在初创期给予一定的启动资金支持，对研发投入大的企业实行分档奖励。二是鼓励支持有条件的国有企业牵头与财政资金联合设立面向未来产业发展的科学基金，并纳入研发框架计划的管理，通过市场化运作，利用基金所产生的收益资助广东科研院所或企业开展未来前沿技术研究。三是进一步完善相关支持与配套政策，鼓励社会以捐赠等方式将资金注入未来产业研发框架计划内，创造条件让第三次分配在广东未来产业发展中发挥更大作用。

（四）促进未来产业人才的聚集与发展

一是绘制未来产业“学术型人才 + 技术型人才 + 工程型人才 + 技能型人才 + 管理型人才”全链条人才需求图谱，明确广东未来产业人才需求的规模和结构，将未来产业人才需求图谱作为引进和培育未来产业人才的重要参考依据，借助未来产业研发框架计划加大对未来产业人才的资助。二是通过提供资金支持和减免税收等方式来推动省内猎头企业的发展，支持并鼓励猎头企业进军国际高级人才市场，为广东招募未来产业领域的高层次人才。对接专业招募国际人才的国际猎头企业，提升精准引才和高效引才的能力。三是在广州、深圳等重点城市选择若干区域试点建设国际化街区，围绕国际人才到广东工作的各项工作和生活需求，整合多方力量解决需求难题，打造宜居宜业工作生活环境。探索公共服务多元化供给新机制，引导社会或国际力量提供多层次差异化公共服务，推动建设国际化、品牌化教育和医疗机构，提升教育、医疗及相关配套公共服务国际化水平。

（五）构建更加适宜未来产业发展的科研管理规则

一是借助国家未来产业先导试验区的建设，进一步统筹制定科技、产业、人才规划，探索适合未来产业发展的科研创新方式、人才培养模式和资金投入机制。建立有利于推动未来产业先导试验区发展的监管评估工作新机制，对处于研发阶段、

缺乏成熟标准或暂不完全适应既有监管体系的未来产业，实行包容审慎监管。二是在“揭榜挂帅”制基础上，引入“赛马”制，一个课题由多个团队从不同技术路线展开同步攻关，降低技术选择风险，提高项目成功率和经费利用率，更有利于发挥“揭榜挂帅”的制度优势。与省内保险公司加强合作，推出“揭榜险”，对于因不可抗力因素导致“揭榜挂帅”项目失败的，或对完成的项目，若出榜方为企业，因企业倒闭等原因无法支付资金的，由保险公司按照项目投入给予揭榜方补偿，完善项目风险管理。三是破除科研评价只认论文第一作者、项目负责人的惯性思维，针对未来产业科技研发的特殊性，建立健全以创新难度、创新领域稀缺性、创新环节必要性为指标的评价体系以及激励政策，强调以大团队形式开展有组织的科研，合理认定每位团队成员的科研贡献，形成未来前沿技术攻关的合力。

（撰稿人：曾志敏，汤志伟，张龙鹏，柴茂昌[①]）

① 曾志敏，清智国际咨询（广东）集团有限公司董事长、特聘研究员；汤志伟，电子科技大学（深圳）高等研究院执行院长、教授；张龙鹏，电子科技大学（深圳）高等研究院副教授；柴茂昌，清智国际咨询（广东）集团有限公司副教授。

03

地市篇

第一节 广 州 市

党的十八大以来广州市推动制造业高质量发展情况报告

广州市工业和信息化局

党的十八大以来，广州市深入贯彻落实习近平总书记视察广东重要讲话和重要指示批示精神，落实广东省制造业当家“一把手”工程，坚持产业第一、制造业立市，抢先布局发展超高清视频显示、新能源汽车及智能网联汽车、半导体与集成电路等新兴产业，持续强化汽车制造、都市消费工业等优势传统产业发展优势，以智能制造、工业互联网、定制服务等新业态新模式加快提质创新。广州市先后获得国家循环经济示范城市、国家中小企业先进制造业中外合作区、“中国制造高质量发展”试点示范城市、首批国家服务型制造示范城市、国家智能网联汽车与智慧交通应用示范区、全国首个区块链发展先行示范区、全球“定制之都”案例城市、国家人工智能创新应用先导区、全国首批“千兆城市”、首批产业链供应链生态体系建设试点城市、国家消费品工业“三品”战略示范城市等一批国家级试点示范。超高清视频和智能家电、智能装备、高端医疗器械 3 个产业集群被工信部列入全国重点产业集群培育对象，入选 2019 年促进工业稳增长和转型升级、实施技术改造成效明显地方名单，获国务院督查激励。

一、全市制造业发展情况

（一）总体发展概况

产业规模和竞争力稳居全国第一方阵。全市工业增加值（全口径）从 2012 年的 4264. 2 亿元增长至 2022 年的 6946. 7 亿元，年均复合增长率约 5%；全市规上工业增加值从4090.6亿元提升至5144.5亿元，规上工业总产值从16066.4亿元提升至23467.6亿元，工业投资额从578.6亿元增长至1240亿元。2022年，全市工业增加值占GDP的比重为24.1%，连续两年企稳回升。高技术制造业增加值占规上工业增加值比重为19.5%，先进制造业增加值占规上工业增加值比重为61.6%。工业门类齐全，41个工业大类中，除了涉及采矿的6个行业大类没有生产活动，其余35个行业大类均有布局。

一批带动力大、竞争力强、知名度高的优质企业持续领跑。全市规上工业企业从2012年的4373家增长至2022年的约6700家。年营收超百亿元工业企业25家，主要来自汽车、石化、电子信息、原材料、消费品等重点行业领域；其中，东风日产、广汽丰田、广汽本田等企业连续多年营收超过千亿元。广汽集团、南方电网、广药集团3家工业企业入选世界500强，入选中国制造业500强企业数量从2012年的6家提升至2022年的9家；13家工业企业入选2022年中国品牌500强。截至2022年底，全市共有国家级“专精特新”“小巨人”企业123家、省级“专精特新”中小企业3585家，形成“以大带小、以小托大”的大中小企业融通创新发展产业生态。

重点领域创新取得新突破。推动1家国家级、12家省级制造业创新中心建设。在超高清视频与新型显示、智能网联与新能源汽车、5G设备等领域开展关键核心技术攻关，成功突破5G滤波器、电磁屏蔽膜等关键核心技术，在车规和通信半导体、燃料电池膜电极等领域取得系列成果。广汽集团、小鹏汽车在汽车智能化技术等领域实现全球领先。广东聚华印刷及柔性显示中心的大尺寸显示屏印刷制备进度世界领先，广东省超高清视频前端系统创新中心打造首台国产超高清转播车。奥翼电子研制全球首款石墨烯电子显示屏、广船国际研制生产世界首艘2000吨级新能源电动船，文冲船厂交付全球最大双层变轨滚装火车船。

数字化、绿色化、服务化发展国内领先。智能化数字化发展成效显著，建设华南唯一的工业互联网标识解析国家顶级节点。引进树根互联、阿里云、航天云网等20多家国内知名平台，树根互联连续三年入选国家级双跨平台。广州华凌制冷成功入选达沃斯“全球灯塔工厂”，累计培育3家国家级智能制造示范工厂。绿色低碳发展持续推进，2022年全市规上工业增加值能耗0.29吨标准煤/万元、水耗7.73立方米/万元（不含火电），比2012年分别下降61%、81%。全市获评国家级绿色产品192个、绿色工厂46家、绿色工业园区1个、绿色供应链管理企业7家，数量持续位居全国前列。服务型制造转型发展加快，全市获批国家级服务型制造示范企业（平台）17 家，培育中国第一家上市定制家居企业、中国定制家居第一展，广汽埃安建成全球第一条具备互动式定制能力的总装工厂。

（二）主要产业发展情况

1. 规模前十大产业发展概况

新兴产业蓬勃发展并成为制造业增长主力引擎。制造业产品结构向中高端升级趋势明显。全市汽车制造业及计算机、通信和其他电子设备制造业等产业规模翻一番，占全市制造业增加值比重分别从 2012 年的 22%、10.9% 提升至 2022 年的 27.8%、12.8%，汽车制造业稳居广州市工业第一大行业，计算机、通信和其他电子设备制造业受益于产业投资项目陆续建成投产带动，继续保持高速增长态势，排名从 2012 年的第 3 位提升至 2021 年的第 2 位，如表 3－1 所示。生物医药、饮料等优势产业规模和占比稳中有升。

表 3－1　2012 年、2017 年、2022 年全市前十大行业（按增加值）变化情况

行业大类/统计指标	2012 年			2017 年			2022 年		
	增加值（亿元）	占规上制造业比重（%）	排名	增加值（亿元）	占规上制造业比重（%）	排名	增加值（亿元）	占规上制造业比重（%）	排名
规上制造业	3615.2	—	—	3846.1	—	—	4709.6	—	—
汽车制造业	794.3	22.0	1	1178.6	30.6	1	1309.8	27.8	1
计算机、通信和其他电子设备制造业	392.5	10.9	3	381.2	9.9	2	604.2	12.8	2
化学原料及化学制品制造业	592.5	16.4	2	335.6	8.7	3	328.7	7.0	3
医药制造业	76.4	2.1	14	111.7	2.9	9	263.3	5.6	4
石油、煤炭及其他燃料加工业	113.1	3.1	9	210.7	5.5	5	231.2	4.9	5
食品制造业	159.3	4.4	4	169.7	4.4	6	207.9	4.4	6
烟草制品业	135.9	3.8	7	230.3	6.0	4	205.1	4.4	7
电气机械和器材制造业	156.3	4.3	5	159.4	4.1	7	193.6	4.1	8
通用设备制造业	123.4	3.4	8	149.2	3.9	8	176.2	3.7	9
酒、饮料和精制茶制造业	46.7	1.3	19	67.8	1.8	13	137.1	2.9	10

注：列表中第一列的行业大类按照本地区 2021 年增加值排名前十的行业大类列出。
资料来源：广东省统计年鉴。

2. 重点产业发展情况

广州汽车产量居全国大中城市第一。广州市整车产量已连续四年排国内大中城市第一位（2019 年 292 万辆、2020 年 295 万辆、2021 年 296 万辆、2022 年 313 万辆）。2022 年，汽车产业实现产值超 6400 亿元。全市汽车产业发展形成“三纵”“三横”“三核”格局。“三纵”包括乘用车、商用车、改装车及相关配套汽车零部件，传统汽车关键零部件基本能实现省内配套；“三横”实现电动汽车（EV）、无人驾驶汽车（RV）、氢燃料电池电车（HV）共同发展新格局，在全国自动驾驶领域取得了“十项创新”①；“三核”拥有国家企业技术中心 1 家、省级企业技术中心 9 家、省级工程中心 2 家、省级制造业创新中心 1 家，拥有工信部电子五所、中国电器院、中汽中心华南基地、国机集团等一批拥有智能网联汽车和车联网领域国家级公共检验检测平台机构，数量居全国前列。

超高清视频和新型显示向“世界显示之都”奋进。2022 年，超高清视频显示产业实现产值超 2200 亿元，年均复合增长率超过 10%。广州市抢抓新型显示发展重要机遇，招引落户乐金显示、超视界、华星光电等若干超百亿级重大项目的集聚效应突显，超高清数字内容“一山一港”② 等产业载体加快建设，连续 5 年举办超高清视频产业发展大会，充分展现广东省建设超高清视频产业发展试验区的显著成效，有力提升广州超高清和新型显示行业的国际影响力。全市新型显示面板产能、模组市场占有率、4K 板卡出货量等居全球第一，4K 电视产量居全国前列，在前端系统拥有多项全国首创、世界领先，已实现从显示面板、前端拍摄、内容制作、内容播出到终端产品、行业应用的超高清全产业链加速发展升级，牵头创建广佛惠超高清视频和智能家电产业集群成功获批国家级先进制造业集群。

半导体和集成电路从无到有、发展势头良好。强化产业特色集聚发展，打造“一核两极多点”的产业格局，以黄埔区为核心建设综合性集成电路产业聚集区，在增城建设智能传感器产业园，在南沙建设宽禁带半导体设计、制造和封装测试全产业链基地。2022 年半导体与集成电路产业实现产值超 200 亿元。广州国家现代服务业集成电路设计产业化基地是全国十个国家级的集成电路设计高新技术产业化基

① 第一个批准 5G 远程驾驶测试；第一个认可其他地区智能网联汽车道路测试许可；第一个发放载客测试牌照；第一个批量开展 Robotaxi 技术验证；第一个在中心城区主干道开展道路测试；第一个自动驾驶研发企业取得网约车平台经营牌照；第一个辖区自动驾驶研发企业为 L4 级自动驾驶批量生产打造标准化流程；第一个发布城市级车联网先导区综合规范；第一个落地 L4 级别自动驾驶重卡干线物流示范运营线路；第一个出台自动驾驶商业化运营政策。

② 花果山超高清视频产业特色小镇、广州媒体港。

地之一。推进大项目大集团落户建设，粤芯一期项目在18个月内从建设到顺利达产，成为省内首个实现量产的12英寸晶圆厂，二期项目量产爬坡，三期项目开工建设。芯粤能、芯聚能半导体、南砂晶圆等宽禁带半导体项目建设进展顺利。一批企业在细分领域保持领先，如高云半导体的车规级芯片填补了国产FPGA芯片在汽车电子市场应用的空白；泰斗微电子保持国内卫星定位导航芯片领先位置；慧智微、安凯微电子在科创板成功上市。加快关键核心技术攻关突破，引入西安电子科技大学广州研究院，西安电子科技大学第三代半导体创新中心签约落户黄埔，成立广东工业大学微电子学院，建设大湾区国家纳米科技创新研究院、大湾区集成电路研究院等研究机构孵化承载5G通信射频滤波器项目。强化金融支持，出资参与省半导体及集成电路产业投资基金风险子基金。

绿色石化与新材料产业基础雄厚。2022年，广州市绿色石化与新材料产业产值超3600亿元，是全省五大石化产业基地之一，已形成以广州石化千万吨级炼化上游企业为龙头，以广州立白、蓝月亮等拥有较强自有技术和自主品牌的本土下游企业为支撑，以瑞士龙沙、德国巴斯夫、美国宝洁等世界知名化工公司为开放合作引擎的现代化绿色石化产业体系。新材料方面，已形成先进石化化工新材料为特色主导、先进无机非金属材料、先进钢铁材料和先进有色金属材料共同发展的行业格局。创新资源集聚融合，建设纳米科技核心研发区、中试孵化区等核心功能区，打造成为全球领先的“纳米创新集群”；拥有17个新材料领域国家级研发平台、153个新材料领域省级平台和238个新材料领域市级平台，国家高分子工程材料和石墨烯产品质量监督检验中心也均位于广州，研发体系较为完备。

生物医药与健康产业发展水平跻身国家第一梯队。广州市生物医药与健康产业是全省唯一连续三年（2018～2020年度）获国务院激励表彰的战略性新兴产业集群。2022年，生物医药与健康产业实现增加值约1490亿元，增速达8.7%，构建从技术研发、临床研究、转化中试到产业化的完整产业链。重大产业创新平台布局和建设双提速，拥有生物岛实验室、中科院广州生物院、广州呼研院等大院大所，全国最大的生物安全P3实验室纳入国家规划，白云山汉方、暨大基因2家国家工程研究中心纳入国家新序列管理，粤港澳大湾区生物安全创新研究院、纳米生物安全中心加快建设。重点企业实力壮大，广药集团成为首家以中医药为主业迈进世界500强的企业，禾信仪器成功牵头国家关键核心技术攻关，金域、洁特、莱恩等“专精特新”“小巨人”企业加速成长集聚，生物医药企业5500多家（总数保持全国第三）。检测技术及服务细分领域国内领先，广州市新冠病毒检测试剂生产能力第一、检测能力第一、科技含量第一，达安基因是全国销量最大的核酸检测试剂盒生产企业，万孚生物是全国最大的抗体检测试剂盒生产企业，金域医学是全球累计检测服务量最高的机构。

二、推动制造业高质量发展的主要经验做法

（一）以政策规划为引领，持续发力推动制造业高质量发展

近年来，广州市先后密集出台实施广州制造强市战略规划、IAB 五年行动计划、价值创新园区和村级工业园、协同构建现代产业体系行动计划等一系列重要政策规划，形成综合运用供给侧、需求侧、环境侧、服务侧等工具的政策体系。建立完善“14 位市领导（链长）+118 个链主企业 +47 个市直部门 +11 个区”的多层次协同推进机制，形成深入推动全省 20 个产业集群与全市 21 条重点产业链高质量发展的强大合力。设立广州市促进工业和信息化产业高质量发展专项资金，按照“统筹集中、突出重点、雪中送炭、滚动支持”的原则，吸引超高清视频和新型显示、半导体与集成电路、生物医药等一批新兴产业领域高端重大项目落地。探索开展“1 + 5 + N”制造业高质量发展综合评价，在全国率先构建制造业高质量发展综合评价指标体系。

（二）以技术创新为驱动，加快推进传统产业转型升级

加快构建以广州国家实验室、粤港澳大湾区国家技术创新中心、国家新型显示技术创新中心为引领，对接国家重大科技专项，梳理产业发展“卡脖子”环节，形成重点产品和技术清单，实施重点领域研发计划，着力加强关键核心技术攻关。实施分层分类服务科技创新企业做强做优做大行动，国家科技型中小企业备案入库 12430 家、居全国城市第一，实现 5 亿元以上大型工业企业研发机构全覆盖。加快推进聚华国家印刷及柔性显示等 10 个制造业创新中心建设，加快推动工信部 7 所部属高校等科技创新资源在穗转化。加快环高校开放式科技成果转化基地、华南技术转移中心等科技成果转化平台建设。出台首台（套）重大技术装备推广应用指导目录和新材料首批次应用示范指导目录。

（三）以市场主体为中心，厚植产业发展基本盘

完善骨干企业培育库，对入库企业提供全方位服务支持。出台产业地图，梳理

招商图谱清单，重点引进和培育新兴产业龙头项目。壮大制造业总部经济，推动一批大型央企、民企、外企设立总部或区域总部，带动关联企业集聚发展。完善支持中小企业发展体制机制，建立“专精特新”企业培育梯队，构建大中小微企业融通发展产业生态，广州开发区创建中小企业能办大事先行示范区。支持民营企业发展壮大，出台金融支持民营企业发展21条，优化市领导挂点联系民企等制度，支持小鹏汽车等优质民营制造企业上市。整合设立广州市促进工业和信息化产业高质量发展专项资金，引导和支持产业做强做优做大。强化融资支持。发挥政策性基金引导作用，以“子基金+直投”模式累计投资产业项目149个。开展政银对接，给予各“专精特新”中小企业专项融资额度2200亿元。

（四）以数字经济为引擎，加快赋能传统产业升级迭代

截至2022年底，累计建成5G基站约7.64万座，实现中心城区和重要区域的5G网络覆盖，在5G基站建设数量上全省第一、全国领先，5G用户突破1400万户，中国广电5G核心网华南中心节点加快建设，获评全国首批“千兆城市”。落地建设工业互联网标识解析体系国家顶级节点（广州），二级节点接入数量、标识注册量均居全国前列。面向纺织服装、箱包皮具、美妆日化、珠宝首饰、食品饮料五大特色产业集群，支持工业互联网平台牵头组建“1+2+N”供应商联合体，打造行业级工业互联网平台及数字化转型整体解决方案。推动“5G+工业互联网”应用拓展延伸，成功打造京信通信、昊志机电等示范园区和一批应用示范标杆，达意隆入选国家级“5G+工业互联网”公共服务平台。加快核心软件应用推广，建设通用软硬件适配测试中心、设计仿真工业软件适配验证中心、广州“鲲鹏+昇腾”生态创新中心，统信、麒麟两大主流操作系统和飞腾、龙芯中科落地广州。

（五）以园区载体为支撑，推动城市产业空间改革创新

坚持“像保护耕地一样保护工业产业用地”，划定全市总规模为621平方千米的工业产业区块，部分存量工业用地利用效率得到较大提升，获批新增产业载体建筑面积超2000万平方米。坚持“亩产论英雄”，开展省级以上工业园区制造业高质量发展综合评价试点，开展90个低效产业园区提质增效试点，整治提升村镇工业集聚区33平方千米。坚持“新模式大治理”，推进实施M0新型产业用地新模式，构建工业用地产业监管规范化流程和“散乱污”场所清理整治常态化机制，广州“特大城市‘散乱污’大数据智能监管与治理示范性项目”入选工信部2020年大数据

产业发展试点示范项目。

（六）以产业需求为导向，对标对表营造最优营商环境

强化企业服务。举办市领导与民营企业家恳谈会，面对面听取企业家意见建议，协调解决企业发展面临的问题。推出政策直播间、“小企业大未来”巡回课堂等，实现产业政策与企业帮扶“零距离”。在全国率先构建制造业高质量发展综合评价指标体系，制定实施获得电力5.0改革，获得电力指标位居全国前列、全省第一。打造产业人才高地。统筹全市科研平台和项目资源支持创新人才发展，提供技术、资金、空间、市场等全要素保障，做到引进一名人才、发展一批企业、带动一个产业。建设一批产学研用结合的产教融合实训基地，培养一批实干型、创新型复合人才。实施“广聚英才计划”，遴选领军团队80个、领军人才和杰出产业人才250人、产业高端人才和急需紧缺人才近8000人。搭建产业交流新平台。利用广交会、世界5G大会、超高清产业大会等各类高端会议活动平台加大宣传力度。成功举办九届中国广州国际投资年会，签约一批项目，累计投资总额超8600亿元。

三、制造业发展主要存在的困难问题

广州市传统制造业稳步转型、数字核心产业不断壮大，“稳”的基础得到巩固，“进”的态势趋向有力，“韧”的潜力逐步呈现。从目前和中长期看，全市制造业发展仍处于攻坚克难、动能接续的关键阶段。一是新旧动能接续转换不够到位。汽车产业占比高，但汽车零部件近地化配套不足，石化、装备制造等产业增长乏力，新一代信息技术、人工智能、生物医药、海洋经济、空天经济等新动能尚处于培育阶段。二是产业基础和产业链现代化水平有待提升。全市在汽车、电子、石化、装备等领域形成一批规模优势突出、集群效应明显的产业集群，但是高端芯片、精密仪器、工业软件等核心领域存在“卡脖子”问题，如产业链联动效应相对薄弱、行业龙头对产业链上下游带动作用不强等。三是自主创新与核心竞争力不足。创新链产业链融合有待加深，基础领域的企业和科研机构缺乏产学研深度联动，科研成果转化“最后一公里”有待打通。

四、对策建议

下一步，广州市将深入学习贯彻党的二十大精神，认真贯彻落实国家和省推动

制造业高质量发展各项工作部署，坚持制造业当家，始终把制造业作为立市之本，全面实施先进制造业强市战略，统筹推进广州市工业和信息化高质量发展“3456”工作矩阵：“3”是指推行“沉下去、跑上去、走出去”三项机关服务作风；“4”是指开展制造业数字化转型、网络化协同、智能化改造、绿色化提升的“四化平台赋能新型工业化”专项行动；“5”是指打造数字经济核心产业、智能网联和新能源汽车、绿色石化和新材料、生物医药与健康、现代高端装备五大支柱产业；“6”是指“两城两都两高地”，即智车之城、软件名城、显示之都、定制之都、新材高地、生物医药与健康产业高地六张广州智造新名片，加快构建具有国际竞争力的现代化产业体系，努力打造先进制造业强市、数产融合的标杆城市。

（一）以“链长制”和产业工作专班为抓手，培育壮大先进制造业集群

持续推进“链长制”，构建“市长 + 市场、链长 + 链主、各区 + 各部门”齐抓共管的良好格局，引进培育龙头企业，建设产业生态。政企联动深入开展汽车产业链供需对接，推动核心供应商近地化布局。坚定走汽车自主品牌创新之路，加快建设 4 个新能源汽车自主品牌创新基地（电子集成系统产业综合基地），打造智能网联汽车产业链和智慧交通产业集群。持续推动现代高端装备、超高清视频和新型显示、半导体和集成电路、绿色石化和新材料、生物医药与健康等产业发展，前瞻布局新型储能、商业航天、数字等一批未来产业。梯度培育“链主”“单项冠军”“专精特新”中小企业，鼓励龙头企业开放应用场景，协同加大技术和产品适配力度，推动大中小企业融通发展。夯实“小升规”企业培育库，推动企业上规模发展。推进民营经济促进条例立法工作，加快推动民营企业合规建设。

（二）实施“四化平台”赋能行动，推动制造业转型升级

以“平台优、企业好、产业强”为目标方向，以“平台受益、企业受用”为工作原则，通过专项资金支持平台技术革新、能力提升，扶持培育一批创新型、基础型、服务型平台，使平台成为重点领域的“领头羊”和“企业医院”。政府利用财政资金、引导性基金“补一点”，企业为解决方案改造“出一点”，平台在全过程技术服务中“让一点”，引导“四化”平台专业化力量赋能产业、服务企业，推动制造业数字化转型、网络化协同、智能化改造、绿色化提升，打造一批具有引领作用和较成熟应用模式的典型场景，建设一批行业特色鲜明、转型成效显著的示范园区，培育一批优秀的综合型、专业型、特色型平台和龙头企业。在汽车、装备等领域开

展智能制造试点示范，打造“智能制造＋智能服务”产业链。加快建设广州国际数字信息枢纽，推动工业互联网标识解析国家顶级节点扩能增容，建设700兆赫5G网络核心网华南节点和基站，推动智能计算、边缘计算等新型算力供给，夯实制造业转型升级的数字底座。

（三）深入推进双链融合，提升产业基础高级化水平

打通“科学技术化、技术产品化、产品产业化、产业资本化”路径，促进创新链与产业链双向融合。依托广州市众多高校、科研院所等创新资源，以产业需求为导向，推动创新向产业集聚，校企联手推动解决产业发展“卡脖子”问题，培育一批科技成果转移转化服务平台，提高科技创新成果转化率。建设一批科技成果转化空间载体，完善“众创空间—孵化器—加速器—科技园（产业园）”的创新创业孵化链条，打造若干标杆园区。加快建设国家级和省级制造业创新中心，举办部属高校对接会，跟进对接“攀登计划”，推动创新成果在穗转化。深入实施产业人才培育行动，吸引高端团队、高层次人才来穗创新创业。

（四）推动落实《南沙方案》，建设协同港澳面向世界的产业平台

充分利用税收优惠等政策，吸引一批优质企业项目在南沙先行启动区落地。依托海洋科学实验室、冷泉生态系统观测与模拟大科学装置、天然气水合物勘查开发国家工程研究中心等重大平台，培育高技术船舶、深远海及极地海域装备等产业，推动可燃冰、海洋生物资源综合开发技术等研发应用，打造海洋经济高地。布局打造集运载火箭研制发射、卫星研制和航天应用于一体的商业航天全产业链。引进供应链物流企业，为产业和企业提供一站式、专业化、高效率供应链物流服务。建设国际数据自贸港和国际光缆登陆站，推动数据要素市场建设与改革创新步伐，发展数据交易、数据安全、数据服务等新兴产业。充分发挥香港科技大学（广州）、中科院广州分院、香港科技大学霍英东研究院等重大科技创新平台作用，推进粤港澳科技与产业合作，加快港澳创新成果在穗产业化，共建高新技术产业集群。

（五）推进产业载体建设，不断优化产业发展空间

加快推进标杆园区建设试点，协同推动村镇工业集聚区整治提升试点项目实施，鼓励工业产业区块内成片连片“工改工”。推广“大项目供地、中项目供楼（产权分割）、小项目租赁厂房”模式，推行工业用地“标准地”“带项目”“带方案”供

应，推进政策性标准厂房建设。实施“亩产论英雄”，严格控制工业用地项目准入和土地使用标准，强化工业用地项目跟踪监管。加速推动企业“工业上楼”，鼓励国有企业每年建设一批高质量、低成本、定制化的厂房空间。推进绿色制造体系建设和清洁生产，提升工业绿色发展水平。建立全市工业遗产保护名录，探索具有特色的工业遗产保护利用新路径，传承弘扬广州工业文化和工业精神。

第二节　深　圳　市

党的十八大以来深圳市推动制造业高质量发展情况报告

深圳市工业和信息化局

党的十八大以来，习近平总书记三次亲临深圳视察，对深圳工作作出一系列重要指示批示，亲自谋划、亲自部署、亲自推动粤港澳大湾区和深圳中国特色社会主义先行示范区建设、深圳综合改革试点及全面深化前海改革开放，为新时代深圳的改革开放、创新发展提供了强大的思想指引和前进动力。全市深入学习贯彻习近平总书记对广东、深圳系列重要讲话和重要指示批示精神，认真落实省委、省政府加快培育战略性产业集群、推动制造业高质量发展的有关部署要求，坚定不移打造“工业强市”“制造强市”，全市制造业发展质效显著提升、新产业新动能蔚然成势。党的十八大以来，深圳市制造业规模体量实现翻番，排名稳居全省第 1 位，2022 年深圳市规模以上工业总产值突破 4.5 万亿元，连续四年位居国内大中城市首位，成功获批建设新一代信息通信等 4 个国家级先进制造业集群、智能制造装备等 3 个国家级战略性新兴产业集群、高性能医疗器械等 3 个国家级制造业创新中心，获批建设全国人工智能创新应用先导区，多次受到国务院督查激励，制造业高质量发展成效明显。

一、全市制造业发展情况

（一）总体规模结构

产业规模实力显著提升，居全国前列。党的十八大以来，深圳市制造业（全口径）增加值从2012年的5098.3亿元提升至2022年的10207.6亿元，年均复合增长率7.2%，实现翻番，制造业（全口径）增加值持续排名全省第1位；全市制造业增加值占GDP比重保持在30%以上。工业（全口径）增加值从5661.25亿元提升至11357.09亿元，年均复合增长率7.2%。高技术制造业增加值占规上工业增加值比重从58.0%提升至60.6%，2022年占比高于全省30.7个百分点。

规上工业企业超万家，重点企业成为重点产业发展主引擎。全市规上工业企业从2012年的5833家增长至2022年的13019家，企业数量增加1.23倍，居全省第1位。全市年营收超百亿元制造业企业从16家增长至49家，主要来自计算机、通信和其他电子设备制造业行业。全市共有4家制造业企业入选世界500强，其中，华为、正威分别连续十年、九年入选世界500强榜单。全市入选中国制造业500强企业数量从2012年的7家提升至2022年的26家。华为、中兴通讯、华星光电等“链主”企业牵引带动行业打造世界级新一代信息通信产业集群，比亚迪等龙头企业带动产业链上中下游企业构建新能源汽车产业生态。截至2022年，全市共有国家级制造业单项冠军企业67家、省级制造业单项冠军84家，国家“专精特新”“小巨人”企业442家，“专精特新”中小企业8224家，高新技术企业超2.3万家。

（二）创新发展及转型升级

“创新+产业”双翼托举高质量发展。2021年，全市规上制造业研发经费支出1253.8亿元，2012~2021年年均复合增长率14.7%；规上制造业研发经费支出占规上制造业营业收入的比重为3.1%，比2012年提升0.8个百分点。六成以上规上工业企业设立研发机构，比2012年提升54.5个百分点。全市共有1家国家实验室、4家省实验室，3家国家级、6家省级制造业创新中心，11家诺奖实验室、10家基础研究机构。党的十八大以来，深圳依托重点企业和科研院所加大研发创新投入，不断健全“基础研究+技术攻关+成果产业化+科技金融+人才支撑”全过程创新生态链，超高清视频多态基元编解码、宽带移动通信有源数字室内覆盖 QCell 等多项关键核心技术取得突破，连续三年在国家创新型城市排名中位居全国第一，2022 年全市高新技术产业增加值突破 1.3 万亿元、产值突破 3.1 万亿元，高新技术产业发展成为全国的一面旗帜。

数字化、绿色化、服务化发展成效突出。数字化、网络化、智能化发展国内领先，获评国家级智能制造试点示范工厂 4 个、优秀场景 8 个，拥有国家级跨行业、跨领域工业互联网平台 4 个，省级工业互联网产业生态供给资源池企业 145 家。绿色低碳发展持续推进，2013～2022 年深圳规模以上工业单位增加值能耗累计降低 47.4%，年均下降 6.2%；截至 2022 年底，全市获评国家级绿色产品 92 种、绿色工厂 79 家、绿色工业园区 2 个、绿色供应链 14 家。开展工业园区供电环境综合升级改造工作，完成 2172 个园区改造，有效降低企业用电成本、提升园区配网能效水平。服务型制造发展加快，拥有国家级服务型制造示范企业平台 17 家，累计建成 13 家国家级工业设计中心，获评工业和信息化部全国首批服务型制造示范城市（工业设计特色类）。

（三）主要产业发展情况

1. 规模前十大产业发展概况

电子信息产业蓬勃发展并成为制造业增长主力引擎，汽车、高端装备等产业规模不断壮大。党的十八大以来，全市计算机、通信和其他电子设备制造业增加值占全市规上制造业增加值比重稳定在六成左右，稳居全市重点产业第 1 名；汽车制造业规模快速壮大，排名从第 10 位提升至第 4 位；专用、通用设备等制造业稳步提升，在全市重点产业排名分别从第 4 位、第 6 位上升至第 3 位、第 5 位；制造业产品结构向中高端升级趋势明显。2012 年，全市制造业重点产品主要为程控交换机、微型计算机设备、集成电路，产量分别占全省的 92.4%、97.1%、82.8%；到 2022 年，全市制造业重点产品为新能源汽车（84.88 万辆）、智能手表（2039.27 万个）等。

2. 特色优势产业发展情况

网络与通信产业集群规模全国领先，产业竞争力稳步提升。2022 年，深圳市网络与通信产业实现增加值 2135.91 亿元，同比增长 4.9%。深圳市网络与通信产业起步早、发展快、创新能力强，已形成较为完整的供应链、产业链和创新链，在基站天线、终端设备、小基站以及光纤光缆领域具有先发优势且技术领先，5G

标准必要专利总量处于全球领先地位，获批建设国内唯一的国家级5G中高频器件创新中心。拥有华为、中兴通讯等千亿级企业，普联技术、广和通等百亿级企业。网络通信基础设施建设全国领先，2020年8月，深圳率先在全国实现5G独立组网全覆盖，截至目前，全市累计建成5G基站6.8万个。深圳新一代信息通信产业集群成功获批国家级先进制造业集群，正在向全球网络与通信产业创新发展高地迈进。

半导体与集成电路产业链条更加完善，打造全国集成电路产业发展第三极的主力军。2022年，深圳市半导体与集成电路产业实现增加值525.29亿元。党的十八大以来，深圳紧抓产业发展战略、摸查产业发展问题、补齐产业发展短板，布局若干12英寸硅基和6英寸及以上化合物半导体芯片生产线，项目全部建成后将有效解决芯片产能瓶颈；其中，中芯国际12英寸生产线月产能已达到7000片。支持天芯互联、米飞泰克、赛意法等封测企业增资扩产，形成与设计、制造相匹配的封测能力。2022年，成功组建电子元器件和集成电路国际交易中心并正式运营。到2025年，半导体与集成电路产业整体营收目标突破2500亿元。

超高清视频显示产业生态逐步丰富，打造具有全球竞争力的超高清视频显示产业集群。2022年，深圳超高清视频显示产业主营业务收入约3000亿元，产业增加值963.42亿元，位居全国前列。党的十八大以来，深圳重点支持建设五代及以上世代TFT－LCD面板生产线，华星光电两条第8.5代液晶面板生产线和两条第11代超高清显示面板生产线成为产业龙头引领。持续引进日本旭硝子来供应8.5代玻璃基板，以及日东光学、日本凸版印刷、LG化学等企业配套生产，逐步实现上中下游协同发展，形成由显示面板、集成电路（IC）、玻璃基板、彩色滤光片、偏光片、光刻胶材料、发光二极管（LED）光源、液晶模组、电视、商业显示终端等组成的超高清视频显示全产业链。2019年，深圳新型显示器件产业集群入选国家战略性新兴产业集群发展工程，2021年，深圳国家级新型显示产业集群建设工作获国务院督查激励，2022年，获批共同组建国家超高清视频创新中心。到2025年，超高清视频显示产业主营业务收入目标超过4500亿元。

高端装备产业规模持续扩大，创新能力稳步提升。2022年，深圳高端装备产业实现增加值538.98亿元。高端装备产业具有细分领域广、企业数量多规模小、涉及下游产业多等特点，深圳多年前就将高端装备产业作为重点培育的战略性新兴产业之一，加快推进高端装备技术攻关、产业化和应用推广。在工业机器人、激光加工装备、半导体及显示面板专用设备等领域积累比较优势，拥有大族激光、大疆、优必选、汇川技术、固高科技等领军企业，研制出冷室压铸机、激光切割机、有轨电车等一批具有自主知识产权的重大技术装备。深圳智能制造装备入选国家级战略性新兴产业集群，联合广州、佛山、东莞共同打造智能装备国家级先进制造业集群。2022 年，深圳市出台工业母机、智能机器人、激光与增材制造、精密仪器设备四个产业集群培育发展行动计划，力争建成国内领先的高端装备产业创新发展高地。

智能网联汽车产业加速发展，建设具有全球影响力的智能网联汽车产业创新和应用高地。深圳是全球首个公交出租车全面电动化的城市，汽车智能化、网联化、电动化走在全国前列。2022 年，深圳智能网联汽车产业增加值 511.46 亿元，同比增长 46.1%，产业呈快速发展趋势。截至目前，全市累计开放 201.37 千米智能网联汽车测试示范道路，共向百度、小马、安途智行等 14 家企业的 124 台车发放道路测试及示范应用通知书 317 张。培育了比亚迪、华为、腾讯、航盛电子、速腾聚创、安智杰、凯立德等涵盖整车制造、自动驾驶、车路协同、激光雷达、高精度地图等产业链各环节的优质企业，已成为国内最具竞争优势的产业集聚地之一。2022 年，深圳出台《深圳市培育发展智能网联汽车产业集群行动计划（2022～2025 年）》等政策措施，加快建设具有全球影响力的智能网联汽车创新和应用高地。

新材料产业增长稳、创新强，多个细分领域跻身世界前沿。2022 年，深圳新材料产业实现增加值 364.74 亿元。党的十八大以来，深圳市将新材料产业作为重点发展的战略性新兴产业之一，培育新材料领域规上企业超过 500 家，高新技术企业超过 1500 家，上市公司 50 余家，以高校、科研机构为依托的创新载体达 110 多家。新材料产业呈现蓬勃发展的态势，覆盖细分领域众多且具有明显的比较优势，培育比亚迪、南玻等一批百亿级以上规模龙头企业或上市公司，形成分布各细分领域的“隐形冠军”企业超过 30 家，贝特瑞、德方纳米和新宙邦全球排名前三，新能源材料、电子信息材料等领域产业集聚效应显著。深圳先进电池材料产业集群成功入选首批国家先进制造业集群。

生物医药与健康产业平稳较快增长，产业规模不断扩大。深圳是全国首批国家生物医药产业基地和国家自主创新示范区。2022 年，深圳市生物医药与健康产业集群增加值 676.78 亿元。拥有生物医药领域上市企业 11 家，营收超十亿元企业 8 家，超百亿元企业 4 家；在“2021 年中国医药工业百强榜”中，健康元、信立泰、海普瑞 3 家企业进入化学药百强，康泰生物进入生物制品二十强，华润三九、海王集团 2 家企业进入中药百强。已组建国家级重点实验室和工程研究中心等各类创新载体 9

个，全市累计建成4家聚焦生物医药技术诺奖的科学家实验室。2022年，深圳出台促进生物医药、高端医疗器械、大健康产业集群高质量发展的若干措施，组织实施重大公共服务平台和核心技术攻关专项扶持计划，加快补齐产业链薄弱环节、鼓励企业加大创新转化。

新能源产业发展初具规模，技术创新能力不断提高。2022年深圳新能源产业增加值约809.80亿元。新能源产业总部研发特色突出，拥有中广核、华为数字能源、欣旺达、贝特瑞等一批知名龙头骨干企业，已初步形成总部研发优质资源集聚态势。前沿技术领域取得重大突破，自主品牌“华龙一号”三代核电技术达到世界先进水平，光伏逆变器、锂离子储能等技术处于全球领跑阶段，质子交换膜燃料电池单堆额定功率国内领先。标准体系建设成效突出，承担核电领域国家、行业标准制修订超过1000项，数量位居国内领先水平。

现代时尚产业历经多次转型，加速向高端化、品牌化、国际化迈进。2022年，深圳现代时尚产业实现增加值390.26亿元。优势传统产业经过多轮转型，形成龙头企业总部、高端时尚品牌、设计师和工匠、大型展会活动、行业协会等要素集聚发展的产业生态。党的十八大以来，深圳从构建政策体系、推动技术创新、品牌质量建设、提升创意设计水平、国际化拓展等方面，多措并举，有效促进传统产业向高端环节迈进。深圳服装产业的品牌数量、市场占有率、上市企业数量占据全国女装引领地位，黄金珠宝产业全年黄金提货量占上海黄金交易所的70%，钟表产业占全球手表产量的40%，皮革产业占据国内鞋包产业的品牌头部地位，眼镜产业的产量约占全球中高端眼镜的50%，并创新举办深圳时装周活动，跻身国内三大时装周。目前，深圳已成为国内行业门类齐全、原创品牌集中、产业配套完善、规模集聚效应显著的时尚产业基地之一，品牌影响力和国际竞争力不断提升。

二、推动制造业高质量发展的主要经验做法

（一）巩固提升重点产业链竞争力，打造经济发展重要引擎

持续布局战略性新兴产业。2010年前后，深圳市国内生产总值（GDP）接近1万亿元，后续维持高速增长面临更大挑战，亟待转变经济发展方式、进一步优化产业结构。为此，深圳市在全国率先制定战略性新兴产业规划，前瞻布局发展新一代信息技术等七大产业。党的十八大以来，深圳市陆续印发实施生物、互联网、新能

源、文化创意等产业发展规划或专项政策，加快战略性新兴产业集聚基地建设，每年拨付数十亿元财政资金扶持，吸引一批高端重大项目落地。2020～2022 年，全市战略性新兴产业增加值增速保持高于 GDP 增长或持平，年均复合增长率约 6.4%，超过同期 GDP 年均复合增速 2.0 个百分点，到 2022 年，全市战略性新兴产业增加值 1.33 万亿元，占 GDP 比重超四成，新一代信息通信、先进电池材料等 4 个集群入选国家先进制造业集群，新型显示器件、智能制造装备、人工智能 3 个产业集群入选首批国家级战略性新兴产业集群。2022 年，深圳市印发《发展壮大战略性新兴产业集群和培育发展未来产业的意见》，明确布局 20 个战略性新兴产业集群和 8 个未来产业重点发展方向，继续夯实制造业立市之本，提出到 2025 年，全市战略性新兴产业增加值超 1.5 万亿元的发展目标。

坚定不移夯实工业发展后劲。工业投资是扩大生产规模的先行指标，是工业未来产能增长点，深圳按照“保投产、保续建、促新开、增固投”总方针，坚持“强化项目支撑、紧盯时序进度、协同一体作战”工作原则，健全重大项目管理体系，强化对重点项目的跟踪服务，组织实施工业投资项目扶持计划，鼓励企业在深圳投资重大工业项目，支持上市公司募集资金投资深圳本地工业项目，2012～2022 年，全市工业投资额年均增长 12.9%，累计引进华星光电第 11 代超高清新型显示器件生产线、中芯国际集成电路制造（深圳）有限公司 12 英寸集成电路生产线项目（F16）、深汕比亚迪汽车工业园、深汕比亚迪汽车工业园二期、贝特瑞 4 万吨硅基负极材料扩建项目、迈瑞医疗供应链科技园等重大工业投资项目。技术改造投资是工业投资的重要组成部分，是提高生产效率、促进工业投资、加快产业升级的重要途径。2017 年，深圳率先在省内出台《关于实施技术改造倍增计划扩大工业有效投资的行动方案》和《若干措施》，聚焦智能制造、绿色制造、服务制造、时尚制造、安全制造，加快推进深圳制造业转型升级，此后，不断优化升级企业技术改造扶持政策，鼓励企业进行智能化转型升级。深圳技术改造投资占工业投资的比重从 2012 年的 25.0% 提升到 2022 年的 42.0%。

健全企业服务和培育体系。企业是工业经济的基本细胞，支持企业就是支持发展，服务企业就是服务大局。党的十八大以来，深圳不断完善企业服务体系、企业培育体系和企业融资促进体系，积极调动各类服务资源，全力支持和服务企业发展，全市民营及中小企业活力和竞争力不断提升，逐步构建“小升规”“规做精”“优上市”“市做强”以及单项冠军、独角兽企业全链条梯度培育体系。在企业服务方面，深圳自 2014 年起就开始实施市领导挂点服务企业，每年安排市区党政主要负责同志挂点联系服务一定数量的重点企业，深入企业调研，详细了解企业经营发展情况，推动解决企业问题诉求。2022年，深圳创新组织“万名干部助企行”活动，首次实现全市4万家“四上企业”服务专员全覆盖，进一步健全企业服务机制。全市统一的市场主体培育和服务平台——“深i企”平台加快建设，已上线政策、政务、诉求等八大板块，汇聚数据超14亿条，接入3165个市级、7840个区级政务服务事项，累计注册商事主体用户285万家。

（二）深入实施创新发展战略，推进产业链创新链深度融合

着力提升原始创新策源能力。基础研究是科技创新的源头，关乎国家、城市的源头创新能力和国际科技竞争力。党的十八大以来，深圳坚持制度引领，持续加大基础研究投入，加快推进创新载体建设，全市源头创新力和科技竞争力不断增强。特别是2017年以来，围绕全过程创新生态链，深圳出台“4个条例、19个综合性政策、40个专项政策”，构建“一类科技研发资金、五大专项、二十四个类别”科技计划体系和一套指标体系，极大激发了创新创业创造活力。在基础研究方面，率先以立法形式确立不低于30%的市科技研发资金投向基础研究和应用基础研究，2022年深圳投入基础研究和应用基础研究的研发资金占全市科技研发资金比重近五成。高质量建设鹏城国家实验室及深圳湾实验室、深圳国际量子研究院，形成“核心+基地”格局；高标准建设6家国家重点实验室、4家广东省实验室、65家广东省重点实验室和343家深圳市重点实验室；累计建设诺奖实验室11家、基础研究机构10家。在集成电路、5G、生物医药等领域，推进“大兵团+联合体”攻关，创新“主审制+揭榜挂帅+赛马制+军令状”机制，探索关键核心技术攻关深圳路径，已布局实施16批314个技术攻关重点项目，由企业联合高校、科研机构和上下游企业开展攻关，累计财政资助总额超25亿元。

构建以市场为导向的自主创新模式。改革开放以来，深圳坚持以企业为主体，以市场为导向，走出了一条“市场到工程到技术到科技”深圳特色自主创新发展道路，全市科技创新呈现出“6个90%”的特色。党的十八大以来，深圳牢牢确立企业创新主体地位，持续加大对企业创新的支持力度，市财政每年安排预算，设立市战略性新兴产业发展专项资金，采用直接资助、股权投资、贷款贴息、风险补偿等多元化扶持手段，支持相关单位组织实施创新能力建设、产业化、应用示范推广等项目，有效激发企业创新内生动力。鼓励企业自主或联合上下游企业、科研院所建设研究机构，截至目前，全市共有国家级制造业创新中心3家、国家工程研究中心

3家、国家企业技术中心37家，省级制造业创新中心6家、省级工程技术研究中心1501家。建设一批概念验证中心、中小试基地和验证平台，建设国家技术转移南方中心，拥有备案技术转移机构96家，加速科技成果产业化。组织实施重大技术装备首台（套）、重点新材料首批次、软件首版次“三首”工程，深化新产品新技术应用推广。

（三）聚焦人才、金融、空间，健全制造业发展要素保障

强化人才对制造业发展的支撑作用。人才是第一资源，是制造强国和网络强国建设的根本。党的十八大以来，深圳始终坚持人才优先战略，深入推进人才发展体制机制改革，积极构建与国际接轨的人才政策体系，加快实现人才政策由单项比较优势向综合环境优势转变。在全国率先开展人才计划优化整合，实施新版“鹏城孔雀计划”，出台《深圳经济特区人才工作条例》，在全国首设人才日，建成全国首个人才主题公园，营造礼遇人才的城市氛围。推进产业链与人才链融合发展，聚焦5G、集成电路、人工智能等重点领域，挂牌成立11家诺贝尔奖（图灵奖）科学家实验室。落实粤港澳大湾区境外高端紧缺人才个税优惠政策，优化“产业发展与创新人才奖”，加大对制造业人才的奖励力度。支持制造业企业设立技能大师工作室、技师工作站，建立技能人才培训载体，累计建成市级高技能人才培训载体442家。围绕产业需求校企共建中德智造学院、先进制造学院、珠宝学院等多个特色学院。深化技能评价制度改革，授权华为、腾讯、比亚迪等101家企业开展技能人才自主评价，累计评价超过13万余人次，核发职业技能等级证书10万余本。截至2022年12月，全市共有全职院士91人，高层次人才超2.2万人，留学回国人员超19万人，各类人才总量超677万人。

增强金融服务制造业质效。金融是实体经济的血脉，为实体经济服务始终是金融的天职和宗旨。党的十八大以来，深圳通过出台金融支持政策、强化监管引领、加强监管督导等手段，督导辖内银行业金融机构完善体制机制建设、强化产品服务创新、拓展业务发展模式，金融支持实体经济的质效大幅度提升，截至2022年12月末，深圳制造业贷款余额8217.23亿元；其中，深圳制造业中长期贷款余额5802.93亿元，占比70.62%。鼓励商业银行锚定制造业重要领域，建立差异化产品体系，有效满足制造业不同类型企业、不同发展阶段金融需求。起草金融服务深圳制造业的专项文件，推动银行保险机构进一步完善产品体系，优化工作机制，提升服务效能。印发《关于进一步加强知识产权质押融资工作的指导意见》，不断完善

工作机制，强化配套措施和保障机制，提升知识产权质押融资服务效能。印发全国首个关于金融支持新能源汽车产业链高质量发展的专门性文件《深圳金融支持新能源汽车产业链高质量发展的意见》，促进新能源汽车资金链与产业链、创新链、政策链深度融合。

全力保障制造业发展空间。产业空间是制造业发展最基本的要素保障，保障产业空间就是保障未来发展。党的十八大以来，深圳紧紧依托部省赋予的土地管理制度改革平台，深入实施土地供给侧结构性改革，尤其是2016年以来，深入推进“加快国土空间提质增效实现高质量可持续发展”十大专项行动，围绕产业空间供应、使用、管理等方面，积极探索、改革创新。早在2018年，深圳就在全市范围内划定270平方千米工业区块线，出台《深圳市工业区块线管理办法》，在工业区块线内严控“工改居”“工改商”和“工改M0”，以严守生态红线的标准严守产业空间底线。在工业用地供应管理上，探索“产业遴选＋带项目挂牌＋全周期监管”的精细化、精准化的工业用地供应模式，通过产业项目遴选机制确保高质量产业项目的引入，通过“带产业项目”挂牌方式实现有限、零星的产业用地资源精准供应，通过产业发展监管协议和产业项目全周期监管机制强化产业发展监管。围绕城市更新、土地整备、产业提容等方面出台系列政策，有力盘活存量工业用地，全市产业空间保障取得一定成效。

持续优化制造业发展环境。率先加大营商环境改革力度，是习近平总书记赋予深圳等特大城市的光荣使命。党的十八大以来，深圳通过构建完善灵活的市场准入政策体系、前瞻引领的产业发展导向、贴心细致的发展服务机制，为推动制造业高质量发展创造出了优越的环境。在市场准入方面，配合国家发展和改革委员会、商务部出台实施深圳先行示范区放宽市场准入24条特别措施，率先放宽新一代信息技术等领域准入门槛，为制造业发展营造出更加公平开放的市场环境。在法治保障方面，在人工智能、无人驾驶、数字经济、细胞和基因等前沿产业领域不断“探路”，率先出台《深圳经济特区科技创新条例》《深圳经济特区知识产权保护条例》《深圳经济特区智能网联汽车管理条例》等破冰之法，以法治护航引领制造业发展。在服务机制方面，将符合产业发展方向、创新能力强、成长速度快、发展前景好的各类民营企业和中小企业纳入支持范畴，为企业提供政策对接、宣讲和协调服务，遴选重点培育企业推荐进入市、区领导挂点服务范围，组织创新帮扶专家团成员为企业提供“一对一”普惠金融、政策指导、股权投资、咨询顾问等融资帮扶，让企业安心搞创新、谋发展。

三、制造业发展主要存在的困难问题

党的十八大以来，深圳推动制造业高质量发展取得了显著成效，但仍然存在一些困难和问题：一是产业规模高位增长存在压力。2022 年，深圳全口径工业增加值位居全国城市首位，但“十三五”期间，全市全口径工业增加值增速明显低于“十二五”期间，未来深圳工业经济高速增长承压。二是新动能的培育尚需时日。深圳汽车集群规模虽然快速增长，但与上海、广州、北京等汽车大市相比还有一定的差距，生物医药集群规模小，增速也慢于整体工业增速，须加快打造新的增长支柱。三是产业基础和创新能力需要进一步提升。深圳工业以终端集成和中间品为主，基础元器件、基础工艺、工业软件、工业母机、高端芯片等的研发投入和产业布局有待改善。四是制造业转型升级步伐有待加快。全市制造业整体处于全球产业链中端，在盈利水平、品牌国际影响力、技术竞争力、产业链引领力等方面与国际竞争对手还有差距，亟须加快推动制造业转型。五是要素保障力度需进一步加大。全市产业空间紧约束和低效利用并存，龙头企业、上市公司等重点企业产业空间需求难以有效满足，融资难、融资贵以及招工难仍是中小微企业面临的突出问题。

四、对策建议

下一步，深圳将按照国家、省对制造业发展的指示批示精神和要求部署，坚持稳字当头、稳中求进工作总基调，继续大力实施“工业立市、制造强市”战略，深入践行高质量发展要求，奋力开创制造强市建设新局面。

一是围绕“双聚焦”、塑造新优势。围绕“20 +8”产业集群，将财政专项资金等各种资源聚焦到优质企业、关键项目上。加大企业内部培育和外部招引，发挥龙头企业带动效应，引导企业走专精特新道路；加大工业投资力度，加快推进重大项目落地，打造新一代世界一流汽车城、数字之都、时尚之城，争创首批国家制造业高质量发展试验区。

二是关注“双技术”、力求新突破。坚持关键核心技术攻关和先进适用技术扩散并重，在集成电路、工业软件、基础材料、工业母机等领域凝练一批攻关项目，力争在“卡脖子”或国产替代方面取得突破；建立先进生产工艺推广应用体系，切实提高广大企业特别是中小企业制造水平。

三是强化“双创新”、注入新动能。支持企业建设工业设计、技术中心、工程实验室等创新载体，加快构建“设计引领、数据驱动、工艺突破”的“三位一体”技术创新体系、实现规上工业企业全覆盖；引导企业规范运作、提升管理，构建技术和商业模式创新协同体系，通过管理创新提质增效。

四是促进“双融合”、开辟新赛道。促进数字经济和实体经济深度融合、推动现代服务业同先进制造业深度融合，以规上工业企业全员数字化诊断为抓手，加快推动制造业数字化转型，发展定制化服务、共享制造、总集成总承包等服务型制造新模式。

五是拓展“双空间”、释放新活力。市内加快推进二十大先进制造业园区建设，按照每年建设不少于 2000 万平方米，连续实施 5 年，提供低价、优质、定制化的“工业上楼”厂房空间；同时在市外积极推动“飞地”园区建设，根据当地资源禀赋有序引导企业向“飞地”园区转移和集聚。

六是精准“保双链”、应对新风险。着力提升产业链供应链韧性和安全水平，出台重点产业链供应链保障工作五年行动计划，支持链主企业牵头产业链上下游企业开展协同创新，加强重点企业供应链和产能风险监测预警，全面提升防范和化解重大风险能力。

第三节 珠 海 市

党的十八大以来珠海市推动制造业高质量发展情况报告

珠海市工业和信息化局

一、全市制造业发展情况

（一）总体规模结构

产业规模实力显著提升，居全省前列。十年来，珠海市制造业（全口径）增加值从2012年的599.15亿元提升至2021年的1188.51亿元，年均复合增长率7.9%，实现十年翻一番；工业（全口径）增加值全省排名从第9位提升至第7位。工业（全口径）增加值从739.26亿元提升至1426.96亿元，年均复合增长率7.6%。全市规上制造业营业收入从3305.46亿元提升至5577.77亿元，年均复合增长率6%。全市规上制造业利润从148.42亿元提升至565.52亿元，年均复合增长率16%。全市规上工业总产值从3072.56亿元提升至5272.44亿元，年均复合增长率6.2%。

制造业持续巩固提升，产业结构持续优化升级。十年来，全市制造业增加值占GDP比重从2012年的37.81%下降至2021年的30.62%（2022年回升至32.1%，2023年一季度33.6%），制造业占比持续巩固和提升。第一、第二、第三产业结构从2.3∶50.0∶47.7调整为1.4∶41.9∶56.7，金融、流通、工业设计等生产性服务业发展提速。轻重工业比例从42.6∶57.4调整为40∶60，产业结构重型化发展趋势显现。高技术制造业增加值占规上工业增加值比重从26%提升至30.8%，2021年占比低于全省0.2个百分点、低于珠三角核心区（或沿海经济带、北部生态发展区）3.8个百分点（2022年占比31.5%，比全省高1.6百分点）。先进制造业增加值占规上工业增加值比重从44.8%提升至59.9%，2021年占比高于全省4个百分点。民营经济发展对制造业贡献突出，民营经济占规上工业增加值的比重从17.1%调整至53.5%。

（二）主要产业发展情况

1. 规模前十大产业发展概况

十年来，全市电气机械和器材制造业、计算机、通信和其他电子设备制造业和医药制造业等产业增加值规模翻一番，占全市制造业增加值比重分别从2012年的25.1%、18.1%和4.9%提升至2021年的26.6%、18.3%和6.6%，医药制造业在全市重点产业排名从第4位提升至第3位。橡胶和塑料制品业、食品制造业等传统产业规模稳中有升，占全市制造业增加值比重分别从2012年的2.6%、1.7%调整为2021年的3.7%、2.5%，在全市重点产业排名分别从第11位、第16位提升至第6位、第10位，如表3-2所示。

表 3－2　2012 年、2017 年、2021 年全市前十大行业（按增加值）变化情况

行业大类/统计指标	2012 年			2017 年			2021 年		
	增加值（亿元）	占制造业比重（%）	排名	增加值（亿元）	占制造业比重（%）	排名	增加值（亿元）	占制造业比重（%）	排名
规上制造业	580.04	—	—	1009.76	—	—	1238.61	—	—
电气机械和器材制造业	145.59	25.1	1	269.20	26.7	1	329.65	26.6	1
计算机、通信和其他电子设备制造业	104.83	18.1	2	176.84	17.5	2	226.37	18.3	2
医药制造业	28.38	4.9	4	68.12	6.7	4	81.89	6.6	3
化学原料和化学制品制造业	46.74	8.1	3	44.83	4.4	6	75.22	6.1	4
通用设备制造业	26.40	4.6	5	99.24	9.8	3	52.59	4.2	5
橡胶和塑料制品业	15.03	2.6	11	17.38	1.7	12	46.27	3.7	6
专用设备制造业	18.41	3.2	8	49.81	4.9	5	45.75	3.7	7
金属制品业	13.75	2.4	13	21.74	2.2	10	39.86	3.2	8
仪器仪表制造业	8.30	1.4	17	28.59	2.8	7	32.20	2.6	9
食品制造业	9.73	1.7	16	21.35	2.1	11	31.37	2.5	10

注：列表中第一列的行业大类按照本地区 2021 年增加值排名前十的行业大类列出。
资料来源：广东省统计年鉴。

2. 特色优势产业发展情况

（1）新一代信息技术产业集群。在新一代信息技术产业领域，集聚了以伟创力、领益智造、得尔塔、基克纳等消费电子企业团组，形成了以方正、越亚、景旺、中京电子、紫翔电子等为代表的从原材料到电子元器件、线路板制造的 PCB 产业链条；以纳思达、天威等为龙头的国内最完整自主知识产权打印设备及耗材产业链条；以金山软件、数说、指掌易为代表的数字经济产业集群。目前，该集群共有企业 401 家，规模以上企业 297 家，上市企业 13 家，亿元企业 121 家，十亿元企业 23 家，百亿元企业 1 家。截至 2021 年底，珠海市电子信息制造业产业规模以上总产值 943.41 亿元，同比增长 6.2%，规模以上增加值 226.37 亿元，同比增长 5.6%；软件和信息服务业规上主营收入 931.93 亿元，同比增长 16.9%；电子信息制造业和软件信息服务业合计规模 1652.46 亿元（不含集成电路产值），同比增长 13.78%。

（2）新能源产业集群。储能行业方面，现已形成以冠宇、恩捷、先导智能、新宙邦、科立鑫、科恒为代表的，从上游电解液、隔膜、正极材料、制造设备，到电

池组件的产业链条。在光伏领域，从无到有系统构建起以高景、爱旭、耀灵时代、阿特斯、珠海港秀强新能源、水发兴业能源为代表的，从硅片到电池，并正向组件延伸的产业体系。智能电网产业基础较好，在智能输电、变电、配电等领域拥有一批国内领先企业，代表性企业有许继电气、长园系企业、优特信息技术、派诺科技等，产品主要集中在继电保护、配电网开关和配电柜等传统电力自动化设备。新能源产业集群现有规上企业 156 家，2021 年实现规模以上工业总产值 392 亿元，其中上市企业 5 家，国家制造业单项冠军产品 2 家（冠宇电池、格力钛新能源），以及一批国家级“专精特新”“小巨人”企业。

（3）集成电路产业集群。珠海集成电路设计业较为突出，产业规模居全国第 10 位（连续 6 年进入全国前十），全省第 2 位，目前正在加快推进集成电路制造、封测环节补链强链。近年来，珠海新引进芯耀辉、壁仞科技、芯动科技、瑞威、集创北方、加速科技、镓未来科技等一批具有带动力和产业支撑能力的企业，与杰理科技、全志科技等集成电路设计企业共同构建起从上游 IP 核、设计，到第三代半导体材料、蚀刻液，再到下游封装、测试的持续完善的产业链条。该产业集群现有集成电路设计企业 118 家，集群上市企业 6 家。2021 年底，珠海集成电路产业规模 127. 80 亿元，同比增长 37. 24%。其中设计业主营收入 106. 94 亿元，同比增长 28. 24%；制造业主营收入约 1 亿元，封测业主营收入 2. 55 亿元，原材料及零配件主营收入 15. 52 亿元，集成电路设备主营收入 1. 78 亿元。目前拥有 591 件集成电路设计布图专有权，其中 2021 年企业新增 150 件集成电路设计布图专有权。

（4）生物医药与健康产业集群。珠海已基本形成以医药制造业为主体、医疗器械为支撑、中医药为特色、精准营养和化妆品为补充的生物医药与健康产业体系，拥有丽珠、联邦、汤臣倍健等重点企业，集群被评为国家发展和改革委员会第一批战略性新兴产业集群。该集群现有规上企业 87 家，2021 年实现规模以上工业总产值 301 亿元，其中上市企业 9 家。全市生物医药领域生产、研发及销售的企业有 3000 余家，聚焦化学药、生物药、现代中医药、高端制剂、中高端医疗器械等重点领域，构建了以化学药、原料药、中药等医药制造为主体，医疗器械为支撑，保健食品和化妆品为特色的生物医药产业体系。先后获得国家新型工业化产业示范基地、广东省生物医药产业专业镇等称号，被列为广东省六大医药产业基地之一。三灶科技工业园作为生物医药与健康产业的主要聚集园区，获评为广东省首个生物医药与健康特色产业园。化学药领域，联邦制药是国内最大的抗生素制造商之一，亿邦制药生产的克林霉素连续多年市场占有率全国第一，丽珠医药的头孢地嗪、头孢呋辛，金鸿药业头孢克肟的国内市场占有率也名列前茅。生物制品领域，形成了以丽珠制药厂、丽珠试剂、珠海联邦制药和亿胜生物为龙头，丽珠单抗为新秀，泰诺麦博、启辰生、瑞思普利、普米斯等为创新型企业的产业梯队。中药领域，珠海中药批文主要集中在珠海宏利药业、金鸿药业和健康药业。医疗器械领域，拥有健帆生物、宝来特、和佳等龙头企业，丽珠试剂、宝锐生物等实力企业，通桥医疗、普生医疗、司迈科技、贝索生物、赛乐奇等高成长创新型企业。保健食品及化妆品领域，以汤臣倍健为基础的营养与保健食品领域已经成为珠海市大健康领域的一大特色。目前泰诺麦博单抗、健帆血液灌流扩产、中宝创新药、汤臣倍健扩产、丽珠试剂扩产、白云山制药、重链生物诊断等一批医药重点项目正加速建设投产。

（5）智能家电产业集群。珠海智能家电产业以格力电器为引领，拥有金品、飞利浦、双喜等一批家电领域骨干企业。该集群共有规上工业企业 138 家，2021 年实现工业总产值 962. 64 亿元，其中产值 100 亿元以上企业 1 家（格力电器），10 亿～100 亿元企业 11 家。南屏工业园作为智能家电企业主要聚集园区，获评成为广东省首个智能家电特色产业园。目前，珠海智能家电产业在格力电器引领下，在空调领域实现了连续 26 年的行业领跑，产业链较为完整，上游环节以凌达、凯邦、拾比佰新型材料等企业为代表，主要涉及压缩机、电机、外观材料等产品，中下游环节以格力电器、金品、飞利浦等企业为代表，产品涵盖空调、电视机、小家电等。

（6）高端装备制造产业集群。珠海高端装备制造业主要集中在智能装备、机器人、海洋工程、通用航空及卫星应用等领域，拥有摩天宇、运泰利、格力智能装备、博杰、广浩捷等企业。该集群现有规上企业 80 家，2021 年，全市高端装备制造产值约 318. 19 亿元，同比增长 18. 32%，上市企业 2 家。澳龙船艇、泰坦新动力入选国家级“专精特新”“小巨人”名单。拥有省级以上工程中心、企业技术中心、重点实验室等各类创新平台 48 个，产品质量检验机构 11 个。智能装备方面，2021 年，智能装备方面工业产值约 229. 60 亿元，规模以上工业企业 65 家，主要包括 5 条细分产业链。一是以飞马传动、创锋、ABB、格力智能装备、运泰利自动化、智新、丽亭、创智科技等企业为主体的机器人产业链。二是以格力电工、蓉胜超微线材、长园电力、许继电气、派诺科技、航天银山、康晋电气、泰坦科技等企业为主要部分的智能电网产业链。三是以先导智能、华冠科技、冠宇电池、鹏辉电池等企业为主体的电池制造装备产业链。四是以格力智能装备为主体的数控机床产业链。五是以博杰电子、广浩捷、纳睿雷达、中车装备为主的特色装备制造产业链。海洋工程装备方面，“珠海海洋工程装备产业基地”被评为“国家新型工业化示范基地”“广东省战略性新兴产业基地”，并创建深海海洋工程装备产业知名品牌示范区，珠海平沙游艇产业园（平沙镇）先后被评为“广东省（游艇）技术创新专业镇”、游艇产业外贸转型升级专业型示范基地。集聚了中海福陆、三一海洋重工、玉柴船舶、巨涛油气装备、烽火海洋、珠江钢管、太阳鸟游艇等一大批企业，形成了总装、配套、加工、服务协作完整的船舶与海洋工程装备制造产业链。拥有国家船舶及海洋工程装备材料质量监督检验中心，全球最大、亚洲首个珠海万山无人船海上测试场。2021 年，全市船舶与海洋工程装备产业产值近 88.59 亿元。

（7）精细化工产业集群。珠海经济技术开发区是全省 6 大化工园区之一，在 2021 年全国化工园区 30 强中位列第 17，依托园区，以英力士化工为核心，聚集华润聚酯、晓星氨纶等下游企业形成 PTA 产业链，并与长兴化工、路博润添加剂、万华化学、万通化工等合成树脂、润滑油及添加剂企业组成化工产业集群。该集群共有规上企业 258 家，2021 年实现规模以上工业总产值 721 亿元，同比增长 31.5%。珠海宏昌电子材料有限公司主要产品为电子级环氧树脂，处于 PCB 产业链的上游，是国内电路板用树脂的最大供应商，珠海珠玻电子材料有限公司生产中高端电子级玻璃纤维布，是国内最早掌握现代玻璃纤维生产技术的企业，年产能 10000 万米，是华南地区覆铜板生产企业电子级玻璃纤维布材料的主要供应商。在高端电子基础材料方面，珠海围绕新兴 5G 产业等领域，发挥珠海 PCB 产业集聚市场带动优势，以高纯度、高精度、高性能、稀缺性材料产业为核心，重点发展低介电玻璃纤维、高频基材覆铜板、PCB 化学品等产业用材料，积极抢占电子信息材料、电子化学品等前沿制高点和高附加值环节，加速向精细化工转型。

二、推动制造业高质量发展的主要经验做法

（一）坚持高位推进，聚力构建支柱产业新体系

珠海市第九次党代会提出“产业第一”工作抓手，坚定实施产业立柱攻坚行动，牢固树立“产业第一、制造业优先”导向。一是“产业第一”工作机制。把产业第一作为“一把手工程”，强化制造强市领导小组统筹管理功能，实行重大项目、重点培育企业领导挂点联系制度，创新工作专班机制，组建土地整备、财政金融、项目招引、企业服务等工作专班，推行一线工作法，推动各级“一把手”到一线挂

帅作战，各服务单位到一线协同办公、靠前服务。二是明确产业发展重点方向。立足产业基础、瞄准未来风口，强化产业布局统筹规划，聚焦做强做优做大先进制造业，着力打造“4+3”支柱产业体系。三是实行量化考核。实施“产业第一”招商引资、招商落地、工业经济三个综合考评方案，实行挂图作战，采取倒排工期、跑表计时、到点验收等方式强化督查问效，强化唯实、唯效、唯快的工作作风，营造想干、敢干、会干、快干的浓厚氛围。

（二）坚持项目牵引，创新闭环招商服务新机制

珠海坚定实施招商引资攻坚行动，持续增强经济发展动力。大力开展产业链招商，对招商项目实行全生命周期和全流程高效闭环跟踪服务，推动一批项目快速形成实物工作量和现实生产力。一是构筑“一盘棋”招商格局。强化统筹指导，建立项目招引领导负责制，组建市招商委员会，新成立专门招商机构，积极培育引进一批根植力强的链主型龙头企业、创新带动力强的“专精特新”企业。二是创新“全景图”招引模式。建立重点产业关键环节头部企业清单，绘制招商引资“索引图”、重点产业“补链图”、目标企业“作战图”，紧盯产业链上下游按图索骥、精准招商。建立工业项目达产扩产、优质企业增资扩产项目库，实行清单化、动态化管理和分类处置。三是健全“造血式”效益管理机制。统筹好项目投入与产出关系，在投资强度、产出效益、能耗地耗、环保标准等方面设好准入门槛，靶向招引一批“造血”项目，一批高成长高价值项目相继落户珠海。

（三）严守工业用地红线，实施园区投入倍增工程

一是全国首创工业用地管理立法。制定出台全国首部工业用地管理专项地方性法规《珠海经济特区工业用地控制线管理规定》，运用特区立法权对工业控制线进行管控，严控“工改居”“工改商”，大力支持“工改工”，坚决防止“脱实向虚”、避免工业用地房地产化。二是健全低效用地转型退出机制。全力盘活批而未供、供而未建、建而未尽等工业用地，引导企业加快引入先进产业、推进转型升级，释放优质产业发展空间。加强土地整备，按照“七通一平”标准推动连片产业用地开发，力争5年内统筹新增和盘活工业用地约50平方千米，首年熟地整备不少于467公顷。三是加大园区投入力度。按照1年100亿元、5年不少于500亿元的标准，多渠道统筹资金投向园区基础设施建设，用于补齐基础设施短板。

（四）探索创新发展路径，大规模建设5.0产业新空间

5.0产业新空间是适应新形势、赋能新技术、承载新产业，契合创新驱动发展要求的新型载体，具备“低租金、高标准、规模化、配套全、运营优”五大特点，具有快速承接并赋能中小微科技型创新型企业的显著优势，对加速形成具有明显区域竞争优势的集群化供应链和生态链体系具有重大意义。珠海市加快推进5.0产业新空间建设招商，仅用不到半年时间，全市已开工780万平方米，2022年已建成近500万平方米。5.0产业新空间突出解决了企业生产经营三大问题。一是为企业提供了楼层高、荷载大、租金低的生产空间，满足了新兴产业的生产需求。二是为新生代员工配套标准化公寓、全域无线网络通信技术（Wi-Fi）、特色食堂、文娱场所、员工驿站，打造有品质感、有幸福感、有归属感、有烟火气的配套环境，有效解决企业“招工难”“留人难”的问题。三是依托国企建设运营，提供投融资、供应链、财务法律等专业服务，形成了具有独特竞争优势的珠海实践。

（五）实施政府流程再造，打造优质营商环境

建立容缺办理、规则再造新机制，实现“一个入口、一张表单、一套材料、并联审批”。市、区2692个行政许可事项适用容缺办理，占比超过80%，行政许可类事项减时间95.50%，即办件占比95.66%。各级政务服务大厅设立“办不成事”反映窗口，集中受理企业政务服务“没人办”“不能办”“互为前置”等事项，企业满意率大幅提升。全面推行“拿地即开工”和“双容双承诺”制度，一批项目快速签约拿地动工投产。例如，高景项目从签约到建成仅用140天，项目建成一年突破百亿元产值，越芯项目拿地到开工用时仅16天，跑出了项目建设“加速度”。

三、制造业发展主要存在的困难问题及对策建议

珠海在推动经济高质量发展过程中，也面临能级量级不足、产业结构不够优、产业链尚不完善、产业生态未能有效形成、抵御风险能力较弱等问题。规模以上工业增加值在珠三角处于第三梯队，当前占全省规上工业增加值的比重不高。

下一步，珠海将坚持以习近平新时代中国特色社会主义思想为指导，全面贯彻党的二十大精神，认真落实省委部署要求，把制造业当家作为发展实体经济的最主要抓手，久久为功打好产业发展攻坚战，为广东在高质量发展上走在前列作出新的更大贡献：

一是加快完善“4+3”产业体系。发挥5.0产业空间优势，引进和培育一批具有独特技术优势、符合未来产业发展方向的科技型成长型中小企业或者优质板块，加速在新能源、集成电路、新材料、智能装备等领域构建具有爆发力、带动力的成长型企业梯队，为产业高质量发展注入源源不断的新动能。围绕构建“4+3”产业体系，加快完善产业链条，逐步形成具有区域竞争优势的产业生态。

二是狠抓项目建设，形成工业经济新增量。落实《市领导挂点联系重点企业工作机制》《珠海市重大项目落地投产专项督导制度》等，市、区两级形成工作合力，加强项目服务，推动迈为、科恒、维景储能等重点签约项目早日开工，推动爱旭、得尔塔等重大项目尽快投产。大力支持市内企业增资扩产，实施技术改造，引导企业向高端化、智能化和绿色化转型升级，全年推动300家以上企业实施技术改造。

三是同步推进5.0产业新空间建设运营。加大对“5.0产业新空间”的宣传推介力度，加快项目招商和落地，并提前服务好已签约项目，在空间落成后迅速推动企业入驻，形成新一轮设备投资，同时，高标准组建产业新空间的国企运营、财务服务和投资服务机构，形成全方位、立体化的综合服务能力，打造“你有梦想、我有舞台，你想创业、我有平台”人人向往的“5.0产业新空间”。

四是加强数字基建，加快数字经济聚集。加快构建以智能化为特征的新型信息基础设施，继续推进5G网络规模化布局，打造一批5G典型应用场景。推进制造业数字化转型，深入实施《珠海市推进制造业数字化转型工作方案（2021～2025年）》，推动一批规上工业企业运用新一代信息技术实施数字化转型。加快实施产业集群数字化转型工程，推动PCB、家用电器、打印耗材产业集群争取省级产业集群数字化试点，加快构建以“工业互联园区+行业平台+专精特新企业群+产业数字金融”为核心架构的新制造生态系统。

第四节　汕　头　市

党的十八大以来汕头市推动制造业高质量发展情况报告

汕头市工业和信息化局

党的十八大以来，汕头市深入贯彻习近平总书记出席深圳经济特区建立40周年和视察广东、视察汕头的重要讲话、重要指示批示精神，认真落实省委、省政府“1+1+9”工作部署，坚定不移走“工业立市、产业强市”之路，逐步确立并强化实体经济重要地位，带动产业发展效率提升、激活产业发展新动力。党的十八大以来，汕头市制造业规模体量翻一番，成功获批中国纺织服装产业基地市、中国内衣家居服之都、中国玩具礼品城、中国玩具礼品出口基地、中国包装印刷和装备生产开发基地、国家火炬计划输配电设备制造产业基地，制造业高质量发展卓有成效。汕头市成为粤东粤西粤北唯一入选2022年全国先进制造业百强市的城市。

一、全市制造业发展情况

（一）总体规模结构

制造业规模翻一番，产业结构持续优化升级。汕头市制造业（全口径）增加值从2012年的585.9亿元提升至2022年的1154.6亿元，年均复合增长率7.0%，实现十年翻一番；制造业占比保持基本稳定，维持在40%左右。工业（全口径）增加值从663.5亿元提升至1229.5亿元，年均复合增长率6.6%。高技术制造业增加值占规上工业增加值比重从6.1%提升至9.3%。先进制造业占比从2017年的34.0%提高到37.8%。

规上工业企业超两千家，龙头企业成为重点产业发展主引擎。全市规上工业企业从2012年的1880家增长至2022年的2167家，入选广东制造业500强企业数量提升至10家。上海电气、南瑞鲁能等企业为汕头建设国际风电创新港注入强大动能，光华科技、西陇化工等企业领跑化工新材料技术创新，超声电子、立汕智造等企业牵引带动新一代电子信息产业发展，宏杰内衣、洪兴股份等企业带领上下游企业打造纺织服装产业新生态，奥飞娱乐、星辉娱乐等企业引领玩具创意跨界融合发展，仙乐制药、超声研究所等大健康企业在细分领域"独占鳌头"。至2022年底，全市共有200家"专精特新"中小企业，697家高新技术企业。

（二）主要产业发展情况

1. 规模前十大产业发展概况

传统产业转型升级并成为制造业增长重要支撑。汕头传统制造业从机器换人、到智能化应用、再到数字化改造，从未停下转型升级步伐，有力支撑制造业增长。规模前十大产业多数为以轻工纺织为主的传统产业，全市纺织业和食品制造业等传统产业规模稳中有升，占全市制造业增加值比重分别从2012年的8.1%和1.8%调整为2022年的13.5%和4.1%，纺织服装、服饰业和纺织业排位分别保持在全市第1位和第2位，食品制造业从第13位上升至第7位。计算机、通信和其他电子设备制造业产业增加值规模翻一番，占全市制造业增加值比重从2012年的3.8%提升至2022年的4.8%，排名从第8位提升至第6位，如表3－3所示。

表3－3　2012年、2017年、2022年全市前十大行业（按增加值）变化情况

行业大类/统计指标	2012年			2017年			2022年		
	增加值（亿元）	占制造业比重（%）	排名	增加值（亿元）	占制造业比重（%）	排名	增加值（亿元）	占制造业比重（%）	排名
规上制造业	432.8	100.00	—	771.8	100.00	—	669.6	100.00	—
纺织服装、服饰业	94.2	21.76	1	161.3	20.90	1	141.7	21.17	1
橡胶和塑料制品业	52.3	12.08	3	110.8	14.35	3	82.0	12.24	3
文教、工美、体育和娱乐用品制造业	63.5	14.68	2	131.5	17.04	2	73.8	11.03	4
纺织业	34.8	8.05	4	64.7	8.38	4	90.4	13.50	2
化学原料和化学制品制造业	26.0	6.01	5	44.2	5.73	5	35.0	5.23	5
计算机、通信和其他电子设备制造业	16.5	3.81	8	15.8	2.05	11	32.0	4.78	6
印刷和记录媒介复制业	23.4	5.41	6	35.9	4.66	6	27.0	4.04	8

续表

行业大类/统计指标	2012年			2017年			2022年		
	增加值（亿元）	占制造业比重（%）	排名	增加值（亿元）	占制造业比重（%）	排名	增加值（亿元）	占制造业比重（%）	排名
食品制造业	8.0	1.84	13	14.9	1.93	12	27.6	4.13	7
非金属矿物制品业	4.2	0.97	18	7.3	0.94	19	18.9	2.82	10
造纸和纸制品业	10.8	2.51	10	18.0	2.33	9	21.9	3.28	9

注：列表中第一列行业大类按照2022年增加值排名前十的行业大类列出。
资料来源：广东省统计年鉴。

2. 特色优势产业发展情况

新能源产业驶入“快车道”，未来十年打造“国际风电创新港”。2022年，汕头市新能源产业实现规上工业产值158.9亿元，同比增长4.4%，占全市规上4.7%。汕头海域风速达8～9米/秒，海上风电年有效平均利用小时数在3800小时以上，属海上一类风电场，具备6000万千瓦海上风电资源开发条件。目前已核准海上风电开发容量15个，合计1170万千瓦，风电项目完工24.5万千瓦，在建项目60万千瓦。汕头大陆海岸线长、海域风力资源丰富，海上风电产业基础雄厚。早在1988年，汕头市在南澳县启动中国首个风力发电示范场项目，被誉为“中国风电开发的先锋”。党的十八大以来，汕头市积极响应和服务国家“双碳”战略，新能源行业迎来发展的窗口期和黄金期，风能产业从“陆上”加速向“海上”迈进。上海电气、金风科技、洛阳轴承、中车永济电机、德力佳齿轮箱、中材叶片等行业龙头企业落户，其中，轴承、齿轮箱项目填补广东风电产业链空白。2019年8月和2021年9月，上海电气8兆瓦和11兆瓦海上风机在汕头完成总装下线，两次刷新国内最大容量海上风机纪录；2021年底，汕头市首个海上风电场——大唐南澳勒门Ⅰ海上风电项目如期全容量并网投产。下一步，汕头市将全力建设粤东千万千瓦级海上风电基地，打造“1+3+3”海上风电生态体系，建成国际风电创新港，同步推进氢能、储能、智慧电气装备等产业发展，未来5年打造出超2000亿元新能源产业集群。

新材料产业集群跑出加速度，部分企业发展成为行业龙头。2022年，汕头市新材料产业实现规上工业产值485.5亿元，占全市规上14.3%，新材料规上企业278家，其中，亿元以上企业102家，10亿元企业9家，形成以精细化工为主，涵盖化学试剂、印染助剂、日用化学品、电子化学品、合成树脂（塑料）、锂电池材料、生物医药等多个领域，辐射带动下游玩具创意、纺织服装、印刷包装等行业协调发展的产业格局：培育了一批细分领域国内领先的龙头企业——光华科技电子级氧化铜全国市场占有率第一，万顺新材是国内规模最大的功能膜生产商，美联新材是国内最大的塑料色母粒生产商，东方锆业是全球品种最齐全的锆制品专业制造商之一，贝斯特功能性母料全球市场占有率第一，西陇科学和光华科技长期位列“中国化学试剂行业十强”，等等；并拥有锂电池正极、电解液、隔膜、包装、回收利用骨干企业，已初步形成锂电池产业链；化学与精细化工广东省实验室一期建成，高效精准催化、高端功能材料、高端电子化学品等多项科研成果进入产业化阶段。下一步，汕头将重点发展化工新材料、锂电池材料、可降解塑料三大领域。依托光华科技等龙头企业，推动电子化学品国产替代，打造超百亿企业；联动揭阳大南海石化中下游，对接千亿纺织服装产业，发展化纤新材料。依托汕头风电储能潜力，以资源换产业，打通锂电池生产环节，培育全产业链新能源锂电池产业。依托化学与精细化工省实验室科研成果产业化和本地骨干企业，以中上游塑料切片为重点，前瞻布局可降解塑料产业，未来5年打造超1000亿元新材料产业集群。

新一代电子信息产业迈出坚实步伐，数字经济蓬勃发展。2022年，汕头市新一代电子信息产业实现规上工业产值157.4亿元，占全市规上4.6%。汕头被誉为“中国超声仪器之乡”，汕头超声仪器在国内超声无损检测行业中处领先地位，电子元器件、印刷线路板和晶体管生产销售在国内排名长期居前十位。汕头成功招引立汕智造、立讯精密全球电子信息产业中心、永裕光电5G半导体项目等一批重点产业项目。2021年，中华人民共和国工业和信息化部（以下简称“工信部”）正式批复同意设置汕头区域性国际业务出入口局，汕头是全国唯一同时具有国际海缆登陆站和区域性国际通信业务出入口局的经济特区；汕头“工业互联网标识解析二级节点”是粤东地区首个落地的工业互联网标识解析二级节点平台，也是目前全国唯一专业服务建筑物资及工程劳务管理的标识解析公共平台。2022年，汕头市成功承办首届“中国数字经济创新发展大会”，签约项目19个，吸引投资315亿元，预计带动产业规模超1000亿元。下一步，汕头将加快规划建设电子信息特色产业园，以立讯精密为龙头强化产业链招商，构建“龙头企业+配套”集群生态；实施数字经济“1+3+2+4”发展思路（1个目标：数据经济特区；3个优势：区域性国际通信业务出入口局、绿色能源、侨乡优势；2个节点：打造汇侨联侨绿色算力节点、数字“一带一路”重要节点；4大平台：跨境数据技术创新平台、跨境金融结算平台、跨境数字产业集聚平台、数据要素交易平台），依托省5G产业园区，加快构建“新材料、新零件、新终端”三位一体的5G产业体系，未来5年打造超1000亿元新一代电子信息产业集群。

纺织服装产业实现从“有”到“强”，规模效益双提升。2022年，汕头市纺织服装产业实现规上工业产值1093.1亿元，占全市规上32.2%。多年来，纺织服装产业从原来的家庭作坊和“三来一补”逐步发展成为汕头制造业中占比最大、配套体系齐全的特色产业，形成从原料、捻纱、织布、染整、经编、刺绣、辅料到成品生产和销售的完整产业链。汕头内衣家居服产量约占全国45%，产值约占全国细分行业40%，内衣家居服名牌数量位居全国同行业第一，名牌产品占全国75%以上，在中国内衣板块上具有举足轻重的地位。2022年，汕头承办首届中国·潮汕国际纺织服装博览会，大会签约成交金额90亿元，让全国乃至世界各地纺织服装投资者的目光汇聚汕头。汕头获认定“中国纺织服装产业基地市”“中国内衣家居服之都”“中国工艺毛衫出口基地”3个国家级区域品牌，发布首个《汕头市纺织服装产业团体标准》，设立汕头市纺织服装产业股权投资基金。下一步，汕头将全力推进建设纺织工业园区、全球纺织品采购中心、展会展览中心、产业总部大厦“四大工程”，加快建设供应链选品中心、产地专业市场、电商产业园、直播基地等配套平台，持续推进产业数字化改造和产业品牌提升，未来5年打造超2000亿元纺织服装产业集群。

“中国玩具之都”奔向高端化、多元化、品牌化新赛道。2022年，汕头市玩具创意产业实现规上工业产值334.9亿元，占全市规上9.9%。世界玩具看中国、中国玩具看广东、广东玩具看澄海，汕头澄海作为我国重要的玩具生产基地，经十年发展，已成为造型设计、原料供应、模具加工、零件制造、装配成型、动漫产品、展览贸易和销售运输等专业分工协作的产业群落，实现从简单的玩具加工产业向创意产业、文化产业等高端产业转型升级。涌现奥飞娱乐、星辉娱乐、实丰文化等一批玩具上市企业，全国6家玩具上市企业一半在汕头。开发喜羊羊、铠甲勇士、超级飞侠、冒险小王子、熊大熊二等多款品牌IP；动漫、智能机器人、虚拟现实（VR）、增强现实（AR）、无人机等玩具关联产业高速发展，“玩具+”跨界融合新业态形成重要的经济增长点。当前，汕头澄海已成为国内玩具产业配套最完善、规模最大、创新能力最强、市场占有率最高的生产和贸易基地之一。下一步，汕头将全力推进特色园区建设、品牌IP建设和产业融合转型三大工程，未来5年将打造超500亿元玩具创意产业集群。

大健康产业迎来发展新机遇，部分企业发展水平位居全国前列。2022年，汕头市大健康产业实现规上工业产值111.4亿元，占全市规上3.3%。近年来，在“健康中国”国家战略背景下，叠加后疫情时代以及人口老龄化等综合因素，汕头大健康产业迎来发展黄金期，创新能力不断增强，呈现稳步增长态势，显现从研究、开发、生产、销售，到医疗卫生、健康服务等产业链条雏形，一批企业在全国医药细分行业中具有优势地位——仙乐健康营养保健食品生产规模全国第一，万年青是国内中药胆道第一品牌的创新型上市企业，汕头超声医疗影像设备国内市场销售排名前三。科研能力充足，拥有汕头大学、广东以色列理工学院以及国家生物安全三级实验室等科研平台和粤东首个省级制造业创新中心（智能化超声成像），生物大分子中心和药品生产质量中试基地正加快建设。下一步，汕头将规划建设大健康产业园，加强与粤港澳大湾区产业联动，延伸发展中成药，做大做强生物医药产业，大力发展高端医疗器械设备制造业，培育美容保健、旅游体检、美食康养服务业，未来5年打造超500亿元大健康产业集群。

二、推动制造业高质量发展的主要经验做法

精耕细作十年路，产业结构优化升级。2010年前后，汕头市GDP刚超千亿元，工业发展存在产业层次不高、结构不合理，主导产业分散，新兴产业、高新技术产业少等诸多问题，亟待转变经济发展方式、进一步优化产业结构。党的十八大以来，汕头市先后实施“5个100”工程、“十百千”工程、推进工业转型升级三年攻坚战、优化提升“4+4”产业，建立完善国家、省、市三级企业技术中心、工程技术研究中心，推进新一轮技术改造和“政产研·智助强企”。市十二次党代会上，汕头市立足产业基础和发展实际，深入调查研究，明确提出“工业立市、产业强市”发展战略，构建“三新两特一大”产业发展格局，不断提升产业发展能级。2022年，“三新两特一大”规模以上产值2341.24亿元，规模以上增加值515.80亿元，占全市68.5%，其中，新能源、新一代电子信息、玩具创意和大健康产业分别同比增长3.9%、15.1%、8.9%和12.6%，支撑工业增长的新动能逐步显现。

精耕细作十年路，产业空间持续拓展。汕头市工业园区发展曾面临规模小、布局分散、基础配套设施滞后、产业空间载体不足等问题。党的十八大以来，汕头市大力推动工业园区提质增效，从做优存量、做大增量两方面双向发力，努力拓展产业发展空间。一方面，坚持做优存量，大力开展“工改工”，出台推进“工改工”促进产业高质量发展的实施意见和一系列配套政策措施，从放宽准入、完善手续、延长年限、提容增效、分割转让、置换改造、整合改造等方面释放土地红利。召开

全市“工改工”现场推进会，定下5年形成3333公顷新型产业园区的改造目标。另一方面，坚持做大增量，结合国土空间规划，划定163平方千米工业用地控制线，强化工业用地红线刚性约束。抢抓机遇规划建设398平方千米的省级大型产业集聚区，重点推进76平方千米的六合产业园。潮阳区、潮南区纺织印染环保综合处理中心、贵屿循环经济产业园区等一批特色产业园先后建成投入使用。加快规划建设深汕新一代电子信息、新材料锂电池、玩具创意、大健康等专业园区，为产业发展提供更加有力的空间保障。2022年，全市7个省级以上园区实现规上工业产值1042.8亿元。

精耕细作十年路，数字经济蓬勃发展。党的十八大以来，汕头市积极实施信息先导战略，扎实推进新一代信息基础设施建设，大力培育新一代电子信息产业，谋划打造数字经济发展新高地。先后印发新一代电子信息、软件信息服务、玩具创意、5G产业发展规划或专项政策，在全国率先出台《汕头经济特区电信设施建设与保护条例》。获批省首批5G产业园。汕头区域性国际通信业务出入口局获工信部批复设立并完成一期建设，高新区深汕新一代电子信息产业园揭牌成立，高新区新兴软件和新型信息技术服务创新型产业集群纳入科技部火炬中心创新型产业集群试点（培育）。加快新一代电子信息产业集聚发展，培育招引立讯精密、宏俐电子等一批重点企业和项目。汕头先后入选国家信息消费试点城市、全国“宽带中国”示范城市、电信普遍服务试点城市、数字化转型百强城市和中国城市信息化50强。

精耕细作十年路，工业绿色发展持续推进。汕头将生态文明建设摆在全局工作的突出位置，制定实施推进工业绿色低碳发展的系列政策文件，从各方面、各层面推动工业绿色低碳循环发展。打造一批绿色园区、绿色工厂、绿色供应链管理、绿色设计产品，着力推进企业清洁生产、园区循环化改造、工业固废综合利用和重点用能企业节能诊断服务，着力发展海上风电、光伏发电等清洁能源，着力实施去产能行动计划和整治“散乱污”。2012~2021年，全市单位工业增加值能耗累计下降56.4%（年均下降7.6%），降幅大于同期单位GDP能耗23.4个百分点（年均降幅大于单位GDP能耗3.9个百分点）。2022年，全市共有4家企业和15个产品列入工业和信息化部绿色工厂、绿色设计产品名单；5个省循环化改造试点园区由省工信厅验收通过；推动40家企业的落后产能退出；共有651家企业清洁生产审核验收通过。

精耕细作十年路，营商环境不断改善。汕头市深入学习习近平总书记关于优化营商环境的重要指示精神，按照省委主要领导调研汕头提出“以背水一战的决心和勇气打好营商环境翻身仗”的指示要求，牢固树立当好服务企业“店小二”理念，全面提升服务质量效率。先后出台实施“促进民营经济大发展大提升”“民营经济38条”“实体经济38条”“民营经济25条”“支持企业复工复产20条”“助企纾困13条”等一系列惠企利企政策，2020～2022年累计减税降费超130亿元。持续发挥市领导挂钩联系企业、政企“直通车”、粤商通等平台载体作用，有效解决一批企业急难愁盼问题；积极推动国家产融合作试点，促进产融对接合作；积极防范化解拖欠中小企业账款，三年多清理拖欠中小企业账款1.5亿元。2022年，全市营商环境得到全面改善，并取得积极成效，在“2022中国城市营商环境排名100强”中，汕头跃居全国第55位，居粤东西北地区第1位。

三、制造业发展主要存在的困难问题

一是制造业产业规模层次总体偏低，大型骨干企业和重大产业项目不多，新兴产业发展动能不足，大多数企业长期处于产业价值链中低端，企业自主创新能力仍较弱。二是产业发展集聚集约水平不高。园区专业化程度不高、软硬件配套不足，2022年园区规上工业产值仅占全市30.7%。三是要素配置有待提升。工业用地不足，企业技能型人才、中高端优秀人才紧缺。

四、对策建议

（一）构建制造业协同创新体系

一是实施关键核心技术攻关。围绕“三新两特一大”产业链部署创新链，组织实施关键核心技术攻关重大专项。构建产学研协同创新新生态，持续推进产学研“面对面”对接活动，提高科技成果转化率。鼓励单项冠军企业、行业龙头企业围绕企业所需技术和国产替代进口需求开展精准靶向攻关，着力培育未来战略性产业前沿相关技术。强化企业知识产权保护和运用能力，健全知识产权价值评估机制。二是加快创新平台及研发机构建设。加快推进化学与精细化工广东省实验室和汕头大学高等级生物安全实验室建设，建设纺织服装、日用化工等产品质量检测中心。加快建设新材料、精细化工、生物医药等主导产业园区和创新孵化平台。实施“一区一产业一平台”战略，布局新建一批公共技术开发服务平台。三是着力激发企业创新活力。完善“众创空间—孵化器—加速器—科技园区”全链条孵化育成体系，实施高新技术企业倍增和规上工业企业研发机构全覆盖行动。加快“单项冠军”和“专精特新”企业培育。鼓励支持创建市级以上工程技术研究中心、企业技术中心等创新平台。深化科技企业对接“双高大学”行动，提升成果转化率。四是加大引资引才引智力度。结合“三新两特一大”，重点产业、重点领域、重点项目需要实施“靶向引才”，以本地高校、科研院所、企业研发平台为载体，加快引进和培养一批科技领军人才、青年科技人才、高水平创新团队和华侨华人科学家。完善高技能人才培养机制，推进产教融合，加强先进制造业高技能人才“订单式”培养。

（二）着力提升产业链现代化水平

一是加快制造业转型升级。加大制造业技术改造和设备更新，提升现有装备加工效率、生产精度和控制水平。加快中小企业数字化信息化改造，培育一批智能化柔性生产线、智能车间和智能工厂。加快培育引进有行业、专业特色的智能制造系统解决方案供应商，遴选一批可推广复制的优秀系统解决方案。二是提升产业链稳定性和竞争力。加快“三新两特一大”产业布局，积极引进培育半导体与集成电路、前沿新材料、精密仪器设备、安全应急与环保、现代农业与食品等战略性新兴产业，实施产业链建链、补链、强链、延链项目，提升产业链安全性和稳定性。三是加强重点项目带动作用。加强省市招商联动，全力对接争取国家、省重点产业项目布局；开展产业链精准招商，力争一批效益好、创新性强的产业链头部企业和重点项目落地汕头。进一步优化实施分级跟踪服务制度，集中解决大项目用地问题，优先支持“零用地”项目，推进重大项目落地、动工、竣工、投产。

（三）深化两化融合发展

一是加速新型信息基础设施建设。高水平建设5G和固网“双千兆”宽带网络，力争实现5G网络城镇以上区域全覆盖、典型行业应用场景按需覆盖。加快建设汕头区域性国际通信业务出入口局，试点开展离岸数据服务，发展高端数字金融服务业态，探索开展量化交易等业务。二是推动产业数字化。实施传统产业集群数字化转型试点方案，打造省智能制造业标杆城市。推进“5G＋工业互联网”创新融合试点，促进5G、工业互联网在先进制造业的普及应用。构建工业互联网“1＋1＋5”平台体系，加快提升云业务能力，全面激发产业活力。三是推动数字产业化。加快融入省国家数字经济创新发展试验区，积极发展新一代信息技术等战略性新兴产业，推动数字产业集聚发展。

（四）实施园区提质增效工程

一是全力构筑重大平台载体。推动国家高新区、综合保税区、华侨试验区和省级大型产业集聚区等提质发展。落实省战略性产业集群布局和区域产业合作要求，高标准建设承接产业有序转移主平台，积极承接产业有序转移。大力推行“工改工”，深化低效产业用地再利用，改造升级村镇工业集聚区，推进标准厂房建设，形成3333公顷以上的新型工业园区。探索产业准入评价机制和工业用地全生命周期管理，推行“标准地”“带项目”“带方案”供地模式。二是推进特色产业集群集聚发展。围绕“三新两特一大”产业培育建设一批特色产业园区，加快新能源锂电池园区、大健康产业园等园区规划建设，完善主导产业链及园区配套建设。三是加强园区运营管理。建立市区两级统筹协调机制，强化园区培育、支持和指导。定期对省级产业园和特色产业园开展监测、评估。优化园区营商环境，支持园区依托一体化政务服务平台提供“一门式一网式”服务。推动省级以上工业园区实施“管委会+公司化”运营机制。支持园区引进社会资本参与开发建设、与社会资本合作办园，开展市场化方式运作。

（五）推进制造业品质品牌提升

一是实施品牌培育提升工程。开展品牌培育试点，在重点领域和产业集群设立商标品牌培育指导站，树立“汕头好货”品牌。引导制造业企业增强质量品牌意识，着力提升质量管理水平，培育出核心竞争力强的高技术产品。鼓励企业通过整合资本、技术、优化产品结构、加强市场营销等方式巩固提升产品优势，促进产业链上下游的协同合作。持续推动消费品工业“增品种、提品质、创品牌”三品战略。二是升级汕头制造标准体系。推动构建产品服务标准体系，推进高价值专利布局培育中心建设，引导市场主体主导或参与制（修）订标准，支持项目研发成果和必要专利转化为技术标准，推动技术研发、标准研制与专利布局有效衔接。加强对非物质文化遗产、地理标志、集体商标、国际注册商标的培育和保护。大力发展工业文化旅游，加大工业遗产保护利用力度，高水平打造工业旅游精品线路。三是推进质量基础能力建设。推进全产业链质量管理，鼓励龙头企业将产业链供应链中小微企业纳入共同质量、标准管理体系，建立健全质量溯源机制。树立制造业质量标杆企业，开展高品质试点示范活动。支持质量检测、产业计量、技术标准等专业机构建设，鼓励向企业开放共享仪器设备等基础设施。支持社会组织、专业机构、行业龙头企业建立公共服务平台，培育市场化质量技术服务业态。

（六）打造粤东制造业开放高地

一是做好新时代“侨”文章。依托海外华文教育创新发展中心、侨情资源库、数字虚拟潮汕家园平台“三大工程”，开展文化引侨、平台联侨、政策惠侨、经济聚侨“四项行动”，大力引进国外先进技术与重大项目，多渠道动员、组织和感召广大潮商和华侨华人回乡投资创业，深化与“一带一路”沿线国家和地区、区域全面经济伙伴关系协定（RCEP）贸易伙伴国的贸易往来，鼓励企业参加“粤贸全国”“粤贸全球”线上线下展会活动，支持企业通过“代参展”、包机等形式参加境外国际性展会，带动纺织服装、玩具创意等产品出口创汇。二是深化深汕深度协作，用足用好“核+副中心”动力机制，完善常态化会商工作机制。学习借鉴深圳开展综合授权改革、推动制度型开放等领域改革创新经验。加快深汕协同创新科技园、汕头（深圳）协同创新交流中心等平台建设，主动承接深圳制造业项目及企业溢出。借力深圳“设计+”赋能汕头服装、玩具优势产业，共同打造“前店后厂”经济协作模式。三是推动外贸外资高质量发展。加快复制推广先进自由贸易试验区改革创新经验。高标准建设中国（汕头）跨境电子商务试验区。加快宝奥城国家市场采购贸易试点。争取创建新一轮国家进口贸易促进创新示范区。加强对 RCEP 成员国和欧盟招商引资，提高利用外资水平。

第五节　佛　山　市

党的十八大以来佛山市推动制造业高质量发展情况报告

佛山市工业和信息化局

党的十八大以来，佛山市坚持以习近平新时代中国特色社会主义思想为指引，全面学习贯彻习近平总书记对广东重要讲话和一系列重要指示精神，按照争当全省地级市高质量发展的领头羊的要求，认真贯彻落实省委、省政府工作部署，科学把握新发展阶段，深入贯彻新发展理念，加快构建新发展格局，以先进制造业为主战场，以智能制造为主攻方向，大力实施工业转型升级攻坚战，不断培育壮大战略性新兴产业，改造提升优势传统产业，全市产业结构不断优化，制造业质量效益持续提升。在制造业的支撑和带动下，2019 年佛山首次跻身万亿城市俱乐部，2022 年佛山市地区生产总值达 12698. 39 亿元。

一、全市制造业发展情况

（一）总体规模结构

工业经济规模显著提升，稳居全国前列。党的十八大以来，佛山市规上工业总产值从 14654. 0 亿元增长至 28721. 6 亿元，总量接近翻番。全市工业增加值（全口径）从 4026. 2 亿元增长至 6741. 9 亿元，2022 年全市工业增加值总量排全国第五位。全市规上工业增加值从 3302. 1 亿元增长至 5761. 8 亿元。从 2016 年开始，佛山市规上工业增加值总量稳居全省第 2 位。

市场主体迅速壮大，企业竞争力不断增强。2022 年全市规模以上工业企业增长至 9888 家，比 2012 年（5950 家）多 3938 家；国家高新技术企业突破 8700 家，是 2012 年（544 家）的 15. 9 倍；美的集团连续多年入选世界 500 强榜单，2022 年，全市入选广东制造业 500 强企业增长至 90 家；累计培育国家级“单项冠军”16 家，国家级“专精特新”“小巨人”企业 47 家、省级“专精特新”企业 1398 家、市级“专精特新”企业 1628 家，省级创新型中小企业 2205 家，数量实现大幅增长。

数字化、绿色化成效明显。在全省率先出台制造业数字化智能化转型发展若干措施，打造数字化智能化示范工厂 48 家、示范车间 146 个、工业互联网标杆示范项目达 111 个，“上云用云”企业近千家。佛山市入选国家新型工业化产业示范基地（工业互联网）；美擎工业互联网平台入选国家级“双跨”平台。截至 2022 年底，全市拥有国家级跨行业、跨领域工业互联网平台 9 个。5G 建设投资约 10. 8 亿元，新增 5G 基站 4984 座，累计达 18708 座，建设规模位居全省第 4 位。单位 GDP 能耗和单位工业增加值能耗逐年下降，“十三五”期间全市能耗强度累计下降 24%，超额完成省任务 5 个百分点；全市 205 个绿色设计产品、44 家绿色工厂、12 家绿色供应链管理企业、2 个绿色工业园区入选国家绿色制造体系，绿色制造成果显著。

（二）主要产业发展情况

1. 规模前十大产业发展概况

2022 年，全市排名前十行业规上工业增加值合计 4283.9 亿元，占全市规上工业增加值比重为 74.3%，比 2012 年（64.9%）高 9.4 个百分点。其中，电气机械和器材制造业、金属制品业、通用设备制造业、汽车制造业、化学原料和化学制品制造业、专用设备制造业增长较快，其 2022 年增加值分别是 2012 年的 1.9 倍、2.5 倍、2.6 倍、3.7 倍、2.0 倍、2.0 倍。从行业内排名变化情况看，电气机械和器材制造业、金属制品业已分别连续十年稳居第 1 名、第 2 名，通用设备制造业从第 7 名跃居第 3 名，汽车制造业从第 14 名跃居第 5 名，如表 3－4 所示。

表 3－4　2012 年、2017 年、2022 年全市前十大行业（按增加值）变化情况

行业大类/统计指标	2012 年			2017 年			2022 年		
	增加值（亿元）	占工业比重（%）	排名	增加值（亿元）	占工业比重（%）	排名	增加值（亿元）	占工业比重（%）	排名
电气机械和器材制造业	776.76	23.5	1	1056.66	24.4	1	1491.77	25.9	1
金属制品业	255.45	7.7	2	360.06	8.3	2	639.10	11.1	2
通用设备制造业	143.08	4.3	7	184.97	4.3	7	371.24	6.4	3
非金属矿物制品业	248.45	7.5	3	305.19	7.0	3	371.20	6.4	4
汽车制造业	89.36	2.7	14	217.45	5.0	4	328.59	5.7	5
橡胶和塑料制品业	177.90	5.4	4	196.46	4.5	6	272.98	4.7	6
化学原料和化学制品制造业	129.29	3.9	9	179.23	4.1	9	259.56	4.5	7
专用设备制造业	102.48	3.1	10	168.59	3.9	10	201.98	3.5	8
纺织业	133.41	4.0	8	151.37	3.5	11	192.23	3.3	9
计算机、通信和其他电子设备制造业	177.56	5.4	5	182.91	4.2	8	155.24	2.7	10
前十大行业合计	2144.4	64.9	—	2851.5	65.8	—	4283.9	74.3	—

资料来源：广东省统计年鉴。

2. 特色优势产业发展情况

家电产业处于国内第一梯队。佛山是大家电和厨电的全国主要生产基地，也是小家电全球最大供应地，拥有全国乃至全球规模最大、品类最齐全的家电配件产业

链。2022 年全市电气机械和器材制造业实现规上工业增加值 1491. 8 亿元，同比增长 4. 3%。全市生产了全球 25% 的电饭煲、33% 的抽油烟机、43% 的热水器、48% 的微波炉。行业有 1221 家规上企业，涌现出美的、海信、格兰仕、万和、新宝等一批营收规模超 100 亿元的龙头企业。

纺织服装产业特色鲜明。佛山是全省重要的纺织服装生产和出口基地，拥有针织、童装、内衣、袜业、牛仔服装等多个省级专业镇，行业内逐渐形成西樵面料、盐步内衣、里水袜业、九江服装、张槎针织、环市童装、均安牛仔等产业集群。2022 年全市纺织服装实现规上增加值 294. 5 亿元。纺织服装行业有 1168 家规上企业，培育出溢达纺织、前进实业、创莱纤维和智布互联、安东尼、必得福等一批龙头骨干企业。

陶瓷建材产业发展壮大。佛山是我国最大的、最重要的陶瓷生产基地，拥有陶瓷装备、陶瓷化工、陶瓷生产、产品研发、物流运输、终端零售、陶瓷展览、陶瓷文化旅游等完整的全产业链条产业体系。2022 年全市非金属矿物制品业实现规上工业增加值 371. 2 亿元。行业有 542 家规上企业，拥有欧神诺、蒙娜丽莎、恒洁、法恩洁具、科勒、新明珠、金牌陶瓷、新润成、简一、科达制造等知名品牌企业。

工业机器人产业规模化发展。佛山是全国重要工业机器人生产和应用的重要基地，拥有从关键零部件到本体制造、系统集成与应用的完备产业链。2022 年，全市机器人全产业营业收入 515 亿元，工业机器人产量 3. 2 万套，占全省（16. 6 万套）的 20%，占全国（44. 3 万套）的 7%，拥有库卡、ABB、川崎等世界机器人巨头，培育了华数、汇博、博智林、嘉腾、天太、隆深等专业领域本土龙头企业。

二、推动制造业高质量发展的主要经验做法

（一）始终坚持制造业立市，做优做强做大实体经济

佛山市委、市政府始终坚持制造业立市，秉持“制造业兴则佛山兴，制造业强则佛山强”理念，坚定不移发展实体经济。佛山市第十三次党代会提出“515”高质量发展战略目标，强调加快构建以先进制造业为支撑的现代产业体系。高规格召开佛山市企业家大会，在全省率先设立“企业家日”“人才日”，表彰高质量发展百佳企业、纳税突出贡献百佳企业，向全社会传递致敬企业家、关心企业家、支持企业发展的强烈信号。印发佛山市产业“六大升级行动”方案，从制造能力、产业协同、

产品质量、产业结构、职业技能、产业载体等方面着力，加快推动制造业转型升级，不断增创制造业重镇新优势。出台实施高质量推进制造业当家的行动方案，全面构建特色鲜明、结构优化、集群成链、质量卓越、品牌彰显的现代化制造业体系。

（二）打造高水平产业载体，重构产业空间新格局

针对佛山工业不连片、产业不成带、用地不保障等问题，佛山市强化产业空间规划，引导产业聚集发展。坚定推动村级工业园整治提升，保障工业用地。早在2008年，佛山市就创造性提出“三旧改造”，后来上升为广东全省发展战略。自2018年起，将村级工业园改造提到前所未有的高度，市级层面出台《佛山市村级工业园整治提升实施方案（2018～2020年）》，顺德区将村级工业园改造列为全区“头号工程”高位推进，南海区全力推进村级工业园改造。2021年，全面发起村改攻坚战，印发《佛山市村级工业园升级改造总攻坚三年行动计划（2021～2023年）》，提出力争2021～2023年拆除9200公顷村级工业园，累计拆除14106.61公顷，推动全市低端、低效、破旧村级工业园区在2023年退出历史舞台。重新谋划连片工业区，重构产业发展空间。划定450平方千米以上工业用地保护红线，规划建设54个666公顷以上工业集聚区，新谋划建设佛北战新产业园、佛山临空经济区等大型产业园区，高水平打造“十大创新引领型特色制造业园区”，加快重塑“中部强核、东西两带、南北两圈”高效联动产业格局。

（三）大力推动技术改造，提升传统制造水平

抢抓国家和省工业企业技术改造、降本增效等系列政策机遇，先后出台《佛山市工业转型升级攻坚战三年行动实施方案》《佛山市推动新一轮技术改造促进转型升级的实施细则》《佛山市扶持企业推进机器人及智能装备应用实施方案》等系列配套政策，强化政策引导，释放政策红利，持续激发动力活力，增强企业投资信心。全市工业投资额从2012年的841.6亿元增长至2022年的1144.9亿元。每年推动1000家以上工业企业开展技术改造，全市技改投资总量连续多年居全省前列。

（四）加快数字化转型升级，大力构筑竞争新优势

先后印发《佛山市推进制造业数字化智能化转型发展若干措施》等系列政策措施，推进工业大数据应用，推动制造业全方位、全角度、全链条的数字化智能化改造。先后召开全市制造业数字化智能化转型发展大会、企业家大会，引导企业家算

好效益账、算准长远账、算出求变欲，推动形成转型不是“选择题”而是“必修课”的广泛共识。围绕制造业数字化转型全周期各阶段，遴选打造一批标杆项目和企业，让数字化智能化转型看得见、摸得着、学得来，拉动一大片企业“有样学样”。建立转型供给资源池，持续引进和培育熟悉工业场景、集成能力强的平台商、服务商，精准输出高质量、见效快、可复制的转型解决方案。支持美的、联塑、海天等“链主”企业发挥“头雁效应”，带动广大中小企业踊跃融入数字化转型潮流。强化金融扶持降低数字化转型成本，设立总规模300亿元、首期100亿元的广东（佛山）制造业转型发展基金，在全国首创“数字贷”，推出风险补偿、全额贴息两大政策，对数字化转型实施全周期奖补。

（五）服务企业成长全周期，厚植工业增长基础

实施企业成长全周期服务、落实针对性专项政策措施，推动企业梯次成长，实现既有“明月”又有“满天星”的企业群格局。连续十多年开展企业“暖春行动”，市、区、镇（街）各级领导同志带头深入企业调研，与企业家面对面交流，宣贯各级党委、政府支持企业发展的有关政策措施，研究解决企业存在的困难和问题，提振企业发展信心。大力弘扬企业家精神，市委、市政府多次召开全市民营企业家大会，在全市评授“脊梁企业”“大城企业家”等荣誉称号，将每年9月27日定为“佛山市企业家日”，成为全省第一个设立“企业家日”的地级市。支持企业做大做强，先后出台《推动民营企业跨越发展扶持办法》《推动大型骨干企业发展扶持办法》，支持企业通过强创新、拓市场、抓重组等方式快速做优做大做强，每年对新增的年主营业务收入首次超过100亿元、500亿元、1000亿元大型骨干企业给予财政资金奖补。实施系列中小微企业发展扶持政策，建立中小企业上规模后备库，提供定向培训服务，“帮一把、送一程”，推动中小企业跨过2000万元规上门槛，全市规上工业企业数量由2012年的5950家增长到2022年的9418家。

三、下一步工作计划

接下来，佛山将按照省委、省政府的工作部署，深入落实制造业当家行动方案，努力把制造业这份厚实家当做大做强，在新的高度挺起佛山现代化建设的产业脊梁。

（一）持续推动企业创新发展

落实支持制造业创新中心建设扶持政策，加快创建省级和市级制造业创新中心。

重点发力智能制造，落实好佛山北滘机器人谷智造产业园机器人产业发展扶持办法，加快编制机器人产业发展规划，着力构建集零配件加工、高端智能设备、专业技术服务等于一体的机器人全产业体系，推动机器人产业成体系、上规模、强应用、集群化发展。认真筹备“市长杯”工业设计大赛活动，大力提升企业设计能力，促进工业设计发展。

（二）深入推进传统产业数改智转

全力打造制造业数字化转型示范城市，继续实施数改智转25条，完善实施细则，推动企业实施数字化改造、智能化生产。强化标杆示范，打造更多数字化智能化示范工厂、车间，示范引领家电、铝型材、陶瓷、家具、食品饮料、黄金珠宝、纺织服装等传统产业链群互动、转型向优。强化集群效应，试点实施龙头企业带动、中小企业抱团、“平台＋园区”等数字化路径，促进产业集群数字化融通发展。推广用好“数字贷”，用好总规模300亿元转型发展基金，鼓励社会资本积极参与转型发展。

（三）培育壮大战略性新兴产业

重点培育发展新能源汽车、高端装备制造、高端软件、医药健康、机器人、新型显示、新能源、新材料、新型储能、节能环保、生物制造等新兴产业，前瞻布局新一代人工智能、超材料、绿色氢能、合成生物、基因治疗等未来产业，构建以产业链为纽带、以聚集性发展为特征的新兴产业生态。比如，新型储能重点发展电化学储能、飞轮储能、氢储能和储能设备制造等，从电源侧、电网侧、用户侧同时发力开拓应用场景，不断壮大储能产业体系。

（四）推动工业绿色循环发展

加快绿色制造体系建设，支持企业开发绿色产品、创建绿色工厂、打造绿色工业园区、构建绿色供应链，推动生产技术绿色化、生产过程清洁化，构建清洁高效低碳的制造业用能结构。鼓励企业推行易拆解、易分类、易回收的产品设计方案，围绕水处理、大气治理、土壤治理、资源回收利用方面，发展节能环保材料、先进设备和循环经济。持续推动广东宁德邦普一体化新材料产业项目和星源材质华南新能源材料产业基地申报省重大先进制造业项目。

（五）着力培育优质企业群体

鼓励大型骨干企业发挥链主带动作用，促进上下游企业融通发展，打造有竞争力的产业链供应链。实施“专精特新”企业倍增培育工作方案，做好顶层设计，加强要素保障，深挖现有优质企业资源，培育一批占据产业链关键环节、创新能力突出、细分市场占有率高的“小巨人”企业。加大对“小升规”后备企业的帮扶力度，压实区镇工作责任，强化与统计、税务等部门沟通协作，提高企业升规入库登记积极性，确保后备企业如期升规。

（六）加快产业集群发展

高标准推动佛山大型产业集聚区（佛北战新产业园）发展，提升园区承载能力，引导主导产业上下游企业进驻集聚，打造成为支撑全省高质量发展的重大产业平台。积极推动十大创新引领型特色制造业园区建设，加快出台专项扶持政策，支持佛山云东海生物医药产业园申报建设省产业园。加快大塘化工专区扩区建设，力争尽快通过省化工园区认定。推动超高清视频与智能家电、智能装备、泛家居三个国家级先进制造业集群向世界级进军。落实好培育安全应急与环保战略性新兴产业集群行动计划，打造一批具有特色优势的产业集群和基地，推动安全应急与环保产业集群高效发展。

第六节　韶　关　市

党的十八大以来韶关市推动制造业高质量发展情况报告

韶关市工业和信息化局

党的十八大以来，韶关坚持以习近平新时代中国特色社会主义思想为指导，深入学习贯彻习近平总书记对广东重要讲话和重要指示批示精神，全面贯彻落实党中央和省委、省政府的部署要求，围绕加快建设以实体经济为支撑的现代化产业体系，牢牢把握粤港澳大湾区国家枢纽节点韶关数据中心集群建设机遇，抢抓省委、省政府推动产业有序转移、支持韶关建设国家老工业城市和资源型城市产业转型升级示范区及推动北部生态发展区高质量发展的政策红利，主动服务和对接融入“双区”和横琴、前海、南沙三大平台建设，大力承接省内产业有序梯度转移，树牢“无工不富”的理念，大力实施工业强市战略，坚定高质量发展、坚持制造业当家，加快建设现代化产业体系，坚持传统优势产业转型升级和新兴产业培育并举，全市制造业发展实力不断增强。规上制造业增加值从2012年的186.3亿元增长至2022年的303.7亿元，规模体量增长至原来的1.63倍，成功获批国家老工业产业转型升级示范区、国家级产融合作试点城市、实现省级产业园县（市、区）全覆盖，制造业高质量发展成效明显。

一、全市制造业发展情况

（一）总体规模结构

制造业支撑地位稳固，产业规模持续增长。韶关市规上制造业增加值从2012年的186.3亿元提升至2022年的303.7亿元，年均复合增长率5.0%；规上工业增加值从264.2亿元提升至377.93亿元，年均复合增长率3.6%，规上制造业增加值年均复合增速高于全市规上工业增加值年均复合增速1.4个百分点。制造业投资高速增长，其中2021年制造业投资增长25.6%，2022年制造业投资占工业投资比重从2020年的52.6%提升到70%。

园区“主战场”地位更加稳固，特色园区蓬勃发展。从2021年开始，全市产业园区连续两年实现规上工业产值突破1000亿元，规上工业增加值超过200亿元，占全市工业比重超过一半，园区主战场地位更加突出。广东省韶钢产业园成功申报为省产业园，获批为省绿色钢铁特色产业园，是韶关工业领域第一个省级特色产业园；南雄、乳源2个产业园成功获批为省级高新区。南雄市涂料产业集群被工信部认定为2022年度中小企业特色产业集群，是全国首批次100家、广东6家之一，也是粤北地区唯一一家。

规上工业企业超600家，企业发展质量显著增强。全市规上工业企业从2012年的482家增长至2022年的634家，年营收超百亿元企业2家，为中南股份和东阳光集团；产值超十亿元企业21家。累计入选国家重点“小巨人”企业3家，有效期内国家“专精特新”“小巨人”企业13家、省级“专精特新”中小企业170家、市级70家，形成国家、省、市三级梯队格局，获得国家、省认定的企业数量位居粤东西北地市前列。2022年全市新增入选国家重点“小巨人”企业为粤东西北地市唯一一家，2022年首次入选创新型中小企业147家，位居粤东西北地市前列。

两化融合与绿色发展亮点突出，形成一批典型示范。两化融合方面，韶钢等15家企业被列入国家“两化融合”管理体系贯标试点名单；韶钢全流程生产智慧工厂、丽珠制药厂药品固体制剂智能药厂等12个项目入选广东省智能制造试点示范项目。中金岭南丹霞冶炼厂、乳源东阳光化成箔有限公司、乳源东阳光优艾希杰精箔有限公司、乳源阳之光亲水箔有限公司、韶关市北纺智造科技有限公司、广东中南钢铁股份有限公司等7家企业成功入选国家绿色制造示范名单。

（二）主要产业发展情况

1. 规模前十大产业发展概况

韶关制造业产业结构不断优化，烟草、文教、工美、体育和娱乐用品制造业等政策型、劳动密集型产业比重持续降低，计算机、通信和其他电子设备制造业、电气机械和器材制造业等新兴产业占比持续提高。其中，烟草制造业增加值保持全市第一，占全市规上制造业增加值的比重从2012年的23.4%小幅调整至2022年的21.0%。非金属矿物制品业、有色金属冶炼和压延加工业、电气机械和器材制造业、计算机、通信和其他电子设备制造业等产业增加值规模翻一番；其中，非金属矿物制品业在全市重点产业排名从第5位提升至第4位，计算机、通信和其他电子设备制造业在全市重点产业排名从第8位提升至第5位。文教、工美、体育和娱乐用品制造业等传统产业规模略有下降，在全市重点产业排名从第4位下降至第8位，如表3－5所示。

表3－5　2012年、2017年、2022年全市前十大行业（按增加值）变化情况

行业大类/统计指标	2012年			2017年			2022年		
	增加值（亿元）	占制造业比重（%）	排名	增加值（亿元）	占制造业比重（%）	排名	增加值（亿元）	占制造业比重（%）	排名
烟草制品业	43.6	23.4	1	49.0	20.0	2	63.9	21.0	1
黑色金属冶炼和压延加工业	30.8	17.1	2	62.2	25.4	1	52.6	17.3	2
化学原料和化学制品制造业	21.5	10.0	3	21.5	8.8	3	30.6	12.1	3

续表

行业大类/统计指标	2012 年			2017 年			2022 年		
	增加值（亿元）	占制造业比重（%）	排名	增加值（亿元）	占制造业比重（%）	排名	增加值（亿元）	占制造业比重（%）	排名
非金属矿物制品业	10.4	5.6	5	16.7	6.8	4	29.8	8.3	4
计算机、通信和其他电子设备制造业	6.9	3.7	8	10.3	4.2	6	20.3	6.1	5
电气机械和器材制造业	7.0	3.7	7	8.6	3.5	9	14.2	4.8	6
有色金属冶炼和压延加工业	7.1	3.8	6	8.7	3.6	7	14.7	4.8	7
文教、工美、体育和娱乐用品制造业	13.6	7.3	4	16.4	6.7	5	12.6	3.9	8
金属制品业	5.2	2.8	10	8.2	3.3	8	9.3	3.4	9
废弃资源综合利用业	2.9	1.6	14	1.53	0.6	19	8.7	3.2	10

资料来源：广东省统计年鉴。

2. 特色优势产业发展情况

先进材料产业。韶关先进材料产业主要包括钢铁及特钢材料、有色金属材料（含稀土）、化工材料、新型建材等领域，是全市规模最大的产业集群。韶关是广东仅有的两个大型钢铁生产基地之一，也是广东目前唯一的依托大型钢铁厂的特钢生产基地。有色金属是韶关工业支柱产业，从资源储量看，韶关是广东省的矿产资源大市，素有“有色金属之乡”的美称，经过几十年的发展，逐步形成从上游至中下游，涵盖采选、冶炼业以及有色金属材料加工业等的产业链。化工新材料主要通过承接广东省产业转移发展壮大，目前已经形成南雄、翁源等五大专业园区。韶关石灰石资源丰富，品质优良，现有新型建筑材料企业集聚布局，龙头企业包括新丰海螺水泥、中建材水泥等。2022 年，全市先进材料产业集群实现工业总产值 820.5 亿元，实现增加值 145.98 亿元。

先进装备制造业。韶关装备制造业基础雄厚，在铸锻件、液压油缸、滚珠轴承、齿轮等装备基础件/零配件产业配套环节具有明显优势，在矿山机械成套设备、起重机、发配电成套设备等领域也具有较强基础，8 个领域技术达到或接近国内先进水平。龙头企业包括比亚迪实业、韶铸集团、韶关宏大齿轮、韶瑞重工、广东磊蒙智能装备集团、韶关市中机重工等。2022 年，先进装备制造业实现工业总产值 216.1 亿元，实现增加值 37.22 亿元。

现代轻工产业。韶关现代轻工产业主要分为烟草制品、玩具及纺织服装、竹木资源深加工及文化办公用品、食品饮料四个重点领域。龙头企业包括韶关卷烟厂、韶关旭日国际、万达工业、北纺智造科技、卡西欧电子等。2022 年，现代轻工产业实现工业总产值 262.8 亿元，实现增加值 101.11 亿元。

电子信息制造业。韶关电子信息制造业企业主要以生产电子元器件（电容器、线路板、微电机、连接器等）及配套材料（铝箔、消费电子外壳）为主，尚处于起步发展阶段。龙头企业主要包括忠信世纪电子材料、东阳光化成箔、建滔积层板等。2022 年，电子信息制造业实现工业总产值 77.50 亿元，实现增加值 17.99 亿元。

生物医药产业。韶关生态环境优良，中药材种植历史悠久，常见药用植物有 700 余种，约占广东省药用植物 40%，盛产多种韶关名优地产中药材。韶关生物医药产业重点分布在武江区和乳源县，产业规模较小，但具备快速发展的潜力，龙头企业包括东阳光药业、丽珠集团利民制药厂、翁源县青云山中药厂、博雅生物等。2022 年，生物医药产业实现工业总产值 14.0 亿元，实现增加值 5.72 亿元。

二、推动制造业高质量发展的主要经验做法

（一）加强顶层设计，谋划发展战略性产业集群

结合广东省 20 个战略性产业集群发展对韶关的定位，2021 年韶关首次提出打造“3+3”战略性产业集群，并制定出台了《关于培育发展战略性支柱产业和战略性新兴产业集群的实施方案（2020~2025 年）》，提出“十四五”期间将重点打造先进材料、先进装备制造业、现代轻工消费品三大战略性支柱产业集群，培育发展电子信息制造业、生物医药与大健康、大数据及软件信息服务三大战略性新兴产业，确定了“3+3”产业集群发展体系。结合“3+3”产业集群培育，印发实施各产业集群五年行动计划，建立和完善“五个一”的工作体系，高起点、高标准谋划全市制造业发展路径。建立战略性产业集群联动协调推进机制和“链长制”，完善战略性产业集群工作专班和联络机制，定期组织召开战略性产业集群联动协调工作会议，切实推动“资源要素向产业集群集聚、政策措施向产业集群倾斜、工作力量向产业集群加强”。

（二）坚持狠抓实干，全面开展重点产业链招商

建立由市领导挂帅、市直部门和县（市、区）政府等相关部门协调配合的招商

工作机制。一是制定《关于开展全员招商工作的实施方案》，覆盖市四套班子领导、市直部门及主要领导、县（市、区）四套班子领导、乡镇党委政府主要领导招商引资工作责任及任务。二是制定《韶关市重点发展产业链招商引资实施方案》《韶关市招商引资重点项目全程服务工作机制》《进一步加强招商引资项目落地服务保障机制》《韶关市支持重大制造业项目引进“一事一议”指导意见（试行）》等政策，对韶关重点发展的 11 条产业链进行梳理并按照“一链一分工领导、一统筹部门”的思路实行产业链长制，开展市领导挂帅产业链招商，推动招商引资重点项目早落地、早建成、早投产。三是坚持“大招商、招大商、招好商”，主动“走出去、引进来”，组建招商工作队和驻外招商工作队，着力引进一批符合韶关产业发展定位的大项目、好项目，推动产业转型升级，增强发展内生动力，助推全市经济高质量发展。

（三）培育企业主体，持续提升企业发展效益

一是开展促进小微企业上规培育工作。用好省、市两级奖励政策，建立上规工业企业培育库，指导推动个体工商户转为公司制企业，全面激发“升规”热情。二是鼓励优质企业规模与效益实现倍增。出台《韶关市关于实施优质企业规模与效益倍增计划的意见》及 16 项倍增计划有关实施细则和具体政策，从人才、产业、金融、服务等方面形成合力促进企业发展。三是狠抓“专精特新”中小企业培育。努力壮大“专精特新”中小企业群体，通过产业招商引进一批“专精特新”企业，孵化培育打造一批“专精特新”企业，继续保持入选国家“小巨人”企业数量在粤东西北地区的领先地位。四是加强总部型企业的引进培育。全面落实总部企业落户奖、经济贡献奖等奖补，推动现有优势企业扎根韶关做大做强，吸引域外高端企业总部进驻韶关，培育具有核心竞争力的企业集群。五是实施亿元企业培育工作。对新增的亿元制造业企业给予 30 万元一次性奖励，引导和鼓励成长型制造业企业发展壮大。六是强化“保姆式”服务。落实市领导和市直部门挂点联系工业企业、市政府重点企业联席会议制度，当好服务企业的“店小二”，常态化开展暖企服务行动，切实帮助重点企业、重点项目排忧解难。

（四）加快转型升级，助力产业集群提质增效

2013 年，韶关被列入国家老工业基地，成为广东省唯一一个集老工业城市和资源枯竭城市于一体的地级市；2019 年，韶关成功申报为第二批全国产业转型升级示范区。近年来，韶关通过强化科技赋能、加快两化融合、推进企业技术改造

等方式，推动传统优势产业向低碳化、智能化、高端化转型升级，取得了显著成效。一是改造提升传统产业。实施“厂区变园区、产区变城区”改革，积极引进上下游关联产业，延伸拓展产业链条。其中，中南钢铁建成了韶钢智慧中心，探索发展氢能产业，引进减隔震产品生产等下游产业，建设绿色钢铁产业链，成功获批省级特色产业园。二是加快制造业关键领域与核心技术创新，加快引育高水平创新平台。近年来韶关通过招商引资、招才引智等方式引进落地高水平研究院11家，落地院士及团队项目30个，涉及碳中和、数字经济、新能源等产业领域，为加快经济高质量发展提供有力支撑；支持乳源东阳光氟树脂有限公司“动力电池关键材料技术实验室”等重点实验室建设，支撑新材料、大健康等领域创新发展。目前全市拥有省级新型研发机构8家、排名全省并列第7位；省重点实验室4家、居粤东西北地区前列。三是打造重大科技创新平台带动制造业技术升级。发挥季华实验室在新型显示装备、增材制造等方面研发优势及韶关在装备制造上的工业基础，推进在韶建设季华—欧莱科技成果孵化基地，通过科技成果孵化基地建设，谋划韶关优势企业参与组建“新型显示制造装备创新联合体”，带动韶关新型显示技术产业发展。四是推动数字经济“赋能”制造业发展。依托全国一体化算力网络粤港澳大湾区国家枢纽节点数据中心集群落户韶关，成功举办韶关市（深圳）大数据产业招商推介会、首届“东数西算”粤港澳大湾区（广东）算力产业大会等。中国联通智慧客服南方二中心、华韶数据谷、华南数谷鹰硕数据中心等一批大数据项目相继落地建成投产。鼓励和支持信息化技术与制造业深度融合，15家企业列入国家、省“两化融合”管理体系贯标试点企业名单，12个企业项目入选广东省智能制造试点示范项目。

（五）推进“双碳”试点，坚定不移走绿色发展道路

韶关是国家重要生态保护区、全国产业转型升级示范区，是广东省主要能源基地之一，具有发展新能源产业的良好综合条件。一方面，韶关大力推进传统产业绿色化发展，广东省韶钢产业园成功获得首批省级节水标杆园区称号，韶关冶炼厂成功入选工信部工业废水循环利用试点企业；韶钢7号高炉完成投资超6亿元的节能环保升级改造项目，成为智慧决策、智慧操控、智能运维体系和达到先进能耗指标的新高炉，推进钢铁产业智慧化、绿色化发展。另一方面，韶关为积极响应国家“3060”目标，推动减污降碳协同增效、促进经济社会发展全面绿色转型，全力以赴创建碳达峰、碳中和先行示范区，积极探索碳达峰、碳中和“韶关模

式”。2021年，韶关市政府与中国三峡新能源股份、明阳智慧能源集团签订投资合作协议，同步引进了一批光伏异质结组件、风电设备、储能设备等新能源装备制造环节优质项目。

（六）打造“1+6”平台，加强园区发展督导考核

明确园区作为工业发展的“主战场”地位，扎实推进产业有序转移平台建设。一是举全市之力，高起点规划建设1个市级主平台及6个特色产业园，着力打造以莞韶产业园和翁源产业园为基础的市级承接产业有序转移主平台。二是加强全市工业用地控制线规划与国土空间规划有效衔接，编制完成《韶关市工业用地控制线划定规划》，为未来15年产业发展用地提供有力保障。三是编制印发《韶关市省产业园扩园实施办法（试行）》，印发《韶关工业园区高质量发展行动计划》《韶关市工业园区标准厂房建设扶持实施细则（试行）》《韶关市产业园区工作绩效考核办法》等政策措施，推动园区专业化、集聚化发展。四是发挥中央资金、专项债资金作用，积极引入国有企业、民营资本参与园区开发建设，全面推进园区内道路、给（排）水、公共交通及场地平整等“七通一平”标准化建设；加大标准厂房建设力度，引进翁源、新丰万洋及广东鸿谷等重点项目，全面推进“拎包入驻”模式。五是持续深化工业园区“改革攻坚规范治理”，严密组织“比、学、赶、超”评比竞赛活动。坚持每月、每季度以全市园区工作领导小组名义通报各园区工作任务进展情况；坚持将季度考评与年终绩效考核挂钩，及时通报季度综合考评结果，激发园区奋发有为、迎头赶上工作活力；在年底组织园区工作综合绩效考核，给予前5名园区资金奖励及用地、用林、用能优先保障，不断激发园区内生动力。

（七）强化要素保障，不断优化营商环境

一是加强政策支持。先后出台实施《韶关市关于推动制造业高质量发展的实施意见》《韶关市制造业高质量发展“十四五”规划》《韶关市促进工业经济平稳增长若干政策措施》《韶关市支持中小企业和个体工商户纾困发展实施意见》等30多项强有力政策文件，大力推进制造业高质量发展。一是强化融资服务。加快建设国家产融合作试点城市，推进金融支持战略性产业集群融资，引导金融机构对制造业企业和项目给予差异化支持；积极发挥科技、工信部门政策性信贷风险补偿资金作用，切实缓解企业融资难题；支持企业借助资本市场转型发展，建立企业上市联动

帮扶机制，推动高成长企业进入区域性股权市场挂牌展示。二是强化用地保障。统筹优化园区空间布局，推动先进制造业项目用地布局与规模纳入国土空间规划。推动先进制造业项目执行并联审查、容缺预审、承诺补办机制，提升项目土地要素保障速度和质效。落实“增存挂钩”机制，加大批而未供、闲置低效土地盘活力度，推动土地集约节约利用。实施土地收储攻坚行动，强化政府对土地一级市场的调控管理，提升先进制造业项目净地储备和供给效率。三是强化人才支撑。深入实施韶关新时代“百团千才万匠”人才工程，支持企业引进、培育高层次人才。深化产教融合，支持鼓励制造业企业与本地高校、技工院校开展“订单式”技能人才培养。引导技工院校对标制造业人才需求调整优化专业设置，大力推行企业新型学徒制。支持先进制造业项目单位建设“人才驿站”，推广人才“一站式”服务。四是强化用能保障。建立用能优先保障机制，对单位增加值能耗优于全市2025年单位GDP能耗的新上项目，项目用能予以优先支持；对单位增加值能耗优于行业标准先进值的非“两高”项目且单位工业增加值能耗低于2025年全市单位工业增加值能耗控制水平的新上项目，积极保障项目用能需求。

三、制造业发展主要存在的困难问题

一是资源型、政策型传统产业占比高。黑金属加工、烟草制品、非金属矿物制品、化学制品等行业合计占比超过6成。二是产业“集而不群”的问题较为突出。钢铁等主导产业缺少成套（台）装备整机，消费电子、汽车、家电产品等产业链长、价值链环节多，带动效应明显的制造业企业，多数企业主体存在“小、散、弱”的特点。三是土地、资金等生产要素供给不足。产业园普遍存在“项目等地”现象，盘活园区闲置、低效用地难度仍较大。

四、对策建议

党的二十大报告提出，坚持把发展经济的着力点放在实体经济上，推进新型工业化，加快建设制造强国。省委、省政府及市委、市政府多次就“突出‘制造业当家’，高水平谋划推进现代化产业体系建设”作出重大部署要求。下一步，韶关将全面落实省委、省政府坚持制造业当家部署要求，主动服务和对接融入“双区”和横琴、前海、南沙三大平台建设，大力承接省内产业有序梯度转移，树牢“无工不富”的理念，大力实施工业强市战略，坚定高质量发展、坚持制造业当家，加快建设现代化产业体系，坚持传统优势产业转型升级和新兴产业培育并举，加快挺起韶关现代化建设的产业“脊梁”，在新起点上开创韶关制造业高质量发展新局面。重点抓好以下工作：

（一）实施产业培育提升行动，挺起制造业当家产业“脊梁”

大力实施制造业当家“产业攻坚”，坚持传统优势产业转型升级和新兴产业培育并举。一是发展壮大先进材料产业。以中南钢铁为龙头，建设绿色钢铁产业链；充分利用地域铅锌铜、稀土和钨等有色金属矿山资源集聚以及铝加工材优势发展有色金属产业，延伸深加工链条；推进精细化工产业向“专精特新”发展，积极开发多品类、低污染、高附加值的产品。二是做大做强装备制造业。培育形成“材料—装备基础件/零部件—装备整机”的完整产业链条。加快推进南兴装备、比亚迪汽车模具等项目建设；依托南方智能网联新能源汽车试验检测中心，以华南装备园、新丰产业园为主要载体建设汽车零部件特色产业园。三是稳步发展现代轻工产业，重点围绕纺织服装、食品饮料、玩具文具等轻工消费品产业，在曲江、乐昌、南雄、仁化、始兴、新丰等地打造多个以现代轻工产业为核心的特色园中园。四是大力发展电子信息制造业，加快推进韶华科技、朗科科技等项目建成投产，大力引进电子材料及元器件、服务器、存储器、电子消费终端产品制造等项目，将电子信息产业培育成为韶关重要的新兴支柱产业。五是突破发展生物医药产业。开发新药、仿制药、医疗器械、化妆品及特殊食品，培育道地药材品牌，大力推进广州朗圣药业、炬光科技医疗、曼陀罗医药、岭南制药二期等项目建设。六是大力发展大数据及软件信息服务业，高标准建设韶关数据中心集群，加快已签约落地的13个大数据项目建设，大力招引大数据上下游产业向韶关有序转移，打造大数据全产业链。七是加快培育新能源产业。加快推进新能源塔筒厂、光伏异质结组件厂和风机总装厂等新能源装备项目，以及东阳光集团正极材料、隔膜、电池铝箔和盛祥新材料公司锂电池回收综合利用，中金岭南环保工程公司磷酸铁锂电芯回收综合利用，威玛新材料公司锂电池回收综合利用等项目建设，打造韶关“碳达峰、碳中和先行示范区”。

（二）实施项目建设提升行动，增强制造业当家发展后劲

坚持“项目为王”，全力以赴推进现有企业增资扩产和重点产业招商引资，以

项目为抓手促进工业投资稳定增长，为制造业高质量发展积蓄后劲。一是狠抓存量项目建设。重点围绕亿元以上项目实施“一对一”全程跟踪服务，充分发挥全市制造业项目建设专项指挥部运行机制作用，协调市重大项目并联审批工作专班共同解决项目的问题和困难，加快推动项目落地建设。二是狠抓招商项目促“增量”。实施招商引资“一把手”工程，突出制造业延链招商，特别是围绕重点产业招引“链主”企业，想方设法拉长传统产业链条，提升产业链上下游、产供销配套能力。重点聚焦“双区”等地产业资源，举办第二届“东数西算”湾区大会，大力开展精准招商和产业对接，着力引进一批投资规模大、产业带动性强、技术水平高的先进制造业项目。三是狠抓项目跟踪服务。完善全流程招商服务机制，对引进项目实行全生命周期服务，加快项目尽快落地投产达产。四是抓好政策措施优化调整。持续把工业投资作为增强制造业当家的重要抓手，落实广东省“制造业投资 10 条”，加快修订出台韶关推动制造业高质量发展政策措施。

（三）实施园区平台提升行动，打造制造业当家新高地

抢抓省推进产业有序转移的机遇，高水平谋划建设高标准高水平工业园区，着力“筑巢引凤”。一是积极谋划打造承接产业有序转移载体。高起点规划建设 1 个市级主平台及 6 个特色产业园，主动承接和重点发展大数据电子信息、先进装备制造、生物医药等主导产业。以莞韶产业转移园和翁源产业转移园为基础，高标准建设韶关市承接产业有序转移主平台，力争纳入省重点支持建设主平台。实施差异化错位发展，着力打造乐昌、南雄、仁化、始兴、新丰、乳源 6 个特色产业园。二是积极创建全省产业转移承接落地示范市。推动韶关高新区创建国家高新区，推进“双变”改革试点，探索莞韶共建“飞地经济”园区，加快翁源、新丰融湾产业平台建设。三是提升平台承载能力。继续发挥中央资金、专项债资金作用，全面推进园区内道路、给（排）水、公共交通及场地平整等“七通一平”标准化建设，加快园区周边教育医疗、商业配套、人才公寓等配套设施建设，推动城产融合发展。大力推进产业园扩园工作，为项目落地开拓更大空间。四是加强园区督导考核。强化园区考核，坚持以亩均论英雄，重点考核园区亩均投资、亩均增加值、亩均税收等指标，倒逼园区提档升级、扩能增效。

（四）实施企业培育提升行动，推进制造业当家提质增效

坚持夯实内功，强化对市场主体的培育和扶持力度，加快推进优质资源要素加

速向优势产业、优势企业汇流集聚，推进大中小企业融通发展。一是加强总部型企业的引进培育。全面落实总部企业落户奖、经济贡献奖等奖补，推动现有优势企业扎根韶关做大做强，吸引域外高端企业总部进驻韶关，培育具有核心竞争力的企业集群。二是加强亿元企业培育。确定一批产值在 8000 万元左右的企业作为跟踪服务对象，力促企业增资扩产，加快培育壮大产值过亿元的企业群体。三是培育扶持小微企业上规。用好省、市两级奖励政策，全面激发“升规”热情，保持年新增规上企业 60 家以上。四是培育“专精特新”企业群体。通过产业招商引进一批“专精特新”企业，孵化培育打造一批“专精特新”企业，继续保持入选国家“小巨人”企业数量在粤东西北地区的领先地位。五是继续实施优质企业倍增计划。在全市范围内遴选约 100 家倍增企业，推动企业实现规模与效益倍增，并按期足额兑现奖补措施，提高倍增企业的获得感，力促企业多作贡献。

（五）实施环境优化提升行动，优化制造业当家发展环境

一是建立健全制造业当家领导体制。充分发挥市制造业高质量发展领导小组统筹协调作用，推动“资源要素向制造业集聚、政策措施向制造业倾斜、工作力量向制造业加强”，确保推动制造业当家政策措施落实落细。二是加大督导考评力度。深入开展覆盖全市县域的制造业高质量发展督导考评工作，营造比学赶超、大抓工业的良好氛围。实行年初定任务、每月一通报一调度、每季度一现场会一评比、年终总考核，强化考评结果的运用，根据考核结果进行奖惩。三是加强要素资源保障。坚持全市工作“一盘棋”，部门间协同合作抓好用地、资金、用能等保障，形成推动韶关制造业高质量发展的强大合力。四是强化为企服务。切实当好“店小二”和“服务员”，把解决企业生产经营难题与关怀企业工作相结合，对企业诉求“一跟到底”，力争企业诉求办结率达 90%。五是推进金融服务实体经济发展。加强国家产融合作试点城市建设，增强金融对实体经济的支持力度，力争为战略性产业集群提供 300 亿元融资授信支持。发挥中小企业信贷风险补偿资金作用，力争全年发放中小企业信贷风险补偿资金贷款 5 亿元以上。

第七节　河　源　市

党的十八大以来河源市推动制造业高质量发展情况报告

河源市工业和信息化局

党的十八大以来，河源市深入贯彻习近平总书记对广东系列重要讲话、重要指示批示精神和党中央决策部署，认真落实省委、省政府对河源市“坚持生态优先绿色发展，以新担当新作为争当融入粤港澳大湾区排头兵”的部署要求，坚守大力发展实体经济的初心不动摇不松劲，稳步推进制造业高质量发展，全市工业主体数量和规模不断扩大，产业园区载体不断优化，全市工业经济保持平稳运行。

一、全市制造业发展情况

（一）总体规模结构

工业发展规模稳步增强、产业结构持续优化。河源工业规模不断扩大，对全市经济发展的支撑作用明显增强。工业累计拉高全市 GDP 增长 34.9 个百分点，年度平均贡献率达 49.8%。全口径工业增加值从 2012 年的 170.4 亿元提升至 2022 年的 378.9 亿元，年均增长 8.3%；规上工业增加值从 2012 年的 158.6 亿元提升至 2022 年的 363.5 亿元，年均增长 8.6%。产业结构不断优化，以先进制造业为主导的产业体系逐步成型。全市制造业增加值从 2012 年的 122.2 亿元提升至 2022 年的 304.2 亿元，占 GDP 比重达 23.5%。高技术制造业增加值占规上工业增加值比重从 16.8% 提升至 37.4%。

企业质量效益不断提升。2012～2021年，河源工业企业数量得到扩张，全市工业企业数量从2012年的2300余家发展至2021年的4100余家，其中规模以上工业企业数量由2012年的383家发展至目前的637家，增长近七成。企业提质增效成效显著，全市年产值超10亿元工业企业从19家增长至26家，主要来自电子信息、先进材料、食品饮料及水经济等重点行业领域；全市共有“专精特新”中小企业84家，中小企业健康发展并成为完善产业生态的重要力量；全市高新技术企业从2012年的21家增长到2021年的348家，增长近17倍。绿色化、智能化创新发展态势不断巩固。十年来，河源坚持走生态优先、绿色发展之路，全市制造业创新发展进入加速期。8个园区实现省循环化改造试点园区全覆盖，市高新区获评“国家级绿色园区”称号，全市规上工业单位增加值能耗比2012年下降36.3%。先后建立国家通信终端产品检验检测中心、河源广工大协同创新研究院、深圳大学河源国际研究院等一批创新服务平台。截至2022年，完成全市276家规上工业企业数字化转型，带动78家中小型企业“上云用云”，“两化融合”发展程度加深；市高新区被认定为“广东省产业集群工业互联网数字化转型试点”，建成“西可通信5G+工业互联网智能制造应用”示范标杆。

（二）主导产业蓬勃发展

电子信息产业集群加快发展。2012年以来，河源抢抓“双区”发展重要机遇，把做大做强电子信息产业作为发展工业经济重中之重，主动接受珠江东岸电子信息产业带的深圳、东莞、惠州电子信息产业辐射，先后落户国家通信终端质检中心及中兴通讯、西可通信、中光电、景旺电子等上百家电子信息企业，形成以手机和电子通信为核心的电子信息产业集群，被省政府列为珠江东岸4个重点扶持发展新一代电子信息产业的城市，市高新区成功被认定为全省首批移动智能终端特色产业园区，以高新区为主阵地，源城、龙川、江东新区等“多点支撑”发展新格局正加快形成。电子信息产业增加值规模从2012年的35.2亿元提升至2022年的127.5亿元，占全市比重从2012年的14.4%提升至2022年的35.1%。

水经济产业集群加速集聚。2012年以来，河源坚持“面上保护、点上开发”的发展路径，依托得天独厚的水资源优势大力发展水经济产业，把河源“水文章”做深做透，让绿水青山持续发挥生态效益和经济社会效益，实现生态环境保护和经济发展“双丰收”，着力打造生态经济发展新标杆。目前，河源市水经济产业园建设加快推进，农夫山泉二期、农夫山泉三期、华润怡宝、今麦郎饮品、怡景等项目加快建设投产，本地霍山矿泉水、正能量山泉水等项目增资扩产，一批洽谈储备项目加快落地，水经济产业加快向百亿级产业集群迈进。酒、饮料和精制茶制造业增加值规模占比从2012年的1.8%提升至2022年的4.5%。2022年，全市水经济产业实现规上工业总产值48.22亿元，同比增长1.5%。

先进材料产业集群不断壮大。河源围绕“生态优先、绿色发展”目标任务，依托优质的矿产资源优势，大力发展硅基先进材料、硬质合金、有色金属等产业，持续引进一批上下游企业，逐步集聚了一批有色金属合金制造、硅基新材料制造等多种类型的新材料加工企业，推动先进材料产业向高附加值、低能耗发展，培育形成现代产业链和产业生态。目前，先进材料产业园加快建设，铂科新材、晟源永磁材料等项目相继引进发展，富马硬质合金、源友特种玻璃等优质存量企业增资扩产。全市非金属矿物制品业增加值规模占比从2012年的4.6%提升至2022年的6%。2022年，全市先进材料产业实现规上工业产值49亿元。

二、制造业发展主要存在的困难问题

一是产业结构有待进一步优化。多数制造业企业以中低端产品来料加工为主，未形成显著的产业特色和优势，中高端、多样化、多层次的产业体系尚未形成。二是面临产业转型升级“阵痛期”。传统型和粗放型产业仍占有较大份额，随着环保、能耗政策日趋严格，传统产业企业优胜劣汰不可避免。三是制造业发展要素支撑不足。用能指标日趋紧张，土地等要素成本上升；用于建设产业基础设施、扶持产业发展的资金不足；区位和设施要素支撑不足，城市配套服务和产业基础设施建设、招商引资和产业扶持政策等与先进地区仍有不少差距。

三、政策建议

（一）聚焦培育“大产业”，推动制造业高质量发展

一是壮大“1+3”支柱产业集群，锚定河源市产业发展的主航向，鼓励中头部企业增产增效，做大做强优势产业，推动千亿级、百亿级产业集群加速迈进。二是持续培育县域特色产业集群。全面对接省战略性产业集群布局，结合县域资源禀赋、产业基础以及比较优势，着力引进培育现代农业与食品、生物医药与健康、激光与

增材制造等先进制造业，推动成为效益更优、动力更强的现代产业集群，开辟新兴产业新领域新赛道。

（二）聚焦夯实“大平台”，做大做强园区经济

一是全力推进承接产业有序转移主平台建设，落细落实省、市关于主平台建设的工作部署，围绕高新区、源城、东源三个省级园区，着力打造产业有序梯度转移重点承接载体。二是强化县域园区平台建设，抢抓省支持县域园区发展政策机遇，分类推进“1+7”产业园区平台提档升级，实现县域经济高质量发展。三是推动产业园扩容增效，加快高新区跨江融合发展区域开发建设，在建设规划、开发资金、基础设施建设等方面加大指导协调力度；持续做好产业园区用地整治工作，全面分类梳理各类型用地，确保完成第二年度预期目标。

（三）聚焦推进“大项目”，培育工业发展后劲

一是聚焦关键领域编制年度制造业重点项目投资计划，制定重要节点“作战图”。二是引导企业加大技术改造，充分发挥先进制造业发展专项资金引导撬动作用，推动各县区符合产业方向的更多技改项目享受财政支持。三是狠抓制造业重大项目，突出抓好投资10亿元以上项目跟踪服务，加强要素供给保障，加快推动拟完工项目尽快投产、在建项目加快投资进度、计划开工项目如期开工。

（四）聚焦服务“大企业”，助力企业做大做优

一是落实好促进中小企业平稳健康发展系列政策，不断激发企业动力活力。二是建立优化新上规企业培育库，落实好省、市、县三级奖励政策。三是积极开展省级“专精特新”中小企业培育认定工作，促进“专精特新”企业质量和数量双提升。四是推动生产服务业建设，引导有条件的工业园区规划建设生产服务业功能区。五是提升制造业自主创新能力。大力推进研发机构认定工作，引导企业建设制造业创新中心。

（五）聚焦优化“大环境”，营造良好生态氛围

一是强化助企纾困解难，大力服务和保障民营企业发展。建立健全支持制造业发展的资源要素政策体系，推动科技、人才、资金、土地等资源要素向制造业集中配置。二是扎实做好基础数据统计和基础台账资料工作，加强企业月报、年报等工

作服务力度；加强对重点行业、重点企业亩均效益分析匹配，实现经济平稳运行。三是推动建立制造业高质量发展专项督导考核体系，加大制造业发展考核权重，围绕制造业发展情况及目标完成情况开展督导检查，高质量推进制造业当家。

第八节 梅 州 市

党的十八大以来梅州市推动制造业高质量发展情况报告

梅州市工业和信息化局

党的十八大以来，梅州市深入贯彻习近平总书记对广东省的重要讲话和重要指示精神，认真落实省委、省政府对梅州市的部署要求，不断强化实体经济发展的重要地位，推动制造业占比稳步提升，带动产业发展效率提升、激活产业发展新动力。梅州市共有9个产业纳入“十四五”时期全省制造业总体空间产业布局，铜箔产业列入了河梅先进材料产业集群，梅州经济开发区电子电路制造、梅县区产业集聚地电子专用材料制造、蕉岭县产业集聚地绿色建材成功获评省特色产业园，产业集群发展得到有力支撑，制造业高质量发展卓有成效。

一、全市制造业发展情况

（一）总体规模结构

产业规模实力稳步提升。梅州市制造业（全口径）增加值从2012年的166.6亿元提升至2022年的208.94亿元，年平均增长4.2%，累计增长42%。工业（全口径）增加值从2012年的226.3亿元提升至2022年的262.59亿元，年平均增长3.6%。全市制造业增加值占GDP比重从2012年的22.6%下降至2022年的19.9%。

规上工业企业不断增加，龙头企业成为重点产业发展主引擎。全市规上工业企业从2012年的286家增长至2022年的542家，规上工业企业数量增加了0.9倍。全市入选广东制造业500强企业数量提升至2家。塔牌集团、博敏电子、嘉元科技、超华科技等龙头企业带动产业链上中下游企业构建建材、电子信息制造产业生态。截至2022年底，全市共有88家“专精特新”中小企业，277家高新技术企业。

产业创新发展取得新成效。2021年，全市规上制造业企业科学研究与试验发展（R&D）经费内部支出5.6亿元，2012~2021年年均复合增长率13.9%。2021年规上工业企业设研发机构单位数有64家，比2012年翻了一番。截至2022年，全市拥有3家省级实验室。2012年以来，全市依托重点企业和科研院所加大研发创新投入，推动打造全过程创新生态链，铜箔—高端印制电路板等关键核心技术攻关成效显著，多领域新产品发展引领全国，成为同行业国产化发展的中流砥柱。

（二）主要产业发展情况

1. 规模前五大产业发展概况

传统支柱产业转型升级。2012年以来，全市烟草产业增加值增长47.45%，占全市制造业增加值比重超30%，在全市重点产业排名第1位。计算机、通信和其他电子设备制造业产业增加值增长160.9%，占全市制造业增加值比重从2012年的15.3%调整为2022年的23.7%，在全市重点产业排名第2位。非金属矿物制品业规模稳中有升，占全市制造业增加值比重从2012年的11.0%调整为2022年的14.6%，在全市重点产业排名第3位。汽车制造业规模稳中有升，占全市制造业增加值比重从2012年的4.5%调整为2021年的3.1%，在全市重点产业排名分别从第5位上升至第4位，如表3-6所示。

表3-6　2012年、2017年、2022年全市主要行业（按增加值）变化情况

行业大类/统计指标	2012年			2017年			2022年		
	增加值（亿元）	占制造业比重（%）	排名	增加值（亿元）	占制造业比重（%）	排名	增加值（亿元）	占制造业比重（%）	排名
规上制造业	123.71	—	—	169.42	—	—	208.94	—	—
烟草制品业	51.17	41.4	1	59.64	35.2	1	75.45	36.1	1
计算机、通信和其他电子设备制造业	18.95	15.3	2	32.06	18.7	2	49.44	23.7	2
非金属矿物制品业	13.65	11.0	3	19.54	11.5	3	30.5	14.6	3
汽车制造业	5.60	4.5	5	8.14	4.8	4	6.54	3.1	4

续表

行业大类/统计指标	2012 年			2017 年			2022 年		
	增加值（亿元）	占制造业比重（%）	排名	增加值（亿元）	占制造业比重（%）	排名	增加值（亿元）	占制造业比重（%）	排名
农副食品加工业	1.27	1.0	15	1.44	0.9	15	5.36	2.6	5
电气机械和器材制造业	3.25	2.6	7	3.67	2.4	7	5.04	2.4	6
酒、饮料和精制茶制造业	0.75	0.6	19	2.52	1.5	12	4.11	2.0	7
橡胶和塑料制品业	2.43	2.0	11	2.28	1.3	13	3.08	1.5	8
黑色金属冶炼和压延加工业	2.00	1.6	12	3.24	1.9	9	2.59	1.2	9
皮革、毛皮、羽毛及其制品和制鞋业	5.98	4.8	4	6.39	3.7	5	2.37	1.1	10

注：列表中第一列的行业大类按照本地区 2022 年增加值排名前十的行业大类列出。
资料来源：广东省统计年鉴。

2. 特色优势产业发展情况

铜箔—高端印制电路板形成超百亿元级产值规模。目前梅州市已初步形成铜箔—覆铜板—印制电路板及通信设备等上中下游一体化的产业链条，铜箔产业现有年产能 10 万吨，约占全国电解铜箔产能的 11%；覆铜板年产能 3300 万张，高端印制电路板年产能 1700 万平方米。2022 年，56 家铜箔、印制电路板企业实现工业总产值 148.46 亿元，同比增长 4.38%。加快推动广东省制造业创新中心——“广东高性能电解铜箔区域创新中心”组建工作，加快建设梅州经济开发区（电子电路制造）特色产业园和梅县区新一代电子信息战略性支柱产业集群（电子专用材料制造）特色产业园，着力打造全国铜箔—高端印制电路板重要生产基地。

陶瓷产业和陶瓷材料不断取得新突破。梅州大埔瓷器生产始于宋末、兴于元初、盛于明清，距今已有 800 多年历史，素有“白玉城”“陶瓷之乡”“南国瓷都”等美誉，先后获得“中国青花瓷之乡”“国家地理标志证明商标”“国家地理标志保护产品”称号。大埔现有陶瓷生产企业 83 家，2022 年分别实现总产值 10.77 亿元，有国家高新技术陶瓷企业 25 家，省级陶瓷工程技术研究开发中心 12 家，省级陶瓷产业技术创新联盟 1 个，陶瓷产学研基地 20 家，省级认定“专精特新”企业 12 家，创业创新转化孵化平台 1 个，创新孵化基地 5 个。产品主要分传统陶瓷和新型陶瓷，传统陶瓷主要有陈设艺术瓷、日用陶瓷和紫砂陶类 3 大系列 1 万多个花色品种，约 80% 的产品出口，工艺陶瓷出口位列全国前五位；新型陶瓷主要以发光陶瓷、特种陶瓷为主，生产企业主要有吉玉陶瓷、欣红陶瓷和玉丰特陶。力争至 2025 年，梅州市陶瓷材料产业和谋划发展的半导体材料产业总产值达到5亿元。

稀土产业向延链、强链条方向迈进。2022年规上稀土企业共实现工业总产值20.62亿元，同比增长40.42%，占全市规上工业企业产值的2.49%。梅州市稀土资源矿产资源较为丰富，离子吸附型稀土含矿面积预测约2400多平方千米，资源远景潜力达1182万吨，全市共有5家规上稀土企业，均属广晟公司旗下及其合作企业，已初步形成集“稀土开采—冶炼分离—精深加工”于一体的稀土产业链。目前正在加快推进市政府与广晟控股集团签订战略合作协议中的7个总投资7.6亿元的稀土项目，加快打造稀土应用产品特色产业园，延长稀土产业链，做强做大稀土产业。力争到2025年，将梅州市打造成全省稀土产业链最齐全、稀土产业链规模最大的稀土产业基地，稀土全行业直接销售收入达到50亿元左右。

汽车零部件产业稳步增长。2022年全市汽车制造及零部件25家规上企业实现工业总产值41.43亿元，占全市规上工业企业产值的5.02%。主要产品涉及底盘零部件类、电子电气零部件类、车身零部件类、动力零部件类、新能源汽车专用部件类以及通用件类等汽车零部件主要门类。其中BPW（梅州）车轴有限公司生产经营“BPW”品牌车轴和车轴关联部件，产品品牌、质量、技术全国领先，是广东省制造业500强企业，车轴产品国内市场占有率18%，拉动配套13家企业共同发展，初步形成轮毂—车轴—半挂车整车生产的产业链；广州（梅州）产业转移园承接产业转移打造广汽零部件产业基地，已有梅州圣戈班、广汽弹簧、广汽华德、宏原、安闻等企业投产。目前梅州全力争取引进整车生产企业，鼓励现有汽车零部件企业加强技术改造、设备更新和数字化转型，壮大产业集群。力争到2025年，汽车零部件总产值达到100亿元。

促进生物医药产业规模化发展。2022年实现总产值15.92亿元，同比增长17.81%，占全市规上工业企业产值的1.93%。梅州药材资源丰富，境内有中草药1800多种，经鉴定编入《梅州地区中药资源名录》的属全国和省重点品种282个，占全国和省普查品种的61%，其中五华巴戟、平远梅片树、丰顺青蒿、梅江沉香、兴宁石斛等，都是药用价值极高的品种。梅州市以创建国家中医药改革综合试验区建设为契机，大力培育发展生物制药、南药加工、营养食品等新兴行业，做好中药材产业化种植基地建设。全市规模以上生物医药企业2022年实现总产值为15.92亿元，主要产品有凉茶原液、双料喉风散、壮腰健肾丸、青蒿素哌喹片、夏桑菊胶囊、凉茶浸膏、聚维酮碘溶液、注射液、血气电解质分析仪及其配套试剂等。

二、推动制造业高质量发展的主要经验做法

（一）强化规划引领支撑

梅州市高度重视制造业高质量发展，市委、市政府连续三年高规格召开全市促进实体经济高质量发展大会，市主要领导及四套班子领导参加会议，进一步树牢狠抓发展第一要务，坚持工业强市的理念，进一步掀起了大力发展以先进制造业为主体的实体经济热潮。印发实施《梅州市贯彻落实广东省制造业高质量发展“十四五”规划的实施方案》，提出到2025年，推动产业基础高级化、产业链现代化、产业发展集群化、产业平台功能化再上新台阶，制造业增加值占地区GDP比重达到21.0%，打造地方特色产业集群，全力推动梅州制造业高质量发展。结合梅州的资源禀赋，先后印发实施铜箔—高端印制电路板、绿色建材、稀土、电声、汽车零部件、互联网等地方特色产业集群五年发展规划，出台了促进制造业企业增资扩产、招商引资的政策措施。督促指导各县（市、区）因地制宜，谋划编制好未来五年工业发展规划，集中资源要素培育壮大1～2个主导产业，推动产业从集聚化发展向集群化发展。

（二）积极向上争取支持

梅州主动融入省“二十大”战略性产业集群和“双区”“双城”“两个合作区”建设，大力争取国家、省政策和资金支持，增强振兴发展后劲。积极向国家和省争取制造业发展专项资金扶持，推动企业稳健发展。争取将梅州铜箔产业列入河梅先进材料产业集群；新一代电子信息、汽车产业、先进材料、现代轻工纺织、生物医药与健康、现代农业与食品6个产业纳入省制造业“十四五”规划“十大”战略性支柱产业布局；前沿新材料、安全应急与环保、精密仪器设备3个产业列入了“十大”战略性新兴产业布局。

（三）全力推进重点产业发展

建立产业集群联动协调推进机制，由市领导定向联系若干产业集群，下设服务专班，专门负责日常工作，明确“二十大”产业集群牵头单位。按照省的部署要求，结合自身产业情况，集中优势资源重点培育发展以铜箔—高端印制电路板、绿

色建材、稀土为主的先进材料产业集群，以及电声、汽车零部件、互联网等特色产业集群，切实推动“资源要素向产业集群集聚、政策措施向产业集群倾斜、工作力量向产业集群加强”，全力推动以先进制造业为主的工业经济高质量发展。

（四）加快项目建设促发展

坚持“以项目为王，要素围着项目走”，积极谋划和储备一批“十四五”重点产业项目。大力实施暖企行动，鼓励企业增资扩产、技改升级，2022 年重点支持100 家以上工业企业开展技术改造，跟踪服务好工业重点项目建设，积极谋划争取先进制造业项目预支用地指标，力促项目尽快动工、建成投产。加大龙头企业引进力度，瞄准“双区”“两个合作区”开展精准招商、产业链招商，促进产业链上下游企业采取多形式的产业合作，引进一批具有产业引领效应的龙头型、基地型企业和项目，加速产业配套企业聚集。对全市“两高”行业企业和项目进行摸查，全力配合市发改部门对全市违规用能项目进行分类梳理，加快推进整改工作，坚决遏制“两高”项目盲目发展。

（五）加强产业发展平台建设

广东省科学院梅州产业技术研究院落成启用，成为粤东西北地区首个省市共建产业技术研究院。鼓励企业加大研发平台建设，开展形式多样的协同创新，支持重点企业与国内外高校、科研机构开展产学研合作。梅州市拥有省级重点实验室 3 家、省级新型研发机构 3 家、省级工程技术研究中心 91 家、市级工程技术研究中心 220 家；已形成 10 大产业园区（集聚地）、1 个国家级和 25 个省级现代农业产业园。

（六）加快数字转型促发展

积极争取梅州纳入全省“双核九中心”的总体布局，并列为省市共建 5G 产业园。实施梅州市工业互联网三大行动方案，推动实施 55 个“上云上平台”项目，打造首个“5G + 工业互联网”标杆示范项目，取得梅州 5G 应用在工业领域“零的突破”；加强对规上制造业企业的指导服务，引导 220 家规上工业企业实施数字化转型；实施产业集群数字化转型工程，组织了梅江区申报高端电路板产业集群数字化转型试点、丰顺县申报电声产业集群数字化转型试点。举办两届梅州互联网大会，引进培育了 115 科技、飞翔云等互联网和信息技术服务业企业，服务推动飞翔云数码港、阿里云创新中心、兴宁互联网产业园等互联网重点项目建设，推动数字经济加快发展。

（七）持续优化营商环境

举办融资服务活动、数字赋能助推企业发展、惠企政策宣贯暨政银企融资交流对接活动等政策宣贯会，让优惠政策惠及更多企业。全力解决企业融资难问题，目前市信贷风险补充资金入池企业146家，累计为118家企业提供增信贷款16.53亿元。不折不扣落实退税减税降费政策，2022年全市累计新增减税降费及退税缓税缓费61.88亿元。鼓励银行机构开展“金融入园区”活动，促进银行机构与制造业企业的信息对接，引导银行机构加大信贷支持。推动农业发展银行梅州市分行向产业园区基础设施、水利基础设施等领域的7个项目投放基础设施基金超11亿元。用心用情开展“我为群众办实事”实践活动，为企业推动满足了融资、人才、土地、环境容量等方面诉求，搭建政企沟通“连心桥”“直通车”，致力打造最懂企业的政府职能部门。

三、制造业发展主要存在的困难问题

梅州区位优势不足，交通不便，招商引资困难较大，再加上珠三角、长三角等经济发达地区对人才、资金等要素的“虹吸效应”，产业发展受到制约，制造业“总量不大、质量不优、发展不快”的困境还没有得到根本扭转。一是产业规模小、结构有待优化。全市工业龙头企业少、规模小，规上工业企业数量少于体量相当的兄弟市。产业结构有待优化、传统产业占比过高，产业转型升级滞后，发展要素制约大。二是企业自主创新能力不强。市内高端印制电路板、新能源等制造企业与国内外先进水平相比仍存在差距，企业自主创新能力较弱，部分关键原材料、核心工艺技术、装备、关键零部件等受制于人。三是园区承载力不强，发展效益较低。园区工业固投总量不足，产业园区存在土地利用率低、投资强度小、亩均产出率低等问题。

四、对策建议

坚持以习近平新时代中国特色社会主义思想为统领，全面贯彻落实党的二十大精神，坚持稳字当头、稳中求进，以目标为导向，狠抓以制造业为主体的实体经济，统筹土地、资金等资源要素供给，引导先进制造业项目加快建设，全力推动工业经济稳健提升。

（一）狠抓政策落地，增强发展后劲

一是狠抓发展第一要务，坚持工业强市，大力发展以制造业为主体的实体经济。把握新时代中央和省支持老区苏区振兴发展带来的机遇，全力争取国家和省在产业发展、重点项目建设、民营经济、原中央苏区创新发展等方面的政策支持，加紧谋划一批重点项目，力争纳入国家、省的政策“笼子”，真正把政策的巨大撬动效应转化为老区苏区高质量发展新动能。二是全力对接参与“双区”和“两个合作区”建设重大区域战略，聚焦建设外溢效应，按照湾区所需，梅州所长，借外促内，强化对接共建制造业高质量发展，打造梅州苏区对接融入粤港澳大湾区先行区。三是加强政策梳理，做好政策的减法，服务的加法，避免撒胡椒面的做法，将有限的资源向重点产业、重点项目倾斜，为就业强、税收大的产业项目全力提供要素保障。四是建立健全省市定期协调联系工作制度，定期收集企业发展过程中的困难和问题进行研判解决，争取省在政策、项目等方面的全力支持。

（二）狠抓企业服务，提升工业发展活力

一是全力推动工业稳增长，提振企业投资和生产信心。贯彻落实全市促进实体经济高质量发展大会，大力发展先进制造业。深入实施主导产业提升和产值倍增计划，加强对工业经济运行监控和经济发展支撑点的分析，加大暖企服务，协调企业解决煤、电、油、运、用工、用地、融资等困难，实行市、县（市、区）两级领导直接联系企业挂点服务制度，做到规上工业企业挂点服务全覆盖。引导企业用好用足扶持政策，落实和兑现优惠政策。二是开展新一轮的政策宣讲服务活动，积极争取中央、省促进民营经济及中小微企业发展的政策支持，加强政策红利转化。三是坚持以企业需求为导向，强化服务引导，做好“小升规”企业申报入库工作，全力做好重点“小升规”培育企业上规纳统工作，不断培植新的经济增长点。四是完善“专精特新”中小企业梯度培育机制，鼓励嘉元科技、固特超声等成长为“小巨人”“单项冠军”和“隐形冠军”，引导中小企业走“专精特新”发展之路，力争2023年“专精特新”企业总数达到100家，“十四五”期间达到200家。

（三）狠抓项目建设，促进有效投资

一是扭住项目建设“牛鼻子”，坚持“以项目为王，要素围着项目走”，大力实

施暖企行动，持续抓好“制造业投资十条”等政策贯彻落实，通过主导产业龙头带动、创新驱动、规模联动的方式，鼓励企业增资扩产、技改升级。二是不断扩大有效投资，及早谋划和储备一批明年重点产业项目，重点跟踪服务好固定资产投资5000万元以上的工业项目以及一批铜箔—高端印制电路板重点项目。完善“广东省高性能电解铜箔区域创新中心”筹建方案，启动创新中心实体运作和创新能力项目建设，为工业稳增长打下坚实基础。三是推动实施制造业重点项目督办工作机制，对全市工业重点项目进行督办，由市、县（市、区）领导担任专员，负责跟踪服务。对省、市重点项目实行倒排工期、挂图作战，促进项目早动工、早建成、早投产、早见效。四是抢抓央企、省属国企加强科技创新的契机，主动引进合作伙伴，创造条件设立新型研发机构和重点实验室，帮助提升本地企业的管理水平和技术创新水平。

（四）狠抓发展重点，做强特色产业

一是打造先进材料千亿产业集群。制定《先进材料千亿级产业集群建设方案》，大力发展铜箔—高端印制电路板、绿色建材、稀土和钙基硅基精深加工及应用、陶瓷及标准化瓷泥深加工、半导体等产业，打造成国家战略性新兴产业集群。力争至2025年，先进材料产业集群产值超600亿元；力争至2027年，形成先进材料千亿级产业集群。二是推动支柱产业优化升级。支持和鼓励现有烟草、电力、电子信息、机电、建材等支柱产业通过技术改造、增资扩产。建立产业集群联动协调推进机制，积极发挥市、县联动机制，实施延链强链补链工程，突出抓好产业生态化，鼓励县域发展与资源禀赋相适宜的主导产业。三是着力打造特色产业集群。全力打造全国铜箔—高端印制电路板重要生产基地，带动铜箔—高端印制电路板产业高质量发展，力争到2025年铜箔—高端印制电路板产业产值达到600亿元，做大做强铜箔—高端印制电路板产业。以广梅园广汽零部件产业园为中心，大力发展轮毂—车轴—半挂车整车生产的产业链，力争到2025年汽车零部件产业达到100亿元，壮大汽车零部件产业集群。依托梅州市丰富的优质稀土资源，大力发展稀土产业，深化与广晟控股集团的战略合作，推进稀土产业重点项目建设，加快建成“广东省南方离子型稀土开发及应用技术创新中心”，构建稀土开采、精深加工全产业链条，力争到2025年稀土产业产值达到50亿元。四是做强产业发展主体。围绕重点发展的主导产业和特色产业，着力打造一批五十亿级、百亿级龙头企业；做大规上企业，着力推动“个升企”“小升规”，努力形

成“大企业顶天立地、中小企业铺天盖地”的生动局面。力争到2025年，年产值达100亿元的大型骨干企业实现零的突破，50亿~100亿元以上骨干企业达3家，10亿~50亿元以上骨干企业达20家，打造一批核心竞争力强、规模和品牌优势突出的先进制造业产业链领军企业。

（五）狠抓平台建设，提升产业承载力

一是高水平建设融入粤港澳大湾区合作发展平台，推动全市10个产业园区（集聚地）提质增效。发挥主平台开发公司统筹开发建设和运营管理作用，高标准建设梅州承接产业有序转移主平台，提升平台发展能级和承载力。二是以办企业的模式办好工业园，补齐园区“七通一平”基础设施短板，加大园区土地收储、加快标准厂房建设，推动重点工业产业园改造升级，支持梅州高新区和各县（市、区）产业园区（集聚地）“以升促建”，积极向省申报梅县新一代电子电路（铜箔）、蕉岭绿色建材、平远稀土、广梅园食品、丰顺电子电声等特色产业园。三是实施产值倍增计划，盘活低效产业用地，组织开展以亩均效益为核心的综合评价，提高项目亩均效益；围绕主导产业开展精准招商，加强园区“三个一批项目”建设。加快产业绿色化、园区循环化改造，坚决遏制“两高”项目盲目入园区发展，推动园区提质增效。四是着力建设梅州苏区融湾先行区，在交通互联、产业协作、生态共建、市场融合、资源共享、规则衔接、人文交融等方面先行先试，努力将先行区打造成为革命老区高质量发展示范区、粤闽赣苏区与粤港澳大湾区协同发展样板区、革命老区深度参与粤港澳大湾区建设引领区、粤闽赣苏区探索共同富裕先行区、粤港澳大湾区连接海西经济区的“桥头堡”、服务国内大循环的重要节点。

（六）狠抓新基建建设，力促数字经济加快发展

一是大力建设5G基站等新基建，进一步优化网络覆盖质量，不断为制造业数字化转型夯实信息基础设施建设。二是实施《梅州市互联网产业发展规划（2021~2025年）》，加快推进兴宁市互联网产业园等重点互联网项目建设，力争将梅州打造成为广东省重要的互联网产业集聚区。三是加快制造业数字化改造，2023年力争推动40家以上规上工业企业实施数字化转型，支持企业实施“5G+工业互联网”应用项目，引导制造业企业向数字化、网络化、智能化转型。

第九节 惠 州 市

党的十八大以来惠州市推动制造业高质量发展情况报告

惠州市工业和信息化局

党的十八大以来，惠州市坚持以习近平新时代中国特色社会主义思想为指导，深入贯彻落实党的二十大和二十届一中、二中全会精神，深入贯彻习近平总书记对广东系列重要讲话和重要指示批示精神，紧扣高质量发展首要任务，坚持“制造业当家”，把制造业作为立市之本、强市之基，聚焦实体经济不动摇、聚焦现代产业集群不动摇、聚焦产业园区不动摇，围绕奋力打造广东高质量发展新增长极、努力建成全国重要的先进制造业高地，健全“要素跟着项目走”保障机制，谋划建设“3 +7”工业园区，推动优质资源向重点项目、产业园区集聚，集中力量打造更具核心竞争力的电子信息、石化能源新材料、生命健康“2 +1”现代产业体系，持续巩固提升世界级石化产业基地、国家电子信息产业基地地位，谋划打造两个万亿级现代产业集群，增强产业韧性和核心竞争力。

十年来，惠州市制造业规模体量增长 2 倍，大亚湾石化园区 2019 ~ 2022 年连续四年位列“中国化工园区 30 强”第一，目前已形成上游炼油、中游乙烯、下游碳二、碳三、碳四、碳五、芳烃、碳九等优势产业链，世界级绿色石化产业集群初具规模；作为全国乃至全球重要电子信息产业基地之一，惠州市持续推动 TCL、亿纬锂能等一批重大项目落地建设，形成 5G 及智能终端、超高清视频显示、智能网联汽车、新能源电池等主导产业，产业规模稳居广东省第三位。先后获评首批国家先进制造业集群（超高清视频和智能家电）、国家级智慧健康养老应用试点示范基地，省市共建超高清视频产业基地、省 4K 电视试点示范城市、省级超高清视频产业园、省级首批特色园区（超高清视频显示）、省级 5G 产业园等系列荣誉称号。努力建设成国内领先的超高清视频显示产业基地以及国家重要的新一代电子信息产业集聚区。

一、全市制造业发展情况

（一）总体规模结构

产业规模实力居全省前列，结构持续优化升级。惠州市制造业（全口径）增加值从2012年的1126.8亿元提升至2022年的2573.5亿元，年均复合增长率8.6%，实现翻一番；全市制造业增加值占GDP比重稳定在42.3%～50.6%，其中2022年的占比47.6%。工业（全口径）增加值从1293.9亿元提升至2717.8亿元，年均复合增长率7.7%。高技术制造业增加值占规上工业增加值比重从38.4%提升至39.1%，2022年占比高于全省9.2个百分点。民营经济发展对制造业贡献突出，民营经济占规上工业增加值的比重从17%提升至44%。

规上工业企业数量持续增长，龙头企业成为重点产业发展主引擎。全市规上工业企业从2012年的1430家增长至2022年的3934家，规上工业企业数量翻了近三番；2022年规上工业总产值11122.2亿元，增长10.1%；2022年规上工业增加值2424.8亿元、占全省比重6.1%、排全省第5位，增速6.3%、居全省第2位。全市年营收超百亿元制造业企业从5家增长至16家。全市31家企业入选2022年广东制造业500强企业。截至2022年底，全市共有2家国家级制造业单项冠军企业，36家国家级“专精特新”“小巨人”企业，7家省级制造业单项冠军企业、767家省级“专精特新”中小企业；2850家高新技术企业、2729家科技型中小企业，两项增速均居珠三角第一，中小企业健康发展并成为完善产业生态的重要力量。

（二）主要产业发展情况

1. 规模前十大产业发展概况

新兴产业蓬勃发展，传统产业稳步提升。计算机、通信和其他电子设备制造业一直是惠州市最主要产业，占全市制造业增加值比重从2012年的37.9%调整至2021年的34.7%，在全市重点产业排名中一直稳居第1位。全市专用设备制造业增加值规模翻五番，占全市制造业增加值比重从2012年的0.7%提升至2021年的1.8%，在全市重点产业排名从第17位提升至第10位。家具制造业、金属制品业等传统产业规模稳中有升，在全市重点产业排名分别从第10位、第9位提升至第8

位、第7位，如表3－7所示。

表3－7　2012年、2017年、2021年全市前十大行业（按增加值）变化情况

行业大类/统计指标	2012年			2017年			2021年		
	增加值（亿元）	占制造业比重（%）	排名	增加值（亿元）	占制造业比重（%）	排名	增加值（亿元）	占制造业比重（%）	排名
规上制造业	1174.0	—	—	1850.5	—	—	2215.8	—	—
计算机、通信和其他电子设备制造业	445.1	37.9	1	730.5	39.5	1	768.6	34.7	1
化学原料和化学制品制造业	72.4	6.2	3	165.8	9.0	2	254.1	11.5	2
电气机械和器材制造业	51.7	4.4	4	106.2	5.7	4	231.6	10.5	3
石油、煤炭及其他燃料加工业	217.0	18.5	2	117.0	6.3	3	201.0	9.1	4
橡胶和塑料制品业	34.8	3.0	7	73.5	4.0	5	114.5	5.2	5
非金属矿物制品业	27.7	2.4	8	45.0	2.4	11	88.4	4.0	6
金属制品业	22.3	1.9	9	66.3	3.6	7	62.4	2.8	7
家具制造业	19.2	1.6	10	46.6	2.5	10	51.6	2.3	8
汽车制造业	35.1	3.0	6	54.4	2.9	8	49.3	2.2	9
专用设备制造业	7.9	0.7	17	25.9	1.4	14	39.7	1.8	10

注：列表中第一列的行业大类按照本地区2021年增加值排名前十的行业大类列出。
资料来源：广东省统计年鉴。

2. 特色优势产业发展情况

着力建设世界级绿色石化产业高地。2022年，惠州市石化能源新材料集群规模达3450.3亿元，增长20%。其中，石化行业产值达2486亿元、增长27.4%、总量居全省首位；能源产业产值达514亿元、新材料产业产值达450亿元。目前，按照国家“减油增化”发展方向，结合石化产业发展定位，围绕石化原料多元化，惠州正推动基础化工原料向高端精细化学品和化工新材料延伸发展，在现有中海油2200万吨炼油、中海壳牌220万吨乙烯的基础上，埃克森美孚、恒力石化等世界500强石化龙头企业先后密集落户，同时大力引进石化中下游产业项目，积极构建完整的石化产业链条，推动石化产业全链条集群化发展，呈现国企、民企、外企同台竞技的良好局面。大亚湾石化区集聚13家世界500强企业，引进20多个国家和地区的65家化工企业，发挥“隔墙供应”优势，与惠州新材料产业园联合打造高端精细化工和新材料产业集群。

联动打造世界水平数字产业基地。2022年，惠州市电子信息产业集群产值5054

亿元，增长近7%。12家电子信息企业超百亿元，11家企业上榜全省电子信息制造业100强，15家电子信息企业在境内上市。作为全国乃至全球重要电子信息产业基地之一，惠州市持续推动TCL、亿纬锂能等一批重大项目落地建设，强化与广深佛莞等城市产业链协同，把握产业数字化、数字产业化趋势，在补链强链延链上下足功夫，形成5G及智能终端、超高清视频显示、智能网联汽车、新能源电池等主导产业。其中，5G及智能终端产业聚链成群产业韧性不断增强。2022年，惠州市5G和智能终端产值超过1900亿元，形成从手机设计方案、核心零配件（显示屏、天线、偏光片、摄像头模组、指纹模组、玻璃盖板、蓝牙模组、高密度电路板等）、终端制造较为完整产业链。手机产量超过4800万台，不仅是华为、小米等公司的重要供应链集中地，也是全国乃至全球重要的手机生产基地。党的十八大以来，惠州市抢占5G产业发展先机，强调规划先行，提出打造万亿级电子信息产业集群建设目标，招引落户视联动力、深和讯智能终端、博实结物联网、迪芬尼声学、光弘科技、胜宏科技、金籁科技等若干超10亿元重点项目，依托伯恩光学、龙旗电子等龙头企业，集聚光弘科技、TCL移动等250多家产业链企业。惠州市连续6年举办中国（惠州）物联网·云计算技术应用博览会，持续举办5届中国手机创新周活动，有力提升惠州市5G智能终端以及物联网、云计算等高端电子信息产业在国内外的影响力；超高清视频显示产业突飞猛进打造国家级先进制造业集群。2022年惠州市超高清视频显示产值超过680亿元，生产彩色电视机接近2800万台、液晶显示屏超过21000万片、液晶显示模组超过3900万套。党的十八大以来，惠州市抢抓新型显示国产化替代重要机遇，持续加快超高清视频显示产业布局和建设，形成基础材料（靶材、玻璃基板、偏光片等）、面板、核心基础配件（背光器件、Wi-Fi模组、电源）、驱动电路、显示模组到整机制造的超高清视频显示产业链。依托TCL模组整机一体化项目（投资129亿元）重点项目，先后引进旭硝子显示玻璃、创维数字等项目，与仲恺半导体显示产业链百亿元投资项目。目前，全市集聚日本旭硝子、江丰电子、盈晖、创亿达、伟乐视讯、高盛达等超100家产业链企业，先后获得了省市共建超高清视频产业基地、省4K电视试点示范城市和省级超高清视频产业园等荣誉称号，仲恺高新区获批全省首批特色园区（超高清视频显示），与广州市、佛山市共建的广佛惠超高清视频和智能家电产业集群获评工信部“国家先进制造业集群”，进一步擦亮惠州市超高清视频显示产业“名片”。

生物医药产业集群逐步壮大。2022年全市生命健康制造业总产值178.1亿元，增加值为48.4亿元，占GDP比重0.9%。惠州市多年前就将生物医药产业作为重点培育的战略性新兴产业之一，围绕全领域、全链条、全生态强化政策支持，借助国家给予的市场准入优势，依托全市电子信息和石化两大主导产业。一方面，惠州市有较多的国内外电子信息行业大企业及知名品牌，为研制中、高端电子医疗器械提供技术支持；另一方面，石化产业能为部分以石化产品为原料的药用辅料、原料药及化学药物制剂提供丰富而价格低廉的原料，从而推动全市生物医药、高端医疗器械、大健康等细分领域蓬勃发展，形成差异化竞争优势。

二、推动制造业高质量发展的主要经验做法

强化项目带动，全力推动工业投资增长。注重在“快”字上下功夫，坚持又大又快、以大带小，有力促进扩投资稳增长。投资100亿美元的埃克森美孚惠州乙烯项目仅用18个月完成从谈判到项目落地建设；恒力PTA项目从签约到动工仅用4个月时间。中海壳牌二期、广东太平岭核电、港口海上风电、LNG接收站等重大项目顺利推进。

强化园区集聚，全力推动“3+7”工业园区建设。出台工业园区提质增效发展系列政策文件，聚焦“千亿园区、万亿产业”目标，立足“丰”字交通主框架，高起点高标准规划建设“3+7”工业园区，推动资源要素向园区聚集、产业项目向园区集中，实现集约高效共享发展。近年来，惠州在着力优化升级大亚湾经开区、仲恺高新区、中韩产业园3个国家级产业园区，在7个县区各谋划建设1个千亿级重点工业园区，坚定不移推动产业项目向“3+7”园区集中，避免“村村点火、户户冒烟”。统筹推进园区道路、污水处理设施、供水供气供热等基础设施建设；坚持新增工业项目入园发展，将土地、资金、项目等要素往园区集中，制定出台园区项目快速落地措施等一系列政策措施，力促园区在项目招商、土地供应、工程报建、管理服务等方面突破创新。推动优质项目向园区集聚，创维数字、深和讯、科信技术、中诺智慧谷、金籁电子、亿纬动力、豪鹏科技等一批投资超10亿元重点项目纷纷落户“3+7”工业园区。

强化精准服务，全力服务保障好项目投资建设。在用地保障方面，2018年以来，旗帜鲜明地提出将新增建设用地指标70%以上主要用于保障工业项目（2018年以来每年均超过70%），按照“三个优先”（“3+7”园区优先、工业项目优先、供地后三个月内动工优先）的原则，实行精准化、差异化配置用地，真正把土地资源优势转化为产业发展优势，抓住“增存挂钩”政策机遇，以前所未有的力度对2009

年以来批而未供的土地依法进行处置，努力将“历史包袱”转化为“优势资源”。2020年以来，全市共处置存量土地约3100公顷，“挣取”建设用地指标约1400公顷，保障项目用地需求；在资金保障方面，对TCL模组整机一体化智能制造项目、埃克森美孚惠州乙烯项目等重点产业项目给予财政资金补贴；在项目建设用料保障方面，惠州探索创新，依托国有企业，参与绿色石场、混凝土搅拌站等投资建设和运营，强化混凝土及砂石、水泥保供稳价，保障重大项目建设需求；在服务保障方面，成立重大项目服务专班，市主要领导亲自上阵，靠前指挥，“一竿子插到底”协调解决问题，以超常规速度推动一批重大项目落地开工建设。全面推行建设工程项目“信用快审”承诺制改革，推出临时施工复函、容缺办理等措施，实现项目“当天摘牌当天动工”。“3+7”园区均成立项目动竣工专班，以“店小二”精神为项目建设提供贴心服务。

强化提质增效，全力推动产业高端化绿色化发展。坚决落实“双碳”战略，推进绿色低碳循环发展。一是打造绿色低碳循环石化园区，全力推进中海油、埃克森美孚、壳牌等企业在大亚湾石化区建设1000万~2000万吨碳捕获、利用与封存（CCUS）示范项目，项目建成后，石化区有望成为“净零排放”绿色园区。目前，石化区循环经济产业链关联度高达85%，化工原料就地消化率达71%。发挥大亚湾石化区“隔墙供应”效应，在惠东白花规划建设新材料产业园，推动石化产业与新材料优势互补、耦合发展。二是推动制造业优化升级。新增3家企业（累计10家）被评为国家级智能制造工厂、8家企业（累计51家）被评为省级企业技术中心。印发实施推动落后产能退出工作计划，加强印染、食品、医药等行业管理。三是提升工业设计产业层次。举办第十一届“省长杯”工业设计大赛惠州分赛区，力促一批工业设计成果的转化应用，加速工业设计产业发展。组织澳宝、TCL瑞智等工业企业申报省级工业设计中心、服务型制造示范项目。

三、制造业发展主要存在的困难问题

一是产业链发展不平衡。石化产业中上游原料丰富，但下游产业链仍然比较薄弱。新一代电子信息产业价值链总体处于中低端，竞争力弱于深圳等一线城市。二是部分企业产能外溢。近年来，惠州用地、用工成本持续提升，中西部城市通过固投补贴、物流补贴、地价减免、代建厂房、个税奖励、电价优惠等政策，招引惠州企业向外布局发展、转移产能。

四、对策建议

一是抓产业集群化。聚焦石化能源新材料、电子信息两个万亿级产业，紧盯补链延链强链靶向发力，引育一批百亿元级或产业链关键环节的产业项目，加快建设世界级绿色石化产业高地，联合广深莞打造世界水平数字产业基地。抓住产业发展风口，大力发展储能设备、动力电池、新能源汽车等新兴产业。3 月 20 日，广东省政府发布《广东省推动新型储能产业高质量发展的指导意见》（以下简称"《意见》"）。《意见》在第十条优化锂电池产业区域布局方面，多处提及惠州，并对惠州重点发展新型储能产业作出规划：提出以广州、深圳、惠州、东莞为重点建设珠江口东岸储能电池产业集聚区，以深圳、惠州、东莞、湛江为重点建设锂电硅碳负极材料集聚区，以惠州、珠海为重点建设电解液专业园区，以梅州、韶关、惠州为重点建设铜箔、铝箔、聚偏二氟乙烯膜等辅助材料集聚区，以广州、深圳、惠州、东莞、肇庆为重点建设储能控制产品及系统集成、先进装备制造集聚区。当前，惠州拥有较为完善的新能源电池产业链，已成为国内电池品类最齐全的产业基地之一，发展新型储能产业水到渠成。接下来，将着力推动新能源技术创新、行业应用、产业发展，加快构建更加完善的新能源全产业链生态，助力惠州加快打造万亿级电子信息产业集群。

二是抓产业高端化。经济数字化转型是大势所趋。数字经济是未来产业，也是惠州的短板。我们正加快发展数字产业，推进产业数字化和数字产业化发展。一方面，积极布局 5G 基站、工业互联网、中小型城市数据中心及边缘计算等新基建。另一方面，推进制造业智能化数字化转型。支持制造业龙头企业加快"5G + 工业互联网"融合应用，推动家具、纺织、制鞋等传统优势产业借"数"转型，到 2025 年建成 40 个国家级、省级制造业数字化转型试点示范项目，推动 3000 家以上规上工业企业数字化转型，累计带动超 2 万家企业"上云用云"。同时，健全"专精特新"中小企业、"专精特新""小巨人"企业、制造业"单项冠军"企业（产品）的梯度培育工作机制，力争到 2025 年总量达 900 家。

三是抓服务高效化。坚持改革创新和高效服务，打造优质的营商环境。优化落实各项改革举措，依法平等保护各类企业产权和自主经营权，着力营造市场化、法治化、国际化一流营商环境。加大对民营企业在融资服务、技术服务、转型升级等方面的支持，为企业减负增效。依法保护外资企业合法权利，坚决落实外商投资准入负面清单，保持政策的连续性、稳定性。大力弘扬企业家精神，营造尊重企业家价值、鼓励企业家创新、更好发挥企业家作用的社会氛围。坚决落实国家和省减税降费措施，进一步清理规范涉企收费，持续降低企业发展负担，让市场主体切实感受到政策落实有力度、政府服务有温度。

第十节　汕　尾　市

党的十八大以来汕尾市推动制造业高质量发展情况报告

汕尾市工业和信息化局

党的十八大以来，汕尾市深入贯彻习近平总书记关于制造业高质量发展的重要讲话和重要指示批示精神，认真落实省委、省政府赋予汕尾沿海经济带靓丽明珠和东翼沿海经济带东承西接战略支点的定位，坚持“创新强市、产业兴市”不动摇，逐步确立并强化实体经济发展的重要地位，推动制造业占比稳步提升。党的十八大以来，汕尾市制造业保持快速增长，增速连续多年排名全省前三位，总量成功“砍尾”摆脱末位，产值超百亿企业实现零的突破，“5 + N”先进制造业产业集群建设全面推进，电子信息、风电装备、新能源、大美丽等战略性产业快速发展，对经济发展和产业升级的支撑作用进一步增强。

一、全市制造业发展情况

（一）总体规模结构

一是产业规模实力显著提升。党的十八大以来，汕尾市工业（全口径）增加值从246.5 亿元提升至490.9 亿元，年均复合增长率6.5%。全市规上制造业营业收入从637.56 亿元提升至1140.8 亿元，年均复合增长率6.7%。全市规上工业总产值从

760.63亿元提升至1462.6亿元，年均复合增长率7.5%。

二是制造业地位稳固，产业结构持续优化升级。党的十八大以来，汕尾市高技术制造业增加值占规上工业增加值比重从19.9%提升至27.8%。全市规上工业企业从2012年的257家增长至2022年的289家。年营收超百亿元制造业企业1家，来自新一代电子信息领域。截至2022年底，全市共有19家“专精特新”中小企业，76家高新技术企业。

三是数字化发展成效显著。汕尾市“明珠数谷”大数据产业园纳入全省“双核九中心”数据中心集聚城市布局，在全省率先发布《汕尾市“明珠数谷”大数据产业园发展规划》，截至2021年引进数字产业关联项目共20个，包括秉政科技信息服务、翰博士柔性触摸屏、中合汇电子信息产业园等项目，重点推动汕尾高新区中瀚云+智能制造产业园、高锐区块链等项目落地建设。汕尾高新区大力推进“5G+智慧园区”建设，成功申报列入广东省5G产业园（全省8个）。工业互联网深入推进，国泰食品、红海湾电厂、万盛针织等企业通过“两化融合”国家标准认证。

（二）主要产业发展情况

1. 规模较大产业发展概况

新兴产业蓬勃发展并成为制造业增长主力引擎。党的十八大以来，全市计算机、通信和其他电子设备制造业产业增加值规模稳步增长、规模排名保持首位，占全市规上工业增加值比重从2012年的19.87%提升至2022年的24.86%。纺织服装等传统产业规模稳中有升，占全市制造业增加值比重从2012年的7%提升至2022年的10%，如表3-8所示。制造业产品结构向中高端升级趋势明显，2012年，全市制造业重点产品主要为电子元器件；到2022年，全市制造业重点产品升级为海上风电装备。

表3-8　2012年、2017年、2022年汕尾市前十大行业（按增加值）变化情况

行业大类/统计指标	2012年			2017年			2022年		
	增加值（亿元）	占制造业比重（%）	排名	增加值（亿元）	占制造业比重（%）	排名	增加值（亿元）	占制造业比重（%）	排名
规上制造业	153.75	—	—	171.08	—	—	150.64	—	—
计算机、通信和其他电子设备制造业	36.9	24.0	1	38.45	22.5	1	48.98	32.5	1

续表

行业大类/统计指标	2012 年			2017 年			2022 年		
	增加值（亿元）	占制造业比重（%）	排名	增加值（亿元）	占制造业比重（%）	排名	增加值（亿元）	占制造业比重（%）	排名
纺织服装、服饰业	12.98	4.1	6	34.44	4.4	5	24.54	16.3	2
非金属矿物制品业	5.46	3.1	8	5.34	2.4	9	14.61	9.7	3
文教、工美、体育和娱乐用品制造业	30.27	19.7	2	34.90	20.5	2	10.87	7.2	4
电气机械和器材制造业	1.69	0.1	12	1.88	0.1	10	9.17	6.1	5
农副食品加工业	4.82	15.4	3	4.1	2.9	9	7.67	5.1	6
橡胶和塑料制品业	19.47	19.7	4	22.61	13.1	4	7.41	4.9	7
纺织业	23.64	0.2	20	5.01	0.1	20	6.94	4.6	8
金属制品业	6.24	3.5	7	7.81	3.1	6	5.77	3.8	9
通用设备制造业	0.25	0.01	23	0.24	0.01	8	3.37	2.2	10

注：列表中第一列的行业大类按照本地区 2022 年增加值排名前十的行业大类列出。
资料来源：广东省统计年鉴。

2. 特色优势产业发展情况

高端电子信息产业不断集聚发展。2022 年，汕尾市电子信息产业实现规上工业增加值 48.98 亿元，同比增长 12.7%，占汕尾市规上工业 24.9%。电子信息产业是汕尾第一大产业，也是先进制造业和高新技术产业“领头羊”，重点企业有信利集团、康源半导体、比亚迪电子等，主要产品为半导体元器件、显示器件、电路板等电子零部件，逐步形成以核心部件为引领，关键材料和应用终端不断集聚的发展态势。汕尾高新区成功申报省 5G 产业园和电子信息特色产业园。

海上风电装备制造业逐步做大做强。2022 年，汕尾市海工装备制造业实现规上工业增加值 3.37 亿元，同比增长 11.1%。海洋工程装备产业是汕尾近年来大力发展的重点产业，主要以临港海洋工程装备制造为核心，以海上风电为特色，形成集核心技术研发、智能制造于一体的规模化高端新能源产业集群，实现海上风电产业跨越式发展。海工装备制造业主要企业包括明阳智慧能源、南海海缆、天能重工等，产品涵盖风机、叶片、塔筒、桩基、海缆等海上风电主设备。

纺织服装产业焕发新活力。2022 年，汕尾市纺织服装业实现规上业增加值 24.54 亿元，同比增长 4.6%，占全市规上工业 16.3%。纺织服装业逐渐发展成为汕尾市特色产业、优势产业和集聚度较高的行业，传统产业焕发全新活力。海丰县公平镇成功申报全省产业集群建设示范基地，重点企业有敏兴集团、国润纺织、金鸟来等。汕尾市纺织服装业以生产西服为主，兼营衬衫、西裤、牛仔裤、女装、休闲装等门类齐全的多系列服装产品，形成较为完整的梭织、针织、家纺等纺织服装产业集群，陆续出现电脑绣花、拉链、标织、塑料、包装、辅料、制线等服务于服装生产的配套生产线或配套企业，初步形成相对完整的服装产业链。

文工艺品制造业加快转型升级。2022 年，汕尾市文工艺品制造业实现规上工业增加值 10.87 亿元，占全市规上工业 7.2%。汕尾文工艺品制造产业主要包括金银珠宝首饰加工和圣诞礼品制造，其中梅陇镇以金银珠宝首饰加工为主，现有金银首饰市场主体 3000 多家，从业人数 6 万多人，先后获得“中国彩色宝石之都”和“中国珠宝玉石首饰特色产业基地”的称号。可塘镇共有珠宝行业市场主体 7820 家，其中企业 587 家（工业企业 138 家），个体工商户 7233 家，每年彩宝加工总量达 5 万多吨，产值近 50 亿元，现有两个专业交易市场，分别为广东可塘珠宝交易市场、可塘荔湾珠宝市场，从事电商直播共有 1000 多家、3000 多人，2022 年电商销售额 11.4 亿元。碣石镇 2005 年被批准为圣诞品技术创新专业镇，目前拥有圣诞饰品企业约 37 家。

新能源汽车产业快速发展。2022 年，汕尾市新能源汽车制造业实现规上工业增加值 9.17 亿元，同比增长 27.6%，占全市规上工业 4.7%。新能源汽车产业细分领域优势突出，依托比亚迪集团先后引进投产比亚迪汽车、比亚迪实业、比亚迪电子、弗迪电池等新能源汽车龙头企业，集聚发展汽车零部件、电子器件、电池等细分领域，刀片式电池、消费类电子等汽车零部件“专精特新”优势突出。近年来，全市加快打造汕尾新能源汽车零部件和电池零部件产业核心承接基地，持续做大做强新能源汽车产业链。

二、推动制造业高质量发展的主要经验做法

党的十八大以来，汕尾市坚持质量第一、效益优先，以供给侧结构性改革为主线，把发展工业经济的着力点放在制造业上，把提高供给体系质量作为主攻方向，着力加快建设现代产业体系。

（一）以产业项目为根本，大力发展先进制造业

坚持把推动制造业高质量发展作为稳增长的重要依托，大力发展先进制造业，

塑造产业发展新优势。一是大力推进制造业重点项目建设。积极扶持电子信息产业高端化升级，以股权投资方式投入 3 亿元，并争取到三年贴息累计总额不超过 1.4 亿元，推动信利光电高端微型摄像模组及屏下光学指纹识别模组项目增资扩产。大力促进高端装备产业集聚化发展，陆丰海洋工程基地已进驻明阳、中天等 5 家龙头企业，已全线投产。持续推动新能源汽车产业市场化转型，陆河比亚迪大巴生产线加快调整，红草比亚迪新建成投产 3 条生产线，合计实现产值近百亿元。二是持续扩大工业投资构建现代产业体系。中广核新能源、秋叶原、圣华龙服装项目投产上规，比亚迪实业二期、泽浩科技等项目加紧厂房装修和验收，东鹏饮料、海迪 5A 商务中心等项目加快建设。三是制造业创新创业活力迸发。2022 年，全市先进制造业实现规上工业增加值 84.53 亿元，占全市规上工业增加值 42.7%。自 2019 年来持续申办汕尾市中小企业创新创业大赛暨“创客汕尾”大赛，四届大赛中汕尾市共有 559 个项目参赛，其中进入省 12 强项目 3 个，进入国家 500 强项目 2 个。其中 2021 年汕尾市创客组团队“一次性电子内窥镜产业化项目”在省决赛中获得二等奖的佳绩。2022 年共有 190 个项目参加“创客汕尾”大赛，创历史新高。

（二）以产业园区为载体，不断提升产业集聚程度

利用深汕合作区体制机制调整后“特区搬到家门口”的有利契机，全面接受深圳辐射带动，大力推进深汕区县结对帮扶共建园区，借助深圳国际化平台，采用以商引商、产业链招商等方式，吸收外资壮大支柱产业，以更加开放的理念全面融入粤港澳大湾区和沿海经济带。一是高起点规划产业园区。统筹当前基础和长远发展，科学精准定位园区发展规划，全面优化产业园区布局。汕尾市高新区顺利完成扩区工作，新区产业转移集聚地纳入汕尾高新区范围内；海丰梅陇首饰产业环保集聚区通过省生态环境厅规划环境影响审查报告；陆丰市申报依托陆丰产业转移工业园带动星都片区产业集聚发展工作通过省批准；陆丰临港工业园区集聚发展，完成征地面积 153 公顷，进驻 5 个项目。二是加快推动制造业集聚发展。实打实抓项目、建产业，针对年度重点建设项目，逐个项目倒排工期，明确每半年、每个季度、每个月要完成的工作任务，聚集财政资金、土地指标、人力物力等各项资源要素，不断加快制造业项目建设进度，引导产业集聚发展。截至 2022 年，全市 4 个省级产业园区（集聚地）省认定总规划面积为 15.56 平方千米，累计入园企业项目 298 个，现有在建项目 94 个，累计建成投产项目 136 个，累计承接珠三角产业梯度转移项目 198 个，新动工亿元以上产业共建项目累计 96 个。比亚迪、国信通、威翔航空等超

十亿元、超百亿元重大制造业企业相继试产、投产，形成引进一个龙头、带来一批配套产业集群的良好态势。三是着力完善园区基础设施。充分发挥园区投资开发公司的平台作用，采取多种融资方式着力引进银行表外资金和社会资本，全面推进基础设施建设，不断提升产业园区承载能力。

（三）以技改创新为抓手，大力推动产业转型升级

积极实施新一轮技术改造，通过股权投资、贷款贴息、事后奖补等方式，引导企业重点投向优质技术改造项目，推动制造业向研发和营销两端发展。自主创新能力显著增强。2022 年，全市共有市级企业研发中心 183 家，高新技术企业 76 家。全年专利授权量 3077 件。技改创新深入推进。2022 年，全市累计推动超 110 家工业企业开展技术改造，带动近 300 家中小企业“上云用云”，争取省级先进制造业发展专项资金（企业技术改造）项目 10 个，奖励资金 6301 万元，项目数和奖励资金创历年新高。

（四）以数字经济为目标，促进制造业和互联网跨界融合发展

以 5G 基站建设为基础，深入推进互联网与制造业融合互动，加快培育壮大新产业新业态，释放数字经济发展潜能。一是实施“互联网 +”战略。举办制造业数字化转型、云巡展、5G 宣传周、工业互联网大会等交流洽谈活动，制定出台《汕尾市推动“互联网 + 先进制造业”发展工业互联网实施方案》，支持制造业企业信息化、智能化成果应用，改造企业生产工艺和业务流程，提高企业创新水平、管理水平和生产效率。二是促进企业上云上平台。围绕工业企业产品研发、生产控制与优化、经营管理、节能减排等关键环节，提供专业定制、购买租赁、咨询服务等多层次的云应用信息化服务，推动企业上云上平台。累计推动海丰多泰食品、娜菲实业、汕尾岭峰印刷等 110 家工业企业开展“上云用数赋智”。三是加快推动 5G 产业发展。建立全市 5G 产业发展联席会议制度，协调推动 5G 产业发展。汕尾联通与汕尾高新区签订战略合作协议，推进“5G +”智慧园区建设；汕尾电信、汕尾移动、汕尾联通与汕尾职业技术学院共同探索“5G +”校园建设，加快推动“5G +”VR 沉浸式教育、“5G +”VR 实验室等项目落地。

三、制造业发展主要存在的困难问题

近年来，汕尾市制造业虽然保持快速发展势头，但是与建设产业先进、技术先

进、管理先进的制造业大市强市的目标还有较大距离。一是产业发展起步晚，产业链不完善。制造业基础差，“高端产业低端环节”现象较为突出，竞争优势不明显，龙头企业尚未在市内形成产业链条。二是自主创新能力不强。产业体系上下游产业缺乏高科技龙头和专利大户，专用技术设备、产品技术、工艺装备等对外依赖依然存在。三是产业用地困难比较突出。土地供给困难和用地需求增加，用地规划调整难，时间较长、手续烦琐。四是技术型人才缺口大，人才引进难。本地技术学校培养的专业性技术人才少、开设专业少；工资待遇不高，普工招聘有一定难度。

四、对策建议

接下来，我们将坚持制造业当家，树牢“创新强市、产业兴市”理念，大力发展以先进制造业为主的实体经济，加大行业龙头骨干企业培育力度，强化产业项目支撑，促进产业集聚发展，不断做大汕尾市制造业堆头，推动全市制造业高质量发展。

着力建设现代化产业体系。以先进制造业为着力点，突出抓好电子信息、新能源汽车、海工装备等战略性产业创新突破。擦亮省5G产业园和电子元件及显示器件特色产业园“金字招牌”，完善“芯—屏—端”全产业链，稳固提升高端电子信息主导地位。围绕海上风电整机制造、电力设备制造和大型钢结构加工，精准招引海上风电高端装备制造23个产业环节的重点企业，打造全产业链风电装备制造产业集群。依托比亚迪等行业领军企业，支持新能源汽车零配件、电池零部件、电池组装及轨道钢结构等汽车零部件项目增资扩产，打造新能源汽车产业基地。围绕千亿级大美丽产业集群，大力发展金银首饰、彩色宝石、美妆等制造业，推动美妆产业与珠宝、金银首饰等传统制造业融合发展，着力构建大美丽产业格局。围绕“一龙头一核心一基地”总体思路，做大做强清洁油品、基础有机化工原料、化工新材料与高端化学品，加快构建石化产业上中下游一体化发展格局。

着力推动制造业技改创新。深入实施创新驱动发展战略，制定实施促进传统产业转型升级的贴息贷款、科技创新基金等扶持政策，大力促进传统产业实施技术改造，实施智能制造、绿色制造，提升产品质量，降低资源能源消耗，持续提高企业生产效率。加快公平、可塘、梅陇、三甲等环保集聚区建设，扶持纺织服装、金银首饰、海产品等传统优势产业发展，鼓励优势传统产业企业以“智能化改造”和“上云上平台”为重点实施技术改造，推动企业设备更新、技术革新、产品创新。

推动企业加强管理创新，利用新一代信息技术等手段，创新营销模式，改进供应链管理，提高效益水平。

着力打造承接产业有序转移主平台。坚持“高起点规划、高标准建设”理念，聚焦省20个战略性产业集群布局，推动市场化运作、企业化管理、产业链集聚，扎实开展基础配套设施提升、产城融合推进、产业能级提升、运营能力提升、营商环境提升“五大行动”，持续强化人才、土地、金融等要素保障供给，深入推进与珠三角地区的合作共建共兴，全面对接珠三角地区先进制造、研发设计、品牌运营、渠道开拓等领域，进一步融入珠三角地区产业链、供应链、创新链、营销链，力争成为名副其实的珠三角产业链延伸区、产业转移承接地和产业集群配套基地，加快建设革命老区高质量发展示范区。

着力推动制造业数字化转型。加快新一代通信基础设施建设，在建设高质量5G和千兆光纤网络的基础上，推进数字结算总部、跨境电商平台等数字化项目建设，谋划建设品清湖新区数字园区。建设面向中小企业的工业互联网服务平台，普及推广面向中小微企业、模块化、低成本、易部署的工业互联网应用，力争每年推动100家制造业企业实现数字化转型。深化新一代信息技术与制造业融合发展，推动龙头企业打造“5G + 工业互联网”标杆企业。深化与阿里云、华为云、广东联通等大型企业合作，选取金银珠宝首饰加工业、食品加工业、纺织服装业、工艺品加工业等优势传统行业，打造“5G + 工业互联网”产业集群，推动传统优势产业整体提质增效。

着力服务实体经济发展。深入贯彻落实“店小二”服务理念，落实“1 + 3 + X”服务机制，抓好战略性产业集群融资服务，积极主动协调解决企业生产经营的困难和问题，着力降低企业生产经营和制度性成本。深入贯彻开展“专精特新万企行”“一起益企”中小企业服务行动和中小企业服务月活动，优化“粤企政策通”平台应用，开展涉企政策精准推送。落实培育发展优质企业政策，支持帮助企业加快发展，加快构建以“链主”企业、单项冠军企业、“专精特新”企业等为代表的优质企业梯次培育发展体系。狠抓营商环境优化，营造企业安心扎根汕尾发展的良好发展环境。

（撰稿人：李杰伟、黄德鹏①）

① 李杰伟，汕尾市工业和信息化局；黄德鹏，汕尾市工业和信息化局。

第十一节　东　莞　市

党的十八大以来东莞市推动制造业高质量发展情况报告

东莞市工业和信息化局

制造业是东莞的根与魂，是东莞的本色和坚守。党的十八大以来，东莞始终坚持制造业立市不动摇，深入实施“制造强市”战略，聚焦“科技创新＋先进制造”，加快推动制造业高质量发展，奋力打造粤港澳大湾区先进制造业中心。2016 年，东莞被工信部评为全国 15 个“工业稳增长和转型升级成效明显市”之一，获国务院督查激励。2017～2019 年，东莞连续三年被评为省制造业发展较好地市。东莞电子信息产业集群突破万亿元规模，并成功培育智能移动终端等 3 个国家级先进制造业集群。2022 年，东莞完成规上工业增加值 5267.4 亿元，占全省比重由 2012 年的 7.9%大幅提升至 13.3%，位居全省第 3 位。

一、全市制造业发展情况

（一）总体规模结构

产业规模实力显著提升，居全省前列。2012～2021 年，东莞工业（全口径）增加值从 2012 年的 2626.38 亿元提升至 2021 年的 6077.51 亿元，居全国第 10 位、全省第 4 位，年均复合增长率 8.9%；规上工业总产值从 9492.6 亿元提升至 24513.1 亿元，年均复合增长率 10.0%。其中，制造业（全口径）增加值从 2013 年的 2726.37 亿元（2012 年未统计）提升至 2021 年的 5871.45 亿元，年均复合增长率 8.9%；规上制造业总产值从 2013 年的 10350.56 亿元提升至 2021 年的 23521.55 亿元，年均复合增长率 10.81%；规上制造业利润从 263.7 亿元提升至 1176.5 亿元，年均复合增长率 16.1%。高技术制造业增加值占规上工业增加值比重从 2012 年的 31.1% 提升至 2021 年的 37.8%，2021 年占比高于全省 7.9 个百分点。

规上工业企业超万家，龙头企业成为重点产业发展主引擎。东莞规上工业企业从 2012 年的 4256 家增长至 2022 年的 12897 家，企业数量排名全省第 1 位。全市年营收超百亿元制造业企业从 5 家增长至 14 家（其中超千亿元 3 家），主要来自电子信息领域。入选广东制造业 500 强企业数量从 2014 年的 52 家提升至 2022 年的 72 家。华为终端、OPPO、vivo 等龙头企业带动产业链上中下游企业构建具有全球影响力的智能移动终端产业生态。截至 2022 年底，全市共有 2040 家省级“专精特新”中小企业，110 家国家“专精特新”“小巨人”企业，中小企业健康提质发展，成为完善产业生态的重要力量。

（二）创新发展及转型升级

“科技创新 + 先进制造”加速融合推动产业高质量发展。2021 年，东莞规上工业研发经费支出为 405.61 亿元，十年间年均复合增长率 20.66%，占全省比例为 13.98%，规上工业研发经费支出占营业收入比例从 2012 年的 0.78% 提升到 2021 年的 1.59%，十年间累计提升 0.81 个百分点。2022 年，全市高新技术企业 9099 家，比 2012 年（537 家）增长 16 倍。党的十八大以来，全市依托重点企业和科研院所加大研发创新投入，推动打造全过程创新生态链，在电子信息、第三代半导体等先进技术领域攻关成效显著。

数字化、服务化、绿色化发展成效显著。截至 2022 年底，数字化转型加速推进，全市拥有国家级智能制造试点示范和专项项目 4 个，国家级智能制造优秀场景 3 个，省智能制造生态合作伙伴 33 个，认定市级智能工厂（车间）32 个，累计推动规上工业企业数字化转型 5191 家。积极促进服务型制造，成功创建国家服务型制造示范城市（工业设计特色类），培育了 OPPO、vivo 2 家国家级工业设计中心，“东莞杯”国际工业设计大赛发展成为国内最具知名度与影响力的工业设计赛事之一。加快构建绿色制造体系，全市获评的国家级绿色产品 24 个、绿色工厂 20 家、绿色供应链 1 家，数量排名位列全省前列。

（三）主要产业发展情况

2011 年，东莞确立“五大支柱、四个特色”的产业发展结构。2022 年，五大支柱产业完成规上工业增加值 3486.0 亿元，占全市规上工业的 66.2%；四个特色产业完成规上工业增加值 472.5 亿元，占全市规上工业的 9.0%。“十四五”伊始，为进一步推动产业集聚向集群化发展跃升，东莞选取新一代电子信息、装备制造、纺织服装鞋帽、食品饮料作为战略性支柱产业集群，选取软件与信息服务、新材料、新能源、生物医药及高端医疗器械、半导体及集成电路作为战略性新兴产业集群，构建“4+5”产业集群培育体系，已形成“百、千、万”亿级集群发展梯队。

“万亿级”电子信息产业集群强势引领。东莞电子信息制造业产业基础雄厚，产业配套完善，形成从产品设计到产品制造和检测，从基础零部件到终端产品制造，从消费类产品到投资类产品的完整产业体系，具备将科研成果迅速产业化的能力，夯实发展下一代电子信息产业的坚实基础。2022 年，东莞电子信息制造业完成规上工业增加值 1673.3 亿元，占规上工业比重达 31.77%，集群营业收入达到 10521.2 亿元。东莞拥有华为、OPPO、vivo 等全球领先的智能手机龙头企业，在整机制造以及电路板、元器件、触摸屏、电池、机背板、结构件等生产方面涌现了一批行业领先企业和隐形冠军，成为全球重要的智能手机生产基地，东莞智能移动终端产业集群入选工信部首批国家级先进制造业集群。

装备制造业集群向“五千亿级”奋力迈进。2022 年，东莞装备制造业完成规上工业增加值 1193.9 亿元，占规上工业比重 22.67%，集群营业收入达 4697.8 亿元。培育长安五金模具、横沥模具、虎门电子线缆等特色鲜明的细分产业集群，在锂电装备、数控机床、工业机器人等领域涌现一批具有核心竞争力的企业。东莞参与创建的“广深佛莞智能装备产业集群”成功入选工信部第二批国家级先进制造业集群。

新材料、食品饮料、纺织服装鞋帽 3 个千亿元规模产业集群稳步形成。新材料集群，东莞是全省新材料产业发展的重要战略支点，拥有散裂中子源、松山湖材料实验室等新材料领域重大科技平台，相关新型研发机构 6 家。2022 年，东莞新材料①集群营业收入规模达 1535.5 亿元，涵盖橡胶和塑料材料、先进有色金属材料、新能源材料、新型显示材料、关键电子材料、先进纺织材料 6 个产值超 100 亿元的细分领域，并在先进半导体材料、先进陶瓷材料、非晶合金材料等细分领域具有行业领先技术。食品饮料集群，农副食品加工领域汇集世界粮油巨头及大型央企；酒、饮料和精制茶制造引进一批全球知名品牌的生产基地；食品制造领域，培育徐福记、凤球唛、华美、百味佳等一批本土知名品牌。2022 年食品饮料集群营业收入为

---

① 东莞“新材料”产业集群包括先进材料领域。

1383.9 亿元。纺织服装鞋帽集群，产业全面覆盖纺织印染、研发设计、机械设备制造、配件及辅料生产、成品制作、品牌销售等环节，拥有虎门服装、大朗毛织、厚街鞋业等细分产业集群，培育以纯、都市丽人、小猪班纳等知名品牌，2022 年集群营业收入为 887.8 亿元（工业总产值为 979.9 亿元）。

软件与信息服务、新能源、生物医药及高端医疗器械、半导体及集成电路 4 个百亿元规模产业集群加速成长。软件与信息服务业集群，2022 年集群实现营业收入 355.7 亿元，同比增长 103.3%。松山湖高新区、南城街道 2 个“市软件和信息技术服务业集聚区”汇聚全市约 65% 的规上软企，贡献约 46% 的规上软企营收，成功招引华为花瓣云、中软国际、能科科技、鑫蜂维网络（阿里云生态）等一批重点项目落户，加快集群强链补链。新能源集群，东莞消费电子类锂电池产业实力全国领先，拥有电解液、涂覆隔膜、负极材料等锂电材料领域的优势企业，锂电设备覆盖锂电池全产业链，锂电智能化设备处于国内领先水平。全市拥有 10 余家具有核心知识产权的氢能源相关企业及科研机构，在氢气制取、燃料电池基础材料和关键零部件、燃料电池整车制造等方面均有所布局，并于 2021 年入选燃料电池汽车示范应用全国首批城市群。光伏产业链也已基本形成，拥有光伏制造、集成及相关配套企业 400 多家，华为的光伏逆变器出货量全球占比达 22%。生物医药及高端医疗器械集群，松山湖高新区作为集群发展引领极，拥有生物医药与医疗器械企业 52 家，汇聚广东医科大学等一批科技创新平台，松山湖生物医药产业基地建设加快。医药领域，拥有中国制药工业百强企业的众生药业；全国创新药龙头的东阳光药业，旗下的东阳光研究院在创新药研发投入及专利申报量上居全国前列。高端医疗器械领域，广东中能研发生产的肿瘤放射治疗设备——医用直线加速器，是世界第三家、国内唯一一家自主研发生产“二管一枪”的关键核心部件企业；宜安科技研发的可降解镁骨固定螺丝钉是国家级创新性医疗器械，已进入临床试验审批阶段；硼中子俘获（BNCT）肿瘤治疗肿装备研发及产业化团队，正逐步成为医疗器械行业的生力军。半导体及集成电路集群，东莞初步形成以封装测试、设计为核心，以第三代半导体为特色，以及以所涵盖的设备、原材料及应用产业为支撑的产业布局。集成电路设计，拥有一批高速成长型企业，形成松山湖集成电路设计企业集聚区。封装测试，集聚记忆存储、安世半导体等骨干企业；设备及零部件，拥有一批以封装设备、检测设备等后道设备为主的企业，初步形成对市内部分封装测试企业的设备供应能力。材料，以第三代半导体材料为重要特色，相关龙头企业研发生产设备达到国际先进水平。

二、推动制造业高质量发展的主要经验做法

一是以科技创新为驱动，激活发展新动能。东莞坚持聚焦“科技创新＋先进制造”，积极对接国家科技战略，高标准推进松山湖科学城建设，携手深圳光明科学城打造综合性国家科学中心先行启动区。中国散裂中子源建设初见成效，散裂中子源二期、先进阿秒激光设施等大科学装置项目纳入国家重大科技基础设施“十四五”规划。散裂中子源已为超过900项前沿科学研究课题提供实验条件支撑，松山湖材料实验室引进25个创新样板工厂团队，孵化了38家产业化公司，科研成果分别入选2019年度中国科学十大进展与2020年度中国重大技术进展。截至2022年底，东莞在国家创新型城市综合能力排名中名列第19位，跃居全省第3位；科技创新综合竞争力挺进全国城市20强、地级市第3位；科学研究与实验发展（R&D）投入强度达4%，稳居全省第2位。

二是以智能制造为先导，赋能制造新引擎。持续实施自动化改造，通过“机器换人”实现平均产品合格率从88.3%到92.3%的跃升，单位产品成本平均下降9.3%，劳动生产率平均提高3.7倍；在“机器换人”和“自动化改造”的带动下，东莞近几年工业技改投资在珠三角九市中位居前列。加快推动制造业数字化转型，2022年东莞以“数字经济”为主题出台市政府“一号文”，计划三年统筹不少于100亿元财政资金支持数字经济发展；截至2022年底，已推动华为、思爱普（SAP）2个制造业数字化转型赋能中心投入运作；围绕电子信息、高端装备、纺织服装、食品饮料、家具等产业遴选一批重点企业授予“东莞市智能工厂（车间）培育企业”的称号，并挖掘一批示范项目形成典型案例予以示范推广；推动24家莞籍机构入选省工业互联网产业生态供给资源池；推动松山湖及周边9镇电子信息产业列入省产业集群工业互联数字化转型试点。推进首台（套）重点技术装备推广应用，累计认定扶持省级首台（套）项目28个、市级144个。

三是以集群培育为支撑，构建产业新体系。全面落实“五个一”工作体系，建立战略性产业集群培育联动协调推进机制，实施市领导联系产业集群的“链长制”，着力打造“百、千、万”亿级梯次发展的先进制造业产业集群。筹划设立规模100亿元的战略性新兴产业引导基金，撬动多方社会资本参与，建立总规模500亿元的战略性新兴产业基金体系。筹划设立规模30亿元战略性新兴产业基地建设资金，用于引导战略性新兴产业集聚布局。设立4.8亿元“3＋1”产业集群试点培育资金，

用于支持纺织服装、食品饮料、家具以及软件和信息服务业发展。2022 年，东莞各产业集群投资活跃，装备制造业完成投资 637.4 亿元，电子及通信设备制造业完成投资 442.8 亿元；纺织服装、食品饮料等优势传统产业投资增速均达到两位数。

四是以强链补链为牵引，激发产业新活力。东莞选取 9 条重点产业链探索实施“链长制”，开展“链主”企业遴选，通过“链长 + 链主”推动产业链稳链强链。构建制造业“单项冠军”国家、省、市三级培育体系，培育省级制造“单项冠军”32 家，数量居全省第 3 位。出台“专精特新”企业培育方案、遴选办法以及扶持措施，从空间、技术、资本、市场、人才、管理等全方位要素为处于各发展阶段的“专精特新”企业赋能，并在全省率先打造“专精特新”产业园，培育国家级“专精特新”“小巨人”企业 110 家。创新实施企业规模与效益“倍增计划”，累计推动 210 家企业实现倍增。开展产业链精准招商，2022 年全市引进制造业项目 2715 宗，协议投资 1508.4 亿元，同比增长 19.3%；其中亿元以上制造业项目 206 宗，协议投资 989.5 亿元，同比增长 6%。大力支持优质存量企业增资扩产，通过统筹配置用地指标、优化项目流转和效益审查机制，推动产业链重点企业扎根发展。

五是以空间拓展为突破，构建产业新布局。划定 420 平方千米工业用地保护红线，严格控制保护线内工业用地改为其他经营性用途，切实保障工业发展空间。2021 年统筹约 60 平方千米连片土地，谋划建设七大战略性新兴产业基地，制定出台支持基地建设的“1 + N”政策体系，同年推出首批启动 667 公顷土地整备面向全球“揭榜招商”，成功签约项目涉及投资金额 1483 亿元。2022 年进一步扩容至 80 平方千米，新增统筹六大标准化产业片区，打造战新基地 2.0 版。以低效镇村工业园改造为核心，实施“工改工”三年行动计划，截至 2022 年底，三年累计完成了“工改工”整备拆除 2205 公顷，总体任务完成率为 110%。

六是以营商环境为抓手，塑造发展新优势。东莞持续提升企业服务水平，通过打造“企莞家”服务平台，全方位对接企业发展诉求；为企业高管量身打造“企莞家”微信端，对涉企资金申报试点推行“免申即享”“秒报秒批”“一键申报”；2022 年，平台用户增长至 3.4 万家，微信关注用户达 120 万，成为全市最大的对企政务服务平台。举办粤港澳大湾区院士峰会、华为开发者大会、全球先进制造招商大会、广东国际机器人及智能装备博览会等一系列高规格的人才交流和行业活动，营造良好的产业氛围。聚焦重点产业链举办一系列专场对接活动，促进产业链供应链深度合作。东莞每年安排 30 亿元“科技东莞”专项资金，推动科技创新和产业转型升级，新冠疫情期间又两次安排 50 亿元稳增长资金，全力稳定企业发展。东莞持续加大对产业集群金融支持，截至2022年底，推动合作银行累计为战略性产业集群融资17700家次，新增融资3124.55亿元，支持企业数、融资金额分别居全省第3位、第2位。

三、制造业发展主要存在的困难问题

一是尚未形成多点支撑的产业体系。近年来，东莞电子信息制造业迅猛发展，但是各支柱产业之间的发展规模和水平不平衡，新兴产业规模总量偏小，亟须加快形成多极引领、多点支撑的产业体系。二是关键核心技术受制于人。比如，电子信息制造业核心电子元器件、软件等领域的自主研发水平较低；智能装备产业在关键零部件、元器件方面研发力量相对薄弱。三是产业空间布局碎化低效。东莞土地开发强度已逼近警戒线，部分镇村工业园布局零碎分散、单位用地效益产出偏低。

四、下一步工作计划

接下来，东莞将深入贯彻党的二十大精神，牢牢把握“双区”“两个合作区”的重大发展机遇，坚持高质量发展，突出以制造业当家，深入推进新型工业化，聚焦“科技创新+先进制造”，加快实现从“制造大市”到“制造强市”转变，全力打造“以科技创新为引领的全国先进制造之都”。

实施产业立新柱“一号工程”。坚持把战略性新兴产业基地建设作为“一号工程”，加快在土地整备、环境打造、项目招引等重点领域实现突破。立足当前基础优势，在智能移动终端及穿戴设备、半导体及集成电路、新能源、高端装备、生物医药等领域率先形成集聚生态，面向未来全力抢占产业制高点，实现五年后基地产值超3000亿元。大力发展清洁可再生能源、储能科技、环保固碳等绿色产业。积极发展生产性服务业，深入推进质量强市建设，树立“东莞制造”新标杆。

实施数字经济融合发展工程。把握数字经济新机遇，三年统筹不少于100亿元财政资金支持数字经济发展，重点打造一批数字化赋能中心、行业级工业互联网平台，全面推进规上企业数字化转型全覆盖，认定一批智能工厂（车间），打造一批具有全国影响力的标志性典型应用场景。以打造“全国鸿蒙智造之城”为目标，出台支持国产操作系统政策措施，培育一批“鸿蒙+智造”示范项目。支持传统产业依托数字经济深度转型，加强创意设计，创建国潮品牌，加快向产业链高端攀升，促进传统优势产业焕发新的生机。

实施重点企业培育工程。实施“链主”企业、“单项冠军”和“专精特新”“小巨人”孕育行动，“十四五”时期，围绕重点产业链遴选认定一批“链主”企业，培育国家级制造业单项冠军企业 10 家、国家“专精特新”“小巨人”企业 300 家。健全优质潜力企业发现培育机制，完善中小微企业发展扶持政策，激励更多企业上规提质。支持企业稳妥实施产业链并购，全力推进企业上市发展“鲲鹏计划”，力争三年内实现上市企业镇街全覆盖、总数达到 100 家，不断壮大资本市场“东莞板块”。

实施产业扩增量优存量工程。扩增量方面，深入实施高质量产业招商三年行动计划，聚焦产业链“链主”企业和关键环节企业，力争引进一批 50 亿 ~ 100 亿元以上的超大产业项目和 30 亿 ~ 50 亿元的特大产业项目，实现园区、镇街龙头企业全覆盖。优存量方面，全面提升增资扩产项目落地执行力，加快项目落实用地选址，全面推动项目实行并联审批、容缺受理和绿色通道提前介入，力争实现项目拿地即开工，大力支持增资扩产项目原地增资、零地增容。

实施土地空间连片拓展工程。综合运用“三旧”改造、土地整备、闲置盘活等多种手段工具，推动五年内整备 6667 公顷连片产业空间，从中整理释放出 2000 公顷产业净地，构建 1.5 亿平方米高品质工业上楼空间，建设 3000 万平方米低成本产业空间，全力打造现代化产业园区。实现东莞产业空间“从零散到集聚”“从无园到有园”“从传统到现代”的全面转变，为东莞制造业高质量发展提供重要支撑。

第十二节　中　山　市

党的十八大以来中山市推动制造业高质量发展情况报告

中山市工业和信息化局

党的十八大以来，中山市深入贯彻习近平总书记对广东系列重要讲话和重要指示批示精神，认真落实省委、省政府对“中山建设珠江东西两岸融合发展的支撑点、沿海经济带的枢纽城市、粤港澳大湾区的重要一极”的部署要求，逐步确立并强化实体经济发展的重要地位，推动制造业占比稳步提升，着力打造具有国际竞争力的现代产业体系。

2022年，中山市规模以上制造业增加值达1317.03亿元，占规模以上工业比重94.1%，比2012年提升0.9个百分点，2013～2022年中山制造业增加值年均增长4.2%。自2013年以来，火炬开发区生物医药、古镇灯饰入选国家新型工业化示范基地，中山美居、古镇灯饰成为国家产业集群品牌试点区，健康科技产业集群获评首批国家创新型产业集群试点，小榄镇五金制品等9个产业集群获评省级产业集群升级示范区，“火炬区—板芙智能制造产业园区”、火炬区光电产业基地获评省智能制造示范园。制造业高质量发展卓有成效。

一、全市制造业发展情况

（一）总体规模结构

1. 产业规模实力稳中提升，居全省前列

中山市制造业（全口径）增加值从2013年的1288.5亿元提升至2022年的1602.3亿元，年均增长3.1%，实现增长31.8%。工业（全口径）增加值从2012年的1253.8亿元提升至2022年的1677.8亿元，年均增长4.0%。2012～2021年，全市规上制造业销售产值从5499.3亿元提升至6404.9亿元，年均增长4.7%；全市规上制造业营业收入从4826.3亿元提升至6138.9亿元，年均增长4.4%；全市规上制造业利润总额从197.2亿元提升至266.4亿元，年均增长4.4%；全市规上工业总产值从5763.0亿元提升至6694.27亿元，年均增长4.3%；全市工业投资额从307.4亿元提升至347.79亿元，年均增长1.1%。

2. 制造业地位稳固，产业结构持续优化升级

全市制造业增加值占GDP比重从2013年的52.2%下降至2022年的44.1%，制造业占比下降8.1%。第一、第二、第三产业结构从2.5∶57.1∶40.4调整为2.5∶49.4∶48.1，工业设计、现代物流等生产性服务业发展提速。轻重工业比例从57.0∶43.0调整为52.1∶47.9，产业结构重型化发展趋势显现。高技术制造业增加值占规上工业增加值比重从14.7%提升至15.6%。

3. 规上企业数量稳增，龙头企业成为重点产业发展主引擎

全市规上工业企业从2012年的3192家增长至2022年的4808家，规上工业企业数量十年增长50.6%。全市年营收超百亿元制造业企业从1家增长至4家，主要来自电子、家电、装备制造等重点行业领域；全市入选中国制造业500强企业数量从2012年的0家提升至2022年的1家；入选广东制造业500强企业数量从2014年的17家提升至2022年的25家。截至2022年底，全市共有458家省级“专精特新”中小企业，2630家高新技术企业，中小企业健康发展并成为完善产业生态的重要力量。

（二）主要产业发展情况

1. 规模前十大产业发展概况

新兴产业蓬勃发展并成为制造业增长主力引擎，传统产业排名下降。2012～2022年，电气机械和器材制造业、计算机、通信和其他电子设备制造业保持在前两位。而全市通用设备制造业、汽车制造业等产业增加值规模逐步上升，占全市规上制造业增加值比重分别从2012年的4.3%、1.9%提升至2022年的6.7%、3.2%，在全市重点产业排名分别从第7位、第18位提升至第4位、第10位。纺织服装、服饰业等传统产业规模逐步下降，占全市规上制造业增加值比重从2012年的8.6%调整为2022年的3.4%，在全市重点产业排名分别从第3位下降至第7位，如表3－9所示。

表3－9　2012年、2017年、2022年全市前十大行业（按增加值）变化情况

行业大类/统计指标	2012年			2017年			2022年		
	增加值（亿元）	占制造业比重（%）	排名	增加值（亿元）	占制造业比重（%）	排名	增加值（亿元）	占制造业比重（%）	排名
规上制造业	1148.3	—	—	1063.8	—	—	1317.0	—	—
电气机械和器材制造业	240.4	20.9	1	198.5	18.7	1	343.6	26.1	1
计算机、通信和其他电子设备制造业	137.4	12	2	169.2	15.9	2	151.4	11.5	2
金属制品业	76.3	6.6	4	53	5	8	97.7	7.4	3
通用设备制造业	49.2	4.3	7	80	7.5	3	88.2	6.7	4
橡胶和塑料制品业	63.7	5.6	5	53.3	5	7	83.3	6.3	5
化学原料和化学制品制造业	60.6	5.3	6	73.4	6.9	4	72	5.5	6

续表

行业大类/统计指标	2012 年			2017 年			2022 年		
	增加值（亿元）	占制造业比重（%）	排名	增加值（亿元）	占制造业比重（%）	排名	增加值（亿元）	占制造业比重（%）	排名
电力、热力生产和供应业	54	—	—	63.6	—	—	62.5	—	
家具制造业	26.1	2.3	16	30.9	2.9	12	40	3	11
纺织服装、服饰业	99.2	8.6	3	48.4	4.5	9	45.4	3.4	7
汽车制造业	22.2	1.9	18	41.9	3.9	10	42.4	3.2	10

注：列表中第一列的行业大类按照本地区 2022 年增加值排名前十的行业大类列出。
资料来源：广东省统计年鉴。

2. 特色优势产业发展情况

电子信息产业规模进一步发展壮大。2022 年中山市电子信息产业实现规上工业总产值 2862 亿元。中山聚焦新一代移动通信、新型材料及器件、激光、物联网等重点领域，形成以火炬开发区中国电子（中山）基地为龙头，小榄中国半导体智能照明创新基地、南头东凤黄圃家电制造“走廊”、三角电子线路板产业以及东区软件服务业等为支撑的区域产业布局，培育通宇通讯、波若威光纤通讯、纬创资通、长虹电子、汇聚讯芯电子、依顿电子等一批重点企业；通宇通讯的 5G 技术、新亮的光学激光器、华快的快速激光器、新诺科技的大型无掩模光刻、讯芯科技的 SIP 封装等核心领域取得重大突破。近年来先后招引美国晶典、深圳江波龙、智隆新材料（LG 子公司）等一批优质企业、项目落地。

装备制造产业发展如火如荼。2022 年，中山市装备制造产业实现规上工业总产值 2470 亿元。十年来，中山致力打造具有国际竞争力的高端装备制造产业基地，全市拥有国家火炬计划中山（临海）装备制造业基地、国家火炬计划中山电梯特色产业基地等国家级产业基地。在新能源和节能环保装备、光电装备、船舶和海洋工程装备、通用和专用设备、健康医疗器械等重点发展领域，培育壮大蒂森电梯、明阳智慧能源、大洋电机等一批行业领先企业。其中，明阳智能发布 16 兆瓦全球最大海上风机，中山新诺科技“新一代无掩模光刻技术”成功打破外国垄断，华快光子是国内少数掌握皮秒、飞秒激光光源技术的企业之一。

健康医药产业发展迅速跻身全省前列。2022 年，中山市健康医药产业实现规上工业总产值 428 亿元。中山市形成包括生物制药、化学药、现代中药、医疗器械、诊断试剂、保健品、医药流通、健康服务业等多领域的产业集群，形成涵盖研发、中试、检验检测、成果转化、生产推广等全周期的产业创新与服务体系，创新要素集聚、链条齐备、综合配套优势明显，先后荣获“国家创新型产业集群试点园区”“国家新型工业化产业示范基地”“全国十佳生物医药园区”“广东省首批特色产业园”等称号。

家电产业打造成为粤港澳大湾区世界级家电产业集群。2022 年，中山市家电产业实现规上工业总产值约 1922 亿元。2021 年中山市获得“粤港澳大湾区世界级家电产业集群（中山）”称号，全市家电产业基础雄厚、产业链配套完善，电视机、空调、冰箱、厨房电器、照明灯饰等家电产品生产规模在全国位居前列。全市现有家电及其配套企业 10000 多家，其中规模以上工业企业 1229 家，年产值超 1 亿元企业 105 家，超 10 亿元企业 14 家，百亿级骨干企业 2 家（TCL 空调器和奥马冰箱），拥有国家级“专精特新”“小巨人”企业 2 家，省级“专精特新”企业 26 家。

灯饰照明产业发展成为最具特色产业集群。2022 年，中山市灯饰照明产业实现规上工业总产值 296 亿元，是全市产业链最完整、辐射力最大、集聚力最强、最具特色的产业集群。拥有“中国灯饰之都”古镇镇、“中国照明灯饰制造基地”横栏镇、“中国半导体智能照明创新基地”小榄镇等灯饰制造重镇，产品涵盖室内装饰灯具、酒店工程灯具、户外景观照明、家居节能照明等 12 大类 20 小类，灯饰及相关产品出口 130 多个国家和地区，民用灯饰销量占全国六成以上。全市拥有约 3 万家灯饰相关企业，其中灯饰制造企业接近 2 万家。全市灯饰从业人员约 20 万人，大型灯饰专业市场 5 个，年灯饰交易额约 500 亿元。

五金制品产业规模持续扩大。2022 年，中山市五金制品产业实现规上工业总产值 586 亿元。五金制品产业是中山的传统产业，是灯饰、家电、炉具、制锁等行业的基础。中山市五金制品产业形成锁类、燃气具类、脚轮类、铰链类、金属压铸类、喷涂电镀类、模具类、卫浴制品类以及五金配件类 9 小类较为完备的五金产业链。在业内具有较强影响力的知名品牌不断增加，拥有华帝、华锋、基龙、长青、威卡、基信等一批行业知名龙头企业和品牌。拥有“中国五金制品产业基地”“中国五金制品（小榄锁具）出口基地”“国家火炬计划（中山小榄）金属制品产业基地”“中国智能锁业基地”和“广东省五金制品产业集群升级示范区”5 个五金产业集群基地，被誉为中国“南方锁城”。

二、推动制造业高质量发展的主要经验做法

（一）大力培育发展三大战略性新兴产业

中山市制定实施新一代信息技术、高端装备制造、健康医药三大战略性新兴产业发展行动计划，积极推动工业互联网平台建设，引进北京东方国信、黑子信息科技。中山美居智能制造大数据产业园、火炬大数据产业园区成功申报为省级大数据产业园，全通星海孵化园被评为省级大数据创业创新孵化园。2016～2021年，广东省和中山市共安排财政资金扶持装备制造业项目2000多项，成功招引迈雷特八轴八联动数控机床、哈工大机器人等企业项目。成立总规模为10亿元的先进装备制造产业发展基金，凯旋真空、迈雷特数控装备、金马文旅等一批优质企业在获得扶持后加速成长壮大。安排5000万元股权资金投资康众医药，推进康方、民众科创园生物谷（CDMO基地）项目建设。2022年，新一代信息技术、高端装备制造、健康医药产业集群分别实现规上工业总产值2862亿元、2470亿元、428亿元。

（二）持续推进工业企业智能化创新发展

中山市建设和认定智能制造、智能裁剪快速加工、打磨抛光智能共性工厂等18家市级公共服务平台，累计为全市超1万家次企业提供全生命周期服务。大力推动企业技术改造，扶持超2000个技改项目。大力推进智能制造试点示范和建设企业技术中心，目前全市拥有国家级企业技术中心5家、省级企业技术中心109家、市级企业技术中心338家，创建国家级智能制造试点示范项目2个、省级29个、市级80个。积极引导传统产业优化升级，成功争取省产业链协同创新试点，率先在五金、家电、灯具、板式家具等产业集群开展。实施工业设计发展三年行动计划，联合猪八戒网搭建中山市“互联网+”共享设计公共服务平台，每年举办工业设计大赛。积极推动工业设计中心建设，目前全市有国家级工业设计中心1家、省级14家。

（三）加快推动小微企业上规模

中山市是全省主动开展“小升规”工作最早的地级市，2014年以来在推动小微企业上规模工作方面取得较好的成效。一是实施上规及高成长奖励政策。贯彻落实

促进小微工业企业上规模实施意见及补充意见政策措施，对新升规且符合有关条件的企业奖励10万元；对实施升规后第二、第三年营业收入增长10%的工业企业奖励10万~40万元。二是通过企业培育库精准服务。各镇街根据培育库企业清单进行归纳分类、因企施策。对预期达到入库条件的企业，提前跟踪，重点服务，加快企业上规上限步伐；对已达入库条件的企业，加强入库指导，做到应统尽统、及时入统。三是力促小微企业解决融资难题。通过“助保贷”等金融政策，协助解决企业融资难题。持续开展融资对接活动，遴选出发展前景好、科技含量高、有融资需求的200多家中小微企业组织开展5场融资对接活动，争取银行新增授信。四是充分发挥镇街工作主动性。各镇街普遍高度重视上规工作，领导班子带队走访重点企业，为企业升规提供精准服务，并出台相应的帮扶措施。部分镇街对企业租赁社区厂房、子女入学、用电支持、公共服务等领域提供优先保障或绿色通道。2014年以来新增规模以上工业企业4496家，净增2142家。目前全市规上工业企业约4800家，排名全省第5位。

（四）高位推进优化营商环境改革

中山市将优化营商环境作为改革“头号工程”，成立市委书记、市长任“双组长”的中山市优化营商环境改革工作领导小组，组建16个专项组，全市“一盘棋”统筹推进各项改革任务，在助企惠企方面取得较好的成效。一是抓好平台服务建设。整合建成“中易办”企业服务综合平台（包括“中山市惠企政策平台、一站式政策咨询综合服务平台”），提供政务服务、政策查询咨询、涉企咨讯、诉求办理、政策兑现等一站式服务，惠及市场主体超55万。推广应用增资扩产“企帮手”服务平台，72个企业已提出增资扩产需求并逐步开展对接。二是抓好线下跟踪服务。市、镇两级推行工程建设全程导办代办无偿服务，全面推行企业诉求“马上办”，自2021年10月推行至今已为企业解决诉求近2万件，企业满意度达99.99%。

三、制造业发展主要存在的困难问题

一是产业发展层次偏低、发展后劲不足。中山产业发展以劳动密集、加工制造、低附加值产业为主，整体上被挤压在全球分工体系的产业链末端，产业结构层次偏低。以新一代信息技术、健康医药、高端装备制造为代表的战略性新兴产业支撑力度较弱。二是创新主体支撑作用不强。产业核心技术供给不足，比如，小榄智能锁具的芯片只能从深圳、东莞等地供货。企业研发投入强度不高，长期徘徊在1.20%左右，研发投入多集中于试验与发展，成果转化和产业化发展有待推进，缺少头部企业和“链主型”企业引领创新。三是土地、人才等资源要素瓶颈制约突出。工业用地需求和供给不平衡、不匹配问题明显，工业发展空间不足，直接影响重大项目的招引。人才招引难、留人难现象突出，由于缺乏行业引领型企业，中山市对外地毕业生特别是著名高校或硕士以上学历毕业生吸引力较低。

四、对策建议

（一）实施“大产业”升级重塑工程，构建现代化产业体系

一是培育壮大现代产业集群。谋划组建新时代中山现代产业集群“十大舰队”，集中优势资源打造新能源、生物医药与健康、新一代信息技术和智能家电产业，联动发展高端装备、光电光学、灯饰照明、中山美居、现代农业与食品、现代时尚六大产业，“一群一策”推动中山现代产业集群做大做强。二是提升产业链供应链融通发展水平。搭建产业链供应链供需对接平台，推动优质工业产品供需对接，全面加强与粤港澳大湾区产业链供应链协同合作，率先推动北部片区与佛山市开展智能家电产业链协作，共同打造万亿级智能家电产业集群。三是推动制造业数字化转型智能化改造升级。开展百企数字化智能化改造升级项目落地攻坚行动，承接省产业集群数字化转型工程，采取“政府引导 + 赋能工具箱 + 供应商贴息 + 集群企业应用”的创新模式，试点推动15个重点产业集群数字化转型发展。四是加快产业集群绿色低碳发展。严格把好项目能耗“准入”关口，深入推进清洁生产，大力发展循环经济，探索推广以“亩均效益”等为主要指标的制造业资源效率利用评价改革，引导企业和产业迈向高质量发展。五是促进生产性服务业与制造业融合发展。重点支持发展信息技术服务、科技服务、数字贸易、现代物流、现代金融、专业服务等生产性服务业集聚发展，完善促进生产性服务业集聚区发展政策措施，推动生产性服务业企业集聚发展。

（二）实施“大平台”赋能增效工程，优化现代产业发展空间

一是全力拓展高品质产业空间。深入推进村镇低效工业园改造，完善改造升级规划，严守250平方千米工业用地红线，拓宽产业用地补充路径，引导推动“住改

工”“商改工”工作，支持商业、住宅用地改变土地用途为工业用地。二是高标准建设现代主题产业园。推动主题产业园区高质量发展，落实“一园区一专班”制度，因地制宜、因园施策，集中要素资源科学探索主题产业园不同开发模式。全力抓好中山市大型产业集聚区规划建设，大力推动创建一批省级产业园、特色园。三是加快重大创新平台建设。高标准建设中山科技创新园，加快中山先进低温研究院、中山市工业技术研究中心项目建设，大力推动中科中山药物创新院等重大创新平台发展。积极推动与大湾区大科学装置、重大创新平台建立交流合作机制。

（三）实施“大项目”扩容增量工程，建设制造业投资新高地

一是推动制造业存量企业投资跃增。聚焦关键领域推动一批制造业重点项目加快建设，促进存量企业增资扩产，完善意向供地增资扩产项目准入审议机制，实行分级分类审批，建立健全意向供地增资扩产项目流转机制，支持企业开展新一轮技术改造和设备更新投资。二是积极构建招商引资新格局。开展靶向招商、精准招商，以商引商紧盯国内“龙头”“链主”及重点领域关键配套企业，关注发展潜力大的科创型中小企业，聚焦新时代中山现代产业集群“十大舰队”重点产业，积极对接深圳“20+8”产业，大力引进一批战略性新兴产业项目。三是加强制造业项目用地支持。对重大制造业项目优先供地，属于国家、省、市重点工业项目的，可按项目所在地对应工业用地基准地价确定土地出让起始价；属于省、市优先发展产业且用地集约的工业项目，可按不低于对应用途基准地价级别价的70%确定土地出让起始价。强化“标准地”供应，深入推进预受理机制，推进项目“拿地即动工”。四是支持制造业项目投产达产。对新引进重大制造业项目给予固定投资奖励，按照实际新增固定资产投资和研发投入规模，分别给予不同档次的扶持奖励。鼓励新引进重大制造业项目落户十大主题产业园，对新引进重大制造业项目在履约期内达到所落户园区、镇街相关经济指标准入标准基础上，投产后超出投资协议约定所形成地方贡献增量部分，根据其实现年限按比例予以奖励。鼓励制造业项目加快建设，加快投产达产，加快发挥效益。

（四）实施“大企业”培育发展工程，做大做强制造业企业集群

一是实施优质大企业培育计划。认定若干拥有自有技术、自有品牌，创新能力突出，具有产业生态引领作用的领军企业和龙头骨干企业。制定“一企一策”，在研发、增资扩产、人才、金融等方面支持领军企业加快发展。对龙头骨干企业给予

营业收入突破、人才激励、创新发展、质量品牌、用地保障等多项政策支持，促进企业做大做强。二是培育“专精特新”中小企业。完善推动中小微工业企业高质量发展系列政策措施，支持中小微企业走专业化、精细化、特色化、新颖化发展之路，鼓励“专精特新”企业高成长发展。三是支持上市企业高质量发展。实施中山市上市企业倍增行动计划，多渠道挖掘优质企业，整合证券交易所、券商资源丰富资本服务供给，“一企一策”破解企业改制上市难点、堵点问题。四是提升企业质量品牌能力。实施中山制造高质量行动，培育更多企业争创各级政府质量奖，推动全市规上工业企业首席质量官制度全覆盖，建设质量基础设施服务平台和基层知识产权服务平台。五是鼓励企业抢订单拓市场。鼓励制造业企业积极参与“粤贸全球”“粤贸全国”计划，引导制造业企业利用好广交会等重点展会平台，做强中山灯博会、红博会、家电展等产业展览会，提升中山产业影响力。

（五）实施“大环境”优化提升工程，打造国际化一流营商环境

一是打造优质高效审批服务。持续深化推进中山营商环境改革“一号工程”，把中山打造成大湾区审批速度最快、办事效率最高的城市之一。发挥市直管镇的体制优势，大力推进简政放权，做到能放尽放、提高效能。持续完善及推广中山市项目落地协同管理平台，做强“中易办”企业服务和“企业服务1号线”两大品牌。二是增强金融服务制造业产业能力。实施金融支持经济高质量发展行动，增强金融服务制造业产业能力，鼓励银行业金融机构创新金融工具和产品，加强对制造业企业和重点项目的中长期贷款支持，加大首贷、普惠小微贷款、绿色贷款等支持力度。三是加强招才引才育才力度。深入实施“中山英才计划”，支持一批制造业重点企业建设博士、博士后科研工作平台，加快聚集创新型博士、博士后青年人才。积极拓展新兴产业工程系列、新业态等职称评价领域，大力培养中山市产业工程师队伍。实施“技能人才五年倍增计划”和“技能强企”服务行动。引导职业（技工）院校建立对接产业链、服务创新链的学科专业体系，深化校企合作，推进中国特色企业新型学徒制。

第十三节　江　门　市

党的十八大以来江门市推动制造业高质量发展情况报告

江门市工业和信息化局

党的十八大以来，江门市委、市政府深入贯彻习近平总书记关于制造强国战略重要论述，全面落实省委、省政府工作部署，坚持工业立市制造强市，加快构建现代产业体系，焕发百年工业之城新的时代活力。江门是广东老牌工业城市，上百年工业发展的积累和沉淀，造就了江门市工业门类齐全、工业体系完备的良好基础，也造就了摩托车、现代农业与食品、轨道交通等特色产业。目前江门拥有25个国家级产业基地，是省委、省政府规划发展全部20个战略性产业集群的布局城市，也是承担发展8个战略性产业集群任务的核心城市。2012年以来，江门市地区生产总值先后跃上2000亿元、3000亿元两个台阶，2022年总量达到3773.41亿元，超过2012年的两倍，年均增长6.8%。

一、全市制造业发展情况

（一）总体规模结构

产业规模实力显著提升、结构持续优化升级。江门市工业（全口径）增加值从892.1亿元提升至1483.99亿元，年均复合增长率5.22%。制造业（全口径）增加值从2012年的810.4亿元提升至2021年的1350.84亿元，年均复合增长率5.24%；制造业增加值占GDP比重从2012年的42.8%降低至2022年的35.8%，与全国及全省趋势基本一致，制造业占比更趋合理化。高技术制造业增加值占规上工业增加值比重从7.6%提升至12.3%，中高端制造业比重不断提高，工业经济结构不断优化。

规上工业企业数量持续增多，龙头企业成为重点产业发展主引擎。全市规上工业企业从 2012 年的 1822 家增长至 2022 年的 3049 家，2022 年入选广东制造业 500 强企业数量为 22 家，为历年最多，是 2021 年入选数 5 家的 4 倍以上。无限极等 3 家企业跻身百亿企业，富华重工被认定为“全国制造业单项冠军示范企业”。截至 2022 年底，全市共有 436 家“专精特新”中小企业，2694 家高新技术企业。其中，2022 年，江门市新增 382 家省级“专精特新”企业，同比增长 12 倍，创历史纪录；新增 9 家国家级“专精特新”“小巨人”企业，是前三批总量（6 家）的 1.5 倍，新增 2 家国家级“专精特新”重点“小巨人”企业，实现零的突破，中小企业健康发展成为完善产业生态的重要力量。

（二）主要产业发展情况

1. 规模前十大产业发展概况

新兴产业蓬勃发展并成为制造业增长主力引擎，传统产业优势仍在。江门市围绕新能源电池、新能源汽车、新一代信息技术、硅能源等领域，重点打造 15 条产业链。江门市食品制造业等传统产业占制造业增加值比重从 2012 年的 11.18% 提升至 2022 年的 14.7%，占比从第 3 位提升至第 1 位，产业优势进一步巩固。计算机、通信和其他电子设备制造业的产业增加值规模翻了近两番，占全市制造业增加值比重分别从 2012 年的 7.67% 提升至 2022 年的 11.34%，占比从第 5 位提升至第 3 位，如表 3 - 10 所示。智能家电、现代轻工纺织、现代农业和食品等战略性支柱产业日益壮大，高端装备制造、智能机器人、激光增材制造、硅能源、新能源电池、安全应急与环保等战略性新兴产业加速崛起，形成江门制造业发展的“稳定器”“推进器”。

表 3 - 10　2012 年、2017 年、2022 年全市前十大行业（按增加值）变化情况

行业大类/统计指标	2012 年			2017 年			2022 年		
	增加值（亿元）	占制造业比重（%）	排名	增加值（亿元）	占制造业比重（%）	排名	增加值（亿元）	占制造业比重（%）	排名
规上制造业	498.1	—	—	913.3	—	—	1203.53	—	—
食品制造业	55.7	11.18	3	164.9	18.06	1	176.94	14.70	1
金属制品业	62.2	12.49	2	105.4	11.54	2	142.82	11.87	2
计算机、通信和其他电子设备制造业	38.2	7.67	5	66.2	7.25	4	136.48	11.34	3

续表

行业大类/统计指标	2012 年			2017 年			2022 年		
	增加值（亿元）	占制造业比重（%）	排名	增加值（亿元）	占制造业比重（%）	排名	增加值（亿元）	占制造业比重（%）	排名
电力、热力生产和供应业	67. 2	13. 50	1	65. 4	7. 16	5	121. 33	10. 08	4
电力机械和器材制造业	48. 5	9. 74	4	97. 7	10. 70	3	117. 30	10. 84	5
非金属矿物制品业	26. 1	5. 24	6	47. 4	5. 19	6	77. 96	9. 75	6
黑色金属冶炼和压延加工业	11. 1	2. 23	14	3. 8	0. 42	28	65. 33	5. 43	7
化学原料和化学制品制造业	35. 1	7. 05	7	38. 2	4. 18	9	61. 62	5. 12	8
造纸和纸制品业	24. 5	4. 92	9	42. 7	4. 68	8	56. 41	4. 69	9
橡胶和塑料制品业	18. 5	3. 71	12	29. 3	3. 21	11	50. 99	4. 24	10

注：列表中第一列的行业大类按照本地区 2022 年增加值排名前十的行业大类列出。
资料来源：广东省统计年鉴。

2. 特色优势产业发展情况

“中国摩托车产业示范基地”奔向多元化新赛道。江门是全国最大的摩托车制造基地之一，全国市场占有率约为 26%，被中国汽车工业协会授予“中国摩托车产业示范基地”称号，是集研发、生产、销售、文化于一身的摩托车产业名城。摩托车产业是江门市特色产业之一，年产销量 300 多万辆，已形成从上游关键核心部件到中游燃油摩托车整车制造，再到下游销售配修市场的完整产业链条，孕育出“大长江”“大冶”“国机南联”“气派”等一批综合实力强、市场占有率高的摩托车龙头企业。全市摩托车产业链共有规上企业近 100 家，其中 10 亿元以上企业 2 家、亿元以上企业 40 家，摩托车整车生产企业 22 家（具有工信部机动车公告目录资质）。大长江集团自 2003 年起，产销量连续 20 年位居全国首位。2022 年，江门市摩托车产业链实现总产值 255. 74 亿元、增长 2. 6%，实现增加值 40. 51 亿元、增长 1. 4%。

现代农业与食品产业打造大湾区“米袋子”“菜篮子”。江门市是省现代农业与食品战略性支柱产业集群的核心布局城市，是粤港澳大湾区重要的优质“米袋子”“菜篮子”，形成了陈皮、大米、鳗鱼、马冈鹅、茶叶、禽蛋六大特色优势农业产业，并在农副食品加工、食品制造，以及酒、饮料和精制茶制造等领域有良好的制造基础，拥有“新会陈皮”“台山鳗鱼”等众多地理标志产品和证明商标，以及“国家新型工业化产业示范基地（食品·广东江门）”“中国食品工业生产基地”等称号，培育了无限极、李锦记、东古、嘉士利、顶益等一批行业龙头骨干企业。

2022 年，江门市现代农业与食品产业集群实现产值 1199.09 亿元。

硅能源产业撬动新能源发展增长极。硅能源产业对加快实现“双碳”战略具有重要意义，江门市从事光伏组件及相关部件制造、光伏发电及储能材料的企业有 300 多家，已初步聚集包括信义玻璃、中创新航、朗达电池、中阳光电、ABB、海鸿电气、大光明电力、聚高新能源等在内的一批企业，产品涉及光伏玻璃、胶膜、背板、储能电池、逆变器及支架等领域，在产业链中游光伏组件逐步形成了“光伏玻璃—电池片—胶膜—背板”的相对完整的产业链。正在规划建设的江门硅能源产业基地已吸引隆基绿能、晶镁光伏及联塑班皓等多家硅能源产业链龙头企业入驻。2022 年，全市硅能源产业链实现工业产值 12.16 亿元，增长 46.0%。

新能源电池产业助力新兴产业“加速跑”。新能源电池产业是江门市颇具竞争优势的产业，是广东省新能源电池核心原材料主要生产基地之一，发展基础扎实，产业发展潜力巨大。2022 年江门市新能源电池产业链拥有企业 39 家，产值亿元以上企业 15 家，10 亿元以上企业 6 家，国家级“专精特新”企业 2 家，代表企业有优美科长信、科恒、芳源、荣炭等。2022 年引进中创新航 50 吉瓦时动力电池及储能系统江门基地项目，并相继引进天赐电解液、科达利结构件等上下游配套企业，逐渐形成“关键材料生产、新能源动力电池生产、废旧电池回收”产业体系。2022 年，全市新能源电池产业链实现工业产值 164.95 亿元，增长 21.2%。

轨道交通产业为“轨道上的大湾区”装备高质量发展引擎。2022 年，江门市轨道交通产业链共有规上企业 7 家，其中，10 亿元以上企业 1 家、1 亿元以上企业 3 家。全市轨道交通产业以新会区的广东轨道交通产业园为集聚地，汇聚了华南地区唯一的和谐号动车组造修企业——中车广东，打造全省专业性轨道交通装备产业园。主要包括城际动车组新造、城市轨道交通车辆新造、高速动车组检修、机车车辆关键零部件制造四大领域业务；并引进了一批配套企业落户，产品包括动车组及城轨车辆制动系统、空调、贯通道、灯具、电气件、内装件、车体及总装部件等，已形成从研发、制造、检验检测到检修的全产业链条。2022 年，全市轨道交通产业链实现工业产值 53.15 亿元。

二、推动制造业高质量发展的工作亮点

强化顶层设计和组织领导，发展壮大先进制造业集群。“十四五”期间，江门市科学编制《江门市先进制造业发展“十四五”规划》及其三年行动方案，细化各

重点产业发展路径。制定智能家电、食品、新一代电子信息、汽车与零部件、安全应急与环保、硅能源等产业三年行动计划。全面衔接省关于培育发展20个战略性产业集群的工作部署，以“五个一”工作体系为抓手，加强与国内高端智库机构合作，巩固提升战略性支柱产业，加快发展战略性新兴产业，构建江门市高质量发展新的增长引擎。以链促群，紧盯产业集群重点领域，梳理各重点产业链“五个一”清单，推进强链补链延链稳链控链工作，推动重点产业加快发展。2022年，江门市已培育形成现代农业与食品、现代轻工纺织、先进材料3个产值超千亿元产业集群，石化新材料成为继金属制品、食品、家电后第4条产值超500亿元产业链。新能源电池、新能源汽车及零部件等产业链均保持两位数以上增长。

推进产业平台扩容提质，打造高水平产业载体。印发实施《江门大型产业集聚区规划建设实施方案》，高水平建设江门大型产业集聚区。2022年，江门大型产业集聚区全年完成规上工业增加值824.37亿元，占全市规上工业增加值60.6%，在省统计的18项大型产业集聚区建设重点指标中，江门10项指标位居全省第一，成为全市工业发展“主战场”。推进3个先行启动区、6个启动区和11个新谋划的特色产业园建设，推动蓬江产业园（智能家电）、广东轨道交通产业园2个园区成功获批2022年度省特色产业园名单，为全省入选园区最多的三个地市之一。推动江门高新区成功申报为2022年国家安全应急产业示范基地（综合类）创建单位，在全国18家创建单位认定榜单中排名第一。推动鹤山、开平、恩平实现省产业园扩园，其中鹤山产业园成为省下放扩园审批权后全省首批扩园的省产业园。

深入推进创新驱动，激发高质量发展新活力。创建全国重点实验室，构建支撑江门高质量发展的实验室体系。江门中微子实验室建设进展顺利，已进入设备安装阶段。江门双碳实验室获批筹建“双碳”省实验室，组建了高水平科研队伍，9个科技项目获国家、省科技计划立项。省科学院江门产业技术研究院“一院+多中心”服务网络初步形成，在全市6个县（市、区）建立公共技术服务平台，为企业解决技术难题。大力促进创新链与产业链融合发展，运用“揭榜挂帅”机制组织重大科技专项，完成首批12项关键核心技术“揭榜挂帅”，着力解决一批技术难题。2022年，江门市高企数量超2600家、增长超20%，“科技杯”创新创业大赛获国赛优秀奖2项，发明专利授权量、PCT国际专利申请量大幅增长，知识产权工作考核全省第二，企业自主创新能力不断增强。

引导资本聚焦实体经济，以金融大发展推动经济发展大跨越。建立“金舱”机制，筛选市内正在开工建设的优质项目入舱储备，加强与金融机构的对接，引入基金、证券、银行等金融机构进舱，由政府提供市场化和专业化的平台，促成金融机构与项目实施主体的投融资需求有效对接。举办大型活动，为金融机构及重大项目实施主体提供强有效的投融资平台。打造金融集聚区，出台落户、租金、人才等方面优惠政策，重点吸引私募、风投、创投等落户，形成“私募市场—股权交易市场—三板市场—交易所市场”的多层次资本市场服务体系。推动省级便利华侨华人投资制度改革，合格境外有限合伙人（QFLP）试点、外国人来华工作许可2项省级支持事项落地，建成全国首个便利华侨华人投资税收服务中心和平台、华侨华人离岸公共法律服务中心。落实江门市与资本市场学院、五邑大学的战略合作协议，加快本地金融人才培养。

持续优化营商环境，加快发展民营经济。打造高度便利的市场准入环境。在全国率先上线商事登记“智能湾区通”，港澳投资者足不出港澳、安坐家中即可利用微信指尖智能办理江门营业执照；在全国率先推出商事登记政银渠道“31省通办”服务，全国建设银行（港澳台地区除外）1.4万个银行网点超过5万台智慧柜员机均可以办理江门的营业执照；深化“证照分离”改革，涉改审批办理时间压减65.16%、申请材料压减21.24%。创新事中事后监管方式。在全国地级市率先上线“双随机、一公开”抽查系统，全域推开跨部门联合抽查，成为全国“双随机、一公开”跨部门联合监管试点市；在全省率先在政府采购、国有土地使用权转让、融资授信等重点领域实施跨部门信息共享和联合惩戒。深化企业服务。在全省率先组建工业200强企业服务专班和搭建中小微企业诉求快速响应平台，2022年协调解决企业诉求超7000项，对重点企业、中小微型企业全覆盖深入开展企业服务，快速集中协调解决企业诉求问题，全力提振企业发展信心。持续深化政府侧流程，工程建设全流程审批时间压减50%以上，全省率先实现商品厂房交房即发证，工业项目验收即发证。2022年，江门市市场主体总量达69.5万户、增长7.4%，总量全省第6位。营商环境综合评价全省第6位、上升3位，城市软实力显著提升。

三、制造业发展主要存在的困难问题

一是产业链供应链存在短板和“卡脖子”问题。国际经贸环境复杂多变，市内部分产业领域面临关键材料、设备、零配件和技术“卡脖子”问题。二是制造业的资源环境约束加剧。江门市部分制造业仍停留在粗放型、劳动密集型生产阶段，市内制造业具有外向型特点，大多数企业生产低附加值产品，逆全球化趋势下，企业出口效益降低，高端要素集聚不足，急需推进制造业要素改革、加快推进转型升级。三是面临周边城市及长三角地区的激烈竞争。省内先进城市以及长三角地区城市，依托良好的产业基础、集聚的创新资源、完善的公共设施，对企业发展更具吸引力，相较之下，江门市产业发展基础、政策优势、开放程度处于相对弱势。

四、对策建议

江门市将以新发展理念为引领，以新型工业化为主攻方向，坚定不移实施“工业立市、制造强市”战略。抓好大产业、大平台、大项目、大企业、大环境建设，推动全市制造业高质量发展。

（一）大抓产业发展，推进现代产业体系建设

一是提升产业集群核心竞争力。重点发展智能家电、现代轻工纺织、生物医药与健康、现代农业与食品等战略性支柱产业集群，重点培育激光与增材制造、安全应急与环保、盾构机、新型储能等新兴产业，谋划布局人工智能、合成生物、氢能源等一批未来产业，推动 15 条产业链加速集聚发展。到 2025 年，培育形成先进材料、现代轻工纺织、现代农业与食品、新一代电子信息、新能源 5 个产值超千亿元的战略性产业集群，打造食品、金属制品、家电、石化新材料、新一代信息技术、新能源电池 6 条产值超 500 亿元的产业链。二是推动制造业加快绿色化数字化转型。大力推进金属制品、造纸、摩托车等传统产业数字化改造，做好新会区五金制品省级产业集群数字化转型试点项目的培育建设，推动化工、建材、造纸等重点高碳排放行业开展节能降碳增效行动。加快发展数字经济，推动重点工业园区、城镇和农村 5G 网络深度覆盖，促进数字经济和实体经济深度融合。着力构建具有核心竞争力的现代产业体系，推动产业基础高级化、产业链现代化。

（二）狠抓工业投资，推动项目建设提质增效

积极争取并用好专项债、政策性开发性金融工具、中长期贷款等资金，强化项目资金支撑。抓好项目建设，加快产业结构跳转、补齐发展短板、增强发展动能。发挥重点投资项目指挥部、市并联审批专班运行机制作用，推动重点制造业项目加快建设，2023 年推动市重点项目完成投资超 1200 亿元。支持企业开展技术改造，建立技术改造企业库，每年推动全市 500 家企业开展技术改造，打造一批技术改造

标杆项目，联合行业协会、科研院所、金融机构对重点企业开展“一对一”技改服务，以高质量投资引领产业结构优化升级。下大力气抓好工业投资，2023 年力争实现工业投资超 1000 亿元，成为全省第 6 个工业投资超 1000 亿元的城市；其中先进制造业投资占工业投资比重超 40%，高技术产业投资占比超 18%。

（三）培育优质企业，促进市场主体融通发展

一是大力建立优质企业梯度培育体系。加大对产业链“链主”企业培育，抓好 10 亿元、50 亿元、100 亿元的龙头骨干企业梯队培育，支持产值超百亿企业做强做优，到 2025 年，产值超 10 亿元、50 亿元、100 亿元工业企业分别达到 100 家、15 家、8 家。发挥链主企业牵引带动作用，发展壮大骨干企业，吸引更多企业协同创新、完善链条、共同成长。大力培育“单项冠军”“小巨人”和“专精特新”企业，支持企业打造优质产品、抢占市场份额，提升核心竞争力和行业地位，2023 年争取新增 10 家国家级“小巨人”企业、200 家省级“专精特新”中小企业，力争 2025 年“单项冠军”企业不少于 5 家。实施“个转企、小升规、规改股、股上市”市场主体培育计划，2023 年推动不少于 600 户个体工商户转型升级为企业，300 家工业企业上规模发展，力争 4 家企业上市，构建优质企业梯度培育格局。二是提升企业技术创新能力。支持引导各类创新主体加大研发投入，力争全社会 R&D 投入增速超 15%。实施科技赋能产业“十百千万”行动，2023 年组建 5 家产业技术创新联盟，开展 80 家高企“创新标兵”遴选，引入 500 名科技特派员、新增 5000 名科技人才。深入推进“揭榜挂帅”，力争在高端装备、生物医药、新材料、双碳等领域攻克一批关键核心技术。提升企业自主创新能力，鼓励引导行业骨干企业牵头建设一批制造业技术创新中心等新型创新平台，2023 年新建 20 家以上省、市新型研发机构、重点实验室等创新平台，到 2025 年建成不少于 70 家省级企业技术中心，力争新增 1 家国家级企业技术中心，高新技术企业力争不少于 3000 家。三是加强质量品牌建设。全力创建全国质量强市示范城市，支持建设企业质量提升创新中心、质量基础设施“一站式”线下服务站点。加强知识产权创造、保护和运用，推动质押融资等金融创新，争取设立国家级快速维权中心，争创国家知识产权强市建设试点城市。支持工业设计出新出彩，提升产品功能及科技含量，擦亮“江门制造”品牌。

（四）加快平台建设，打造工业发展“主战场”

高标准建设江门大型产业集聚区，集中资源支持 3 个先行启动区建设“万亩千

亿”大平台，新会智造产业园先行启动区加快打造新能源动力电池全产业链，高新区—三江睦洲先行启动区统筹资源要素加快招引项目落地，蓬江—鹤山先行启动区推动基础设施建设提速。加快广东（江门）硅能源产业园、安全应急产业园等 11 个新谋划的特色产业园建设，完成台山产业转移工业园等省产业园扩园，做强做优蓬江食品、智能家电和新会轨道交通 3 个省级特色产业园，推动安全应急、新能源电池、硅能源、生物医药等特色园区建设上新台阶。高质量升级改造村镇工业集聚区，高水平建设承接产业有序转移主平台，力争建设成省重点支持主平台。按产业要求打造升级版园区，完善生产生活、创新创业等服务功能，高标准建设“邻里中心”，强化城产、产城融合，全力打造“产城人”高度融合的一流产业转移承载园区。

（五）整合资源要素，营造一流的制造业发展“大环境”

一是加强金融扶持。用好政策性开发性金融工具、专项债等资金支持，引导银行完善供应链金融服务，创新专属金融产品，为重点产业、重点行业、重点企业、重点项目提供充足信贷支持。深入落实江门市“金种子”三年行动方案，支持优质现代化产业链企业挂牌上市。大力打造人才岛金融集聚区，培育和引进各种创业投资基金、私募股权投资基金、并购基金和证券投资基金等投资类基金，引导社会资本、金融资本参与江门市现代化产业发展。二是强化土地供给。加强工业用地供给，确保年度供应工业用地面积不少于 667 公顷。加大土地整备力度，每年完成连片 6.7 公顷以上新征土地 45 块，其中 33.3 公顷以上连片土地不少于 10 块。优化审批流程，加快审批进度，全力服务各类重大项目，做好纳入大湾区战略部署的重大平台、重点基础设施等重大项目和民生工程的用地用海保障。三是不断优化企业发展环境。积极创建全国社会信用体系建设示范区，推进企业信用风险分类管理与“双随机、一公开”监管标准化有机结合，实施差异化监管，推动社会信用环境向善向好。持续深化暖企服务，完善 200 强企业服务专班机制和中小微企业诉求快速响应平台，及时快速处理企业诉求，着力解决中小企业痛点、难点、堵点问题。

第十四节 阳 江 市

党的十八大以来阳江市推动制造业高质量发展情况报告

阳江市工业和信息化局

党的十八大以来，全市深入贯彻习近平总书记对广东系列重要讲话和重要指示批示精神，认真落实省委、省政府关于推动制造业高质量发展要求，逐步确立并强化实体经济发展的重要地位，推动制造业占比稳步提升，培育发展合金材料、海上风电、绿色能源等主导产业，持续强化五金刀剪、食品加工、新型建材等优势传统产业发展优势，以装备制造、电商直播等新业态新模式加快提质创新，带动产业发展效率提升、激活产业发展新动力，制造业发展迈上新台阶。

一、全市制造业发展情况

（一）总体规模结构

产业规模实力显著提升。阳江市制造业规模不断发展壮大，阳江市制造业（全口径）增加值从 2018 年的 209.19 亿元增长至 2022 年的 348.61 亿元，增长 66.65%；全市规上制造业营业收入从 2018 年 673.59 亿元增长至 2022 年的 1834.08 亿元，增长 172.3%，2019 年、2020 年连续两年被省“制造强省领导小组”评为制造业发展较好地市。

产业结构持续优化升级。一是三产结构不断优化升级。2022 年，全市三产结构比例为 16.4∶38.8∶44.8（2018 年为 16.2∶34.4∶49.4），其中第二产业比例较 2018 年提升 4.4 个百分点。二是工业结构重型化趋势明显。2022 年，全市轻重工业比例为 15.89∶84.11（2018 年为 16.9∶83.1），重工业占比较 2018 年提升 1.01 个百分点。其中，以风电装备制造业为代表，实现“从无到有、从小到大”，2022 年实现规上工业产值约 68 亿元。三是制造业占 GDP 比重稳步提升。全市制造业增加值占 GDP 比重从 2018 年的 17.9% 提升至 2022 年的 22.7%（快报数），占比上升 4.8 个百分点。

龙头企业成为制造业发展主引擎。全市规上制造业企业从 2018 年的 279 家增长至 2022 年的 423 家，规上制造业企业数量不断增多。全市年营收超百亿元制造业企业从 0 家增长至 5 家，包括广东甬金金属科技有限公司、阳江宏旺实业有限公司、广东广青金属压延有限公司、广东广青金属科技有限公司、阳春新钢铁有限责任公司。全市入选广东制造业 100 强企业数量从 0 家提升至 2 家，包括广东广青金属科技有限公司、阳春新钢铁有限责任公司。龙头企业带动全产业链发展取得新成效，明阳智能、金风科技牵头带动打造海上风电全产业链；广青科技、阳江宏旺、阳春新钢铁等上下游企业已打造成为全国规模最大之一的合金材料产业集群；王麻子、张小泉、十八子等龙头企业带动五金刀剪产业链上中下游企业构建五金刀剪全产业链。

中小企业梯度培育迈上新台阶。2018～2022 年，阳江市累计促进 379 家企业新升规，每年“小升规”企业占规上企业总数的两成左右。截至 2023 年，全市有效期内“专精特新”中小企业共有 49 家，英格和拓必拓 2 家企业首获国家“小巨人”资质，取得零突破，中小企业健康发展并成为完善产业生态的重要力量。惠企融资增信，牵头成立政策性担保公司和风险补偿资金，累计为企业提供 15.54 亿元增信贷款，缓解企业融资困境。每年开展企业集中服务月活动，由市四套班子成员、市直部门对重点企业开展“一对一”挂点服务，帮助企业协调解决阻碍生产发展的难题，2018～2022 年共为企业处理诉求 657 个，处理率达 100%，其中已解决和基本解决诉求占 68.66%。

（二）创新发展及转型升级

创新驱动产业高质量发展成效显现。2021 年，全市规上制造业研发经费支出 4.5 亿元，比 2018 年增长 21.6%。2022 年，全市共有高新技术企业 156 家，比 2018 年（71 家）增长 119.72%。截至 2022 年底，全市累计建成 2 个院士工作站，2 家省实验室分中心，51 家省工程技术研究中心，10 家省级企业技术中心，3 家省级工业设计中心，1 家省级重点实验室，23 家市级重点实验室，创新资源进一步丰富。党的十八大以来，全市依托重点企业和科研院所加大研发创新投入，推动打造全过程创新生态链，合金材料、海上风电、五金刀剪等关键核心技术攻关成效显著，以五金刀剪为例，研发出全球领先的激光熔覆技术、高端刀剪用不锈钢精密带和高端粉末钢原材料技术，打破了西方国家的技术垄断。

数字化、绿色化、服务化发展成效显著。数字化、网络化、智能化发展水平持续提升，截至2022年底，推动150家规上工业企业实施数字化转型，制造业企业智能化网络化水平进一步提升；绿色低碳发展持续推进，高耗能行业“煤改气”，钢铁、水泥等行业落后产能退出，2021年全市规上制造业单位增加值能耗为2.08吨标准煤/万元。截至2022年底，全市获评的国家级绿色工厂有3家。服务型制造转型发展加快，广青科技、阳春新钢铁等龙头骨干企业牵头发展供应链金融、工业互联网平台，带动全产业链上中下游联动发展。

（三）主要产业发展情况

合金材料产业进军千亿集群。根据省委、省政府产业定位，阳江作为“华南地区重要原材料生产基地”，为珠江西岸先进装备产业带提供优质原材料和重要基础件，也是省“十四五”期间培育先进材料产业集群的核心布局产业。目前集群拥有年产200万吨高端不锈钢、240万吨建筑用材和90万吨球墨铸铁能力，形成从冶炼、热轧、冷轧、精炼到深加工的全产业链，是华南地区重要基础原材料生产基地、国内最大的高端不锈钢生产集聚区之一。合金材料产业是阳江市第一个产值超千亿元的产业集群，2022年工业总产值超1200亿元。

装备制造产业基地加速集聚。25家风电装备制造企业落户，明阳、金风整机、粤水电、水电四局、东方电气电机、润龙铸造、润龙风能、中车电机等项目已投（试）产，东方海缆、中材叶片等项目加快建设，“一港四中心”同步推进，国家海上风电装备质量监督检验中心（广东鉴衡）正式运转，产业链涵盖从整机到叶片、塔筒、海底电缆等核心零部件的生产制造，成为全国产业链最完整、配套最齐全、规模最大的风电产业集群。全球首台抗台风型漂浮式海上风电机组在广东阳江海域成功安装。2022年，形成年产风电设备能力750套，实现规上工业产值约68亿元。

食品（水产品）加工产业异军突起。食品（水产品）加工产业是阳江制造业的重要组成部分，也是具有阳江地方特色的优势产业。因阳江豆豉而闻名，因调味品而壮大，“中国调味品之都”“中国香谷”落户阳江。现有世界500强的卡夫亨氏和国内调味品行业前十的美味鲜、厨邦等一批国内外知名龙头企业，引进投资25亿元的丰益国际（金龙鱼）项目、致美斋项目，投产和在建调味品项目全部达产后年产量超

400 万吨，将成为全国最大的调味品综合生产基地。

五金刀剪产业提质升级。阳江是中国刀剪之都、中国刀剪产业基地，五金刀剪是全市最具特色、规模最大、首个超 550 亿元的产业集群，产量约占全国 75%，出口量约占全国的 85%，是中国百佳产业集群，在全国乃至全球五金刀剪行业领域都具有重要地位和影响。全国三大品牌“王麻子”“张小泉”“十八子”齐聚阳江，拥有“中国菜刀中心”“中国剪刀中心”“中国小刀中心”等 15 个国字号招牌，设立国家刀剪及金属工具产品质量监督检测中心，中国刀剪专业委员会、五金刀剪产业技术研究院在阳江成立。“阳江刀剪”集体商标已在 40 多个国家和地区境外注册和建立营销网络，形成从不锈钢冶炼、带钢生产、刀剪机械制造、模具制造、配件铸造、零配件加工、热处理、电镀、包装到技术研发、电子商务、物流配送等比较完整的产业链条，形成了专业化分工、社会化协作、共同发展的生产格局。

二、推动制造业高质量发展的主要经验做法

（一）抓龙头企业，强产业链条

以龙头企业带动产业链，产业链反哺龙头企业为目标，着力推动龙头企业和产业链协调提升。合金材料产业方面，引进广青科技、青山镍业、翌川科技三大镍合金龙头企业筑牢行业地位，积极推动广青热轧、宏旺冷轧、开宝不锈钢精等中下游产业发展，形成从冶炼、热轧、冷轧、精炼到深加工的全产业链，2022 年产值突破 1200 亿元。海上风电产业方面，引入明阳智能、金风科技、龙马铸造等一批龙头企业，有效带动引进一批配套企业，形成了涵盖从整机、叶片、塔筒、海底电缆等核心零部件生产制造到主机集成的完整产业链。

（二）抓转型升级，强产业动能

以“5G + 工业互联网”为抓手，推动优势传统产业向“智造”加快发展。五金刀剪产业大力实施“机器换人”，依托五金刀剪产业技术研究院等专业技术力量，开发刀柄机器人焊接、激光 3D 打印装备系统、机器人自动打磨等新型装备和技术，企业自动化水平不断提升。食品（水产品）加工产业方面，推动产业与粤港澳大湾区知名高校和科研机构合作，引进、建设了如阳西贝类“科技小院”等工作站，引导企业建立科研机构开展食品风味物质分离、酿造发酵食品升级改造等技术研发，

力争推动食品加工产业往保健品、生物医药转型。针对不同行业、不同类型企业分类施策开展智能制造和工业互联网试点示范，已建成6个省级数字化标杆示范项目，制造业企业智能化、数字化水平显著提升。其中广东广青金属科技有限公司“5G+工业互联网应用标杆示范”项目获得2021年第四届“绽放杯”5G应用优秀奖，并入选《工业互联网园区网络建设案例汇编》。

（三）抓科技创新，强产业支撑

创新体系构建实现重要突破，阳春产业转移工业园成功创办省级高新技术产业开发区，阳江高新区创建国家级高新区和中山火炬（阳西）产业转移园创新省级高新区工作稳步推进，建成阳江海上风电、合金材料两大省实验室，阳江高新区科技企业孵化器通过国家级认定。一大批科技成果竞相呈现，如明阳智能公司发布全球最大的半直驱海上风机、全球最大单体水电解制氢装备下线，广青科技“红土镍矿冶炼镍铁及冶炼渣增值利用的关键技术与应用”项目获得2019年度国家科技进步奖二等奖，为阳江市制造业发展提供先进技术支撑。

（四）抓平台建设，强产业集聚

坚持始终把产业平台作为推动制造业高质量发展的重要抓手，持续推进园区提质增效。坚持“引凤先筑巢”理念，不断加强园区基础设施和公共服务设施建设，园区品位有了较大提升，中山火炬（阳西）园率先实现“十一通一平”，并在全省园区产城融合发展中走在前列。坚持加大要素保障力度，出台了《关于深化工业用地市场化配置改革的实施细则》，深化工业用地市场化配置改革，开展批而未供和闲置土地处置攻坚行动，推进园区土地连片收储、连片建设，2022年以来，完成土地收储287公顷，盘活存量土地447公顷。坚持推进园区产业能级提升，聚焦主导产业，深化与“链主型”企业合作，政企联动推进产业招商，着力培育优势产业集群。产业园区化发展优势明显，入园项目质量不断提高，全市优势产业集群几乎全部集聚在园区发展。2022年园区规上企业工业增加值188.74亿元，占全市46.6%。

（五）抓要素供给，强产业保障

着力打造优质营商环境，全面推进“数字政府”改革建设，着力打造优质营商环境，实现开办企业半天内办结，基本实现市级政务服务办事“只进一扇门”，工程建设项目全流程审批时间压缩至90个工作日内，荣获2019年中国地方政府互联网服务能力（创新领先类）总分排名第一。强化制造业人才支撑，广东海洋大海阳江校区已于2021年开学，未来可为全省提供制造业优质人才超5000人。扎实推进“广东技工”工程，全面构建“大学+高职院校+中职学校”的技能型人才培养体系，近3年举办制造业相关人才培训超5万人次。

三、制造业发展主要存在的困难问题

一是规模总量不大。阳江工业发展虽处于高速发展阶段，但产业基础仍比较薄弱，2022年全市规上制造业增加值为223.46亿元，同比下降5.4%，增速低于全省平均水平（1.3%）6.7个百分点，制造业企业总体规模小、实力弱、竞争力不强。二是产业发展层次较低。2022年，全市高技术制造业占规上工业增加值的比重仅0.2%，远低于全省平均水平（29.9%），低附加值、传统密集型产业仍是制造业增加值的主要贡献来源。三是园区承载能力不足。全市产业园区总体建设水平不高，发展空间不足，基础设施和生活配套设施还相对滞后，未能更好地满足项目落地建设和企业生产生活的需要，园区的吸引力和承载力还不强。

四、对策建议及下一步工作计划

下一步，阳江将深入贯彻落实党的二十大提出的“坚持把发展经济的着力点放在实体经济上”精神，按照省委提出的“坚持制造业当家大力发展实体经济”要求，坚持“制造立市”“制造强市”战略，构建具有阳江特色的现代化产业体系，奋力打造沿海经济带的重要战略支点、宜居宜业宜游的现代化滨海城市，切实推动制造业高质量发展。重点抓好四个方面工作：

（一）抓好战略性产业集群的培育发展工作

贯彻落实省委、省政府的工作部署，以高质量为发展目标，加快实施市级战略性产业集群联动协调推进机制（链长制），建立完善“五个一”工作体系，推动省“1+20”政策文件全面落地。一是巩固支柱产业现有优势。在合金材料方面，推动《阳江市产业园区高质量发展规划——高端合金材料及新型管材产业基地发展指南（2022~2027）》落地应用，延伸发展下游不锈钢管等配套产业，不断延伸合金材料产业链条。风电装备制造产业方面，着力开展延链补链，围绕齿轮箱、轴承等链条短板开展招商引资，加快推进东方海缆、中材叶片等项目投产。二是谋划发展战略性新兴产业。把握省将阳江纳入硅能源产业光伏电池片制造和组件产品集聚区的机遇，依托明轩光伏玻璃项目，发展硅能源产业，力争把硅能源产业打造成阳江新的经济增长点；力推阳江高新金风海洋工程项目投产、中远海运海工基地动工、中集来福士海洋工程项目签约，努力实现海工装备产业新突破。

（二）抓好重大项目建设

一是强化项目招引，充分把握珠三角产业梯度转移的重大机遇，落实招商引资三年行动，围绕合金材料、绿色能源、装备制造等主导产业，梳理招商清单，细化招商计划，加强与省属国企、珠三角市属国企、大型民企和相关商协会的沟通，在招大引强、招新引优上持续发力。二是加快重点项目推进力度，持续优化对产业链重点骨干企业、“专精特新”企业服务，支持制造业重点企业重大项目建设，协调各方资源、切实落实政策、优化服务配置，为企业项目解决建设中的资金、能源、土地、用工、运输、容量指标等方面的实际问题，推动企业加大投资力度，推动项目加快建成投产。

（三）抓好制造业提质升级

依托龙头企业研发机构及两大省实验室等科研平台，开展重点领域关键核心技术攻关，提升阳江市产业集群核心竞争力。实施新一轮技术改造行动，围绕五金刀剪、纺织服装等优势特色产业，以数字化智能化为主攻方向，加快推动制造业企业“智造”转型，推动重点产业数字化、网络化、智能化发展水平和工业互联网应用水平持续提升。推动全市重点产业节能降碳，推进绿色清洁生产技术改造，加快淘汰落后产能、提升资源综合利用能力，打造全产业链和产品全生命周期的绿色低碳循环发展制造体系，加快推进制造业实现全面绿色转型。

（四）抓好产业发展平台建设

根据省、市总体规划部署，以主平台开发建设为契机，加快促进园区提质增效。一是推进载体建设。推进园区“七通一平”标准化建设，2022 年重点推进园区 79 个基础设施和配套设施项目加快建设，推进标准厂房建设，年度新增标准厂房 17 万平方米。二是加快项目建设。出台《阳江市工业用地项目全生命周期管理实施意见》，建立项目遴选评估机制，对项目实施全周期动态评估和监督。三是加强用地保障。开展土地整备行动，制订新收储土地计划、闲置土地回收计划和闲置厂房盘活计划，对地块的开发情况进行动态监测，扭转园区用地无序、低效的局面。四是提升主平台开发运营水平。以阳江市城投集团有限公司为主平台开发母公司，积极引进央企、省属、市属国企及民营资本参与项目开发建设及运营管理，建设一批阳江主平台各园区相关配套项目。五是全力开展招商引资。围绕主平台产业定位和产业招商图谱深入开展招商引资专项行动，进一步对主平台现有主导产业进行稳链、延链、强链。六是拓展园区发展新空间。按照《阳江市省产业园区扩园工作指引（试行）》，推动园区展扩园工作，拓展发展空间。

第十五节　湛　江　市

党的十八大以来湛江市推动制造业高质量发展情况报告

湛江市工业和信息化局

党的十八大以来，湛江坚定扛起习近平总书记赋予湛江“打造现代化沿海经济带重要发展极”和“与海南相向而行”的重大使命，紧紧把握全省支持湛江加快建设省域副中心城市，打造现代化沿海经济带，构建“一核一带一区”区域发展格局的重大战略机遇加快发展，逐步确立并强化实体经济发展的重要地位，推动制造业占比稳步提升，带动产业发展效率提升、激活产业发展新动力。2012 年以来，湛江市制造业规模体量增长 2. 36 倍，进入改革开放以来重点项目数量最多、完成投资额最高、产业集聚效应最强的时期，翻开了构建高水平现代产业体系崭新一页。

一、全市制造业发展情况

（一）总体规模结构

产业规模显著提升，产业结构朝重工业布局发展。湛江市制造业增加值从 2012

年的398.6亿元提升至2022年的942.42亿元，实现增长2.36倍；全市制造业增加值占GDP比重从2012年的21.6%提升至2022年的25.4%。轻重工业比例从48.6∶51.4调整为13.93∶86.07，产业结构重型化发展趋势明显。

龙头企业成为重点产业发展主引擎，中小企业成为完善产业生态的重要力量。全市规上工业企业从2012年的695家增长至2022年的792家。全市年产值超百亿元制造业企业从1家增长至4家，来自石化、钢铁、造纸等重点行业领域，四大骨干企业增加值占全市规上工业增加值75.8%，宝钢湛江、中科炼化、湛江晨鸣等龙头企业带动产业链上中下游企业构建钢铁、石化、造纸产业生态。截至2022年底，湛江市扶持培育省级创新型、“专精特新”、“小巨人”等优质中小企业累计达到237家（次），涉及企业163家，其中国家“专精特新”“小巨人”企业1家，省级“专精特新”中小企业98家，总量居粤西地区首位。

创新助推产业高质量发展。2021年，全市规上工业研发经费支出10.7亿元，2012~2021年年均增长率8.8%。2022年，市级以上研发机构492家，省级重点实验室14家，总量全省排名第四。高新技术企业489家，科技型中小企业入库461家，省级企业技术中心14家，省级工业设计中心4家。从2015年起，已举办五届“市长杯”工业设计大赛，充分发挥工业设计创新对湛江市产业转型升级的服务和驱动作用，提升工业企业的创新能力，推动湛江工业设计与相关产业融合发展。

绿色低碳发展持续推进。目前已建有国家“绿色园区”1个、“绿色工厂”4家、“绿色供应链管理企业”1家；湛江经开区等9个园区获认定为循环化改造示范园区（其中国家级1个、省级8个），争取中央节能减排资金1.67亿元支持湛江经开区15个循环化改造项目建设；湛江宝钢、广东冠豪被评为2022年省级节水标杆企业；湛江经开区被评为2022年省级节水标杆园区。宝钢湛江自立项起，先后投入节能环保资金超过100亿元，采用节能环保技术153项，多项关键绿色指标为国内甚至全球之最，建成行业首套外排水循环利用项目，实现全厂废水零排放，其百万吨级氢基竖炉投产后对比传统工艺同等规模铁水产量，每年可减少二氧化碳排放50万吨以上；中科炼化一期采用目前国际先进的生产工艺控制和环保治理技术，最大限度减少各类污染物的产生，实现水资源98.52%的重复利用率及76.2%的污水回用率。2022年，宝钢湛江获工信部公布为2022年工业废水循环利用试点企业，在湛江工业企业中形成了重点用水企业废水高效循环利用的新格局；巴斯夫与华润电力完成广东首笔可再生能源电力交易，确保湛江一体化项目首批装置100%的可再生能源电力供应。巴斯夫还相继与国家电投、博枫分别签署25年合作协议，目标到

2025 年为整个巴斯夫湛江一体化基地提供 100% 可再生能源电力。

数字化发展成效显著。截至 2022 年底，全市累计建设 5G 基站 9248 座，居粤东西北城市首位，实现城区、乡镇、重点园区 5G 网络覆盖，5G 网络覆盖至行政村，全市 20 户以上自然村光网 100% 通达。按照“百兆起步、千兆引领”建设高速全光网络，光纤用户占比 99.5%，排名全省第一。扎实推进工业互联网建设，湛江钢铁建成 5G 专网，湛江钢铁、中科炼化入选 2022 年国家智能制造示范工厂揭榜单位。“宝钢湛江钢铁 5G 工业远程控制应用创新”项目荣获工信部主办第四届“绽放杯”5G 应用征集大赛标杆赛金奖。宝钢化工公司“湛江 5G 智慧化工厂项目”获得第五届“绽放杯”5G 应用征集大赛虚拟专网专题赛三等奖和全国赛优秀奖。大唐雷州电厂“5G 专网赋能智慧电厂远程自动化控制应用项目”获得第五届“绽放杯”5G 应用征集大赛绿色智能制造专题赛三等奖。推动 300 多家各类制造业企业“上云上平台”数字化升级。推进“湛江工业互联网（小家电）行业云平台”建设，引入全国家电行业上下游产业近 400 家企业注册，助力小家电产业集群数字化转型。建成“羽绒行业工业互联网标识解析二级节点建设”项目，组织工业互联网服务商走进工业园区、企业。高商科技成功入选省工业互联网产业生态供给资源池，为粤西首家入选省资源池的企业。“粤西数谷”大数据产业园加快建设。

（二）主要产业发展情况

1. 规模前十大产业发展概况

钢铁、石化行业强势崛起。全市原油加工、炼焦业增加值提升为 2012 年的 7.7 倍，钢铁行业增加值几乎从零升到了 107.5 亿元，占全市制造业增加值比重分别从 2012 年的 22.4%、0% 提升至 2021 年的 49.4%、19.3%，在全市重点产业排名分别从第 2、第 28 位提升至第 1 位、第 2 位。农副食品、造纸、家电等传统产业规模排名下降，在全市重点产业排名分别从第 1 位、第 4 位和第 3 位下降至第 3 位、第 4 位与第 9 位。制造业产品结构向重工业升级趋势明显，2012 年，全市制造业重点产品主要为原油加工、电饭煲、变压器，产量分别占全国的 0.9%、56.0%、65.7%；到 2021 年，全市制造业重点产品变为原油加工、粗钢、钢材、电饭锅，产量分别占全国的 2.1%、0.9%、0.6% 和 20.4%，如表 3－11 所示。

表 3－11　　2012 年、2017 年、2021 年全市前十大行业（按增加值）变化情况

行业大类/统计指标	2012 年			2017 年			2021 年		
	增加值（亿元）	占制造业比重（%）	排名	增加值（亿元）	占制造业比重（%）	排名	增加值（亿元）	占制造业比重（%）	排名
规上制造业	340.1	—	—	549.2	—	—	619.2	—	—
石油加工、炼焦和核燃料加工业	76.1	22.4	2	139.8	25.5	1	305.9	49.4	1
黑色金属冶炼和压延加工业	0.0	0.0	28	74.1	13.5	2	119.4	19.3	2
农副食品加工业	86.5	25.4	1	39.6	7.2	4	35.6	5.8	3
造纸和纸制品业	24.2	7.1	4	32.8	6.0	5	33.1	5.3	4
烟草制品业	14.2	4.2	8	14.6	2.7	10	24.2	3.9	5
非金属矿物制品业	14.3	4.2	7	23.2	4.2	7	22.0	3.5	6
化学原料和化学制品制造业	14.8	4.3	6	11.8	2.1	11	11.9	1.9	7
医药制造业	5.1	1.5	14	6.8	1.2	16	10.8	1.7	8
电气机械及器材制造业	31.0	9.1	3	72.2	13.2	3	8.8	1.4	9
酒、饮料和精制茶制造业	5.7	1.7	11	9.2	1.7	14	8.3	1.3	10

注：列表中第一列的行业大类按照本地区 2021 年增加值排名前十的行业大类列出。
资料来源：广东省统计年鉴。

2. 特色优势产业发展情况

绿色石化产业实现飞跃性突破。2022 年，绿色石化产业集群实现营收 1406.21 亿元（含上游开采中海油产值），为湛江两个产值超千亿的产业集群之一，增加值 629.07 亿元。规上企业 51 家，其中有中科、巴斯夫（在建）、中海油湛江分公司和中海沥青 4 家骨干企业，“专精特新”企业 3 家。绿色石化产业以东海岛石化产业园为载体，引进项目 21 个（中石化、巴斯夫、法液空、茂华实华、威立雅危废综合处置、汇通丁腈胶乳、中冠电子新材料等项目）。中科炼化一体化项目一期达产达效，中科公司成为湛江首个产值超千亿元企业，带动绿色石化产业迅猛发展，推动湛江市石化产业在省内石化产业占比大幅提升。湛江市石化产业营收约占省石化产业集群营收 7.48%，增加值约占省石化产业集群增加值 14.8%。

高端钢材产业从零开始快速成长。2012 年，湛江黑色金属冶炼和压延加工业的增加值仅为 550 万元，到 2022 年完成增加值 131 亿元，高端钢材产业实现营收 639.62 亿元，钢铁产量占全国的 0.6%。2012 年，湛江市成功引进钢铁行业全球排名第一的宝武钢铁，总投资 491 亿元的湛江钢铁一期项目，十年间从无到有、快速

成长为支撑华南支柱产业关键配套、全球先进的高端钢材生产基地。宝钢3号高炉顺利投产，氢基竖炉于2022年2月动工建设，宝钢零碳高等级薄钢板工厂项目启动初步设计。目前，湛江钢铁产业围绕钢铁产业园引进钢铁产业类项目47个，初步形成以宝钢湛江、中冶宝钢、宝山化工、申瀚科技等企业为核心的绿色钢铁产业链。利柏特一期二期、韶关液压、华达钢制品、琪俊机械、七建钢结构、晖展冶金等项目即将竣工投产。钢铁产业集群进入发展快车道。

现代农业与食品在既有优势上稳步提升。2022年，现代农业与食品产业集群实现营收1755.03亿元，约占省现代农业与食品产业集群营收的9.8%，完成增加值685.69亿元，约占省现代农业与食品产业集群增加值的8.9%，为湛江市两个产值超千亿元的产业集群之一。规上企业78家，“专精特新”企业12家。湛江现代农业与食品产业产值处于全省第一梯队，基础优越，产业发展后劲强。全市以产业园为抓手，重视地方特色品牌建设，推动菠萝、水产、水稻、莲藕、生猪、花卉、红橙、火龙果、良姜、芒果、南药、蔬菜、茶叶、羽绒等特色主导产业集群由小变大、由散变聚、由弱变强，全市现代农业产业园总数达到27个，其中国家级产业园4个，省级产业园23个，规划建设项目572个，全市产业园主导产业总产值达400亿元，在全省名列前茅；打造“湛江金鲳鱼”“湛江菠萝”“湛江生猪”“廉江红橙”“乾塘莲藕”“徐闻良姜”“遂溪火龙果”“湛江对虾”等一批特色和优势农业品牌，全市入选全国名特优新农产品名录的农产品达到53个，数量位居全省第二位。

新能源产业发展走在全省前列。2022年，新能源产业集群实现营收370.74亿元，完成增加值64.66亿元，规上企业57家。近年来湛江按照国家、省的新能源相关政策，积极出台相关指导性意见支持新能源产业发展，推动新能源企业与湛江市签订合作框架协议。湛江新能源产业发展在省内较为突出，目前规划建设的4个海上风电场址均已全容量并网投产，总装机容量约120万千瓦。现有列入省陆上风电规划集中式陆上风电项目共31个，总建设规模达174.11万千瓦；其中已建成项目共26个，规模达138.96万千瓦，并网规模在全省排名第一。光伏并网规模约140万千瓦，居全省第一位。

造纸行业产业链基本形成。造纸产业是湛江支柱产业之一。2022年，全市造纸及纸制品业规上企业实现产值156.84亿元，占全市规上工业总产值（3339.86亿元）的4.7%；实现增加值35.3亿元。近年来，湛江充分发挥林业资源相对充裕等天然禀赋，重点建设麻章现代森工产业园、东海岛特种纸生产基地，利用数字信息等高新技术推动造纸产业绿色化、高端化升级。目前，全市绿色造纸产业基本形成

“木材种植—木片加工—木浆制造—纸制品—包装印刷”较为完整的产业链。

生物医药实现高速发展。2022年，全市生物医药与健康产业集群实现营收37.84亿元，增加值12.09亿元，规上企业13家。龙头企业有广东双林生物制药有限公司、广东南国药业有限公司、广东同德制药有限公司、广东恒诚制药有限公司、广东五洲药业有限公司等。湛江市现有市级以上生物医药与健康领域创新平台19个。其中，省级企业技术中心2个，省级工程技术研究开发中心6个。目前，市级以上研发平台80家，其中省级研发机构27家，占比30%；大力引导生物医药企业自建技术中心，南国、同德药业等都与科研机构、高校院所有技术合作。生物药方面，国投广东生物的变性乙醇在制药上是非常重要的辅料，占全国15%的市场份额；五洲药业的药用酵母占全国市场份额的60%，酵母片市场份额更是达到80%；双林生物医药在免疫球蛋白和血制品领域具备相当的技术优势。中药方面，恒诚制药复方曲安奈德溶液（首研产品）占全国88%以上的市场份额，结石通片（中药保护品种）占全国60%的市场份额。吉民药业的麝香追风膏全国市场占有率为60%，神农镇痛膏全国市场占有率为80%。

智能家电转型升级成绩斐然。家电产业是湛江传统优势产业。2022年，智能家电产业集群实现营收42.24亿元，增加值7.93亿元。规上企业89家，“专精特新”企业12家，创新载体平台31个，中国驰名商标5个，广东省名牌产品12个，广东省著名商标20个，获得400多个国内外产品质量认证和400多项专利。廉江市“专精特新”小家电企业形成的产业集群获得国家工信部首批“国家中小企业特色产业集群”，是全省获批的5个产业集群之一，也是粤西地区唯一上榜的产业集群；已建成4个省级企业技术中心、5个省级工程中心和15个市级企业技术开发机构。主要产品有电热水壶、电磁炉、慢炖煲、压力锅等，是全国最大的小家电整机生产基地。电饭锅产量约占全国的65%，湛江先后获得“中国电饭锅产业基地”“中国小家电产业基地”“全国产业集群区域品牌建设小家电产业试点地区”等荣誉称号，产业集聚发展态势明显。2012年以来，湛江围绕技术创新、质量提升、品牌培育、市场开拓、产业升级和商品结构优化等方面出台扶持政策。2022年，出台《湛江市发展智能家电战略性支柱产业集群行动计划（2021～2025年）》和《以贸易高质量发展推动湛江市家电产业转型升级的工作方案》；行业协会组织企业积极抱团“走出去”参加境外专业性家电展，实施市场多元化战略，中高端产品供给能力明显改善，科技创新能力显著增强，智能化水平大力提升，共同促进湛江家电产业加快发展。

二、推动制造业高质量发展的主要经验做法

（一）建立健全制造业高质量发展导向机制

2020 年，召开全市推动制造业高质量发展大会，印发《湛江市推动制造业高质量发展三年行动计划（2020～2022）》，成立制造强市建设领导小组。2021 年印发实施《湛江市制造业高质量发展“十四五”规划》，确定 13 个重点发展的产业集群，分别是绿色石化、先进材料、现代农业与食品、汽车、现代轻工纺织、智能家电、生物医药与健康、软件与信息服务 8 个战略性支柱产业，和新能源、前沿新材料、安全应急与环保、高端装备制造和精密仪器设备 5 个战略性新兴产业集群。建立市四套班子领导担任链长的产业集群链长制，印发《湛江市战略性产业集群联动协调机制总体服务工作专班方案》，组建“链长制”总体服务专班；印发《湛江市战略性产业集群建设工作指引》，按季度更新“五个一”工作体系。

（二）实施强链补链延链工程，推动产业集群集聚发展

以一批世界 500 强企业落户湛江带来的产业集聚效应为契机，依托龙头企业，开展产业链招商，延伸配套产业链，以产业园区为载体打造专业园区，推动绿色钢铁和绿色石化两大产业集群加速形成。认 2013 年宝钢湛江在东海岛动工为起点，十年间，东海岛先后引进 60 多个重大项目，总投资约 1960 亿元，钢铁、石化等产业“航母”配套产业链不断延伸。钢铁产业，围绕宝钢上下游产业链，宝钢化工、红鹰铭德、宝粤气体、申瀚科技、自立高温等一批上下游企业已经投产，钢铁新材料产业集群初步形成；绿色石化产业，与龙头企业签订战略合作框架协议，就产业链延伸达成共识，了解企业需求后开展精准招商，引进陶氏化学特种化学生产基地、液化空气工业气体、威立雅危废综合处置、汇通丁腈胶乳、中冠电子新材料、德弘汽车防冻液等项目，石化产业集群加快形成。2022 年，湛江与巴斯夫招商推介会在湛江成功举办，11 家石化产业链企业分别与经开区、巴斯夫公司签订合作协议，预计产值超 110 亿元，将在精细化工、配套公用工程和物流服务等各大关键行业领域加强合作。

（三）园区载体建设效果凸显

工业园区成为工业发展的主战场。“十三五”期间，全市园区累计完成工业项

目固定资产投资约1200亿元，累计签约项目195个，相继引进或建成宝钢、中科炼化、巴斯夫、大唐电力、中海油、法液空、中国纸业、晨鸣纸业、华润水泥、西卡德新材料等一批世界500强企业项目，全市园区入驻企业达1136家。2021年，印发《湛江市工业园区产业招商准入标准（试行）》。园区基础设施日益完善。湛江产业园、廉江产业园、坡头产业园、奋勇产业园、麻章开发区5个园区达到“七通一平”；7个园区建有独立污水处理厂，另有3个园区在建污水处理厂；建成湛江高新区科技创业服务中心（国家级）、南鲸海洋孵化器、廉江小家电产业线上服务平台、奋勇高新区科技企业孵化器、国家级医疗器械检测区域中心、国家级食品药品检测区域中心等一批公共服务平台；全市园区5G基站覆盖率达100%。高规格规划大型产业集聚区，打造湛江大型产业集聚区，采取整体规划、分期开发的模式推进建设，重点发展汽车产业、绿色石化、先进材料、高端装备、绿色能源、前沿新材料和现代农业与食品7个产业。探索采取“园中园”、委托管理、投资合作等模式共建合作园区，推动成立大型产业集聚区建设工作专班，形成指导园区开发建设的具体纲领性规划文件，保障园区各项开发建设。

（四）持续优化营商环境

全市上下将优化营商环境落实到经济社会高质量发展的每一环中，持续打造市场化、法治化、国际化营商环境。2019年出台《湛江市深化商事制度改革行动方案》，2021年被定为“营商环境整治提升年”，并制定《湛江市“营商环境整治提升年”活动方案》，2022年出台《湛江市优化营商环境条例》。实行“一企一策”助企稳产增产，对正在落地过程中的项目，建立“一企一策”的专班服务，为项目加快推进提供组织保障。对于已落户、投产的企业，成立相应的服务专班，实行全面摸排、清单交办、随时交办、闭环服务。对重点工业企业生产经营情况进行监测与研判，重点抓好骨干企业稳生产，盯紧新投产、已投产未达产企业项目。

三、制造业高质量发展存在的主要问题

一是龙头骨干企业数量少、牵引带动作用发挥不足。市内石化、钢铁等龙头骨干企业尚未有效发挥“链主”牵引带动作用，重点产业链延伸拓展亟待推进。二是重点产业集群发展处于初级阶段，多数产业“集而不群”。羽绒、小家电、绿色石化、钢铁加工等产业在若干细分领域已形成初级产业集群。新能源、木材家具、水

泥建材等多数产业发展“集而不群”，若干产业布局分散。三是传统企业转型升级能力和动力不足。市内多数制造业企业信息化水平较低，工业互联网基础薄弱，不利于产业信息资源整合、企业共享协同发展。四是人才、金融、用地等短板明显，产业集群发展要素支撑不足。人才储备紧缺，尤其是中高端技术人才和高素质技工人才。金融支撑不足，由于缺乏抵押物，湛江市大部分中小企业融资多依靠抵押贷款，间接、直接融资较少。部分园区建设水平偏低，软硬基础设施建设仍需加强。

四、2023 年工作举措

2023 年 3 月 28 日，湛江市召开湛江市推动制造业高质量发展大会，会上市委、市政府印发《关于高质量建设制造强市的五年行动计划（2023～2027 年）》。先后出台《湛江市培育优质中小企业行动方案（2022～2025 年）》《湛江市工业项目“全程代办”工作方案（试行）》《湛江市工业项目“拿地即开工”实施方案（试行）》《湛江市加快产业园区集中连片开发建设工作方案》等一系列推进制造业当家政策措施，统筹推动资源要素向制造业高质量发展集中，在全市形成良好的支持制造业高质量氛围。下一步重点做好以下工作：

（一）发展大产业，优化经济发展结构

一是打造千亿级优势产业集群。聚焦绿色钢铁、绿色石化、绿色能源战略性支柱产业，构建上下游关联、横向耦合发展、具有综合竞争力的产业链。做优做强优势传统产业现代农业与食品产业集群。二是培育战略性新兴产业。积极发展新能源汽车、生物医药、软件与信息服务等战略性新兴产业。三是加快制造业数字化绿色化转型。支持推广应用共性适用的新技术、新工艺、新材料和新标准，推动农海产业开工、家电、造纸、羽绒纺织等传统产业向高端化、智能化、绿色化发展；推动 220 家以上工业企业开展技术改造；出台《湛江市制造业数字化转型行动计划（2023～2025 年）》《湛江市制造业数字化转型若干政策措施》，推动 80 家企业实施数字化转型；组织发动重点企业、园区开展绿色工厂、绿色供应链管理、绿色设计工业产品、绿色工业园区等创建申报，构建绿色制造体系；推动 35 家企业实施清洁生产审核。

（二）打造大平台，提高产业承载能力

一是谋划建设湛江承接产业有序转移主平台，推动省级重点主平台建设。在雷州、奋勇试点建设通用标准厂房和定制厂房，为承接珠三角和国内外产业转移提前打好基

础。二是提升园区运营管理效能。产业园区推行“2号章”，全面提升园区行政审批效率。三是强化园区用地保障。提高“标准地”供应占新供工业用地比例，积极盘活工业低效用地。充分利用园区和企业高质量发展评估结果，推动“腾笼换鸟”。

（三）推进大项目，增强经济发展引擎

一是创新项目服务机制。积极推进工业项目“全程代办”“拿地即开工”，加快推进项目建设；二是推进产业链精准招商。出台实施关于促进先进制造业优先发展的十条措施。围绕“风口”产业和产业链关键环节精准招商。设立湛江产业高质量发展基金，借助基金公司、投行等专业机构获取更多有效招商线索，重点招引销售收入过百亿元、税收过亿元的优质企业。

（四）培育大企业，提高综合竞争能力

扶持培育制造业“单项冠军”企业、链主企业发展，实施“大手拉小手”活动，促进大中小企业融通创新发展，培育优质生态产业链。完善企业上市扶持政策，出台《湛江市企业北交所上市专项行动计划》，打造多功能资本市场服务平台。落实《湛江市培育优质中小企业行动方案（2022～2025年）》和《湛江市培育壮大市场主体行动方案》。培育50家优质中小企业和促进不少于55家小微工业企业上规模。鼓励工业企业创新发展，新增高新技术企业60家以上、科技型中小企业突破500家。提升企业质量品牌能力，开展市政府质量奖评审工作。

第十六节　茂　名　市

党的十八大以来茂名市推动制造业高质量发展情况报告

茂名市工业和信息化局

党的十八大以来，茂名市以习近平新时代中国特色社会主义思想为指导，深入

贯彻习近平总书记对广东系列重要讲话和重要指示批示精神，围绕省委赋予茂名的“建设产业实力雄厚的现代化滨海城市，打造沿海经济带上的新增长极”的总体定位，坚定向海而兴，坚持把制造业高质量发展放在突出位置来抓，全力打造链条长、发展基础坚实的绿色石化战略性支柱产业，持续强化先进材料及矿产资源、现代轻工、先进装备制造与金属加工、现代农业与食品等优势传统产业，布局发展新能源、生物医药与健康、汽车制造、数字与信息、安全应急与环保等战略性新兴产业。

一、全市制造业发展情况

（一）总体规模结构

产业规模实力稳步提升。茂名市制造业（全口径）增加值从2012年的573.8亿元提升至2022年的1015.62亿元，首次实现超千亿元，年均增长率5.88%；工业（全口径）增加值从2012年的730.8亿元提升至2022年的1104.04亿元，年均增长率4.21%；全市制造业增加值占GDP比重从2012年的29.7%逐步调整至2022年的26%，保持制造业占比基本稳定。轻重工业比例从1∶4调整为1∶6.1，产业结构重型化发展趋势显现。

龙头企业成为重点产业发展主引擎。全市规上工业企业从2012年的675家调整为2022年的663家。全市年营收超百亿元制造业企业1家，中石化茂名分公司连续10年营收超过千亿元。2012年以来，全市入选广东制造业500强企业数量从1家提升至4家。中国石化茂名分公司、东华能源（茂名）2家重点企业牵引带动行业打造世界级绿色石化产业集群，广东新华粤石化、茂名众和化塑、茂名石化实华、茂名南海新材料等龙头企业带动产业链上中下游企业构建绿色石化产业生态。截至2022年底，全市共有省级单项冠军4家，3家“专精特新”“小巨人”企业、66家“专精特新”中小企业。

技术创新推动主导产业提质升级成效显现。党的十八大以来，全市依托重点企业和科研院所加大研发创新投入，推动打造全过程创新生态链，进一步提升绿色石化基础研究能力，加强技术创新，建设和集聚了一批科技创新平台，绿色石化等关键核心技术攻关成效显著。截至2022年，全市拥有高新技术企业178家，是2012年的9.2倍；约31%的规上工业企业设立研发机构；共建有各类创新平台500多家。2022年茂名市获省科技奖的项目质量数量均创历史最好成绩，提名项目获省科技奖

6项，其中一等奖1项、二等奖5项。南海经济技术研究院暨东华能源协同创新中心、茂名绿色化工研究院和孵化中试基地、茂名清研先进材料加速基地等一批重大研发平台建设稳步推进。细分领域不断涌现“隐形冠军”，生产技术和产品在国内处于领先地位。比如，全球规模最大、国内首套260万吨/年浆态床渣油加氢装置建成投产；新华粤自主开发并建成国内第一套裂解汽油抽提苯乙烯工业装置，获得广东省科技奖一等奖。

（二）主要产业发展情况

1. 规模前十大产业发展概况

绿色石化产业蓬勃发展并成为制造业增长主引擎，传统产业排名下降。前十大产业规上制造业增加值占全市规上制造业增加值比重分别从2012年的83.2%提升至2022年的97.1%。石油、煤炭及其燃料加工业、化学原料和化学制品制造业产业增加值规模加速提升，稳居全市制造业前两位，占全市制造业增加值比重分别从2012年的60.6%、10.2%提升至2022年的65.1%、17.2%。农副食品加工业发展规模持续扩大，比重稳居第三。非金属矿物制品业、医药制造业增加值规模翻一番以上，占全市制造业增加值比重分别从2012年的1.3%、0.6%提升至2022年的3.1%、1.2%，在全市重点产业排名分别从第5位、第9位提升至第4位、第6位。食品制造业，皮革、毛皮、羽毛及其制品和制鞋业等传统产业规模稳中有升，如表3－12所示。

表3－12　2012年、2017年、2022年全市前十大行业（按增加值）变化情况

行业大类	2012年			2017年			2022年		
	增加值（亿元）	占制造业比重（%）	排名	增加值（亿元）	占制造业比重（%）	排名	增加值（亿元）	占制造业比重（%）	排名
规上制造业	400.6	—	—	785.6	—	—	534.62	—	—
石油、煤炭及其燃料加工业	242.6	60.6	1	389.5	49.6	1	348.05	65.1	1
化学原料和化学制品制造业	41	10.2	2	53.1	6.8	4	91.79	17.2	2
农副食品加工业	23.2	5.8	3	68.1	8.7	2	31.42	5.9	3
非金属矿物制品业	5.4	1.3	5	63.7	8.1	3	16.34	3.1	4
皮革、毛皮、羽毛及其制品和制鞋业	7.2	1.8	4	27.5	3.5	5	7.72	1.4	5
医药制造业	2.3	0.6	9	12.4	1.6	8	6.35	1.2	6

续表

行业大类	2012 年			2017 年			2022 年		
	增加值（亿元）	占制造业比重（%）	排名	增加值（亿元）	占制造业比重（%）	排名	增加值（亿元）	占制造业比重（%）	排名
纺织服装、服饰业	0.4	0.1	10	8.7	1.1	9	6.31	1.2	7
橡胶和塑料制品业	4.9	1.2	6	17.4	2.2	6	4.55	0.9	8
专用设备制造业	2.7	0.7	8	4.9	0.6	10	3.4	0.6	9
食品制造业	3.6	0.9	7	14.4	1.8	7	3.25	0.6	10

注：列表中第一列的行业大类按照本地区 2022 年增加值排名前十的行业大类列出。
资料来源：广东省统计年鉴。

2. 特色优势产业发展情况

绿色石化产业实力稳步提升，转型升级取得新突破。全市炼油加工能力达到 2000 万吨/年，乙烯生产能力达到 110 万吨/年，炼油加工能力与乙烯生产能力居全国前列。绿色石化产业产品涵盖燃料油、合成树脂、合成橡胶、有机化工原料、精细化工新材料等化工产品多达 400 多种。2022 年，全市绿色石化规上工业增加值 444.93 亿元，占规上工业增加值比重约为 83.1%，2012 ~ 2022 年年均增长率 4.4%。党的十八大以来，茂名市抢抓石化产业转型升级发展先机，建成全球规模最大、国内首套 260 万吨/年浆态床渣油加氢装置和全国第二大、华南最大的环氧乙烷产业集群，乙烯裂解副产资源精细化综合利用位居全国前列。重点推进投资 400 亿元的东华能源（茂名）烷烃资源综合利用项目、投资 300 亿元的茂石化炼油转型升级及乙烯提质改造项目、与中国核电公司合作的广东茂名绿能项目、投资约 80 亿元的茂名南海新材料丙烯腈产业链项目等加快推进。形成以茂名石化、东华能源为链主的全产业链。依托茂名石化炼化一体化装置发展化工中下游产业，已形成涵盖“石油炼制及乙烯裂解—有机化工原料—石化下游产品”的化工产业全链条产业格局，并在下游领域向各细分产业链延伸。依托东华能源烷烃资源综合利用打造“丙烷脱氢—化工新材料—高端复合材料”产业格局。

农副食品加工业提质增效。2022 年，茂名市农副食品加工业完成规上工业总产值 254 亿元，增加值 34.9 亿元，2012 ~ 2022 年总产值年均增长率 4.99%。党的十八大以来，茂名市深入推进农业供给侧结构性改革，聚焦农业优势产业区，促进现代农业与食品产业提质增效。积极推进现代农业产业园区建设，形成“6 + 19”

现代农业发展平台，南药和橡胶产业主导产业成功申请创建国家农业现代化示范区，产业平台示范和带动效应逐步彰显，主导产业集群逐步形成。品牌强农，不断扩大“茂字号”品牌影响力，扎实推进“两品一标”认证，全市有效期内的绿色食品 85 个、有机产品 14 个、地理标志农产品 14 个、入选“粤字号”农业品牌目录的产品 134 个、省区域公用品牌 34 个、国家级农产品区域公用品牌 2 个（茂名罗非鱼、化州橘红），农业品牌数量居全省前列。2022 年，全市新引进的超千万元现代农业和食品产业项目共计 104 个，协议投资总额 122.2 亿元。

矿产资源加工产业加速发展。茂名矿产资源较为丰富，发现矿产种类 53 种，占广东省发现矿产种类的 35.8%，高岭土、碳酸钙资源储量位居全省前列。2022 年矿产资源产业产值 82.72 亿元，工业增加值 23.65 亿元。党的十八大以来，大力发展新材料、高岭土领域，推进一批重点产业项目建设，华南钛谷产业基地项目发展海绵钛、钛材、磷酸铁锂、氧化铁等，打造年产百万吨级高钛材料产业集群基地。

二、推动制造业高质量发展的主要经验做法

（一）注重顶层谋划，引领制造业高质量发展

一是加强组织领导。成立制造强市建设领导小组，由市政府主要领导担任组长，高位推动制造业高质量发展，统筹协调制造强市建设全局性工作，研究解决制造业高质量发展工作中存在的重大问题，审议全市制造业高质量发展的指导性文件、宏观规划和重大政策，部署实施制造业改革创新重大事项。二是强化规划引领。相继出台推动制造业高质量发展和化工等重点行业建设的纲领性文件，全力构建“支柱产业突出、特色产业鲜明、新兴产业清晰、竞争力一流”的“1+4+5”现代制造业体系。三是强化企业服务。制定《茂名市机关领导干部挂钩服务企业发展活动实施方案》《茂名市重点骨干企业服务官制度》《茂名市重点工业项目服务官制度》，从全市企业中遴选一定数量重点骨干企业，由市委、市人大常委会、市政府、市政协领导班子成员及市委、市政府正副秘书长担任重点骨干企业服务官开展挂钩服务活动，为企业解决生产经营遇到的问题。

（二）出台惠企业政策，更大力度赋能制造业

一是出台《茂名市降低制造业企业成本支持实体经济发展若干政策措施的通

知》，在省“实体经济十条”的基础上，进一步降低制造业企业成本，形成政策叠加效应。二是为应对突如其来的疫情，及时出台《关于应对新型冠状病毒感染的肺炎疫情支持中小微企业平稳健康发展的意见》（简称“茂十条”）、《关于进一步加强疫情防控及企业复工复产金融服务工作的意见》（简称“茂金十八条”）、“茂税25条”等政策措施，全力支持和推动受疫情影响的各类企业复工复产，共渡难关，取得良好效果。三是积极落实国家和省出台的促进工业经济平稳增长的政策措施，出台《茂名市促进工业经济平稳增长行动方案》，通过实施八大行动共33条措施，进一步夯实保障工业稳定运行的各类基础条件，不断巩固工业经济增长势头，促进工业高质量发展。四是全面贯彻落实省级先进制造业发展扶持资金，拉动投资。五是出台《茂名市中小微企业贷款风险补偿基金管理办法（试行）》逐步完善中小微融资风险分担补偿机制，有效缓解了中小微企业抵押物不足、贷款难等困境。

（三）推行“链长”制，大力发展产业集群

茂名正在着力构建战略性产业集群“1＋1＋10＋10”工作格局，即出台一份《茂名市人民政府关于培育发展战略性产业集群的意见》，提出茂名市“十四五”打造的十大重点战略性产业集群；建立《茂名市战略性产业集群联动协调推进机制》，推行“链长”制，加快构建各地各部门合力推进的工作格局；制定十份产业集群行动计划。先后印发了绿色石化、先进材料及矿产资源、先进装备制造与金属加工、现代轻工、汽车制造、数字与信息、安全应急与环保、新能源产业集群、生物医药与健康产业集群、现代农业与食品产业集群行动计划；成立十个产业集群工作专班，协调加快推进茂名市战略性产业集群培育发展工作。

（四）聚焦园区建设，提升产业平台承载能力

近年来，茂名着力于推动产业园区提质增效，促进产业集聚，产业园区高质量发展取得新突破，园区已成为茂名市产业发展的主战场。一是制定《茂名市推动工业园区高质量发展实施方案》，构建工业园区发展新格局，力争到2025年，工业园区经济效益、社会效益、环境效益明显提升，各省级产业园规上工业增加值占所在地比重普遍达55%以上，工业固定资产投资占所在地比重普遍达70%以上。二是印发《茂名市工业园区高质量发展规划》《茂名市工业园区标准化建设三年行动计划》《工业园区高质量发展评价工作方案》，推动工业园区高质量、标准化发展。三是制定《茂名市推动工业园区项目快速落地实施方案》，坚持“工业项目优先、要素跟

着项目走”原则，通过创新优化土地收储和供应流程、加快项目遴选评估准入进程、提速办理工业项目用地规划调整、优化建设用地报批流程、推行“标准地”出让和“带方案”出让、简化施工许可手续、深入推进联合审验机制等工作措施，优化营商环境，为工业项目落地再提速，促进工业投资。四是制定《茂名市省产业园扩园实施办法（试行）》，明确扩园规范性要求和操作流程，目前全市享受省产业园优惠政策区域面积从2017年的48平方千米扩增至84.83平方千米。五是优化园区发展服务保障。市政府成立工业园区发展保障服务工作专班，统筹解决园区发展遇到的困难问题，全市工业园区累计投入超百亿元完善基础设施，园区高质量发展取得明显成效。2022年，全市省级产业园区完成规上工业总产值587.79亿元，实现规上工业增加值124.25亿元，完成工业固定资产投资81.96亿元，占全市工业固定资产投资比重44.47%。

（五）坚持“项目为王”，致力制造业倍增

坚持“拟建项目抓前期、在建项目抓进度、停建项目抓复工”的工作思路，狠抓重点工业项目建设。一是建立健全项目管理机制。实施工业项目动态管理跟踪制度，细化分析各项目年度计划投资额，对比年度分配预期目标，提高项目化率。二是加快重点项目建设。全面梳理项目建设情况，对未开工重点工业建设项目开展清单式“通堵点、破难点”调研行动，对各县市区的企业项目分片督导，重点了解环评、安评、能评、土地指标、施工许可等方面的落实情况，督促做好前期各项准备工作，确保未开工项目尽快开工。实行领导挂钩帮扶机制，落实跟踪服务项目的工作人员，通过协调解决项目建设存在问题，加快工业项目建设进度。

（六）坚持科技引领，以创新驱动高质量发展

一是先后制定印发加快科技创新、孵化器认定、科技项目管理等政策措施，对科技创新平台建设提供政策支持。二是围绕全市重点领域、重点产业和民生需求，聚焦优势主导及战略性新兴产业，谋划一批战略性新兴产业科技创新平台。2022年，全市约31%的规上工业企业设立研发机构；共建有各类创新平台500多家。三是聚焦重点产业集中突破了一批产业关键核心技术，加快推动科技成果产出和转化，“十三五”期间，茂名牵头项目获广东省科学技术奖23项，获奖数量连续四年排粤东西北首位，连续四年排全省前六名。2021年茂名企业获得国家科学技术进步奖二等奖1项，是茂名近年来首次获国家科学技术奖项。2022年茂名市获省科技奖的项

目质量数量均创历史最好成绩，提名项目获省科技奖 6 项，其中一等奖 1 项、二等奖 5 项，获奖数量位居全省第四位。四是助推高校科研成果向企业转移转化，目前引入石油化工装备与控制技术创新团队等 13 个高水平研发团队和 10 多家高校院所开展产学研合作，并孵化 30 多家科技型企业。五是企业创新主体地位显著提升。茂名获省科学技术奖的 80% 项目都是企业牵头，90% 以上的研发经费来源于企业，90% 以上的重大和重点项目由企业牵头或参与。一批高新技术企业做强做大，有力地促进了科技与经济的紧密结合，为推动茂名市制造业可持续发展和转型升级注入了新动力。

（七）聚焦招商引资，培育发展新动能

茂名进一步强化双区对接合作，积极争取省级有关部门指导支持，项目引进有新突破。一是引进东华能源投资的烷烃资源综合利用项目是茂名建市以来引进的最大民营工业项目，也是近十年来引进的最大外资制造业项目，以烷烃资源综合利用项目为牵引聚力打造世界级绿色化工和氢能产业基地。二是引进总投资超 80 亿元的茂名南海新材料有限公司丙烯腈产业链项目，该项目是“长三角民企 + 珠三角国企 + 南海之滨重镇”携手奋进的创新探索，是跨区域国企民企合作发展新典范，标志着烷烃资源综合利用“往下走”取得实质性突破，标志着茂名临港产业集聚效应进一步加强，打造世界级绿色化工和氢能产业基地的步伐更加坚实。

三、制造业发展主要存在的困难问题

一是新动能谋划培育有待加强。石化产业一业独大，新动能、新经济尚未形成规模，未能实现强支撑作用。二是要素供给不足，营商环境有待改善。市内部分制造业企业计划新增项目投资，但是市内用地用能指标不足；企业反馈融资和用工成本高，项目报批流程有待优化。三是工业园区发展水平有待提高。工业园区发展较为粗放，部分园区的产业类型零散杂乱、园内企业关联度低，基础配套设施还有待完善。

四、对策建议

一是落实《中共广东省委　广东省人民政府关于高质量建设制造强省的意见》精神，制定《茂名市高质量建设制造强市行动方案》，完善推进制造业当家配套政策，在建设以实体经济为支撑的现代化产业体系上取得更大突破，在新的高度挺起

茂名高质量发展的产业“脊梁”。二是实施制造业当家“大产业”行动，聚焦绿色化工、新材料、新能源战略需求，谋划绿色化工全产业链发展，在巩固现有1个超千亿元产业集群（石油化工）基础上，再打造2个千亿元产业集群（新材料、新能源）。三是实施制造业当家“大平台”行动，立足新发展阶段，依托茂名园、茂南园、高州园谋划建设约60平方千米承接产业有序转移主平台，构建新发展格局，提升园区能级，全面融入“湾+区+带”发展新格局，主攻临港产业、滨海产业和临空产业，主动承接珠三角产业特别是先进制造业转移，重点推动滨海新区、水东湾新城、高新区、临空经济区“四大发展平台”当好向海而兴排头兵。四是实施制造业当家“大项目”行动，坚决打好茂名石化炼油转型升级和乙烯提质改造项目上马建设、东华能源烷烃资源综合利用项目一期建成投产、丙烯腈产业链项目开工建设“三场硬仗”。推动欣旺达电子项目等尽快建设，形成更多实物量，为加快提升工业投资提供支撑。五是实施制造业当家“大企业”行动，加强链主企业、单项冠军企业培育工作，继续完善以“专精新特”企业为代表的优质企业梯度培育发展体系。六是实施制造业当家“大环境”行动，坚持“两个毫不动摇”，大力弘扬企业家精神和“工匠精神”，提振企业和企业家信心，激发市场主体活力；持续深化“放管服”改革，以“一次不用跑”“一次性解决”为导向优化产业发展环境。

第十七节　肇　庆　市

党的十八大以来肇庆市推动制造业高质量发展情况报告

肇庆市工业和信息化局

党的十八大以来，在党中央、国务院以及省委、省政府关于推动制造业高质量发展的决策部署下，肇庆市委、市政府全力贯彻落实有关精神，坚持“产业强市、项目为王、园区为母、企业第一”，奋力打造粤港澳大湾区现代新都市和珠三角核心区西部增长极，实现肇庆制造业高质量发展的总体目标。2012 年以来，肇庆工业经济迎来跨越式发展的黄金时期，从“十二五”时期的实施“4 +3 +2”主导产业发展工程，到“十三五”时期的工业发展“366”工程深入推进，再到“十四五”时期全力推动“主导 + 特色”制造业体系进一步壮大，肇庆产业发展路径愈加清晰，已拥有粤港澳大湾区重要的新能源智能网联汽车制造基地、电子元器件制造基地以及继广州、深圳之后最具发展潜力的广东新能源汽车产业发展第三城，国内新型元器件及电子信息基础产品科研、生产和出口重要基地等一系列优质的“城市名片”。

一、全市制造业发展情况

（一）总体规模结构

制造业规模稳中有升，产业结构持续优化。肇庆市规上制造业增加值从 2012 年的 589.74 亿元提升至 2022 年的 764.99 亿元，年均复合增长率 2.63%；全市制造业增加值占 GDP 比重从 2012 年的 32.02% 调整为 2022 年的 28.28%，保持制造业占比较为稳定。第一、第二、第三产业结构比例从 18.63∶40.59∶40.78 调整为 18.0∶41.7∶40.3，京东、唯品会等生产性服务业龙头平台在肇落地、发展提速。轻重工业比例从 27.8∶72.2 调整为 31.7∶68.3，产业结构重型化发展趋势显现。高技术制造业增加值占规上工业增加值比重从 10.3% 提升至 10.9%。

规上工业企业超千家，龙头企业成为重点产业发展主引擎。全市规上工业企业从 2012 年的 1046 家增长至 2022 年的 1467 家。全市年营收超百亿元制造业企业从 0 家增长至 2 家，主要来自汽车等重点行业领域；其中，肇庆宏旺金属实业有限公司连续 3 年营收超过百亿元。2012 ~2022 年，全市入选广东制造业 500 强企业数量从 0 家提升至 7 家。小鹏汽车、宁德时代、风华高科、金田铜业等 10 多家“链主”龙头企业牵引带动行业打造国家级新能源汽车产业集群，引领产业链上中下游企业构建新能源汽车产业生态。截至 2022 年底，全市共有 190 家“专精特新”中小企业、1377 家高新技术企业。

数字化、绿色化发展成效显著。一是制造业数字化转型成效显现。截至 2022 年底，全市累计建成开通 5G 基站 6248 座，实现全市 20 户以上自然村光纤网络全覆盖和 4G 网络普遍覆盖，有力地支撑肇庆市制造业数字化转型发展。2022 年底，全市共有 60 家省级以上“两化融合”管理体系贯标试点企业，其中 6 家为国家“两化融合”管理体系贯标试点企业；成功通过“两化融合”管理体系贯标评定的企业共有 14 家；已推动 400 多家中小企业“上云上平台”实施工业互联网数字化升级改造；成功打造“新能源产业链金融实践之基于工业互联网的车辆资产租赁平台”“互感器厂应用工业互联网新技术实施数字化转型”等 12 个工业互联网标杆示范项目。二是绿色低碳发展持续推进。2020 年以来，坚定不移推动陶瓷产业转型升级，在全省率先完成陶瓷企业“煤改气”任务，实现了空气质量从全省倒数第一到改善幅度全国排名第一的转变，共有 24 家企业 60 条生产线转产大板砖、岩板等高端产品。培育创建一批工业固废综合利用示范项目，全市共有 6 个项目被列入省工业固废综合利用示范项目。宏一再生资源利用获得工信部废钢铁加工行业准入条件公告企业，兴源再生资源、丽诺新材料获得工信部废塑料综合利用行业规范条件公告企业。截至 2022 年，肇庆市共计拥有 2 家绿色设计示范企业、9 家绿色工厂、17 项绿色设计产品、1 个绿色园区。

（二）主要产业发展情况

1. 规模前十大产业发展概况

新兴产业蓬勃发展并成为制造业增长主力引擎，传统产业排名下降。如表 3－13 所示，2012 年以来，金属和非金属制品规模保持在全市前两位。通用和专用设备制造业、汽车制造等产业增加值规模翻一番，在全市重点产业排名从第 13、第 19 位提升至第 8、第 4 位。纺织服装、食品饮料等传统产业在全市重点产业排名分别从第 16、第 24 位调整至第 24、第 16 位。制造业产品结构向中高端升级趋势明显，2012 年，全市制造业重点产品主要为水泥、人造板、铝材，到 2022 年，全市制造业重点产品升级为锂离子电池、电子元件、新能源汽车。

表 3－13　2012 年、2017 年、2022 年全市前十大行业（按增加值）变化情况

行业大类/统计指标	2012 年			2017 年			2022 年		
	增加值（亿元）	占制造业比重（%）	排名	增加值（亿元）	占制造业比重（%）	排名	增加值（亿元）	占制造业比重（%）	排名
规上制造业	589.74	—	—	538.91	—	—	764.99	—	—
金属制品业	84.16	14.3	1	99.12	18.4	1	127.26	16.6	1
非金属矿物制品业	77.32	13.1	2	91.90	17.1	2	87.08	11.4	2
电气机械和器材制造业	14.84	2.5	11	11.56	2.1	15	86.82	11.3	3

续表

行业大类/统计指标	2012 年			2017 年			2022 年		
	增加值（亿元）	占制造业比重（%）	排名	增加值（亿元）	占制造业比重（%）	排名	增加值（亿元）	占制造业比重（%）	排名
计算机、通信和其他电子设备制造业	59.55	10.1	4	35.42	6.6	4	55.48	7.3	4
汽车制造业	11.85	2.0	15	23.57	4.4	6	50.32	6.6	5
有色金属冶炼和压延加工业	70.70	12.0	3	19.73	3.7	9	42.14	5.5	6
化学原料和化学制品制造业	54.60	9.3	5	39.00	7.2	3	32.9	4.3	7
废弃资源综合利用业	28.11	4.8	6	27.95	5.2	5	17.56	2.3	8
纺织业	18.66	3.2	9	10.84	2.0	17	13.17	1.7	9
家具制造业	8.64	1.5	16	17.45	3.2	11	10.16	1.3	10

注：列表中第一列的行业大类按照本地区 2022 年增加值排名前十的行业大类列出。
资料来源：广东省统计年鉴。

2. 特色优势产业发展情况

新能源汽车及零部件千亿级产业集群呼之欲出。全市规上整车制造企业 4 家，汽车零部件企业 77 多家，初步形成整车制造 + 电池、电机、电控、电线、轮胎、底盘、轻量化材料、传感器、照明、轮胎等关键零部件的产业链条。2022 年，共有规上企业 81 家，实现总产值 705.7 亿元。一是重点项目加快建设，全球动力电池龙头宁德时代首个华南地区动力及储能电池生产基地已投产，小鹏智能新能源汽车二期项目当天签约当天动工建设。二是招商培育工作成果显著，围绕产业链开展重点招商，预留 280 公顷土地用于小鹏汽车、宁德时代增资扩产和相关配套，截至 2022 年，仅小鹏汽车已有配套零部件生产企业 42 家，在谈企业 21 家；宁德时代配套项目落户肇庆的项目共 7 个。肇庆高新区储备 40 多个新能源汽车项目，预计三年内可落户 80 多家企业。

电子信息不断向高端、高附加值、自主核心技术产品延伸。肇庆积极参与深圳等大湾区核心城市的电子信息产业链配套，电子信息产业集群产品主要以电容器、电阻片、电子材料、印制电路板、电子专用设备、LED 照明电子配件等为主，重点发展电子元器件、半导体与集成电路、消费电子产品等领域。2022 年，共有规上企业 130 家，实现总产值 351.1 亿元。一是龙头企业实力不断增强，风华高科 MLCC 规模位居全球第 7，片式电阻产品获得全国单项冠军；富仕电子为小鹏汽车、ABB、松下、中车等提供电路板，出口欧美、日本等国家；晟合技术为华为、华星光电等公司提供可穿戴设备主动矩阵有机发光二极体（AMOLED）驱动芯片。二是产业集聚化布局发展成效显现，肇庆市电子信息产业基地建设加快，推动风华高科总投资85亿元的祥和工业园高端电容基地和技术改造项目建设，引进投资35亿元的奥士康印制电路板（PCB）生产基地等。

绿色建材不断向绿色化、高端化道路发展。产业集群重点打造以绿色水泥、高端陶瓷制品、新型建材三大领域为特色的绿色建材产业体系，2022年，共有规上企业217家，实现总产值553.59亿元。一是绿色水泥，以华润水泥为龙头，德庆石井、四会骏马、高要金岗等一批骨干企业集聚，绿色建材产业逐步在全省范围内走向领先地位。二是高端陶瓷制品，主要企业包括萨米特陶瓷、将军陶瓷、乐华陶瓷，肇庆在全省率先完成陶瓷企业“煤改气”任务，纳入改造计划的190条已全部完成改造。三是新型建材，主要包括装配式建材和新型玻璃制品，以广东力尊、四会林树红、广宁石井新材料等为重点企业，以南玻集团为新支点，促进玻璃与装配式建材产业实现高质量转型。

金属加工规模不断壮大，支撑全市经济总量稳定发展。肇庆已成为省内乃至国内的金属加工重要生产基地，重点发展先进铜铝有色金属、优特不锈钢、金属表面处理等领域。2022年，共有规上企业397家，实现总产值1262.5亿元。一是龙头企业规模不断壮大，宏旺金属于2018年成为全市第一家主营业务收入超百亿元企业。二是产品质量不断跃升，新亚铝、中亚铝业、国耀铝业等一批本地铝加工企业在国内影响力与应用领域不断扩张，在北京鸟巢体育馆、迪拜哈利法塔等一大批国内外知名地标建筑均有肇庆市铝型材身影。三是区域品牌不断提质，高要小五金以其种类多、集中度高、产业链完善等特点成为国内知名地域品牌，涵盖家具、卫浴、门窗、锁体等多种门类。

二、推动制造业高质量发展的主要经验做法

（一）加速“主导+特色”产业集聚发展

一是加快构建“主导+特色”产业体系，建立产业集群协调联动机制，由市领导分别定向联系产业集群和重点企业，开展市、县两级工信部门企业遍访行动，重点跟踪服务百强企业，特别是小鹏汽车、瑞庆时代、金田铜业等“压舱石”企业，围绕企业增资扩产、生产经营、营商环境、政策支持等方面全力做好服务，以抓好

重点企业服务稳住“压舱石”。“主导+特色”产业2022年比2019年同期同比增长62.11%，连续三年平均增速为17.5%。二是举全市之力鼓励工业企业增资扩产，目前全市现有317个增资扩产项目中，属于“主导+特色”产业的增资扩产项目有266个，占比83.9%，涵盖新能源汽车及汽车零部件（43个）、电子信息（50个）、生物医药（12个）、精细化工（29个）。

（二）打造优质的核心产业平台

高起点、高标准、高质量规划建设992平方千米的广东（肇庆）大型产业集聚区，谋划以新能源汽车、电子信息、装备制造为主导产业，以生物医药、先进材料为特色产业，力争到2025年，大型产业集聚区基本建成，集聚形成3个千亿级主导产业和2个千百亿级特色产业集群，到2035年，形成产业生态结构完整、产业链供应链稳定有序的粤港澳大湾区高水平制造新城。一是坚持科学规划引领，以市管起步区为规划重点，先行开展控制性详细规划和城市设计、产业发展规划、地形图测绘、综合交通规划等5项规划编制。二是持续夯实各项要素保障，强化省、市两级专项资金，积极统筹专项债券，与金融机构开展广泛深入合作，撬动更多社会资本参与开发建设。科学有序推进土地收储，按“先急后缓、集约节约”的原则用好用实省、市两级专项用地指标。三是聚焦水、电、气、管网和道路，防洪排涝及污水处理厂等项目，强化统筹，分时序抓紧推动建设，加快推进基础和配套设施项目建设。四是积极探索投资环境宣传推介，坚持“边建设、边招商”的原则，扎实开展产业招商、以商引商。

（三）推动企业增资扩产和做大做强

一是支持企业投资和技术改造。编制促进工业企业增资扩产技改提升若干政策措施，通过加大财政支持力度、优先保障项目用地、优化环境资源配置、强化项目融资保障等方面，支持小鹏汽车、风华高科、星湖科技、鸿图科技、富仕电子、元气森林、喜珍电路、焕发生物等肇庆市现有重点工业企业增资扩产和技术改造，培育壮大现有优势企业、调整优化存量经济。二是扶持企业做大做强，以小鹏汽车、宏旺金属、金田铜业等超百亿元的企业为牵引，建立企业梯度培育计划，层级培育超100亿元、超50亿元、超10亿元和超亿元的骨干企业，着力培育单项冠军企业（产品）和“专精特新”企业等一批可为工业发展赋能提质的优势企业。

（四）政策规划谋划助推重点产业发展

为支持核心产业的快速发展，出台支持新能源汽车及汽车零部件产业发展的若干措施，在扶持企业做大做强、鼓励新项目引进、支持创新产业化应用、培育产业人才等方面给予一定奖励，推动肇庆市产业加快集聚壮大。截至2022年底，落实扶持资金6.5亿元促进新能源汽车及汽车零部件产业发展，其中，为小鹏汽车、宁德时代等重点企业提供投产达产奖励资金，为新能源车汽车销售提供购车补贴资金。近期，新能源汽车及汽车零部件产业政策再次修订，谋划出台扶持电子信息、装备制造等优势产业发展以及促进工业园区提质增效的相关政策措施。

三、制造业发展主要存在的困难问题

一是产业链仍不完善，产业闭环生态未形成。本地循环配套经济体系薄弱，上游原材料和下游终端消费类的企业和产品不足，汽车行业整车、关键部件、高等院校、科研机构之间联动合作有待提升。二是关键核心技术不强，创新发展能力偏弱。如消费电子缺少核心技术，缺少消费类终端等高附加值产品，汽车电子仍处于空白状态。三是产业配套资源欠缺，企业经营成本较高。招人留人问题突出，本地化核心研发团队力量长期空缺。四是交通运输、生活性服务等配套产业发展不完善。

四、对策建议及下一步工作计划

（一）全力以赴保重点企业，稳定产业链供应链

落实省、市关于工业稳增长的各项政策措施，围绕省20个战略性产业集群和肇庆市“主导+特色”产业体系，重点稳住地区和行业龙头企业，及时协调小鹏汽车等龙头企业诉求，保障产业链供应链健康，用好用足通行证制度，确保重点保障企业通行证“应发尽发”，畅通货物物流运输。加快制定重点企业“白名单”制度和相关扶持政策，稳住工业经济的“压舱石”。

（二）加大产业链招商，精准招引龙头型企业

加快梳理产业招商目标企业清单，针对产业链短板和薄弱环节，尤其是终端产品、核心技术环节，引进家电、手机等大宗消费类产品企业和汽车电子等技术型企业，精准对接国内外龙头型生产企业，依托大型产业集聚区，以政策、区位、服务等特色优势吸引投资落地。

（三）强化产业配套服务，引领产业链集聚发展

加快完善核心产业的扶持政策，修订出台《肇庆市支持新能源汽车及汽车零部件产业发展的若干措施》和《肇庆市支持电子信息产业发展的若干措施》，贯彻落实《肇庆市稳住经济的133项政策措施》，做强新能源汽车及汽车零部件产业链条，促进电子信息产业集聚集约发展。加快推动产业链近地配套工作，以小鹏汽车、瑞庆时代、风华高科、金田铜业等龙头企业为引领，拉好产业链需求清单，鼓励在同等条件下优先采购本地零部件，在本地及周边寻求替代厂商，增强产业链韧性，带动配套产业发展，推动全市产业链上中下游企业协同发展。

（四）落实各项要素保障，推动核心平台加快建设

坚定不移“向东看、往东赶”，以大型产业集聚区为引领，推动产业平台提质增效。进一步健全优化集聚区“2＋5”起步区开发运营模式，实施更有效的扁平化管理，提升运营管理能力。统筹考虑“2＋5”规划布局，坚持“多规合一”，重点加快推进市管起步区各项规划加快落地。不断加大资金投入力度，争取更多工业用地倾斜，开展园区招才引智，强化各类要素保障支撑。围绕“主导＋特色”产业布局，完善招商项目遴选备案政策体系，瞄准链主企业、优质外资项目等，全力打造产业集聚度高、上下游相对完整的产业链。

（五）引导企业转型升级，促进新产品研发量产

推动企业加大技术改造力度，引导企业开展自动化、数字化改造，着力抓好已启动或计划实施的6个产业集群数字化转型试点培育，引入工业互联网服务商服务企业发展，提高生产效率，推动肇庆市产业由劳动密集型工业逐步迈向智能制造。重点引育创新性科研机构，强化研发创新，钻研核心技术，在汽车芯片、汽车动力电池、新一代电子器件、现代中药、金属增材制造、化工新材料等领域进行新产品研发，并实现产业化应用，进一步提升肇庆市在省内外市场竞争力。

（撰稿人：卢杭华、钟月人①）

① 卢杭华，肇庆市工业和信息化局；钟月人，肇庆市工业和信息化局。

第十八节　清　远　市

党的十八大以来清远市推动制造业高质量发展情况报告

清远市工业和信息化局

党的十八大以来，清远市始终坚定不移以习近平新时代中国特色社会主义思想为指导，认真贯彻落实习近平总书记对广东系列重要讲话和重要指示精神，立足新发展阶段，完整、准确、全面贯彻新发展理念，构建新发展格局，深化落实省委、省政府“1+1+9”工作部署，加快制造业高质量发展步伐。

一、全市制造业发展情况

（一）总体规模结构

产业规模总体实现跨越发展，产业结构持续优化升级。清远市制造业增加值从2012年的251.3亿元提升至2022年的576.9亿元，年均增长8.7%，实现十年翻一番；制造业增加值占GDP比重从2012年的24.5%提升至2022年的28.4%。规上工业增加值从290.9亿元提升至672.5亿元，年均增长8.7%。轻重工业贡献率方面，轻工业实现增加值163.8亿元，对规上工业增加值的贡献率是28.6%，重工业实现506.4亿元，贡献率达到71.4%，工业内部结构趋向重工业化。2012年，清远先进制造业和高技术制造业共实现增加值43.45亿元，仅占当年规上工业增加值的15.1%；到2022年年底，上述两个行业的增加值达282.3亿元，占全年规上工业增加值的42%，产业结构得到明显优化。

规上工业企业总量稳定增长，发展质量明显提高。全市规上工业企业从2012年的497家增长至2022年的976家，规上工业企业数量将近翻一番。2018~2022年，全市共推动639家小微工业企业上规模发展。截至2022年底，全市有25家“专精特新”中小企业、2家“专精特新”“小巨人”企业，中小企业健康发展并成为完善产业生态的重要力量。工业企业全员劳动生产率由2012年的12.6万元/人，提高到2022年的29.4万元/人，净增了16.8万元/人。

绿色化、数字化发展成效显著。近年来，清远市加快现有产业的绿色化发展，绿色低碳发展持续推进，陶瓷行业“煤改气”，钢铁、水泥等行业落后产能已全面退出；已创建国家级绿色工厂5家、绿色设计产品7个、绿色供应链1条。把加快制造业数字化转型作为促进工业企业降本提质增效的重要举措，38家企业成为省级“两化融合”贯标试点企业，6家试点企业获得国家“两化融合”管理体系评定证书；成功实施76个“上云上平台”项目，连续两年排粤东西北各市前列；成功打造1个广东省工业互联网应用标杆、6个省级工业互联网标杆示范项目、3个省级制造业数字化转型标杆示范项目，推动1家企业成为工业和信息化部新一代信息技术与制造业融合发展试点示范（工业信息安全能力提升方向），是2021年粤东西北地区唯一入围的试点示范；推动2家企业成为广东省制造业数字化转型产业生态供给资源池供应商（互动电子、新时空导航科技）。推动广清中大时尚科技城打造了“清远市制造业数字化转型示范基地”和“清远市时尚产业链数字化公共服务平台”。

（二）主要产业发展情况

1. 规模前十大产业发展概况

新兴产业蓬勃发展，优势传统产业稳定增长，部分传统产业排名下降。如表3－14所示，2012年以来，非金属矿物制品业、有色金属冶炼和压延加工业等传统产业稳居前三位，产业增加值总量增长三倍以上，占全市制造业增加值比重基本保持稳定。计算机、通信和其他电子设备制造业及汽车制造业产业增加值总量规模翻三番以上，占全市制造业增加值比重分别从2012年的2.4%、0.8%提升至2022年的8.2%、3.7%，在全市重点产业排名分别从第11、第18位提升至第3、第9位。金属制品业、化学原料和化学制品制造业、家具制造业产业增加值总量增长五倍以上，在全市重点产业排名分别从第17、第10和第24位提升至第4、第5和第10位。而皮革、毛皮、羽毛及其制品和制鞋业，农副食品加工业，橡胶和塑料制品业三个传统产业总量规模虽稳中有升，但占全市制造业增加值比重、产业排名均有所下降。

表 3-14　2012 年、2017 年、2022 年全市前十大行业（按增加值）变化情况

行业大类/统计指标	2012 年			2017 年			2022 年		
	增加值（亿元）	占制造业比重（%）	排名	增加值（亿元）	占制造业比重（%）	排名	增加值（亿元）	占制造业比重（%）	排名
规上制造业	251.3	—	—	345.8	—	—	670.2	—	—
非金属矿物制品业	58.7	23.4	1	106.1	30.7	1	143.8	21.5	1
有色金属冶炼和压延加工业	28.8	11.5	3	44.6	12.9	2	61.3	9.1	2
计算机、通信和其他电子设备制造业	6.0	2.4	11	22.1	6.4	5	54.8	8.2	3
金属制品业	2.0	0.8	17	5.1	1.5	16	39.6	5.9	4
化学原料和化学制品制造业	6.6	2.6	10	25.6	7.4	4	33.5	5.0	5
皮革、毛皮、羽毛及其制品和制鞋业	21.0	8.4	4	26.3	7.6	3	31.5	4.7	6
农副食品加工业	10.6	4.2	6	7.9	2.3	11	31.2	4.6	7
橡胶和塑料制品业	11.6	4.6	5	11.5	3.3	7	25.6	3.8	8
汽车制造业	1.9	0.8	18	11.3	3.3	8	24.6	3.7	9
家具制造业	0.5	0.2	24	2.1	0.6	23	17.0	2.5	10

注：列表中第一列的行业大类按照本地区 2022 年增加值排名前十的行业大类列出。
资料来源：广东省统计年鉴。

2. 特色优势产业发展情况

（1）材料产业升级提升步伐加快。清远材料产业具有较大的产业规模和发展潜力，在传统材料产业方面，清远水泥、陶瓷、有色金属等传统建材领域基础深厚。在新材料产业方面，汇集豪美铝业、先导稀材、建滔铜箔、聚石化学、佳纳能源等大型企业。清远将重点打造以先进材料为区域优势的战略性支柱产业集群，着力培育以前沿新材料为特色的战略性新兴产业集群。

水泥产业绿色化转型升级成效显现。清远是广东省水泥产业发展主要基地，2022 年全市共有水泥企业 27 家。近年来，清远市坚决贯彻执行国家、省产业政策，对水泥产业转型升级，下大力气将粗放型发展转变为高效优质发展，积极淘汰落后产能和化解过剩产能，已淘汰落后水泥产能 1049 万吨。引导企业推广应用能源节约和绿色低碳技术，应用先进节能技术、设备、工艺和材料，提升企业绿色循环化水平，实现企业节能、降耗、减污、增效。比如，台泥（英德）水泥通过实施清洁生产方案，年节约用电量 126.72 万千瓦时，减少用煤量 5850.8 吨，减少颗粒物排放量 24.7 吨。

陶瓷产业规模较大、成为支柱产业之一。目前，清城区源潭陶瓷工业城和清新区的广州花都（清新）产业转移工业园两个园区陶瓷产值超百亿元。近年来，清远扎实推进陶瓷企业生产线“煤改气”工作，全市34家陶瓷企业生产线由原来的169条压减至70条，实现陶瓷行业清洁能源转换。积极引进研发新技术、新工艺、新装备，简一陶瓷入选2018年第二批广东省工业互联网应用标杆，冠星陶瓷建设中国建陶产业首个、全球第2个超高立体式智能化仓储中心。

金属材料规模大、产业基础较好。清远市金属材料产业具有较大规模和良好的产业基础，较为丰富的产品类型，涌现出一批强势企业，包括铝型材加工的“豪美”“新粤亚”“华南铝业”，铜型材加工的“楚江铜业”，钢压延加工的“圣力钢铁”“粤北联合钢铁”。近年来，金属材料产业落后产能应退尽退，淘汰落后和化解过剩产能成效显著，共化解钢铁落后产能62万吨，出清全市“地条钢”落后产能共计500万吨。清远鼓励金属材料企业实施创新驱动发展战略，以高性能金属材料为主导的新材料产业规模不断壮大。豪美新材拥有国内最先进、自动化程度最高的特种铝型材生产基地。清远高新区深化与华南理工大学、华南师范大学、中科院能源所等高校、科研院所合作，开展高性能铝/镁轻合金在重点工程中的应用研究、年产3万吨高精密度铜合金压延带技术改造等一批产学研项目。

（2）电子通信产业逐步成为发展新引擎。电子通信产业正逐步发展成为清远市战略性新兴产业，2022年全市共有计算机、通信和其他电子设备制造企业31家，规上工业增加值从2012年的6亿元提升至2022年的54.8亿元，年均增长24.8%，行业排位跃升至全市第三位。清远电子通信产业集群已具备坚实基础，拥有欣强电子、金禄电子、科惠（佛冈）电路等大批优质企业。广东清远电子信息产业园已吸引腾讯华南云计算基地、通信光电子产业基地、东电协·湾区（清远）电子信息产业智造科技园等项目。

（3）汽车零部件产业集聚效应凸显。汽车制造业已经是清远工业经济的前十大行业之一，全市共计26家汽车零部件企业，规上工业增加值从2012年的1.9亿元提升至2022年的24.6亿元，总量大幅跃升。得益于广州汽车产业的集群效应和外溢效应，清远积极打造“广州整车+清远零部件”产业格局，吸引大批汽车零部件龙头企业落户。《清远市战略性新兴产业“十三五”发展规划》提出，加快发展新能源汽车产业，形成新能源汽车整车及配件产业集群，重点发展动力电池、驱动电机和电控等关键零部件，积极发展车用电动助力转向、能量回馈式电动助力制动等零部件。2021年，印发《清远市发展汽车战略性产业集群服务工作专班工作方案》，明确开展汽车战略性产业集群创建工作。接下来，清远将通过积极争取列入广东省汽车零部件产业“强链工程”实施方案规划发展地区，打造汽车产业集群发展基地。

（4）医药制造产业基础加强。2012 年以来，清远医药产业发展初具规模，产品覆盖针对糖尿病、心脑血管疾病的化学原料药，针对手术麻醉的乳化注射剂，头孢类抗生素，传统兽药，中药胶囊、片剂，多肽类药物等生产领域。2022 年全市共有医药制造企业 9 家，规上工业增加值从 2012 年的 1.7 亿元提升至 2022 年的 14.6 亿元，年均增长 23.7%。主要龙头企业有金发科技、丽珠新北江制药、嘉博制药、蓝宝制药等，销售规模超亿元。面对新冠疫情，清远积极在危机中寻找新机，谋划医药制造业发展，2020 年，广东省公共卫生应急物资产业园正式揭牌，总投资规模 45 亿元。清远部分企业开启“跨界”生产防护物资之路，并逐渐形成产业链。

二、推动制造业高质量发展的经验做法

十年来，清远一方面着力推动传统制造业转型升级，另一方面积极推动新兴产业集群发展、打造优质载体、努力引进优质产业项目，加快推进制造业高质量发展。

（一）强化政策指导，聚焦顶层设计

一是近年来，相继出台《清远市降低制造业企业成本推动实体经济发展的政策措施》《清远市深化“互联网 + 先进制造”发展工业互联网实施方案》《清远市先进制造业和高技术制造业企业扶优计划》《清远市制造业高质量发展分工方案》等系列政策，扎实推动清远市制造业高质量发展。二是采取“专班”工作机制，真正做到将各部门资源和力量“聚焦”于一点，实现了“突破难点、以点带面”的良好工作格局。三是采取定期会商工作机制。市政府分管领导亲自制定针对重点项目、难点工作的定期会商工作机制，有效掌握项目单位、属地政府部门遇到的难点、痛点问题，针对性研判对策、加以解决。

（二）多措并举，推动制造业转型升级

一是积极推动工业和技改投资。提升智能化改造水平，海大生物、佳纳能源、敏惠汽配、纳福娜等成为省级智能制造试点示范项目。二是促进工业绿色发展。已创建国家级绿色工厂 5 家、绿色设计产品 7 个、绿色供应链 1 条。8 个园区被省工

业和信息化厅列为省循环化改造试点园区，5 个园区已通过验收成为省循环化改造园区。三是推进重点产业集群数字化转型。推动实施有色金属加工产业集群数字化转型工程，支持市金属行业商会牵头联合工业互联网服务商、电信运营商组建产业生态。推动实施水泥和混凝土全产业链数字化转型工程，拟推动水泥和混凝土企业批量数字化转型。

（三）完善发展载体，为产业发展提供良好平台

一是强化政策。印发《“三连一阳”地区四县（市）共建民族工业园利益共享实施细则》加强生态化园区建设，高新区、广清园、清新园等共 6 个园区被认定为广东省园区循环化改造试点。二是强化对接。在广清两地探索实现“总部 + 基地”“研发 + 生产”等共建模式；开展一区多园机制体制创新研究，构建清远市“一区多园”新型、高效的协调发展机制体制。携手广州市完善产业转移项目数据库，开展精准招商和联合招商。自 2017 年起，园区实际新落地（开工）企业数 322 个，累计新投产项目数 213 个。

（四）筑巢引凤，拓展制造业新空间

近年来，清远市紧抓“广清一体化”机遇，加快“入珠融湾”步伐，产业转移成效明显，制造业生产力空间布局进一步优化。2020 ~ 2022 年全市园区完成梯度转移珠三角项目 158 个，每年均超额完成省下达的 50 个梯度转移珠三角项目任务目标。另外，清远市抢抓广州纺织服装产业有序转移机遇，加快建设广清纺织服装产业园成为“万亩千亿级”制造业大平台，推动“广州总部 + 清远基地”“广州研发 + 清远制造”“广州孵化 + 清远产业化”合作模式深度实践，共建“广清现代轻工纺织产业集群”，加快产业转型升级。

三、制造业发展存在的困难问题

一是制造业总量堆头较小，总体发展水平不强。2022 年清远完成规上工业增加值 672.5 亿元，占全省比重 1.7%。传统高耗能产业比重和拉动力都仍占主导，2022 年全市五大高耗能行业规上工业增加值占全市比重为 49.7%，存在产业小而散、缺乏龙头企业、产品附加值不高等问题。二是清远市制造业研发设计仍显不足，产品档次和质量、技术进步等方面仍有待提高。三是园区载体基础配套设施不足、

环保设施落后、自身“造血”能力不足。四是人力资本匮乏，高端创新型人才“养不出、招不来、留不住”。

四、对策建议

（一）优化环境

一是加强制造业发展统筹。做好产业规划和环境营造，持续跟踪制造业强省建设，对标对表，厘清存在的关键瓶颈问题和突出短板，谋划好全市制造业的发展方向、目标、重点和路径，用足用好各种资源，为企业和各类人才发展提供更加有竞争力的环境。二是优化产业软环境建设。在深化企业服务上，建设专业服务队伍，研究制定可操作性强的服务新举措，拓展服务领域。同时，努力提高审批效率，完善绿色通道制度等。

（二）产业政策

一是加强主导产业的政策供给。立足整体产业规划布局，出台清远主导产业发展的纲领性产业政策文件，集中政策资源加快把产业基础做厚做实，把主导产业做精做优，把龙头企业做大做强，把产业链做稳做实。二是突出政府的资金引导作用。研究制定产业政策，采取参股注资的方式，加大对先进制造业和高技术产业的引导和政策扶持，积极吸纳民间资金，强化资本支持新兴产业发展。三是突出要素保障。对主动转型升级的传统产业以及新兴产业的工业用地予以保障，在企业的金融支持、企业用电用气保障、能源基础设施建设等方面制定出台相关政策措施予以扶持。四是加强人才培养与引进。依托职业院校、技工院校，加强重点产业急需技能人才培训，发展现代职业教育。开展人才引进改革试点，建立人才引进专项基金，支持引进高层次人才，组织实施高层次人才援助计划，通过建设科技领军人才创新驱动中心等方式，带动技术、智力、管理、信息等创新要素的流入。

（三）提升质量

一是巩固提升战略性支柱产业。推动清远市汽车零部件及配件产业与广佛整车产业链的深度融合，重点发展新能源动力电池及储能材料、驱动电机和电控、车身结构件、汽车轻量化铸件、智能车载设备等零部件及配件；充分利用地域原材料和建材产业集聚优势，重点发展绿色水泥、绿色建筑陶瓷等建筑材料产业，铜铝等再生有色金属回收重熔以及有色金属铸件、铜铝加工材等有色金属材料产业。二是推动区域差异化协同发展。提升规划水平，统筹考虑清远现有制造业基础和各产业集聚区发展定位，明确全市产业及园区布局，明确产业发展思路和方向。深入实施《广清一体化产业专项规划》，高标准建设广清经济特别合作区，加快广清产业园产城融合发展，加快广佛产业园和广德产业园开发建设，积极参与广州都市圈（广佛肇清云韶）产业协同合作，推动先进材料、前沿新材料、生物医药与健康产业、装备制造等产业集聚发展。三是提升工业园区承载能力。加强产业园区的基础设施、路政设施建设以及产业园区周边的第三产业配套。将开发条件较好且连片的地块，纳入园区及工业发展规划，待条件成熟时，逐步通过申报省级开发区、省级产业园或扩区、扩园等形式纳入省级园、开发区的范围。加快推动清远高新区实施“一区多园”管理，进一步突破发展空间和体制瓶颈，引导各分园区突出主导产业，实现以主园区带动各分园区经济、科技、产业协调联动发展的格局。

（四）创新发展

一是提升技术创新能力。加强企业自主创新能力建设，鼓励和支持有条件的大中型企业、企业集团和行业龙头企业建立企业技术中心，强化企业自主创新主体地位。二是推动产业智能化发展。充分发挥智能制造试点示范项目带动效应，引领清远制造业企业向数字化、智能化转型。以机械装备制造、汽车和零部件制造、家电、五金、有色金属压延、材料和化学制品、食品加工、纺织服装、建筑材料等行业为重点，推动工业机器人发挥示范作用。三是深入实施技术改造。推动新一轮工业企业技术改造，发挥各级财政资金引导作用，完善技改重点项目库，强化项目跟踪服务。鼓励企业加快淘汰落后工艺技术和设备，引进和购置先进适用技术和设备，按高标准要求改进生产工艺流程，支持工业企业提质增效。四是深化新一代信息技术与制造业融合发展。推动规模以上工业企业运用新一代信息技术实施数字化转型，带动中小企业上云用云降本提质增效。深化 5G 在产业园区和工业领域的融合应用，探索建设基于 5G 网络的工业互联网，构建人、机、物全面互联的工厂物联网网络体系。聚焦清远市主导产业，加快推动产业集群数字化转型。探索“工业互联网 + 安全生产”协同创新模式，提升安全生产数字化管理水平。

第十九节　潮　州　市

党的十八大以来潮州市推动制造业高质量发展情况报告

潮州市工业和信息化局

党的十八大以来，潮州市坚持以习近平新时代中国特色社会主义思想为指导，深入贯彻习近平总书记视察广东视察潮州重要讲话重要指示精神，围绕“把潮州建设得更加美丽”发展目标和“打造沿海经济带上的特色精品城市”发展定位，坚持“工业立市、实业强市”不动摇，加快打造特色产业发展高地。2012 年以来，全市制造业规模保持稳步增长，制造业规模体量增长 1.7 倍，规上工业总产值年均复合增长率居全省第 13 位。成功获批全国第六、省内唯一的“中国食品名城”称号，获评国内首个“国家级出口陶瓷质量安全示范区”，成功通过“中国瓷都”“中国婚纱礼服名城”“中国工艺美术之都”复评；电子信息制造细分领域发展国际国内领先，推动制造业高质量发展取得新的阶段性成就。

一、全市制造业发展情况

（一）总体规模结构

产业规模稳中有升，制造业占比稳定。全市制造业（全口径）增加值从 2012 年的 295.7 亿元提升至 2022 年的 533.5 亿元，年均复合增长率 6.1%。工业（全口径）增加值从 368.1 亿元提升至 578.3 亿元，年均复合增长率 4.6%。全市规上工业总产值从 891.6 亿元提升至 1373.2 亿元，年均复合增长率 4.4%。2012 年以来，全市制造业增加值占 GDP 的比重年均保持在 40% 以上，高于全国、全省平均水平，是潮州市经济发展的基本盘。

规上企业突破千家，“专精特新”队伍逐步壮大。全市规上工业企业从2012年的768家增长至2022年的1037家，总数居粤东西北地区第3位。三环集团获评国家首批制造业单项冠军示范企业，凯普生物、顺大食品获评国家“专精特新”“小巨人”，截至2022年底，全市共有94家省级“专精特新”中小企业，219家高新技术企业，中小企业健康发展并成为完善产业生态的重要力量。

创新驱动发展迈上新台阶。高技术制造业增加值从2012年的18亿元增长至2022年的38.9亿元，占规上工业增加值的比重从7.4%提升至14.3%，2021年占比高于粤东地区4.2个百分点。韩江实验室建设进度位居粤东西北前列，成功创建省内唯一一个省先进陶瓷材料创新中心，截至2022年底，全市拥有省实验室分中心1家、制造业创新中心1家、省级重点实验室2家，累计建成省级创新平台99家、市级创新平台140家。

数字化、绿色化、服务化发展加速推进。数字化、智能化发展步伐加快，与省智能制造研究所共建潮州中潮智能制造创新中心，三环集团创建省“5G+工业互联网”示范项目、皓明陶瓷建成“5G+VR实景工厂”“5G+AGV智能物流”等应用场景，截至2022年底，累计推动420家规上工业企业实施数字化转型。绿色制造有序推进，陶瓷产业单位产品能耗持续下降，日用瓷平均能耗达到国际国内先进水平。2022年，全市规上工业综合能源消费量同比下降11.4%、单位工业增加值能耗下降6.9%。生产性服务业加快发展，先后举办“市长杯”工业设计大赛、第五届“CHINA·中国”（潮州）陶瓷艺术设计大赛、“中国瓷都·潮州杯”陶瓷设计大奖赛，截至2022年底，全市拥有省级工业设计中心10家，数量居全省第6位。

（二）主要产业发展情况

1. 规模前十大产业发展概况

优势传统产业支撑制造业稳步增长，先进制造业发展速度加快。十年来，潮州市以陶瓷行业为主的非金属矿物制品业占据主导地位，稳居全市重点产业排名榜首，2021年，占全市制造业增加值比重的41.4%。计算机、通信和其他电子设备制造业保持稳步增长，占全市制造业增加值比重从2012年的8.3%提升至2021年的12.8%，在全市重点产业排名第2位。全市化学原料和化学制品制造业增加值规模翻两番、农副食品加工业增加值规模翻一番，占全市制造业增加值比重分别从2012年的1.7%、2.3%提升至2021年的5.8%、5.7%，在全市重点产业排名分别从2012年的第12位、第10位提升至2021年的第4位、第5位。金属制品业，皮革、毛皮、羽毛及其制品和制鞋业规模排名分别从2012年的第4位、第5位下降至2021年的第6位、第9位，如表3－15所示。

表3－15　2012年、2017年、2021年全市前十大行业（按增加值）变化情况

行业大类/统计指标	2012年			2017年			2021年		
	增加值（亿元）	占制造业比重（%）	排名	增加值（亿元）	占制造业比重（%）	排名	增加值（亿元）	占制造业比重（%）	排名
规上制造业	182.4	—	—	258.8	—	—	226.7	—	—
非金属矿物制品业	74.0	40.6	1	114.5	44.2	1	93.9	41.4	1
计算机、通信和其他电子设备制造业	15.2	8.3	3	21.6	8.3	2	28.9	12.8	2
食品制造业	15.9	8.7	2	13.9	5.4	4	13.5	5.9	3
化学原料和化学制品制造业	3.2	1.7	12	7.0	2.7	9	13.2	5.8	4
农副食品加工业	4.3	2.3	10	12.4	4.8	6	13.0	5.7	5
金属制品业	12.1	6.6	4	21.1	8.2	3	10.3	4.5	6
印刷和记录媒介复制业	7.8	4.3	6	12.8	4.9	5	8.4	3.7	7
橡胶和塑料制品业	5.2	2.8	8	6.0	2.3	10	8.3	3.6	8
皮革、毛皮、羽毛及其制品和制鞋业	11.0	6.0	5	11.2	4.3	7	7.0	3.1	9
通用设备制造业	2.5	1.4	14	3.4	1.3	12	4.6	2.0	10

资料来源：广东省统计年鉴。

2. 特色优势产业发展情况

陶瓷产业加快智能化、高端化发展。2022年，全市陶瓷产业实现工业总产值522.5亿，2012～2022年年均复合增长率3%。潮州市是中国的古瓷都，陶瓷文化发祥地之一，已形成日用陶瓷、工艺美术陶瓷、建筑卫生陶瓷、电子工业陶瓷四大产业门类，在陶瓷生产方面，从原料、设备、模具、花纸，到包装、物流、销售、质检等环节，形成了完整且成熟的全产业链条，是国内产业链最完整的陶瓷产区之一，全国规模最大的卫生陶瓷生产基地，全市日用陶瓷、陈设艺术陶瓷、建筑卫生陶瓷年产销量分别占全国的25%、25%、40%，出口量占全球的30%、40%、55%，均居全国首位。近年来，潮州市以转型升级为抓手，积极抢抓智能卫浴发展窗口期，着力培育发展智能卫浴产业集群。目前。全市装配销售智能坐便器的企业约400家，智能坐便器年总产量约460万套，年总产值约106亿元，成为科勒、东陶（TOTO）、海尔等国内外品牌智能坐便器代工（OEM）和贴牌（ODM）的首选

产区。

现代食品产业布局日趋完善。2022 年，全市食品产业实现工业总产值 221.9 亿，2012～2022 年年均复合增长率 6.5%，广式凉果、盐焗鸡类产品销量分别约占全国的 50%、80%。潮州市食品产业历史悠久，是省内唯一一个、全国第六个“中国食品名城”，形成肉类加工、果蔬加工、休闲食品和茶叶种植加工等特色产业及一批专业镇，拥有无穷、展翠、佳宝等骨干企业，产品涵盖凉果、糖果、奶粉、营养食品、肉制品加工等近 20 大类 2000 多个品种，拥有“潮汕凉果”“潮式卤水”“潮汕肉脯”等一张张享誉国内外的美食名片。近年来，全市以打造全国重要的食品加工制造基地为目标，成功引进世界 500 强益海嘉里粮油加工基地项目、加快布局“预制菜”产业新赛道，潮味特色食品、粮油基地、预制食品、水产品加工、特色茶制品、特色果蔬加工六大工程有序推进。

电子工业成为细分领域单打冠军。2022 年，全市电子工业实现工业总产值 64.7 亿元，2012～2022 年年均复合增长率 6.6%，拥有三环集团、金源光能等代表企业。潮州市积极推动传统特色陶瓷产业与新一代电子信息产业融合发展，重点发展微小型表面贴装元器件、新型半导体分立器件、高性能传感器与敏感元件、新型微型电声器件等细分领域，形成具有特色的电子元件产业基地。目前，全市光通信用陶瓷插芯、片式电阻用氧化铝陶基片、半导体陶瓷封装基座产销量分别占全球 75%、65%、50% 以上，均居全球首位。

印刷包装业加快数字化、绿色化转型。2022 年，全市印刷包装产业实现工业总产值 92.2 亿元，2012～2022 年年均复合增长率 1%。近十年来，随着食品、陶瓷等产业的发展，与之相配套的印刷包装业逐成规模。全市印刷包装生产业务约占全国的 25%，产品涵盖各式塑料复合包装袋、铝塑复合包装袋、隐形防伪包装袋和食品药品内外包装、礼品盒等 12 大类 150 多个品种，广泛应用于饮料、肉制品、调味品、休闲食品、日用洗涤用品、化工产品等领域。随着预制菜产业的兴起，印刷包装企业为适应多元化的市场需求，加快开发多系列、多用途、高质量包装材料。

生物医药与健康产业集聚效应不断增强。2022 年，全市生物医药与健康产业营业收入超过 50 亿元，其中，生物医药产业营业收入超过 30 亿元，人乳头瘤病毒（HPV）检测产品国内市场占有率居前列。依托凯普生物、太安堂、长兴生物科技等龙头企业和良好的中草药种植基础，潮州市初步形成涵盖生物药、化学药、现代中药、医疗器械、医疗服务、健康养老等领域的生物医药与健康产业集聚。全市拥有生物医药类省级实验室 1 家、博士后工作站 2 家、有效发明专利量为 300 件；成功推动总投资超25亿元的凯普医学科学园落地建设，进一步健全核酸分子诊断行业全产业链条，全力打造省内生物医药技术成果产业化应用、规模化生产制造基地。

二、推动制造业高质量发展的主要经验做法

（一）重谋划，加快构建现代化产业体系

坚持推动传统产业“专精特新”发展与前瞻布局战略性新兴产业为导向，持续巩固特色产业发展优势，谋划发展新材料、新能源、生物医药等新兴产业领域。党的十八大以来，围绕陶瓷、食品、智能制造、科技创新、招商引资、工业地产、金融财税、人才培育等领域印发实施若干政策措施；结合潮州市产业发展基础与优势，编制工业转型升级、产业园区发展、先进制造业发展等规划政策；对标全省20个战略性产业集群，出台《关于培育发展战略性产业集群的实施意见》及九大战略性产业集群行动计划，明晰产业集群发展方向、布局和路径，加快构建现代化产业体系，打造特色产业发展高地。

（二）促转型，加快制造业提质增效

推动行业企业多个亿元以上的重点技改项目加快建设，支持陶瓷领域节能减排、循环改造，四通公司“废瓷资源回收利用示范基地项目”被列为省工业固废综合利用示范项目。打造省先进陶瓷材料创新中心，建成先进陶瓷新材料、新工艺、新型元器件及模块等技术创新研发平台，加快构建贯通创新链、产业链、资本链的制造业创新生态系统。有序推进企业数字化转型，加快5G等信息化基础设施建设，2022年，全市累计建成5G基站4090座，市中心城区、各县城区域、乡镇镇区实现5G信号全覆盖。支持企业“上云上平台”，推动创建“卫生陶瓷产业数字化建设”省产业集群数字化转型试点项目。

（三）强创新，提升产业链现代化水平

深入实施高企倍增行动，持续引导企业加大科研投入、加快科技攻关，三环集团建成全国首个百千瓦级固体氧化物燃料电池（SOFC）示范应用系统，多层片式陶瓷电容器（MLCC）、陶瓷劈刀等高端电子元器件打破国外垄断；凯普生物新冠病毒核酸检测试剂盒获得多国认证，进入世界卫生组织应急使用清单。搭建创新平台，

韩江实验室成为全省唯一获得省基础与应用基础研究重大项目支持的省实验室分中心，联合本地龙头企业，相继承担四项省重点领域研发计划。

（四）筑平台，汇聚高质量发展磅礴力量

印发实施产业园区建设相关政策措施，明确园区产业发展方向，优化园区产业布局，推动园区提质增效。加大园区基础设施建设力度，近年来，共统筹省市县和中山对口帮扶各类资金超20亿元，加快推进园区“七通一平”。优化完善市“大招商”工作机制，设立潮州市人民政府驻深圳联络处，深入开展“产业链招商”“园区招商”“商会招商”“乡贤招商”，益海嘉里粮油基地、凯普医学科学园、中通智慧物流园，以及华瀛、华丰等一批重大产业项目纷纷落户园区，2018～2022年，累计引进项目141个、总投资超230亿元。加快打造特色产业园区，推动潮州港经济开发区“粮油及水产品加工”园区成功通过省特色产业园评审，实现工业领域省级特色产业园“零的突破”。

（五）优环境，破解企业发展堵点难点

出台《潮州市优化营商环境实施意见》，城市营商硬环境竞争力位列百强榜73位，同比前进27位；在全省首创“由线上开户银行为新设立企业承担印章刻制费用”的做法，为办理开办企业业务的市场主体免费提供“一照一票两策四章”[①] 创业大礼包，切实减轻企业开办成本；创新实施招投标“评定分离”、行政审批“绿色通道”“代办专班”等机制；实施企业开办、变更、注销等全生命周期服务，实现进“一个专区”办企业“所有事”，企业开办、出口通关等服务效率均高于国家和省目标要求。市领导挂钩联系重点工业企业、政企“茶话会”等助企机制有效落实，企业获得感持续增强。

三、制造业发展主要存在的困难问题

一是产业发展层级不高。八大传统产业产值占全市比重超过50%、增加值占全市比重超60%，产品整体附加值较低，多数企业以OEM和ODM代工业务为主，创建品牌的意识和能力较弱。新兴产业规模较小、占比低，高技术制造业增加值占规

① 营业执照正副本、发票及UKEY、惠企及减税降负政策、四枚公章。

上工业增加值的比重仅为10.6%。二是企业整体竞争力较弱。全市产值超5亿元的制造业企业有17家，超100亿元企业仅1家。制造业重点龙头对潮州市产业链拉动作用不明显，与本土企业产业链协同发展亟待提升。三是企业自主创新能力有待提高，如在智能卫浴产业方面，潮州市以生产便器陶瓷基座、部分水箱配件以及产品组装为主，智能坐便器盖板及其配套的芯片、电子控制板及其他精密核心零部件需要从厦门、深圳、佛山等地区采购。四是发展要素制约突出。本地企业在人才招引上“留不住”“招不来”；土地利用存在用地指标紧张和粗放低效用地并存的困境，园区基础配套建设仍不完善；制造业企业通过市场化渠道融资的授信额度低、成本高；缺乏大型展览中心、综合型专业市场，存在“有产业，无市场”问题。

四、对策建议

接下来，潮州市将深入学习领会党的二十大精神，按照省委、省政府坚持制造业当家的部署要求，高质量推进制造业强建设，力促传统特色产业“专精特新”发展和战略性新兴产业培育壮大，为经济高质量发展注入新的强劲动力。

（一）聚焦产业集群建设，打造高质量发展新引擎

实施食品产业提升工程，围绕食品产业有效扩大投资、企业做强做大、拓展发展空间、推动集群发展，加大政策支持力度。规划建设大型现代食品产业园，谋划引进中高端食品制造业项目，培育主城区新的经济增长点。实施集群培育工程，落实“链长制”推进工作机制，深化产业集群“六个一”工作体系，以“链长+链主制”推动集群有序发展。实施强链补链工程，实施产业链招商、精准招商。突出对珠三角地区、长三角地区、福建等地区的龙头企业、国企以及乡贤企业的“攻关”，重点围绕现代食品、智能卫浴以及工业设计等生产性服务业领域，积极开展招商引资洽谈工作，力争推动一批优质项目落户潮州市。

（二）聚焦有效投资落地，壮大高质量发展新动能

新增一批项目，实施工业投资倍增行动，进一步强化土地、资金、政策等要素保障，全力做大工业投资体量。挖掘一批项目，深入摸查存量企业增资扩产意愿，用好省级和市级工业投资支持政策，推动投资项目落地建设；用好省、市技术改造、智能化转型专项资金，引导企业实施智能化、绿色化改造。服务一批项目，落实市

县（区）联动机制及项目跟踪服务责任制，按照新建、在建、预投产等方向，全力“促投、促建、促产”，进一步释放产能。跟进一批项目，积极推进大唐5～6号机组、凯普医学科学园等一批投资超20亿元以上重点工业项目加快建设投产。

（三）聚焦平台载体建设，优化高质量发展新空间

抢抓省推动产业有序转移重大机遇，集中资源要素打造高新化、集群化、现代化产业承接主平台。按照“标准化、数字化、绿色化”的思路，结合村镇工业集聚区升级改造，因地制宜科学规划建设“智能卫浴创新产业园”“先进陶瓷材料产业园”等特色产业园。按照“七通一平”标准推进全市工业园区基础设施建设，优先推进5G等新型基础设施在园区布网应用，打造产城融合新园区。

（四）聚焦创新驱动发展，培育高质量发展新优势

实施科技领域“四个倍增行动”①，以智能盖板、先进材料、光伏制造、预制菜等为重点加大研发投入，支持产学研合作。充分发挥韩江实验室、省先进陶瓷材料创新中心等创新平台作用，实施一批重大科技专项，主动承接省级以上重点研发任务，围绕新材料、新能源、生物医药等领域开展科技攻关。深化创新成果应用，开展科技成果产业化补助，依托潮州市科技创新服务中心，深化科技成果转化服务，实现科学研究、实验开发、推广应用“三级跳”。强化知识产权保护与运营水平，开展“知识产权+标准化”行动，解决专利技术产业化问题。

（五）聚焦企业梯度培育，激发高质量发展新活力

加大优质企业培育力度，发挥三环、凯普、金源等龙头企业带动作用，着力培育一批具有生态主导力的“链主”企业、制造业单项冠军企业、“专精特新”企业。以创建“卫生陶瓷产业数字化建设”省产业集群数字化转型试点项目为契机，引导企业利用互联网、大数据、人工智能等数字技术，提高产业链上下游协同能力。打好“五外联动组合拳”，深度参与“粤贸全球”、广交会等重点展会，支持企业抱团出海拓市场、抢订单；坚持“线上+线下”“出口+内销”双向发力，大力发展跨境电商、外贸综合服务等新业态，建设跨境电商综合园区。

---

① 全社会研发经费倍增行动、高新技术企业倍增行动、规上工业企业研发机构倍增行动、高科技人才引育倍增行动。

（六）聚焦资源要素支撑，夯实高质量发展基本盘

加大用地保障，加快推进村镇工业集聚区升级改造；科学划示工业用地控制线，实施“标准地”出让模式，健全园区土地出让机制，严把土地出让条件关；切实推动历史遗留问题解决，加快盘活存量闲置土地。加大人才保障，落实“1+1+8”人才制度，实施产业转型人才工程，推进以评价激励引进为核心的人才体制机制改革创新，通过“柔性合作”“柔性引才”等机制，构建符合潮州市经济社会发展需求、支撑高质量发展的产业人才培育体系，培育更多技术研发能力强的创新创业团队和产业创新人才。加大融资保障，推广“中小融”平台潮州分站，落实企业融资“白名单”、中小微企业风险补偿基金等机制工具，为企业融资增信。加大政策服务保障，全面落实好国家、省、市各项纾困政策，深入实施市领导挂钩联系重点工业企业、“潮商·市长面对面”等助企机制，以“专班式”“保姆式”服务解决企业发展难题。

第二十节　揭　阳　市

党的十八大以来揭阳市推动制造业高质量发展情况报告

揭阳市工业和信息化局

党的十八大以来，揭阳市坚持以习近平新时代中国特色社会主义思想为指导，坚持“实体经济为本、制造业当家”，紧紧围绕省委、省政府对揭阳的发展定位要求，聚焦建设“沿海经济带上的产业强市”目标，持续推动纺织服装、金属、制鞋等优势传统产业优化升级，积极布局绿色石化、海上风电、数字经济、智能装备、5G、医药健康等战略性产业集群，以新业态新模式着力推动实体经济发展，带动产业发展效率提升、激活产业发展新动力。

一、全市制造业发展情况

（一）总体规模结构

产业规模实力有效提升、产业结构持续优化升级。党的十八大以来，揭阳市规上工业增加值从2012年的305.1亿元提升至2022年的434.91亿元，年均复合增长率3.90%。全市规上制造业销售产值从2012年的1160.1亿元提升至2022年的2351亿元，年均复合增长率7.32%。全市规上工业增加值占GDP比重从2012年的23.4%调整至2022年的19.2%，保持制造业占比总体稳定。

龙头骨干企业成为重点产业发展主引擎。全市规上工业企业从2012年的1710家优化至2023年的1614家，培育巨轮智能装备、巴黎万株纱华纺织、蒙泰高新纤维等一批龙头骨干企业，带动各产业链上中下游企业构建起产业生态。截至2023年，全市共有国家级“专精特新”“小巨人”企业2家，省级“专精特新”中小企业76家，国家企业技术中心1家、省级企业技术中心12家、市级企业技术中心137家。

数字化绿色化发展成效突出。数字化、网络化、智能化发展取得积极成效，累计推动、引导662家企业开展数字化转型，服务支持52个工业企业上云上平台项目。初步探索出产业集群数字化转型“聚鲶模式”，与传统生产经营模式相比，注塑中央工厂生产成本降低25%、质量提升15%，以每平方米产出提升2.2倍的优势大大领先同行业。绿色低碳发展持续推进，陶瓷行业“煤改气”，钢铁、水泥、电解铝、平板玻璃等行业落后产能陆续退出；截至2022年底，全市获评国家级绿色工厂2家，工信部已公示再生资源综合利用行业规范条件企业3家。服务型制造转型发展加快，全市现有省级工业设计中心认定2家。巨轮智能装备、聚鲶工业科技等龙头骨干企业牵头发展供应链金融、工业互联网平台，带动全产业链上中下游联动发展。

（二）主要产业发展情况

1. 规模前七大产业发展概况

传统产业发挥重要支撑，新兴产业逐步形成。党的十八大以来，全市逐步形成化工和矿物加工业、纺织服务业、医药制造业、金属业、食品业、制鞋业、电气机械设备制造业七大传统支柱产业，2022 年全市七大传统支柱产业实现规上工业增加值 341.97 亿元，占全市 78.6%，如表 3－16 所示。随着中石油广东石化炼化一体化、国电投神泉二期等一批重大项目及吉林石化 ABS、蓝水海洋装备制造基地、通用电气（GE）海上风电机组总装基地等一批总投资约 400 亿元的产业链项目投产，绿色石化、海上风电两大万亿级产业集群加速形成。

表 3－16　2012 年、2017 年、2021 年、2022 年全市前七大行业（按增加值）变化情况

行业大类/统计指标	2012 年		2017 年		2021 年		2022 年	
	增加值（亿元）	占工业比重（%）	增加值（亿元）	占工业比重（%）	增加值（亿元）	占工业比重（%）	增加值（亿元）	占工业比重（%）
规上工业	305.1	—	496.4	—	506.73	—	434.91	—
化工和矿物加工业	—	—	—	—	81.66	16.1	65.18	15.0
纺织服装业	44.1	—	79.0	—	65.01	12.8	51.33	11.8
医药制造业	17.1	—	39.1	—	13.63	2.7	15.91	3.7
金属业	24.5	—	37.2	—	83.57	16.5	70.91	16.3
食品业	13.2	—	21.2	—	49.98	9.9	41.82	9.6
制鞋业	18.6	—	45.0	—	47.52	9.4	50.16	11.5
电气机械和设备制造业	—	—	—	—	64.25	12.7	46.65	10.7

注：列表中第一列的行业大类按照本地区 2021 年增加值排名前七的行业大类列出。

2. 特色优势产业发展情况

绿色石化产业。服务推动中石油广东石化炼化一体化（总投资 650 亿元）、吉林石化 ABS（总投资 65.2 亿元）等重点项目建成投产，2022 年绿色石化产业实现工业总产值 62.9 亿元。同时，依托已投产中石油项目的龙头效应，顺利引进巨正源（揭阳）新材料基地、广东伊斯科碳四碳五制高端新材料、广东纳塔腈纶碳纤维等一批产业链项目，总投资规模约 400 亿元，投产后预计年产值超 390 亿元，石化产业发展要素保障能力持续增强、发展优势逐步显现、发展动能加快汇聚。

海上风电产业。2022 年海上风电产业实现工业总产值 19.65 亿元，重点项目国电投 315 兆瓦海上风电项目、广东能源葵潭农场光伏复合项目已并网发电。同时，重点围绕产业链上游主机、叶片、塔筒、钢管桩、海缆等部件的生产制造，对应引进 GE 海上风电总装基地、远景南方智慧能源、明阳海上风电装备制造基地等一批

产业链项目，总投资规模约 72 亿元，投产后预计年产值近 180 亿元。

纺织服装业。纺织服装业是揭阳市七大传统支柱产业之一，在全省乃至全国的纺织服装业具有重要地位。2022 年全市共有纺织服装企业 2500 多家，其中规上工业企业 226 家，实现规上工业总产值 278.41 亿元，占全市 11.3%；实现规上工业增加值 51.33 亿元，占全市 11.8%。拥有“中国纺织产业基地市（普宁市）”“广东省产业集群升级示范区”等称号，享有“衬衣王国”“睡衣世界”等区域品牌。重点企业鹏运公司，其衬衫、西服荣获国家质量“双金杯”奖，职业装荣获“中国十大领衔品牌”称号。

医药制造业。2022 年全市共有医药制造业企业 600 多家，其中规上工业企业 29 家，实现规上工业总产值 84.4 亿元，占全市 3.4%；实现规上工业增加值 15.91 亿元，占全市 3.7%。现有市级工程中心 2 家、市级企业技术中心 1 家、生物医药科技创新研发平台 36 个、高新技术企业 17 家，形成普宁科技园、英歌山工业园等产业集聚区和国家定点中药材专业市场。其中，中药材专业市场是首批被国家批准的 8 个国家定点中药材专业市场之一。

制鞋业。2022 年全市制鞋业生产企业 1200 多家，其中规上工业企业 186 家，2022 年全市鞋业实现规上工业总产值 245.82 亿元，占全市 10.0%；实现规上工业增加值 50.16 亿元，占全市 11.5%。揭阳市作为全国重要的制鞋产业基地和出口基地，产品主要出口中东、东南亚等国家和地区。2011 年揭阳市被中国塑料加工工业协会授予“中国塑料时尚鞋之都”称号。

食品业。2022 年全市共有食品业规上工业企业 117 家，全年实现规上工业总产值 263.27 亿元，占全市 10.7%；实现规上工业增加值 41.82 亿元，占全市 9.6%。目前，全市已创建 1 个国家级、8 个省级、19 个市级现代农业产业园，建设“一村一品、一镇一业”项目 205 个（其中国家级示范镇 3 个、示范村 3 个，省级专业镇 9 个、专业村 97 个），培育省级“菜篮子”基地 13 个、市级“菜篮子”基地 30 个。重点企业广东佳隆食品股份有限公司是上市公司，主要致力于鸡粉、鸡精产品的研发、生产和销售，是“中国调味品行业 50 强企业”“中国鸡精十强品牌企业”。

金属业。2022 年全市共有金属业规上工业企业 236 家，全年实现规上工业总产值 444.31 亿元，占全市 18.1%；实现规上工业增加值 70.91 亿元，占全市 16.3%。拥有“中国五金基地市”“广东省产业集群升级示范区”等称号。重点企业有广东国鑫实业股份有限公司、广东敬业钢铁实业股份有限公司、广东大兴钢铁实业有限公司等。

二、推动制造业高质量发展的主要经验做法

（一）建立领导挂钩帮扶机制，推动产业优化升级

在揭阳市推进制造业高质量发展领导小组框架下，建立战略性产业集群联动协调推进机制，形成战略性产业集群“五个一”工作体系（一张产业集群龙头企业和隐形冠军企业表、一份产业集群重点项目清单、一套产业集群创新体系、一个产业集群政策工具包、一家产业集群战略咨询支撑机构）。实行市领导定向联系负责若干战略性产业集群工作的“链长制”，逐个产业集群落实牵头部门、制订行动计划，开展“一对一”精准培育。制定市领导挂钩服务重点工业企业制度，由 18 位市领导挂钩服务全市 49 家重点工业企业，“一企一策”做好跟踪服务。按照“三个最”要求（群众和企业最关心的高频事项、通过群众和企业最认可的沟通方式、采取最快捷的办理方式），为全市 1613 家规上企业和 174 家规下重点企业全覆盖配备企业联络员，建设工业企业监测服务平台，协调解决企业诉求 168 条（办结率 100%）。

（二）促进园区扩容提质，拓展发展空间载体

出台《揭阳市推进重点产业园区高质量发展的工作意见（试行）》《揭阳市重点产业园区标准厂房管理办法（暂行）》等政策措施，着力加强重点产业园区基础设施建设，统筹用地指标，推动重点产业园区土地要素配置效率和效益最大化。推动揭东经济开发区升级为国家级经济技术开发区、揭阳高新区进入国家级高新区考察名单，组织揭东经济开发区、产业转移工业园等申请省产业园扩园，推动普宁纺织印染环保综合处理中心、惠来县产业聚集地等园区申报认定为省特色产业园。积极推进承接产业有序转移主平台建设，编制出台规划建设方案，主平台总面积约 49.6 平方千米，以大南海石化工业区为建设核心，融合惠来县产业集聚地（惠来临港产业园）、揭阳高新技术产业开发区，形成“一核双区”布局，重点发展绿色石化、新能源、高端装备制造等主导产业，目前省支持的 1.8 亿元启动资金已下达主平台开发公司。推行“管委会 + 公司”模式，加快推进基础设施建设和土地储备，引进万洋等专业机构开展通用厂房建设和招商合作，已开工揭阳高新区、榕城潮东 2 个万洋众创城示范项目，目前意向入驻中小企业有 900 多家。积极申报普惠性制造业投资奖励资金和重大先进制造业投资奖励资金项目，依托广东石化炼化一体化、吉

化ABS两个项目，申请省奖补资金约7亿元，投入大南海石化工业区配套建设。

（三）加强招商引资，力促优质项目尽快落地

出台“三贡献一高一强”招商选资标准（单位土地产值贡献和财税贡献、单位能耗产值贡献和财税贡献、单位环境容量产值贡献和财税贡献大，科技含量高，产业带动能力强）。制定绿色石化、海上风电招商图谱，围绕两大产业链大抓招商选资，通过招商和扩产积极谋划新的工业投资项目，力争引进一批高质量制造业项目，尽快形成大产业集群，努力扩大工业投资。组织相关园区和企业深度对接，到深圳、东莞、惠州、云浮进行学习考察和产业对接，力争招引一批优质企业、项目落户揭阳。拓展用好东莞对口合作平台，组织揭阳五金行业与东莞家具行业精准对接，召开市金属协会企业座谈会，持续推动莞揭产业高效对接。积极参与欧洲企业走进粤东线上招商会、广东省东西北与珠三角区域城市经贸合作交流会、投洽会、中国侨商投资（广东）大会和粤港澳大湾区全球招商大会等经贸活动，充分利用经贸活动平台开展相关产业招商，提高招商成效。

（四）支持企业做优做强，提升产业发展后劲

以提升揭阳市制造业发展后劲、提高产业发展质量为目标，大力组织企业实施技术改造，2011～2022年累计争取省技改奖补资金6.67亿元，支持技改项目250个。积极培育“小升规”，建立培育优化规上工业企业工作小组，完善“小升规”工作推进机制，科学筛选、动态更新培育库，2021年度、2022年度分别实现“小升规”255家、250家，数量远超往年水平。引导企业“专精特新”发展，2022年全市新增省级“专精特新”中小企业53家（总76家）、省级创新型中小企业83家，蒙泰高新、天诚密封件于2021年获评国家级“专精特新”“小巨人”企业，巨轮公司的“液压式轮胎硫化机”跻身首批省级单项冠军产品。加快数字化转型和智能化升级，举办多场次数字化转型现场会，组织企业代表参观智能工程，支持引导企业“上云用云”，推荐巨轮、海兴、绿源等7家企业打造工业互联网标杆示范项目，支持普宁市纺织服装产业集群创建数字化转型试点项目。引导企业走绿色低碳发展道路，强化节能技术创新和应用，加快推动钢铁、建材等行业绿色升级改造，累计完成33家企业自愿性清洁生产审核，着力推动工业绿色发展。

三、制造业发展主要存在的困难问题

一是产业发展层次偏低。金属、纺织等支柱产业层次相对偏低，初加工产业比重大，深加工产业比重小，具有较强竞争力的大中型企业数量偏少，新产业新动能还不足以形成有力支撑。

二是园区发展水平参差不齐。园区配套设施建设滞后、历史欠账较多，部分园区缺乏龙头项目。

三是自主创新存在薄弱环节。企业科技研发投入较低，拥有核心技术和独创品牌的企业不多。

四、对策建议

（一）加快打造现代产业发展体系，构筑经济增长新支撑

坚持制造业当家，以战略性产业集群建设为龙头，用好“五个一”工作机制，扎实做好重大项目跟踪服务，以“龙头企业 + 配套”模式，发挥重大“链主”项目辐射带动作用，早日建成发挥效益。加强新增工业项目谋划储备，依托现有龙头项目，围绕揭阳优势特色产业，科学谋划标志性、骨干性产业项目，做好上下游产业链项目的引进和配套，积极推进“补链、延链、强链”，形成重大工业项目“投产一批、开工一批、储备一批”的良性循环，助推全市经济总量持续攀升，构建地方特色鲜明、核心竞争力突出、发展层次清晰的产业发展格局。

（二）推动工业园区提质增效，打造集聚发展新平台

按照大南海石化工业区 + 惠来临港产业园、揭阳高新区“一核双区”的总体思路，高质量构建省承接产业转移主平台。加强园区招商引资，科学把握“三贡献一高一强”衡量标准，强化产业链招商、以商招商，积极主动对接东莞等珠三角先进地区，务实推动产业对接招商合作。研究制订推动企业入园发展指导意见，开展园区外企业全面摸底，建立入园企业台账，有序开展企业进园区工作，促进产业园区集聚发展。指导符合条件的省产业园申请扩园，健全“管委会 + 公司”园区运作模式，提升园区建设管理运营水平。用好省级园区专项资金和债券资金，积极推广

"七通一平"标准化建设，推广园区数字化应用管理，为园区和企业发展提供多层次宽领域的服务支持。持续推进村镇工业集聚区升级改造，提升土地集约节约利用效率，配合自然资源部门指导，各地分别推进 1 个村镇工业集聚区升级改造先行点。持续开展重点产业园区规划管理及重点建设项目绩效评价，发挥评价指标"指挥棒"和评价结果"体检表"引导作用。

（三）强化创新能力建设，提升产业优化升级新动能

落实好工业（技改）投资项目管理机制，做好技改项目入库申报指导辅导，储备、筛选一批符合资金投向的重点项目入选新年度省级资金项目库。发挥技改奖补资金撬动作用，鼓励推动企业实施技术改造，推动企业运用新设备新技术提升产品质量和发展水平。积极向上对接争取，动态跟进项目申报普惠性制造业投资奖励资金、重大先进制造业投资奖励资金。做好省级、市级企业技术中心认定工作，加快建设一批创新能力强、创新机制好、引领示范作用大的市级企业技术中心。坚持数字赋能，建设工业互联网应用标杆项目，支持工业企业"上云用云"，推动新技术新模式加快应用，促进数字化智能化升级。持续办好制造业数字化转型现场会，积极宣传推广"聚鲶"模式，以金属、纺织服装、注塑等产业为试点率先推动产业集群数字化转型。引导园区内企业开展数字化转型，支持运营商和企业对接，发挥数字化资源和人才优势，逐步实现从传统制造向数字化制造、传统产品向智能产品、传统用工向综合性人才、传统用能向现代新能源、传统销售向互联网新平台营销等方面的新转变新突破。

（四）惠企暖企优化发展环境，激发经济增长新活力

聚焦"三个最"要求，持续开展工业经济稳增长深调研，抓实"企业联络员"等挂钩联系服务企业机制，建设完善工业企业监测服务平台。用好用足国家、省、市"稳经济""助企纾困"一揽子政策及接续政策，服务支持企业渡过难关、做优做强。制定工信领域"守信激励、失信惩戒、信用修复"三张清单，引导企业诚信经营、做长做久。会同相关部门优先解决企业发展过程中碰到的用地、环评、能耗等实际需求，真心实意扶持企业发展，助力降成本、稳订单、稳生产，提振发展信心和预期。加大金融支持实体经济力度，定期组织开展银企对接、产品推介、融资协调等服务，引导银行等金融机构在政策、平台、产品、服务等方面为企业提供更大力度的支撑保障。持续服务跟进揭阳与东莞的产业对接相关事宜，完善长效合作

机制，促进两地五金、家具等重点行业紧密对接，穿针引线帮助企业开拓市场、扩大销路。发挥行业协会桥梁纽带作用，积极对接市钢贸、塑料、鞋业等行业协会，加强与在外揭籍商会沟通联系，发挥行业人脉优势，宣传推介揭阳产品，邀请外出乡贤、企业家回乡考察、寻找商机、投资兴业。

（五）推进企业梯次培育，增强产业发展新后劲

坚持抓早抓主动，扎实推进“小升规”工作，积极加强与税务、供电等部门联系对接，加强跟踪监测和帮扶服务，加强融资、用工和用电等生产要素保障，助推企业稳步成长、顺利升规。制定优质企业梯度培育计划，对接广东工业大学揭阳校区分析梳理“揭阳市工业企业100强”，力争培育新增一批年产值超10亿元龙头企业，争取“广东制造业500强企业”实现“零”的突破。加强“专精特新”企业培育力度，择优推荐一批符合条件的企业积极申报新年度国家级“专精特新”“小巨人”企业、省级“专精特新”和创新型中小企业，做大“专精特新”企业培育库，加快打造一批制造业“单项冠军”“隐形冠军”。

第二十一节　云　浮　市

党的十八大以来云浮市推动制造业高质量发展情况报告

云浮市工业和信息化局

云浮市坚持以习近平新时代中国特色社会主义思想为指导，全面贯彻党中央、国务院和省委、省政府各项决策部署，深入贯彻落实全省制造业高质量发展大会精神、制造业“十九条”和“1+20”战略性产业集群政策，紧扣“打造粤北生态发展新高地”的战略定位，大力发挥资源优势、生态优势、交通区位优势、人文优势，紧扣园区经济、镇域经济、资源经济“三大抓手”，坚持走新型工业化道路，

大力推动战略性产业集群与优质企业培育工作。有关情况如下：

一、全市制造业发展情况

党的十八大以来，云浮充分发挥资源优势，推动发展石材、不锈钢、化工等传统产业，大力培育金属智造、信息技术应用创新、氢能等战略性新兴产业，成功被纳入珠江西岸先进装备制造业产业带，引进和培育金晟兰优特钢、南方东海钢铁、同方计算机、飞驰新能源汽车、新合铝业、微容电子、翔海光电等一批重大产业项目。已形成以石材、水泥、陶瓷、装配式建筑为主的绿色建材产业，以钢铁、不锈钢制品、铝材为主的金属制造产业，以硫化工为特色的化工产业，以南药为特色的生物医药产业，以信创、电子元器件制造为特色的计算机和电子设备制造业，以造纸、纺织、玩具为特色的轻工纺织产业，以农副食品加工、预制菜为特色的食品工业，以氢能为特色的汽车制造业八大特色产业。荣获中国三大石材产业基地中心、“中国人造石之都”、“中国不锈钢餐厨具之乡”、“中国硫化工产业发展基地”等荣誉称号。

云浮市工业增加值从2012年的195.3亿元提升至2022年的315.62亿元，年均复合增长率5.8%；全市工业增加值占GDP的比重由2012年23.5%提升至2022年的27.2%。截至2022年底，全市共有制造业市场主体13609户，规模以上制造业企业392家，2022年实现规模以上制造业总产值590亿元，占规上工业总产值的84.2%，规模以上制造业增加值277.47亿元，占规上工业增加值的80.8%，对全市GDP的贡献率达到43.2%。其中，优势传统产业实现增加值64.98亿元，占规上工业增加值的42.3%；先进制造业实现增加值47.71亿元，占规上工业增加值的31.1%；高技术制造业实现增加值16亿元，占规上工业增加值的10.4%。

二、工作措施和成效

（一）传统产业发展焕发活力

石材产业方面，形成“百里石材走廊”，现正加快建设国际石材产业园，推动石材企业入园发展，并充分发挥市石材行业协会的作用，落实石材行业高质量扶持政策，大力培育龙头石材企业，加快拓展完善石材产业链，做大做强石材机械、石材文化创意、人造石等产业。已有7家“专精特新”石材企业、21家高新技术企业、25家科技型中小石材企业。组建石材创新平台8个，全行业注册商标1263件，石材及石材机械专利授权量518件。水泥产业方面，作为全省规划的最大水泥生产基地，现有熟料设计产能共计1127万吨/年，水泥设计产能共计1595万吨/年，现有规上企业10家，加快推动水泥产业向石灰、石灰石粉、骨料以及预拌混凝土、预拌砂浆、水泥基复合材料、混凝土制品等上下游产业链延伸。化工产业方面，主要涉及硫化工、日用化工、香料制造、化学原料制造等多个领域，持续推进硫铁矿、硫酸资源综合利用，支持企业开发硫酸废渣综合利用产品，完善硫化工循环经济产业链。同时狠抓云浮循环经济工业园化工专区、郁南大湾化工产业基地两大化工园区建设，引进一批优质化工产业项目。不锈钢产业方面，现有上下游配套生产企业100多家，规模以上企业18家，就业人数2万多人，主要以生产和出口高端不锈钢餐厨用品为主，产品80%以上出口欧美国家，在欧美市场上素有“中国广东新兴锅”美誉。

（二）新兴产业培育锻造优势

信创产业抢抓良机。云浮市打造全省领先的信创应用新模式，率先实现市、县、镇、村四级党政机关全覆盖，电子公文信创率和党政机关办公终端采购信创率均达100%，应用成效走在全省前列。集聚了同方、微容、风华高科、翔海光电、工信部电子五所等26家信创上下游企业，计划总投资146.93亿元。成功举办了三届省市共同推进信息技术应用创新数字经济发展大会；获批“省市共建信息技术应用创新产业园”牌子。氢能产业走在前列。引进培育了广东重塑、飞驰新能源汽车等多家产业链上知名企业，已建成初具规模的氢能源汽车生产基地、成熟的氢燃料电池生产线、多元化的氢产业链集群。获批成为首批国家燃料电池汽车示范城市群成员之一。建成固定式单独加氢站2座，建立6大创新研发平台、2家省级新型研发机构，2家企业被认定为高新技术企业，企业及研发机构共申报专利超过100件。生物医药产业优势呈现。持续发挥云浮市中药种植总面积达8万公顷和20公顷以上的连片南药种植示范基地达155个的独特优势，罗定市获得国家授予“中国玉桂之乡”称号和地理标志产品保护。建成云浮市健康医药产业园、罗定中药提取基地两大产业发展载体，均被认定为“共建广东省生物医药产业培育园区”，并获批建设广东现代特色南药试验区。汽车零配件产业发展迅猛。先后引进高丘六和、爱德克斯、广东溢康通、广崎汽车线束等汽车零配件项目，现正逐步成为贡献全市规上工业增加值的重要力量。溢康通公司正加快打造云浮先进制造标杆企业和亚洲最大的空气弹簧生产基地，与东风集团的合资项目也在加速推进。在汽车消费市场不断扩大以及政策利好的带动下，全市汽车零配件产业正处于高位增长阶段。

（三）千亿产业集群取得突破

千亿金属智造产业集群突破发展。加快推进广东金属智造科技产业园建设，目前累计入园项目18个，计划总投资451亿元。金晟兰项目已投产2条生产线，第3条生产线将于2023年10月投产，3条生产线投产后将年产钢材360万吨。南方东海钢铁项目已完成2条生产线备案、产能置换、节能审查、环评等手续，将于2023年5月复工。新合铝业成功入选第七批国家级制造业单项冠军产品。凤铝铝材项目于2022年8月正式动工建设，目前7个标段主体工程建设进度已完成55%，达产产值100亿元。猎人谷五金精密件智能制造、欧德罗厨具智能生产等项目正加快建设。千亿绿色建材产业集群提质增效。2022年，石材行业党委成立，新设置的市石材产业发展中心已全面运作，联合市自然资源局开展了国际石材产业园主园的规划编制工作。印发实施《云浮市扶持石材产业高质量发展办法（试行）》，作为未来打造千亿绿色建材产业集群的重要发力点。成立石都（云浮）石材产业集团有限公司，统筹建设石材矿山、园区开发等工作。坚持实施“水泥+”战略，推动全市10家规上水泥企业开展技术改造切实降低能耗。

（四）园区经济发展稳步提升

园区布局建设成效显著。全市已建成5个省级以上产业转移工业园，实现了省级产业园区县域全覆盖，正全力推进各园区申报高新技术开发区，并培育了省市共建信息技术应用创新产业园、广东金属智造科技产业园、市健康医药产业园、氢能产业基地、云安绿色日化基地、郁南大湾化工基地、罗定中药提取基地等一批特色专业园区。佛山顺德（云浮新兴新成）产业转移工业园于2021年获批成为广东省首批特色产业园（金属制品）。明确园区发展规划。牵头制定并印发实施《关于推动工业园区经济高质量发展的实施意见》和《云浮市省产业转移工业园扩园工作指引（试行）》。抓紧谋划打造云浮市承接产业有序转移主平台。全市5个省级产业转移工业园新增土地收储439.2公顷，园区总用地规模达到6666.67公顷，已供应土地5266.67公顷，佛山顺德（云浮新兴新成）产业园，2022年获批成为省高新产业园区。加快推进园区项目建设。2022年产业园区实现规上工业总产值449亿元，同比增长9.92%，全市拥有百亿元工业园区2个。全年工业园区新落地开工企业38

家，新建成企业 30 家，园区累计入园项目总数达 731 个，涉及投资总额 1731.2 亿元。完善园区基础设施建设。全市 24 个园区基础设施重点项目完成投资 50.41 亿元，超额完成年度计划的 141.68%。园区累计投入基础设施建设资金 188.30 亿元，其中 2022 年度新增投入 20.81 亿元。

（五）企业技改升级成效显著

制定出台全市推动制造业高质量发展实施方案，出台石材、不锈钢制品、硫化工三大传统产业高质量发展政策措施，全力支持传统产业高质量发展。大力支持企业改制上市，温氏集团、惠云钛业成功在深交所创业板上市，广业硫铁矿集团借壳贵糖股份上市，全市已累计培育上市企业 3 家，其中温氏集团列入全国民营企业 500 强、全省民营企业 100 强。深入实施技术改造倍增行动计划。深入开展新一轮技术改造，切实提升传统制造业发展质量和效益，自 2018 年以来，全市累计推动 513 家企业项目开展技术改造，新增技术改造备案项目 375 个，总投资 105.6 亿元。2022 年完成工业技改投资 35.24 亿元，同比增长 6.5%。新推动 118 家企业开展技术改造，新增企业技术改造项目备案 59 个，涉及总投资超 17.45 亿元。如广东凌丰集团有限公司自主设计研发出全国首条不锈钢制品自动化生产线，率先引领不锈钢制品产业自动化技术改造，目前已建成投产自动化生产线 5 条，投入使用工业机器人 700 多台，通过技术改造，凌丰公司的产能提升 60%、生产效率提升 30%、库存降低 35%、单位成本下降 8%，产品质量档次和稳定性大幅提升。狠抓数字化转型和绿色化改造。全市累计培育建设"互联网 +"应用建设项目 5 个，工业互联网标杆示范项目 9 个，推动 160 家工业企业运用新一代信息技术实施数字化转型。其中，2022 年启动了石材产业集群数字化转型试点建设工作，推动了云浮市科特机械有限公司"云浮石材产业链协同创新平台工程"项目顺利进入 2022 年省级产业集群数字化转型试点项目培育库。狠抓工业绿色发展，2018 ~ 2022 年全市单位工业增加值能耗累计下降 34.08%，累计完成 182 家清洁生产企业审核认定，创建节水型企业 18 家，创建省级循环化改造试点园区 7 个、省级循环经济工业园 2 个。

三、下一步工作计划

（一）坚定不移加强党的领导与建设

进一步把思想和行动统一到党的二十大精神上来，切实增强紧跟总书记、奋进新征程的政治自觉、思想自觉、行动自觉。深入贯彻习近平总书记视察广东重要讲话、重要指示精神，进一步学习党关于工业和信息化领域的理论知识，党的二十大关于加快建设制造强国、数字中国战略部署和省委关于“坚持制造业当家”决策部署，更加自觉地以党的创新理论统领和指引做好工信工作。加强干部队伍建设，加强对业务骨干实践锻炼，提高干部综合素养和专业能力。

（二）全面提振工业经济稳增长合力

贯彻落实国家稳增长“33条”、省稳增长“131条”和市稳增长“129条”等重大政策及接续政策，做好2023年省级财政专项资金申报工作。深入落实重点项目“1+5+X”工作机制，实施“一图一册一清单”制度，切实解决项目建设过程中遇到的节点、难点、堵点问题，千方百计推动项目加快建成投产。重点抓好翔海光电、东海钢铁、金晟兰二期、风铝铝材、华润西江发电厂、欧德罗厨具等重大项目建设，不断扩大有效工业投资，增强全市工业发展后劲。坚持“一周一调度、半月一研判、一月一调度”，全面掌握企业生产经营动态情况。狠抓陶瓷、水泥等行业节能环保技术改造，正确处理加快发展与节能降耗的关系，提高企业能效利用产出水平。

（三）扎实推进千亿元产业集群培育

继续壮大金属智造产业发展规模。大力推进“两钢一铝”项目建设，推动金晟兰第三条生产线建成投产，确保项目尽快投产并发挥效益，为全市工业经济稳增长提供重要支撑；推进南方东海项目复工建设。推动新兴风铝工业园项目全面建设，促进新合铝业、广云新材料等铝材企业做大做强；深入推进绿色建材产业高质量发展。加快云安、郁南两个投资超百亿元的矿产资源绿色开发项目建设，争取省用地指标支持。科学规划建设云浮国际石材产业城、绿色新型产业园区，整合产业空间，推动石材加工集中入园发展。

（四）助力园区经济提速增效发展

抓好主平台规划建设，完善落实《云浮市承接产业转移主平台规划建设实施方案》，力争成为省重点支持的产业主平台。加快推进云安产业集聚地申报成为省产业园，推动罗定产业园申报成为省级高新区，协助云浮高新区创建成为国家高新区。稳步推进园区扩容提质，加强与省工业和信息化厅请示对接，集中资源高标准建设承接产业有序转移主平台，积极承接国内外特别是珠三角产业落户，力争成为省重点支持的产业主平台。有序推进园区升级扩容，加快推进云安产业集聚地申报成为省产业园，推动罗定产业园申报成为省级高新区，协助云浮高新区创建成为国家高新区。深入贯彻落实推动工业园区经济高质量发展的实施意见，加大对各地产业园区政策支持力度。力争 2023 年新增百亿元产业园区 3 个以上，确保全年工业园区规上工业总产值超 500 亿元。

（五）优化对企精细服务工作

发挥“店小二”服务精神，用心用情服务好广大企业。全面落实领导干部“三联系”和工信系统干部挂钩联系服务重点企业工作制度，全力以赴为企业提供全流程“保姆式”服务，营造一年 365 天都是“企业家日”的氛围，打造“诉求直达最快、纾困效率最高、政策措施最实、流程再造最顺、真情服务最暖”的“五最”营商环境“金字招牌”。

04

专题篇

第一节　培育发展先进制造业的先进经验

一、广州建立实施"链长+链主"双链式"链长制"

产业链作为畅通国民经济循环的桥梁和纽带，在构建双循环新发展格局中的作用至关重要。近年来，广州市实施推进"链长+链主"的双链式"链长制"，聚焦先进制造业、战略性新兴产业、现代服务业和现代农业等领域，"一链一策"推动21条重点产业链高质量发展，努力打造智能网联与新能源汽车、软件和信创、时尚产业等8个万亿级，超高清视频与新型显示、绿色石化和新材料等13个千亿级和一大批百亿级产业链群。2022年，广州市获评国家首批产业链供应链生态体系建设试点城市。

（一）强化统筹联动、压实责任，形成"链长+部门+各区+链主"齐抓共管的强大合力

14位"链长"高位推动，分别主持召开产业链工作会议，深入调研、分析短板、研究对策，推动各部门"管行业也要管产业"，协调解决产业链发展的堵点、难点、痛点。15个产业链牵头部门围绕《广州市构建"链长制"推进产业高质量发展的意见》，协同构建"1+X"重点产业链政策体系，制定21条重点产业链高质量发展行动计划，出台系列专项配套政策，精准施策扶持产业发展；11个区相继印发"链长制"工作方案，结合本区优势谋划推进重点产业发展，协同构建具有区域特色的产业链群发展矩阵；118个"链主"企业协同带动，对接"链长"和重点产业链牵头部门，在降本增效、集聚提能、强链补链、资源整合等方面积极落实"链长制"工作。

（二）强化供需对接、互相配套，打造"链主+链上企业"融通发展的特色平台

政府搭台、企业唱戏，打造"广聚群链·湾区启航"品牌，先后在苏州、梅

州、香港、澳门、龙岩、深圳等地举办产业链供需对接深度行系列活动，围绕超高清视频和新型显示、智能装备、轨道交通、人工智能、软件和信创、新型显示材料、教育信息化产业等领域开展专场供需对接或展会活动，推动“链主”企业等龙头企业与“链上企业”开展供需对接、适配采购、场景应用，在供需两端协同发力，形成“需求侧出题、供给侧答题”的良性互动，促进产业链供应链安全稳定，助力大中小企业融通发展。累计推动超1100家供应链上下游企业及机构参会，促成100余家企业、行业协会现场签订近40项合作协议，达成实质性合作。积极跟进一批产业链招商项目，其中总投资超百亿元的九识新型半导体项目签约落地，有力支撑广东省打造半导体“第三极”；武汉智象机器人立体停车项目成功落户，引领广州市智慧停车产业技术革新。

（三）强化精准滴灌、纾困解难，推出有需必应的政策服务“组合拳”

出台“先进制造业项目投资18条”等政策，启动《广州市民营经济促进条例》立法工作，从地方性立法高度维护民营企业权益、提振民间资本投资信心。印发实施《广州市进一步支持中小企业和个体工商户纾困发展十条措施》，以减税降本节流、开拓市场、加强要素保障等方式为企业减负。印发《广州市企业“纾难解困”工作机制实施方案》，依托广州12345政务服务便民热线平台，实现企业诉求受理、解答、转办、督办等全生命周期政务服务。聚焦企业“缺人才、招工难”问题，组织近600家（次）企业先后赴武汉、西安、哈尔滨、香港、澳门、湖南等地举办产业人才校园专场招聘活动，实现跨地域校企合作引才暖企。推进“链金合作”，发布广州市21条重点产业链首批23家“链金合作”金融机构清单，助力产业链上下游中小微企业融资加量、提质、增效。举办文旅产业链“政金企”对接推进会，促成7项融资意向协议金额达17亿元。举办人工智能贷专场融资对接会，推出“立项贷”“研发贷”等多种特色产品，达成融资金额超2亿元。

（四）强化数字建链、业务协同，打造辅助决策的产业大脑

依托广州市工信产业数据管理平台搭建数字建“链”工作底座，建立广州市注册在营的约190万家企业的画像。印发《数字建“链”工作指引（试行）》，为各产业链在划定产业链管理口径、构建产业链地理图层、开展产业研究分析等工作上提供实施路径参考。聚焦时尚产业集群等重点产业链建立数字化模型，供各产业链牵头部门摸清产业底数，掌握产业规模、结构、布局等。上线“链长制”政企协同管

理平台，每月跟踪督办各产业链、各区工作进展。依托“链长制”战略咨询支撑机构，建立重点产业链评估指标体系，试点开展评估工作。

二、深圳深入实施国家重大战略平台建设工程

为全面增强深圳科技创新实力，加快推动粤港澳大湾区国际科技创新中心建设，在国家、省的大力支持下，深圳落地布局建设光明科学城、河套深港科技创新合作区、西丽湖国际科教城等国家重大战略平台，打造全市科技创新极核。

（一）光明科学城

位于深圳市光明区东部，规划面积约 99 平方千米，作为大湾区综合性国家科学中心先行启动区和核心承载区，光明科学城聚焦信息、生命、新材料三大学科领域，集中布局 9 个大科学装置、2 个省级实验室、2 所研究型高校等一批重大科技创新载体，加快形成重要的国家战略科技力量。截至 2022 年，重大科技基础设施中已开工项目 4 个，合成生物研究、脑解析与脑模拟项目土建部分全面封顶，材料基因组项目抓紧推进场地装修和设备购置，超算二期土建工程已开工建设；前期论证项目 5 个，鹏城云脑Ⅲ等项目加快开展可研论证，自由电子激光已根据国家“窗口指导”要求完成评估论证。深圳湾实验室入驻科研团队百余支，人工智能与数字经济广东省实验室（深圳）投入使用。中山大学深圳校区投入使用，深圳理工大学永久场地已启动建设。工程生物产业创新中心首创“楼上创新，楼下创业”成果转化综合体模式获得国家发展和改革委员会认可并纳入《深圳经济特区创新举措和经验做法清单》向全国推广。

（二）河套深港科技创新合作区

位于深圳市福田区南部与香港特别行政区接壤处，规划面积 3. 89 平方千米，深圳河南侧的香港园区面积约 0. 87 平方千米，深圳河北侧的深圳园区面积 3. 02 平方千米，是粤港澳大湾区唯一以科技创新为主题的特色平台。自建设以来，合作区积极实施首个深港“联合政策包”，从深港协同支持科研项目、深港联合支持科研人才、深港联合完善配套支持措施、支持创新要素在深港两地便利流动 4 个方面提出 28 条具体举措，实施项目经理制、政企联投制、选题征集制、同行评议制、定期评估制和团队揭榜制六大科研管理机制，推动科研规则与香港逐步衔接。截至 2022

年，深圳园区实质推进和落地高端科研项目逾150个，引入海内外院士专家11名，5所香港高校11个项目签约入驻，国家市场监督管理总局药品和器械大湾区分中心等一批国家级平台加快建设，初步形成了香港高校、“量子谷”、生物医药、“湾区芯谷”、大数据及人工智能、能源科技“六大科创集群”。

（三）西丽湖国际科教城

位于深圳市南山区北部，规划面积69.8平方千米，是支撑粤港澳大湾区国际科技创新中心和中国特色社会主义先行示范区高质量发展高地的核心载体、部省市共建的重大创新平台。科教城积极构建以国家实验室为引领的区域实验室体系，推动高等教育集群化发展，构建多级联动技术攻关体系，探索科技创新新型举国体制“南山路径”，建设科教城概念验证平台，打造中试服务平台体系，促进科技成果产业化，并不断强化科技金融深度融合，提高金融服务科技创新能力。西丽湖国际科教城是深圳科教资源最丰富、科技创新能力最强、高端人才最密集的区域，汇聚深圳近半数高校和52名全职院士，拥有6.2万名在校生、2.4万名教职工、超2000名在站博士后，市级以上各类创新载体558家，国家高新技术企业超过1100家，全社会研发投入占GDP比重达到6.57%，每万人发明专利拥有量553.85件，初步形成了“基础研究+技术攻关+成果产业化+科技金融+人才支撑”全过程创新生态链条和各类创新载体良性互动的融合创新体系。

第二节　支持产业数字化、绿色化转型升级的先进经验

一、深圳深入实施制造业数字化转型工程

按照国家、省关于促进数字经济和实体经济深度融合，智能制造试点示范，中小企业数字化转型试点的工作部署，深圳围绕培育数字化企业、构建数字化供应链产业链、打造制造业数字化生态，积极“育珠、串链、结网”，大力推进制造业数字化转型。

（一）筑牢支撑基础

出台深圳市推进新型信息基础设施建设行动计划和若干措施，明确深圳市推进新型信息基础设施建设总体目标和支持措施。出台极速先锋城市建设行动计划，提出“双千兆、全光网、1毫秒、万物联”的网络建设目标。统筹布局“双千兆”网络建设，推动“千兆入户、万兆入企”，实施“百万用户大提速”“工业园区网络升级改造”和“公共场所资源开放”等专项工作，累计建成5G基站6.8万个，重点场所5G网络通达率100%，5G用户占比42.3%，城市家庭千兆光纤网络覆盖率359.6%，城市10G－PON端口占比超98%，500兆比特每秒（Mbps）及以上用户占比达69%，推进医院、学校、园区、政府等重点行业领域千兆光网全覆盖。每年遴选100个重点工业园区推进网络升级改造，打造一批全光智慧园区，为产业数字化夯实基础。

（二）强化政策引导

针对企业“不想转”“不敢转”“不会转”等问题，推出5G全产业链高质量发展、新型信息基础设施建设、软件高质量发展等政策措施，降低制造业数字化转型成本，推动数字化转型全覆盖。优化技术改造扶持方向，推动技改政策聚焦、服务于数字化转型，利用技改奖补和工业互联网等政策，围绕智能终端、智能传感器等集群，支持培育一批国家级智能制造示范车间、示范工厂。谋划针对中小企业“上云上平台”、打造智慧园区、传统优势产业数字化转型等出台政策措施。启动制造业数字化转型咨询诊断工作，连续4年每年为2000家规上工业企业提供免费数字化转型咨询诊断。

（三）狠抓工业互联网建设

推动工业互联网平台赋能，支持培育技术水平高、集成能力强、行业应用广的跨行业、跨领域工业互联网平台，深化工业资源要素集聚；聚焦数字基础好、带动效应强的重点行业，打造行业特色工业互联网平台；围绕特定工业场景和前沿信息技术，建设专业型工业互联网平台，鼓励平台扩大领域覆盖度，提升工业互联网应用效益。围绕典型应用场景，遴选一批工业互联网应用优秀案例，重点推动一批龙头企业、骨干企业、“专精特新”企业建设推广5G融合应用。

（四）各区积极推进数字化转型

宝安区获评全国唯一五星级工业互联网产业示范基地，“1 + 1 + N”工业互联网平台集群赋能产业链数字化转型提升项目入选国家新型工业化产业示范基地工业互联网平台赋能数字化转型提升试点项目；龙岗区通过“平台支撑、政策加持、应用牵引、生态发展”，形成促进核心企业和关键产业链数字化、网络化、智能化发展的新路径；龙华区出台“1 + N + S”数字经济政策体系，积极开展企业数字化诊断、推动企业上云上平台等，多措并举推动制造业企业与平台型企业双向赋能。

截至 2022 年，深圳市 30 余万家企业已上云，培育出华为、富士康、腾讯、华润 4 家工业和信息化部工业互联网“双跨”平台，占全国的七分之一，涌现出了速加网、小铭工业互联网、模德宝、格创东智等一批行业级工业互联网平台。工业企业生产设备数字化率达 55.5%，关键工序数控化率达 57.0%，数字化生产设备联网率达 45.1%，处于全国第一方阵。

二、汕头潮南印染中心全力打造循环经济产业园示范

（一）发展背景

纺织服装是潮南区乃至汕头市的主要支柱产业。潮南区是我国规模最大、纺织服装生产企业最密集的家居服装、内衣和内衣面辅料及其配件原产地之一。印染行业作为纺织服装产业链不可或缺的一环，对整个产业可持续发展发挥了至关重要的作用。在潮南印染中心未建成投用之前，印染企业分散在练江流域，难以统一管理、有效治污，成为练江流域的主要污染源之一。为解决这一问题，根据省委省政府、市委市政府的部署要求，潮南区委区政府经充分论证，启动建设潮南纺织印染环保综合处理中心，推动印染企业入园集聚生产、统一供热、集中治污，实现产业集聚发展、转型升级和环境提升。

（二）实施特色政策措施情况经验总结

潮南区纺织印染环保综合处理中心由中信环境（汕头）印染环保综合开发有限公司负责投资、建设和运营，是国内首个纯商业化运作的印染循环经济产业园区。

该园区以生态环境治理为导向，构建印染生产、污水处理、中水回用、热电联产、固废处置、集中供水“六位一体”循环经济产业治理模式，利用先进处理技术实现园区污水达标排放的同时，实现废物园区内闭环利用，提升资源利用率，节约资源能源，促进产业绿色可持续发展。

1. 构建印染工业循环经济产业链

作为汕头市的一个专业化的印染产业承接园区，其建设绝非只是把散布于练江两岸的印染企业简单地集中起来，不但要在空间上进行集聚整合，在功能产业方面也要有新的整合提升。这就要求潮南区在原有优势的漂染产业基础上，结合现代纺织印染产业集群发展需要，进一步完善循环经济产业链，为园区的循环化发展奠定一个有竞争力的产业集群。

以纺织印染业，热电联供、污水处理厂等生产服务产业为依托，从热电联供、能源梯度利用、污水处理等方面，提高纺织印染、能源利用、污水分类处理再生利用的关联度，构建印染—废液—碱，化纤生产—废气—制酸，纺织—废水、废气—热能—纺织，纺织—边角料—纺织，纺织品—废旧纺织品—再利用产成品—纺织品，纺织品—废旧纺织品—保温材料，废弃聚酯—化纤—纺织品等产业链，同时形成“热电供应—纺织—印染（余热利用）—污水处理厂—污泥处理（废渣利用）”的循环经济产业链，鼓励进行废水循环利用和废水、废气热能回收利用；推动从印染废水中回收染化料、助剂，从印染废碱液中回收碱；鼓励利用化纤生产废气制酸；加强对生产废料、边角料的再利用，最大限度地实现能源的利用效率。例如，龙凤印染是潮南印染中心首批入园企业之一，也是潮南区的龙头印染企业。在企业新的生产车间里，一条条最新标准的先进生产线不仅生产效率更高，而且更加环保节能。借助冷凝水回收等技术，入园前企业加工 1 吨棉布需要耗费 100 吨左右的水，现在只需要 70 吨。利用园区统一供热系统和厂区热能回收系统，企业生产的整体能耗降低了 30%，一台定型机通过热回收，一年能省 100 万元的成本。

2. 打造园区静脉产业链

完善静脉产业链，需要强化废弃物回收服务，引入技术先进的资源回收利用企业负责回收、分拣、运输、综合利用及处置废弃物。本园区的静脉产业链的重点是立足园区印染产业基础，对纺织印染下脚料、废旧纺织品进行回收，探索建立废旧纺织品回收再利用体系，推动废旧纺织品再生利用规范化发展。以废旧职业装再生利用为突破口，完善社会化废旧纺织品回收再利用体系。选择经济合理的废旧纺织品再生利用技术路线，推动废旧纺织品分类与安全环保加工处理，鼓励利用废旧纺织品生产建筑保温材料等产品，进一步完善了园区静脉产业链。

3. 加强园区公共服务平台体系建设

印染中心从全力抓好中心路、水、电等各项基础设施建设入手，启动中心通用厂房建设，为企业提供生产研发、检验检测、节能环保技术服务、物流服务、金融服务等办公设施综合配套。着力完善中心内就业人员的生活配套设施，配设宿舍、餐饮、日用百货、娱乐等活动场所，全面提升中心的承载能力和吸引力。

4. 加大政策服务力度

一是完善项目准入制度，建立总量前置审核制度。印染中心严格实施新企业清洁生产准入制度，新建项目“三同时”制度，建立完善建设项目与减排制度挂钩、与淘汰落后产能相衔接的审批制度，推进新建项目污染排放“减量置换”，大幅度降低污染物排放强度和能耗强度，推动重污染行业优化升级。二是完善经济服务功能，加大财税和融资支持力度。印染中心充分运用国家已出台的税收政策，做好技术研发、投资、固定资产折旧、节能减排等方面的税收优惠和减负工作；统筹用好国家、省、市、区各级政府部门专项资金，支持企业在产、学、研、技术创新、技术改造等方面的项目申报工作；加大融资力度，进一步加强对企业信贷辅助工作，努力解决企业贷款和担保问题。三是完善园区循环化管理服务平台。印染中心积极开展管理服务一体化建设，成立了园区管理服务中心，为园区内企业提供“一站式”、全面的、优质的服务；构建生态工业信息体系，发展信息网和服务手段，完善高效的信息沟通平台，增加企业和政府以及企业之间合作、交流的机会，推动园区发展。四是开发人才资源，实施人才保障。一方面，印染中心通过建立健全园区人才保障体系，提升经营管理人员素质，培养创新型科技人才，打造高素质的人才队伍；另一方面，大力推进产学合作，积极引导推动企业与高校合作办学、合作育人、合作发展，探索校企深度合作体制机制，开展全方位、宽领域、多形式的校企合作，为行业源源不断培养输送高素质人才。五是实施名牌战略，培养自主品牌。印染中心加快自主品牌建设，大力支持品牌企业增设商业网点，进一步降低品牌企业建设品牌、拓展渠道的成本与风险，鼓励企业做大做强品牌。通过政府、行业协会、科研院所、大专院校、生产企业、商贸和零售机构等各方面共同合作，营造适合品牌发展的技术和文化等生态环境，加快提高纺织自主品牌在国内外市场的影响力和控制力，带动产业升级。六是充分发挥行业中介组织的作用。印染中心非常重视纺织行业协会在行业管理、行业外交、产业引导和行业自律等方面的作用，同时发挥协会在创新能力建设中的重要作用，参与组织行业规划、行业技术路线图、标准规范、贸易仲裁、反倾销与应诉、技术联盟管理等方面的工作，促进纺织产业协调发展。

（三）政策措施实施的主要成效

2016年以来，以“循环经济”为核心设计理念，潮南印染中心按照“统一规划、统一建设、统一监管、统一治污”的要求，已经建成污水处理厂、热电联供工程、通用厂房、商住配套、市政道路管网配套等设施，打造集纺织印染、供水、污水处理、再生水利用、热电联产、固废处理与资源化“六位一体”的循环经济产业链。园区污水处理厂项目采用高性能 MBR 膜处理工艺，确保处理后的污水稳定达标排放；热电联产项目使用中水作为生产用水，生产废水经处理达标后再次利用，全部回用不外排；园区内所有企业生产所需热能由热电联供电厂通过管道统一供应。园区入驻企业134家，污水处理厂日均处理量约11.33万吨，热电联产日供应蒸汽约8300吨，日上网电能80万千瓦时。2022年，园区42家规上企业工业产值约80.75亿元，实现税收9867.4万元，为全市传统产业转型升级、实现高质量发展提供了示范样板。

潮南区印染中心园区外所有印染企业均已关停，符合条件的统一进园生产达标排放，彻底断绝了印染行业污染源，有效助力练江综合整治工作，为练江重现水清岸绿发挥了重要作用。练江海门湾桥闸国考断面水质浓度均值达到地表水Ⅳ类标准，实现国家、省下达的考核目标。

潮南印染中心已先后获评中国纺织工程学会“产业转型升级典型案例”、中国印染行业协会“中国纺织印染循环经济产业园示范基地”“广东省循环化改造试点园区”“广东省首批特色产业园区”等荣誉称号。

当前，潮南区正围绕全市“工业立市、产业强市”的战略部署，继续推进潮南印染中心扩围升级，利用汕汕高铁带来的区位交通优势，逐步发展与处理中心发展相适应的集商流、物流、信息流、资金流于一体的现代物流业，大力吸纳和带动中小化工企业及相关企业集聚升级，引进印染助剂、印染新材料等生产项目，形成优势产业集群，努力构建潮南纺织服装产业集聚区，推动纺织服装、精细化工强链延链补链发展，加快融入练江滨海发展示范片区建设。

三、数字化转型升级的佛山经验

佛山一直大力推动信息化和工业化深度融合发展，先后印发《佛山市大数据发展“十三五”规划》《佛山市深化“互联网+先进制造”发展工业互联网的若干政策措施》等系列政策措施，推进工业大数据应用，促进“互联网+”新技术、新模式和新理念在制造业全面普及应用，推动产品、装备、生产、管理和服务智能化，用信息化技术提升工业发展水平。2021年，佛山市在全省率先出台了《佛山市推进制造业数字化智能化转型发展若干措施》，推出五方面共25条具体政策措施，对制造业进行全方位、全角度、全链条的数字化智能化改造。截至2022年12月底，全市3849家规上工业企业实施数字化转型，较2021年6月底增长超过35%，占规上工业企业比重达44.77%。

政企同心凝聚数字化转型共识。先后召开全市制造业数字化智能化转型发展大会、企业家大会，引导企业家算好效益账、算准长远账、算出求变欲，推动形成转型不是“选择题”而是“必修课”的广泛共识。常态化举办民营企业家培训班，截至2022年12月底，开展企业转型活动超250场次，服务企业超5000家次，分批分类安排企业家到示范企业现场观摩、直观感受转型的可行路径、可见效益，激发广大企业可以转的信心、主动转的意愿。

培育标杆打造数字化转型样板。围绕制造业数字化转型全周期各阶段，遴选打造一批标杆项目和企业，为不同行业、不同规模、不同转型阶段的企业提供对标样本，全市打造出数字化智能化示范工厂48家、示范车间146个、标杆示范项目超百个，让数字化智能化转型看得见、摸得着、学得来，拉动一大片企业“有样学样”。

拓宽供给提供数字化转型方案。加快产业园区5G、千兆光纤等信息基础设施建设，累计建成5G基站超1.8万座。建立转型供给资源池，超过100家国内外知名数字化智能化转型服务商入选市级资源池，持续引进和培育熟悉工业场景、集成能力强的平台商、服务商，精准输出高质量、见效快、可复制的转型解决方案。

点面结合推动产业链整体提质增效。支持美的、联塑、海天等“链主”企业发挥“头雁效应”，带动广大中小企业踊跃融入数字化转型潮流，如美的集团对外开放工业互联网平台资源和服务，带动上下游过千家供应商实施数字化转型建成敏捷供应链，制造成本下降68%。引导中小企业抱团开展数字化转型，围绕细分行业打造一批小型化、快速化、轻量化、精准化的数字化系统解决方案和产品。

强化金融扶持降低数字化转型成本。设立总规模300亿元、首期100亿元的广东（佛山）制造业转型发展基金，在全国首创“数字贷”，推出风险补偿、全额贴息两大政策，对数字化转型实施全周期奖补。截至2022年底，备案通过项目近800

个，意向投资总额167亿元，已授信金额52亿元，放款金额27亿元，累计贴息金额5596万元。

四、揭阳市支持揭东塑料日用品产业集群数字化转型

（一）背景和意义

为培育经济发展新动能，塑造产业发展新优势，揭阳市大力推动产业集群数字化转型，充分运用工业互联网等新一代信息技术，重构研发、生产、管理和服务等环节，提高产业数字化、智能化生产水平，助推传统产业在转型升级中提质增效、焕发生机，对揭阳打造沿海经济带上的产业强市具有重要意义。

（二）主要做法和成效

为抢抓数字化转型为产业集群带来的新机遇，揭阳市积极推动传统产业开展数字化转型，引导服务商扎根传统产业集群，分别由揭阳电信负责金属产业集群、揭阳移动负责纺织服装产业集群、揭阳联通负责注塑产业集群，组建联合体，梳理对应产业集群存在的痛点和共性问题，提出契合产业集群数字化发展的方式，形成具备行业和区域特色、低成本、易部署的解决方案，探索传统产业集群数字化转型新路径。揭东塑料日用品产业集群通过引进国际工艺智库，围绕企业综合管控智能化、产品全生命周期优化、产业链协同优化等重点环节，对“哑设备”进行数字化改造，打造智能化无人示范车间，大大提高企业生产效率，降低生产成本，初步探索出产业集群数字化转型发展模式。在注塑日用品产业集群数字化转型初见成效的基础上，揭阳市积极宣传塑料日用品产业数字化转型经验，逐步推广到服装、五金等传统行业，由龙头企业牵头，联合院校、协会、运营商、服务商组建产业生态，制定产业数字化转型方案路径，提出转型目标，推动中小企业聚合转型、集群创新，加快传统产业集群数字化转型，全面提升行业竞争力和发展水平。2022年，揭阳市向省推荐的两个项目被纳入2022年产业集群数字化转型试点项目库，其中由广东明德科技有限公司牵头实施的普宁市纺织服装产业集群数字化转型项目成功入选省培育项目库，目前，普宁市纺织服装产业集群数字化转型试点项目已按计划启动实施。

第三节　培育打造制造业优质企业梯队的先进经验

一、广州实施“跑上去、走出去、沉下去”惠企强企服务行动推动工业经济平稳健康发展

深入学习贯彻习近平总书记关于作风建设的重要论述，实施“跑上去、走出去、沉下去”惠企强企服务行动，聚焦企业发展痛点、难点、堵点，靠前一步，主动作为，推进企业纾困解难措施落地见效，做到“联企业、送政策、解难题、稳主体”，全力以赴推动工业经济稳增长。

（一）“跑上去”，争取上级政策支持产业发展

深入研究和掌握国家、省出台的各项政策，掌握政策动向，强化沟通衔接，有效推进向上争取工作，全力为产业发展和企业争取创新、资金、项目等要素资源。一方面，积极申报国家级重大产业试点示范平台。市区联动，部门协同，力争国家和省指导支持，推动一批国家级试点示范、重大项目、重要会议等落地广州，增强广州综合实力、宣传广州城市形象。积极争取工信部等国家部委支持，推动申报国家制造业高质量发展试验区、建立广州人工智能公共算力中心作为人工智能融合赋能中心等，取得一系列成果。另一方面，帮助企业享受政策申报项目。深入企业对有关政策及时宣传、深入解读，定期对符合申报条件的企业和项目进行调查摸底，筛选一批符合要求的项目入库。

（二）“走出去”，搭台帮助企业加大供需对接

主动帮助企业通过供应链合作交流，打破行业屏蔽，寻求更加精准合作，以项目建设加大工业投资，推动经济稳增长。一是组织企业参展、参会，开拓国内外市场。从企业需求侧出发，组织一批企业“走出去”参加中国国际工业博览会、世界显示产业大会、第六届世界智能大会、乌镇世界互联网大会等近30场知名展会，在

参会期间举办专业推介交流活动，与参展参会企业进行精准对接，推动本地企业优势产品和服务向其他国家和地区拓展，提升广州企业的品牌知名度。抢抓 RCEP 生效实施及参与“一带一路”建设机遇，全方位、多维度深化广州市企业与其他 RCEP 国家的合作，推动企业“走出去”参与国际合作。二是围绕强链补链开展“招大引优”。制定《招商引资工作方案》，市区协同、部门协同，围绕全市 21 条重点产业链，聚焦苏州、深圳等制造业发展强市，举办“广聚群链·湾区启航”产业链供需对接深度行系列活动、“大手拉小手”市内产业链供需合作对接系列活动、“智汇工信·才聚羊城”广州市产业人才招聘系列活动等。三是推动产业链企业合作。发挥“链主”企业和国企等作用，加强上下游的技术合作、供需对接和投融资服务，推动重点产品、核心技术和重要平台的应用推广。

（三）“沉下去”，为企业纾难解困

一是推动企业协调常态化。成立 20 个专责服务组，局领导以上率下带头对口联系服务 300 家重点企业实现每月全覆盖，选派处级干部驻点服务重点规下企业，下沉生产一线“摸实情、问需求、解难题”，实现服务企业专责化、诉求清单化、机制常态化、情况信息化。建立“一对一”企业服务微信群，及时宣贯国家、省和市有关惠企政策，进一步加大协调解决力度，为企业和项目提供优质高效的服务。建立健全企业诉求登记、协调、反馈、办结的闭环机制，落实跟踪问效，强化企业合理意见诉求的答复与办理，并累计收集企业用房、用地、水电气网等逾千项供给需求，推动协调解决，滚动更新办理进展，企业满意度达 99%。二是推动政策落地高效化。活用“稳增长十问”“促投资十问”，开发“暖企服务”功能模块及手机 App，实时高效进行走访情况登记、运行数据分析、诉求事项录入、协调情况更新等，极大提高暖企服务工作效率，实现“随时随地、一键掌握”。运用大数据算法自动匹配企业信息和政策信息，通过小程序主动精准推送政策，实现惠企政策服务向精细化、智能化、个性化转变，助力企业享受优惠政策“一键直达”、打通惠企政策落地“最后一公里”。三是培养干部为企业服务能力。加强和创新干部教育培训方式，统筹安排党校培训、干部轮训、集体学习、专家讲座和脱产进修，加强与工信部和知名高校合作，举办“工信大讲堂”；开展“处长讲政策”专题视频宣传，定期开展处长带头讲业务知识、讲行业发展情况，不断提高干部专业化水平。四是强化责任担当意识，增强引领带动作用。强化正向激励，大力弘扬敢于担当之风、真抓实干之风、马上就办之风。认真对标对表中央重大决策部署，对承办的省、市重点工作实行“挂图督战”，加强跟踪督办，抓好工作落实。领导干部以上率下示范带动党员干部知责于心、担责于身、履责于行，坚决纠治工作中推诿拖沓现象，强化督办和监督问责，抓早抓小、防微杜渐。五是构建为企业服务的考评体系。发挥考核导向作用，把作风建设纳入党支部评星定级和关键业绩指标考核的重要内容。开发服务企业 App 和暖企服务系统，对“沉下去”情况进行现场打卡、企业打分，每季度开展总结评价、量化计分，计分结果纳入相关考评中。

二、深圳深入实施优质企业培育工程

深圳充分发挥企业市场主体作用，弘扬企业家精神，增强市场机制内生动力，围绕不同发展阶段企业需要，研究制定针对性政策，支持各层次企业发展壮大，形成了大企业顶天立地、中小企业铺天盖地的生动局面。

（一）鼓励企业做大做强做优

加大对本土企业的培育扶持力度，保持对世界 500 强企业招商引进，对首次入选世界 500 强的企业给予 3000 万元奖励，首次入选“中国 500 强”的企业给予 1000 万元奖励。出台《关于支持头部企业发挥带动作用　促进重点产业链高质量发展的实施方案》，支持头部企业做大做强做优，鼓励其发挥在产业集群高质量发展中的核心引擎功能和辐射带动作用。2022 年，上榜世界 500 强的深圳企业增至 10 家，首次达到两位数，营业收入合计超过 7840 亿美元。

（二）大力培育单项冠军企业

引导企业聚焦实业、做精主业，增强创新能力，掌握核心技术，制定制造业单项冠军遴选办法等政策，构建国家、省、市三个层级单项冠军企业成长培育机制。对获得工业和信息化部“制造业单项冠军示范企业（产品）”称号的，分别给予 300 万元和 200 万元的一次性奖励，对获得“深圳市制造业单项冠军企业（产品）”称号的，分别给予 200 万元和 100 万元的一次性奖励。截至 2022 年，深圳累计培育 67 个国家级制造业单项冠军企业（产品），占广东省总数一半以上，数量排名全国第二位；84 个省级制造业单项冠军，数量居全省第一位，占全省数量三分之一，对比省内其他城市处于领先地位；50 个市级制造业单项冠军，遴选储备一批长期聚焦特定细分领域，在特定细分市场具有领先优势的企业。

（三）实施中小企业上市培育工程

自2004年以来，组织实施中小企业上市培育工程，先后出台《深圳市中小企业上市培育工程实施方案》《关于扶持深圳市中小企业改制上市的若干措施》等政策措施，系统全面地支持企业上市，打造“星耀鹏城”企业上市一站式服务平台，为企业上市提供在线学习、法规检索、案例借鉴、上市自测、政策参考、募投意向申报、融资路演等全流程服务，形成了具有鲜明深圳特点的“产业培育”模式。截至2022年，深圳境内外上市企业合计535家，深交所上市企业数量连续32年全国第一。

（四）引导中小企业走“专精特新”发展之路

制定《深圳市工业和信息化局优质中小企业梯度培育管理实施细则》，开展创新型中小企业评价、“专精特新”中小企业认定、“专精特新”“小巨人”企业推荐工作，制定出台《深圳市为专精特新企业办实事清单（第一批）》及《关于进一步支持中小微企业纾困及高质量发展的若干措施》，在技术创新、人才培养、市场开拓、融资促进、数字化转型、空间保障、精准服务等方面进一步加大培养和扶持力度。截至2022年，深圳拥有国家“专精特新”“小巨人”企业442家，位居全国大中城市第三位，“专精特新”中小企业8224家。

（五）持续推进“小升规”

加大“小升规”工业企业培育力度，建立“小升规”重点企业培育库和问题台账，帮助企业协调解决生产经营中遇到的融资、交通运输、人才、空间等困难。2022年，出台《深圳市关于推动小型微型工业企业上规模发展三年行动方案》，明确对首次纳入“四上”企业库并于入库次年实现产值（营业收入）正增长的工业企业给予最高20万元奖励，以鼓励、引导和支持深圳市“小升规”企业，不断夯实深圳市经济发展基础，增强内生动力，实现高质量发展。2019～2021年，全市累计完成“小升规”总数6259家，规上工业企业数量突破1.3万家。

第四节　优化产业发展环境的先进经验

一、广州开发区推出营商环境改革5.0版为创新试点工作探路先行，激发市场更大活力

《国务院关于开展营商环境创新试点工作的意见》要求，试点城市辖区内开发区具备较好改革基础的，可研究进一步加大改革力度，为创新试点工作探索更多有益经验。广州开发区认真落实《意见》要求，紧抓国家营商环境创新试点机遇，推出营商环境改革5.0版，聚焦准入准营、工程建设、要素配置、对接国际通行规则、创新监管等重点领域，以125项改革实招硬招加大先行先试力度，激发市场主体更大活力，全力稳住经济大盘。

（一）健全准入准营退出机制，便利市场主体创业兴业

一是深化跨地域商事登记服务。推行商事登记“跨省通”，实行市场准入“统一标准、异地受理、远程办理”。推出商事登记“跨境通”，实现外资企业落户一站式代办、商事登记审前服务、银行开户视频认证，便利境外投资者开办企业。二是制定许可备案规则。对没有审查细则的新型食品生产许可实行“一品一策”，对无人驾驶餐车等新业态推行“一类一策”经营试点备案服务，并制定科学监管措施，打通新产品新业态准营堵点。三是优化企业注销流程。推行企业注销“一网通办”，符合条件的申请人可在线申请简易注销，公示期满无异议即完成注销。

（二）提升投资建设便利度，促进项目“快筹快建快投”

一是创新项目筹建服务。由政府方和企业方共同组成专班，提前协商设计和建设方案，倒排建设重要节点时序，加快重大项目落地投产。完善电水气热网联合服务平台功能，对接公共服务业务报装系统，实现多个业务联合报装；由一个部门统筹业务报装、联合踏勘、联合验收等流程，提升市政公共服务接入效率。二是深化“定制式审批服务”。结合建设项目特点和实际情况，为企业量身定制最优审批服务

流程，主动、提前研判项目可能遇到的政策和技术问题，提供多专业统筹和跨部门协调推进，从整体上提速项目审批。三是优化项目竣工验收流程。对办理一张工程规划许可证但涉及多个单位工程的，在工程质量安全、规划条件核实和消防验收完成后，可先行完成主体工程或单体建筑的竣工验收，符合条件可先行投入使用。

（三）强化要素资源服务保障，破解企业经营痛点堵点难点

一是创新土地管理方式。试行立体发展模式，建设“摩天工坊”、推动“园区上楼”，降低企业用地成本。建立工业用房供需服务平台，汇集供需信息，为企业提供对接服务。二是强化知识产权保护和运用。促进知识产权市场化运营，创新市场询价、线上系统估价等定价方式，通过线上公开挂牌、网络竞价等支持知识产权进场交易服务。推广知识产权海外侵权责任险等保险，探索以重点产业上下游联合投保方式增强产业链的知识产权保护能力。三是畅通银企信息对接渠道。搭建民营及中小微企业信用信息和融资对接平台，全面归集企业水、电、气费及社保、税务缴纳等公共数据资源和信用信息，为有融资需求的企业描绘信用画像，提供建模评级服务，为民营及中小微企业融资增信。

（四）积极对接国际通行规则，优化外资外贸发展环境

一是提升跨境贸易便利化水平。支持进口企业成套设备“一站式”通关，加快进口设备通关验放速度。将信用良好的企业纳入海关高级认证重点培育名单，享受通关便利措施，助力企业拓展国际市场。二是加强与港澳规则衔接。推进粤港澳工程规则对接衔接，支持粤港澳建筑服务合作的具体工程建设项目落地。简化港澳投资者商事登记流程和材料，开展粤港澳投资跨境商事登记全程电子化。三是便利外籍人才创新创业。鼓励外籍人员以自有知识产权、专有技术等非货币财产作价出资创办科技型企业，支持海外人才开展离岸研发等业务。探索建立国际职业资格证书认可清单制度，允许取得港澳相应职业资格或公认国际专业组织认证的国际人才，经能力水平认定或有关部门备案后上岗，并加强行业监管力度。

（五）加强和创新监管，提高监管智能化精准化水平

一是建立“一业一单”监管机制。围绕生物医药、集成电路等重点行业，梳理企业经营发展过程中面临的监管事项、形式、周期、风险程度等，帮助企业明确监管要求，指导企业合规经营。二是探索政企协同监管模式，通过政企数据共享互查，

对入网经营者资质信息进行快速核验，防止不合法经营者进入网络市场；通过平台完成消费调解、举报线索研判及在线核查，提高投诉举报线索的处置效率。三是推进远程智慧监管改革。在城市管理、食品、特种设备等领域推进远程监管、移动监管、预警监管，运用视频图像、人工智能和物联网等现代化信息技术，提高非现场检查比例和智能识别违法违规线索能力。

二、深圳深入实施营商环境优化工程

深圳坚持把优化营商环境作为“一号改革工程”，成立由市委书记任组长、市长任常务副组长的市优化营商环境改革工作领导小组，高位统筹、顶格推进营商环境改革工作，2018 年以来迭代推出了 1.0 ~ 6.0 版营商环境系列改革政策，累计推出近千项便民惠企的改革措施。2023 年 2 月，开启营商环境改革 6.0 时代，从 10 个领域提出 100 项具体改革事项。

（一）营造竞争有序的市场环境

聚焦服务市场主体由生到退的全生命周期，实施放宽市场准入若干特别措施，开展“一照通行”涉企审批服务改革、商事主体歇业制度试点等改革举措，打通“准入”“准营”“运行”“退出”全链条，为企业“松绑”“解绊”，有效激发市场主体活力，各类企业积蓄力量、扶摇直上。截至 2022 年底，全市商事主体数量累计达 393.78 万户，总量和创业密度继续保持全国第一，10 家企业入选世界 500 强榜单。

（二）打造公正透明的法治环境

坚持以法治引领改革，充分运用特区立法权，在全国范围内率先推出科技创新条例、数据条例、个人破产条例、智能网联汽车管理条例、人工智能产业促进条例等“破冰”之法，面向社会信用、反不正当竞争、矛盾纠纷多元化解、安全生产等重点和前沿领域加强立法，不断探索“法治是最好的营商环境”的生动特区实践，让企业吃下“定心丸”，安心谋发展。

（三）构建国际接轨的开放环境

坚持扩大高水平对外开放，立足国内统一大市场，统筹利用国内国际两个市场、两种资源，在全国率先开展“组合港”通关业务，稳步扩大规则、规制、管理、标准等制度型开放，2022 年出口 2.19 万亿元，规模连续第 30 年居内地外贸城市首位，2022 年深圳全年实际使用外资 110 亿美元，再创历史新高，占全省比重为 39%，规模持续位居第一。

（四）打造高效便利的政务环境方面

以数字化转型推动政府数据共享、业务协同、流程重塑，大力推行“一网通办”改革，搭建“i 深圳”政务服务平台，实现全市 99.94% 的政务服务事项实现最多跑一次，99.08% 的行政许可事项实现零跑动办理；建立全市统一的市场主体服务平台“深 i 企”，实现“政策一站通、诉求一键提、业务一窗办、服务一网汇”，以更精准、更主动的服务，切实解决企业和群众关注的“关键小事”，增强其获得感、幸福感和归属感。

三、民营经济为主中型城市的产融合作汕头模式

（一）发展背景

2016 年 8 月，为加快实施《中国制造 2025》，提升金融服务实体经济的效率和能力，强化金融对产业的支撑作用，有效保障制造强国和网络强国战略实施，营造产业与金融良性互动、互利共赢的生态环境，促进产业提质增效和转型升级，工业和信息化部、财政部、中国人民银行、中国银行业监督管理委员会决定开展产业与金融合作试点城市工作。对此，汕头市高度重视，市工业和信息化局牵头市有关单位编制《汕头市产融合作试点城市实施方案》，并以专家评审全省第一名的成绩由省向国家推荐申报，并成为《国家产融合作试点城市（区）名单公示》的 37 个城市（区）之一。

（二）实施特色政策措施情况经验总结

入选产融合作试点城市以来，汕头市探索形成了独特的“6 条 +3 板 +2 平台”发展经验。

“6 条”是指汕头市为促进产业发展推出的创新金融政策，可解决小微企业抵押少、抵押难造成的融资难、融资贵问题，包括 1.3 亿元政策性融资担保注册资金、1

亿元过桥融资资金、1.36 亿元信贷风险补偿资金、59 家联合金融超市、3000 万元设备融资租赁备案额度和 270 亿元创投基金。

“3 板”是指主板、新三板和华侨板。汕头市采用直接融资方式培育产业龙头企业，解决产业堆头小的问题。目前，汕头市 A 股上市企业达 32 家，2018～2020 年累计募集资金超过 275 亿元；“新三板”挂牌企业 33 家，2018～2020 年募集资金超过 10 亿元；设立“华侨板”，累计实现融资超 7.5 亿元。

“2 平台”为广东股权交易中心股份有限公司汕头分中心、广东省中小微企业信用信息和融资对接平台（粤信融汕头分平台），这两个平台主要解决企业投融资信息不对称、融资效率低下等问题。在广东股权交易中心汕头分中心注册、挂牌的企业合计 625 家，在粤信融汕头分平台注册的企业达 1731 家，两平台共帮助 850 家企业成功签订授信合同，完成银企融资撮合 1007 笔，金额达 25.74 亿元。

（三）政策措施实施的主要成效

汕头市经过探索和创新，以“6 条、3 板、2 台”为抓手，破解企业“成长的烦恼”，走出一条培育企业高速发展的“个转企、企升规、规改股、股上市”成长之路。

试点建设以来，汕头市积极推动个体户转为企业，大力实施《推进个体工商户转型升级促进经济结构优化的若干政策措施》，在推动商事登记便利化服务、开设“绿色通道”、降低税费负担、实施财政支持、加强金融扶持、简化土地权利转移登记、加强知识产权保护 7 个方面下足功夫，采取 25 项具体扶持措施，特别是开展“个转企”政银合作，通过线上化、智能化、自助化方式持续优化客户体验，实现全市“个转企”共 2082 家。

汕头市还注重加大金融扶持“小升规”力度，出台实施《关于促进企业上规上限的实施意见》，对有融资需求的“小升规”培育企业每家授信 300 万元；落实新升规的企业贷款贴息，对新增规上企业当年贷款利息给予不超过 50% 的贴息；统筹 6 亿元左右财政资金，实行上规后在库三年 40 万元奖励、以及在库三年最高 400 万元贷款贴息、三年财政贡献额增量以奖代补、大项目落地 500 万元一次性奖励等措施，大力促进企业扩大规模。

在“规改股”方面，汕头市领导分组调研企业，通过面对面倾听企业诉求，个案和“一揽子”解决并施，着力解决阻碍企业发展的痛点、堵点、难点问题，深入开展“暖企护企”活动，全力打造精准服务企业的“汕头品牌”。其中，解决企业融资难、融资贵诉求是一项重要内容，汕头市充分利用政策性担保、信贷风险补偿资金等6种金融手段，点对点、一企一策为企业解决问题，重点服务准备上市的股改企业。

为推动企业股改上市，促进企业做强做大，汕头市重新修订出台《关于鼓励企业利用资本市场融资奖励实施办法的通知》，新增科创板上市奖励、“华侨板”挂牌融资奖励、上市公司并购重组奖励。利用广东省工业和信息化厅自2017年来对上市企业的各项补助政策，三年来补助企业4500万元。打造政银企合作，联合中行、建行、广发行等商业银行，为申请上市的企业提供免抵押300万~500万元“上市贷”产品，政府利用信贷风险补偿资金为银行兜底，支持企业股改上市。

汕头市积极建设产业发展金融支持体系和产融信息合作平台，试点建设以来思路明晰、积极实践，取得了显著的成效。

四、中山全力打赢重点工业项目建设攻坚战

（一）发展背景

2009年以后，中山市工业投资增速明显放缓，对经济增长驱动力日益减弱。工业投资的持续乏力导致规上工业增加值增速自2013年以来逐年下滑，2019年下降到-2.0%。市委、市政府敢于正视问题，全面检视剖析原因，提出“工业发展失落的十年就是中山发展失速的十年”，把重点工业项目落地投产作为扭转经济下行局面的重要抓手。2020年1月9日，市委十四届八次全会把2020年确定为“项目落地年”。全市召开“奋战2020年”大会，部署加快实施重点工业项目“审批提速攻坚”“集中开工攻坚”“竣工投产攻坚”三大行动，举全市之力打赢重点工业项目建设攻坚战。

（二）主要做法

一是强化组织保障。建立以市长为总指挥、分管副市长为常务副总指挥、相关副市长为副总指挥的市重点工业项目建设总指挥部，负责统筹推进全市重点工业项目建设有关事宜；建立实在管用的项目推进机制，构建了项目交流、解决问题的常态化机制；市领导协调解决重大项目问题，专题会议研究11批次共127个项目；实施市镇、部门联动攻坚行动，分类、分批梳理项目存在的共性问题。

二是政策先行搬开“绊脚石”。“三规”不符、配套基础设施不完善等历史问题，是制约工业项目落地的首要因素。为寻求破题之策，中山市陆续出台20多项涉及土地征收、控规管理、立项审批等方面的政策文件，如《关于支持优质规上工业企业发展落实放管服的若干规划政策措施》（以下简称“放管服政策”）、《中山市重点产业项目预审批办法》《新开工重点项目前期审批清单》等，从政策层面为项目开工扫清障碍。

三是源头把控理顺各环节。全面理顺落地环节，梳理项目落地推进工作14个阶段49个环节所涉及的责任单位和所需时限，建立“一项目一张表制度”。实施挂图作战，制定项目作战图、项目鱼刺图，以目标倒逼进度、时间倒逼程序，全力以赴推进项目建设。通“堵点”解“痛点”，积极梳理出可盘活的批而未供工业用地、已撤销批文用地指标等，摸查拆旧复垦规模等，支持重点工业项目建设。

四是多措并举主动服务。深入基层送服务，实施服务企业代表制度，从全市抽调580多名市、镇领导干部担任服务企业代表挂点联系服务规上企业，为重点工业项目提供“保姆式”服务。开发建设“中山市重点工业项目推进管理系统”和手机App，打造“指尖上的项目库”，实现重点工业项目的网络化、智能化和精细化管理。盘活资源来护航，按照项目投资规模、产出效益、土地需求等进行综合排序，优先安排优质项目，确保新增用地指标发挥最大效益。

（三）主要成效

2020年共推动223个重点工业项目动工建设，平均不到两天便有1个重点工业项目动工，完成全年目标任务（195个）的114%。全市工业投资增长49.8%，技改投资增长39.2%，增速双双位居全省第1名；规上工业增加值增长2.2%，从一季度全省倒数第1跃升为第10位（前进11个名次），画出一条“止滑—企稳—回升”的奋进V曲线。全市工业投资、基础设施投资和房地产投资比例由2019年的15.9∶23.8∶57.2，优化为19.6∶34.6∶40.6，工业投资占比上升3.7个百分点，工业支撑力大大增强。

五、揭阳支持广东石化炼化一体化项目建设

（一）项目建设背景及重大意义

项目总投资650亿元，达产后预计年产值约820亿元。该项目是中华人民共和

国成立以来粤东地区一次性投资最大的制造业项目，有利于优化调整我国石油炼化产业布局，有利于构建广东省“一核一带一区”区域发展新格局，有利于带动揭阳市经济社会发展和促进粤东沿海经济带建设。

项目于2009年正式签约启动，2012年获国家发展改革委核准批复，2018年、2019年两次获省发展改革委核准变更批复，2019年开工建设，2022年10月正式建成投产。它的建成投产标志着广东发展建设2万亿级绿色石化战略性支柱产业集群取得重要新成果，向世界展现了我国经济发展的强劲韧性和巨大潜力，对保障国家能源资源安全、落实省委黄坤明书记提出的“制造业当家”、加快粤东地区振兴发展具有重大意义。

（二）主要经验做法和实施成效

1. 广东省委、省政府高度重视，高位协调推动广东石化项目建设

一是广东省领导高位推动项目建设。每到重要节点、关键时刻，省委、省政府领导同志亲临指导，对项目建设作出指示批示，指导项目开展。省委书记黄坤明，省委副书记、省长王伟中等省领导对广东石化炼化一体化项目始终关心厚爱、高度重视，对推进项目建设作出具体部署、提出明确要求。并深入项目建设现场，开展现场调研，了解项目进展情况，亲自协调，积极争取国家有关部委支持、指导协调省相关单位给予支持，协同解决项目码头建设、口岸开放、环保设施等难题，有力推动项目加快建设。

二是广东省工信厅大力支持项目建设。牵头会同省相关单位，加强协同、形成合力，从政策、资源、服务上支持项目加快建成投产。指导编制完成项目所在园区石化下游产业链规划，推进项目申报省重大先进制造业项目和投资奖励。特别是在项目建成投产关键阶段，厅主要领导主持召开专题协调推进会，建立沟通交流机制，每周听取揭阳市项目进展情况汇报，跟踪调度项目进展、专题研究重点事项，及时报送省领导及省相关单位并协调加快工作进度。

2. 揭阳市把广东石化项目作为“一号工程”，举全市之力服务保障项目建设

一是在机制上，建立高效协同联动推进项目建设机制。市委、市政府主要领导牵头，建立健全重大工程建设项目指挥部、重大项目并联审批工作专班、服务保障项目建设投产联席会议等推进项目建设机制，市委、市政府主要领导每月至少一次召开现场办公会，及时解决项目建设涉及的审批发证、环境容量、征地拆迁、疫情防控等系列问题，全方位服务项目建设。特别是“倾尽家底”落实项目环境容量和

能源消费替代指标，用不到 2 个月时间圆满完成埔洋村 549 户 3255 名村民搬迁安置，累计迁坟 1.32 万穴，成功啃下军事设施搬迁、火炬区林地争议等“硬骨头”，如期实现项目交地，为工程建设扫清了障碍。落实落细疫情防控措施，项目施工高峰期，现场有 3 万多名工人，从未发生 1 例疫情，有效保障了工程建设高速推进。

二是在政策上，制定并落实支持项目建设的优惠政策措施。制定出台促进先进制造业发展扶持办法、绿色石化产业集群行动计划、促进工业企业优化升级若干措施等一系列政策措施支持项目建设。认真履行广东石化项目合作协议，依法依规落实用地用海倾斜政策，办理一次性留抵退税 55.31 亿元（年节约利息 2 亿元），累计减免社保费和发放稳岗补贴 2099 万元。针对项目制定出台专项政策，对项目业主高管给予个人所得税方面的奖励，对项目参建单位给予印花税方面的补助；分三批安置 19 名员工家属到揭阳工作，落实随迁子女就学优待政策；建设人才安居项目，定向限价销售给项目方及其相关企业员工家属。

三是在配套上，推进建设项目所需的公共配套设施。围绕广东石化项目建设和生产经营需要，投资近 180 亿元推进热电联产、环保处置、应急消防等一批园区公共配套和公用工程项目建设。在广东省的支持下，投资 132.78 亿元，建设揭阳至惠来铁路，畅通园区对外客货运输；投资 33.21 亿元，建设广东工业大学揭阳校区、化学与精细化工广东省实验室揭阳分中心（榕江实验室），强化绿色石化产业人才支撑。

四是在布局上，以广东石化项目为牵引加快延链补链强链。以中国石油广东石化分公司为“链主”，发挥广东石化项目的龙头带动作用，按照“隔墙供应、集约高效”发展思路，组织专班“走出去”“请进来”，大力开展产业链精准招商，着力引进一批高质量的延链补链强链重大项目，加快构建优化石化园区发展布局。新引进签约的巨正源、伊斯科、纳塔等 6 个石化中下游产业链项目，计划总投资达 525 亿元，建成后预计年新增产值 594 亿元。